中国经济增长报告2020

疫情、人口负债、逆全球化：多重约束下中国经济的高质量发展

China Economic Growth Report 2020

COVID-19，Demographic Debt，Deglobalization: High-quality Development of China's Economy Under Multi-constraints

主　编　刘　伟
副主编　苏　剑

北京大学出版社
PEKING UNIVERSITY PRESS

图书在版编目(CIP)数据

中国经济增长报告.2020：疫情、人口负债、逆全球化：多重约束下中国经济的高质量发展/刘伟主编.—北京：北京大学出版社，2021.9

（教育部哲学社会科学系列发展报告）

ISBN 978-7-301-32231-4

Ⅰ.①中… Ⅱ.①刘… Ⅲ.①中国经济—经济增长—研究报告—2020 Ⅳ.①F124.1

中国版本图书馆CIP数据核字(2021)第170496号

书　　名　中国经济增长报告2020
——疫情、人口负债、逆全球化：多重约束下中国经济的高质量发展
ZHONGGUO JINGJI ZENGZHANG BAOGAO 2020
——YIQING、RENKOU FUZHAI、NI QUANQIUHUA：DUOCHONG YUESHUXIA ZHONGGUO JINGJI DE GAOZHILIANG FAZHAN

著作责任者　刘　伟　主编

责任编辑　周　莹

标准书号　ISBN 978-7-301-32231-4

出版发行　北京大学出版社

地　　址　北京市海淀区成府路205号　100871

网　　址　http://www.pup.cn

微信公众号　北京大学经管书苑（pupembook）

电子信箱　em@pup.cn

电　　话　邮购部010-62752015　发行部010-62750672　编辑部010-62752926

印 刷 者　北京圣夫亚美印刷有限公司

经 销 者　新华书店

730毫米×980毫米　16开本　22.75印张　478千字

2021年9月第1版　2021年9月第1次印刷

定　　价　78.00元

目　　录

第四篇　人口与经济

第五篇　区域经济

第六篇　行业与企业发展

绪　论

2020 年伊始，新型冠状肺炎疫情从武汉暴发并迅速蔓延至全国，国内采取了居家隔离、延长春节假期、延迟企业开工等防控措施，武汉等地甚至采取了严厉的“封城”措施。疫情的暴发严重打乱了 2019 年下半年以来中国宏观经济“弱企稳”的趋势。受疫情影响，2020 年第一季度国内各项经济指标均出现大幅下滑，供需两端严重萎缩，该季度国内生产总值(GDP)为 206 504 亿元，按可比价格计算同比下降 6.8%，为有数据记录以来的首度负增长。随着国内疫情得到初步控制，各地复工复产步伐加快，中国宏观经济自 2020 年第二季度以来出现回升迹象，各项经济指标也均呈现持续边际改善的趋势。

近年来，随着中国经济发展进入新常态，经济增长速度从高速转向中高速，内生增长动能不足、人口老龄化加快、世界经济下行等内外部风险始终困扰着中国经济发展，加之当前国际疫情持续蔓延，世界经济下行风险加剧，不确定因素显著增多，国内防范疫情输入压力不减，复工复产和经济发展面临新的困难，2020 年下半年中国宏观经济仍面临严峻的短期风险和中长期趋势性下滑的双重挑战。

2020 年对中国经济和社会发展具有历史节点性意义：它是中国现代化进程中“两个一百年”奋斗目标中的第一个百年目标——全面建成小康社会的实现节点；是打赢“三大战役”尤其是实现“一个都不能少”的全面脱贫攻坚目标的决胜之年；是国家“十三五”规划的收官之年。面对突发公共卫生事件的干扰，2020 年《政府工作报告》未设立全年经济增速的具体目标，而是提出要“优先稳就业保民生”，通过聚焦“六保”引起社会对稳经济的关注，把就业放在首位，体现了以最充分准备应对最坏局面，以最大努力争取最好结果的底线思维。鉴于此，本书在全球新冠肺炎疫情蔓延的大背景下，分析国内外风险因素对中国宏观经济的影响，探讨新形势下逆周期宏观调控的效果。

本书将从宏观层面的疫情、人口、中美经济关系等因素，中观层面的产业与区域因素，微观层面的企业因素展开讨论。具体地，本书包含经济运行、中美经济、经济增长、人口与经济、区域经济、行业与企业发展六篇、共二十一章内容。第一、第二章分析探讨了疫情冲击对中国及全球经济的影响及其政策选择；第三章讨论中美经济问题；第四、第五章讨论宏观调控；第六章到第九章讨论中国经济的中长期增长问题；第十章到第十二章探讨人口与增长的关系；第十三章到第十七章探讨区域经济发展;第十八章到第二十一章讨论行业与企业的发展问题。本书的具体章节安排及主要内容如下。

第一章主要分析疫情冲击对中国经济的影响与挑战,并给出相关政策建议。此次突发疫情对中国经济乃至全球经济产生的冲击是巨大的,影响也是极其深远的,在传导方式上是内外先后双向共同作用,在冲击领域上则涉及贸易、金融、投资等多方面,在冲击时滞上几乎不存在明显的时间节奏,而是以“停摆”的方式在经济、政治、文化、社会等各种因素的共同作用下迅速产生冲击效应。尽管疫情的暴发会对中国经济产生许多不利的影响以及新的挑战,但中国经济具有强大的韧性、巨大的潜力以及扎实的基础,这些潜在特性定应该能够使得中国经济承受疫情带来的冲击,并在适当的稳增长政策作用下,实现经济的复苏。

第二章主要分析了“新基建”的背景、内容和逻辑。“新基建”是逆周期调控做出的具有新内涵的战略部署。它是支撑传统产业向网络化、数字化、智能化方向发展的信息基础设施,短期内可助力疫情防控、复工复产,稳投资、保就业、保民生、促消费,扩大内需;长期则有助于顺应产业周期的供给端提升,具有产业升级和补齐基础设施领域短板的双重特征。本章从中国目前面临的国际经济背景、国内经济发展的阶段以及国内国际疫情形势三个角度介绍中国现阶段宏观经济运行的背景,探讨“新基建”政策出台的经济背景、理论逻辑和预期效果。综合来看,“新基建”短期内可刺激需求,中长期在刺激供给的同时改善市场环境,是一举多得的政策,有助于市场机制的平稳、顺畅运行和经济的高质量发展。

第三章探讨中美供应链脱钩的影响。全球化以及全球化过程中各国之间的依存关系是经济、技术和政治因素共同驱动的结果。世界主要国家供求条件的变化和技术进步是推动全球化的长期因素,发达国家对全球化和去工业化反思之下的政策策略以及中美之间加深的政治矛盾是影响全球化格局的中期因素。2020年年初暴发的新冠肺炎疫情作为一个具有全球性影响的突发事件,会加速反全球化趋势的调整。多方因素影响之下,中美供应链某种形式或一定程度的断链是不可避免的。根据供应链贡献度的计算,极端情形下,如果美国中断中国供应链,那么美国 GDP 将可能损失 0.82%~1.61%;如果中国中断美国供应链,那么中国 GDP 将可能损失 0.81%~2.27%;如果中美供应链完全脱钩,那么美国 GDP 将可能损失 1.36%~2.15%,中国 GDP 将可能损失 2.15%~3.58%。总体而言,两国经济脱钩对中国的影响大于美国。中美供应链完全脱钩虽然并不现实,但是了解中美之间的供应链关系以及中美供应链完全脱钩对产业和经济困难造成的影响,有助于对当前的困局做一些判断。

第四章以美国 2008 年次贷危机为例,探讨了经济转型过程中高质量发展的定义与内容。经济高质量发展的最基本要求是经济的健康、持续增长。在过剩经济中，经济的高质量发展取决于高质量的需求，而优质需求来源于产品创新。本章认为产品创新的放缓是导致美国次贷危机爆发的根本原因，强调经济高质量发展的重要性。中国目前和今后面临的主要问题是产能过剩，针对中国高质量发展的要求，本章提出了进行产品创新、继续引导产业结构升级、进一步加强对外开放、通过技术进步降低成本、提高投资收益率，以及改善管理、降低制度成本等促进高质量发展的政策建议。

第五章主要分析了2008年次贷危机以来美国采取的宏观调控政策，探讨了其成效和局限性。次贷危机后，美国经济面临经济增速缓慢、财政压力增加、社会贫富差距拉大、再工业化进程放缓、贸易赤字增大、人口老龄化加剧等问题。特朗普上任后，美国的宏观经济政策以“美国优先”理念为指导，以税制改革、加强基础设施建设、简政放权和贸易保护为核心，力图实现“让美国再次伟大”的目标。本章认为，为实现这些目标，特朗普政府实际上也采取了基于总供求模型的需求管理、供给管理和市场环境管理三类政策相结合的调控方式，并取得了显著的效果，短期内经济增速、失业率、股票大盘等指标表现出色，同时，市场活力进一步提高，收入分配更为均等。特朗普政府的经济政策在取得一系列成果的同时，也存在一些诸如新产品研发投入较少、产能过剩等缺陷。

第六章主要分析了2021—2025年中国经济的环境变化，分情景测算了中国经济平均潜在增长率，并提出了相应的政策建议。2021—2025年是中国全面建成小康社会后向基本实现社会主义现代化迈进的第一个五年，也是中国能否跨越“中等收入陷阱”成为高收入国家的关键时期。从外部环境来看，全球经济大概率将陷入“低增长”困局，国际贸易投资增长持续低迷；新冠肺炎疫情将加速全球经贸投资规则变化，各国产业竞争更加激烈，全球产业链缩短或部分断裂风险上升，国际产业分工格局重构。从内部条件来看，新冠肺炎疫情对经济的影响将主要集中在2020年，未来国内巨大市场的作用将更加突出、潜力将进一步释放，产业转型升级进入从“量的扩张”到“质的提升”的关键期，创新驱动作用进一步增强，重大区域战略、城市群都市圈建设带动区域协调发展的作用将进一步凸显，“走出去”和“引进来”双向开放的水平和质量将进一步提升。本章认为，2021—2025年，乐观情形下中国经济平均潜在增长率为5.7%，一般情形下为4.7%，在全球经济中的比重将进一步提升至20%左右，中国经济具有高质量发展的能力，预计将顺利跨越“中等收入陷阱”成为高收入国家。

第七章探讨了2021—2035年中国经济增长面临的问题，提出了改革与发展的战略和对策。一方面，众多发展中国家学习中国发展的经验，转移和利用自己便宜的劳动力，并与制造业相结合，生产产品向全球出口，挤压中国的国际市场；另一方面，发达国家推行再工业化政策，振兴国内制造业，促使外资和跨国公司回流国内，在替代进口的同时，还向中国市场出口自己的制成品。而中国面临内部需求不足、生产过剩和经济增长下行压力增大等问题，形势错综复杂。本章认为，为应对以上国内国际形势，中国必须精准深化税收、人口与劳动力流动、资金在国有与民营企业间分配、土地要素配置等各项体制改革；推进市民化的城市化，提高居民特别是农村居民的收入水平；不放弃制造业，延长工业化；调节水资源分配，改造未利用土地，扩大发展空间，这样才能使中国在2021—2035年，实现国民经济的中高速增长，顺利地步入高收入国家行列。

第八章主要分析了社会积累结构（Social Structure of Accumulation，SSA）变迁对中国长期经济增长的周期性影响。改革开放以来，中国GDP增长率于2007年达到峰值14.2%，随后逐年下降，到2018年已降至6.6%。这一变化引发了大量有关经济增速下滑的讨论。本章在这些文献的基础上提出了一个更加长期的分析视角，即SSA变迁的长期演变对长期宏观绩效的影响，认为1953—1958年、1978—2010年的高速增长和1970—1978年、2010年至今的增速放缓，都可以归结为SSA发生了变迁。具体来讲，人口结构、积累主体、劳动关系、政府经济角色、积累的中介、国际经济关系等SSA核心结构的变化，既是导致1978—1992年、1992—2010年中国经济实现高速增长的结构性原因，也是导致2010年以来中国经济增长率下滑的根本原因。

第九章主要分析改革开放以来中国电力弹性系数的变化特点，并预测“十四五”期间全国电力弹性系数的变化趋势。电力弹性系数是用以表征电力消费与经济增长之间关系的指标。据国内外经验显示，随着工业化进程的推进，电力弹性系数的变化具有规律性，在工业化发展的不同阶段，电力弹性系数呈现出不同的特点。由于中国第二产业具有用电量比重大、产值单耗高等特征，全社会电力弹性系数与第二产业电力弹性系数关联性强。在工业化中期，各地区电力弹性系数普遍较高，之后出现明显下降；工业比重大的省份电力弹性系数比较高。“十四五”期间，中国经济将实现高质量发展，电力需求将保持中高速增长，2025年全国电力需求将达到9.1万—9.8万亿千瓦时，全国电力弹性系数在0.83左右，与中国工业化后期发展阶段的国情相吻合。

第十章到第十二章则从影响社会经济发展的基本因素——人口角度展开讨论，首先分析了中国人口现状及未来趋势，然后从人口结构（自然结构、空间结构）的角度探讨中国储蓄率的走势以及公共服务供给模式。具体来看：第十章主要探讨了中国的劳动力和人口年龄结构与中国潜在经济增长率之间的关系。“人口红利”对中国改革开放四十余年来的经济增长起到了至关重要的作用，充足的劳动力使中国持续多年受益于出口导向型的经济模式，而随着“人口红利”的逐渐消失，中国经济也在积极转型。近年来，中国提出“一带一路”倡议、举办国际进口博览会等举措都显示出中国持续开放的决心，逐步实现从出口依赖向外贸多元化发展。为了积极应对农村剩余劳动力的减少，中国采取了产业结构调整、推行现代农业等措施。未来，中国将继续加大转型和改革力度，鼓励自主创新，推动技术进步，增加人力资本投资，以人口质量补偿人口数量。

第十一章主要探讨了人口老龄化对储蓄率的影响，并对中国储蓄率的中长期走势进行了预测。近年来，人口老龄化已经成为全球性问题，很多发达国家和一些发展中国家都已经步入老龄化社会。与此同时，中国人口老龄化呈现出规模巨大、增速飞快的态势。储蓄率作为影响经济增长的重要因素对中国长期以来的宏观经济发展起到了至关重要的作用。中国步入老龄化社会以后，如何继续保持宏观经济平稳增长已经成为中国学界乃至全社会关注的问题。本章结果表明，老年抚养比每上升 1%，储蓄率将降低 0.481%；少年抚养比每上升 1%，储蓄率将降低 0.119%。此外，在未来的几十年，人口老龄化将对中国的储蓄率产生巨大的影响，储蓄率的下降将对投资产生不利影响，进而不利于中国潜在经济增长率的提高。政策方面，鼓励生育的政策虽然在短期内可能会由于少年抚养比的提升而降低储蓄率，但随着时间的推移，老龄化问题会因为鼓励生育的政策而得到缓解。

第十二章专注农业转移人口市民化过程中的公共服务权益研究。加速农业转移人口市民化是城市高质量发展的重要因素之一。农业转移人口在就业城市具有归属感的“市民”身份认同，与其享有的城市公共服务权益具有重要关联。农业转移人口市民化过程中的公共服务权益包括基本公共服务权益与差异性城市公共服务权益。为创新农业转移人口的公共服务供给模式，本章提出了农业转移人口市民化全过程中的标准基本公共服务供给模式安排，以及市民化阶段中的差异性城市公共服务供给模式安排。

第十三章到第十七章关注中国区域经济问题。第十三章从部门生产率增长与跨部门资源再分配的视角，分析了造成中国省际制造业收敛而整体经济增长分异的原因。新古典增长模型认为，人均收入越低的地区经济增长速度越快，地区间的差异会逐渐缩小。已有实证研究表明，1900—2008 年，中国省际经济增长为有条件收敛；由于条件要素差异，中国省际人均 GDP 缺乏收敛性。那么，为什么省际部门劳动生产率的绝对收敛，没有导致整体经济的绝对收敛？本章认为，尽管制造业的生产率在省际是收敛的，但是由于制造业劳动力加速转出，导致制造业收敛对整体经济的收敛作用被产业结构的变迁削弱了；从农业流出的劳动力进入服务业和非制造业部门，而不是劳动生产率更高的制造业部门，产业结构变迁对整体经济增长的实质拉动作用受到限制。

第十四章探索了企业家精神在区域经济绩效中的作用差异，分析了企业家精神资源在区域内如何配置才能最大限度地激发创新创业活力。要深化供给侧改革,必须要有社会供给的主体——企业的参与配合,因此党的十九大提出要"激发和保护企业家精神,鼓励更多社会主体投身创新创业",以提高供给体系质量,增强中国经济质量优势。本章依据各省创新驱动发展力度的差异重新划分研究区域(高创区域和低创区域),结果表明:以创新精神为先导、创业精神为具体实施路径的企业家精神过程,对区域经济绩效均具有显著的正向影响,并且在高创区域的影响大于低创区域,因此在高创区域应增加企业家精神资源的投入,减少政府干预,鼓励区域创新创业;在低创区域应适当缩减企业家精神资源的投入,避免造成资源错配。企业要尝试建立"错误管理"文化,培养企业家精神。

第十五章利用理论与实证的方法对国别制度距离,以及对外直接投资(OFDI)动机在OFDI区位选择过程中的作用机制进行了探讨。OFDI是企业的自我选择行为,而制度因素扮演着重要的角色。大量研究表明,较好的制度质量能够有效地促进东道国吸引外商直接投资的流入,而较低的制度质量则会提升对外投资风险,降低投资收益率。众多研究表明,中国的OFDI区位选择具有制度风险偏好的特征,即中国更倾向于向制度风险较高的国家进行对外直接投资。本章将制度距离、OFDI动机和OFDI区位选择融合在同一研究框架,从国别制度距离及OFDI动机的角度,探讨其在OFDI区位选择过程中的作用机制。然后通过实证分析表明,制度距离的确会通过负向作用于OFDI动机,进而影响OFDI的区位选择。相较于以往文献从直接影响的路径研究,本章是从间接影响的角度进行研究,结论显示中国OFDI并不存在制度风险偏好特征,这在一定程度上解释了中国OFDI"制度风险偏好"之谜。

第十六章比较分析了中国省际绿色发展水平差异。党的十八届五中全会提出"必须坚定不移贯彻创新、协调、绿色、开放、共享的发展理念"。贯彻落实五大发展理念明确了中国经济发展方式的重点和方向,其中绿色发展是中国经济社会发展的重要支点。绿色发展着力解决经济发展与环境污染之间的问题,中国经济发展正经历着从高速发展到高质量发展的转变过程,必须处理好"发展"和"绿色"之间的关系。本章从资源环境角度入手,依据各地区样本数据,运用超效率非径向DEA模型,测度出反映各地区绿色程度的"绿色指数",进而构建可同时反映"发展"和"绿色"的综合指标"绿色发展指数"。结果显示,30个省份(除港澳台地区和西藏)的绿色指数参差不齐,最大值为80,最小值仅为50.7,分差达29.3,不同地区的绿色发展水平存在显著差异。

第十七章基于相对价格法测算中国国内的市场分割程度,从全国整体情况逐步深入至东中西部三大地区进而延伸至各省份,系统性地描述了中国当前国内市场分割的整体情况。关于中国国内市场到底是否存在分割这个问题,已有不少学者采用不同的方法进行了测算。本章采用较新的2004—2018年的数据基于相对价格法测算中国国内的市场分割程度，发现国内的市场分割程度整体呈现下降的趋势，这意味着中国国内市场一体化的进程仍在逐步推进，但其间仍出现短期内的加剧现象，例如，2008 年全球金融危机期间，全国市场分割程度得到了显著的提升，而这也正好体现了地方政府应对不利冲击时采取的应对措施。从东中西部三大地区的情况来看，中部地区的市场分割程度最小，西部地区的市场分割程度最大，东部地区则介于两者之间。从整个样本期来看，西部地区的市场分割程度下降最明显，其次是中部地区，最后是东部地区。从具体的省份情况来看，直辖市的市场分割程度普遍较高。

第十八章到第二十一章关注中国行业与企业的发展问题。第十八章基于新冠肺炎疫情的背景，对"十四五"期间中国企业的走势做出了前瞻性分析。本章认为，2020 年年初突然暴发的新冠肺炎疫情对我国经济产生了较大的冲击，但疫情的影响是暂时的，疫情之后经济必将出现反弹。从国际局势来看，新冠肺炎疫情在全球的暴发及蔓延已重创世界经济，引发全球经济出现前所未有的衰退。全球经济增长动荡源、风险点的增多，以及各种"逆全球化"的动向，都会给我国经济运行带来更大的不确定性。从国内环境来看，我国经济在"十四五"时期仍将处于经济结构深度调整与优化的转型期，经济体系中的结构性、体制性、周期性问题相互交织，"三期叠加"影响持续深化。对企业来说，考虑到新冠肺炎疫情的影响，经济新常态下的中国企业经营所面临的各种环境因素基本上具有连续性。总的来看，强化管理、控制成本、加大创新驱动力度、优化调整结构、持续转型升级仍然是中国企业首要的战略选择。

第十九章探讨了智能服务对数字化时代企业创新的影响。数字化时代改变了企业的创新模式、组织结构和生态系统，要求企业重新思考和创新企业战略及创业模式；具有感知性和连接性的智能服务成为企业获取持续竞争优势、实现创新转型的关键。由于智能服务具有新型基础设施的外溢性特征，并改变了经济学传统生产函数中的要素分配与替代弹性，致使传统服务理论无法充分解释智能服务对数字化时代企业创新的影响路径与逻辑。本章借助引文可视化工具 CiteSpace，从智能服务对数字化时代企业创新的影响效应、影响机制和影响情境三个维度对已有研究进行总结概括，在分析现有研究不足的基础上，区分"依附、渗透、协同和替代"四种服务属性，认为智能服务主要通过协同机制和替代机制对数字化时代的企业创新产生影响。

第二十章探讨了政治关联这一重要的非正式制度对政府补贴资源配置的影响，以及市场化进程在此过程中所起的作用。政治关联作为一种重要的非正式制度，会扭曲政府补贴这一稀缺资源的配置，而市场化进程作为一个正式制度不断建设和完善的过程，能够优化这种配置。本章研究发现：第一，在保持其他因素不变时，政治关联度越高的企业，得到的政府补贴越多。第二，企业所在地的市场化程度能够削弱企业政治关联度对政府补贴的这种正向影响。第三，在保持其他因素不变的情况下，平均而言，当企业的政治关联度增加1个单位时，其得到的政府补贴率将增加13.39%，这为分析政治关联对政府补贴的影响提供了可以参考的度量值。另外，企业所在地的市场化指数每增加1个单位，将使企业得到的政府补贴率所增加的13.39%减少1.14%，也就是变为12.25%。综上表明，应避免政治关联这种非正式制度对政府补贴资源的配置所带来的扭曲，同时坚定推动市场化进程，不断完善正式制度，以便政府补贴支出的决策过程受到更为严格的监督，相关的信息披露更加透明，进而提高政府补贴资源的配置效率。

第二十一章主要分析了中国金融发展水平对中国上市公司现金持有行为的影响及其产生的经济后果。金融发展作为国家宏观经济层面的一个重要因素，很大可能会对微观企业行为产生重要的影响，本章以1999—2015年中国A股非金融类上市公司的年度数据为样本进行研究，结果表明：金融发展减少了公司现金持有量，增加了公司现金持有的边际市场价值；按产权性质分组来看，金融发展使得国有企业现金持有量减少的幅度要大于民营企业，现金市场价值增加的幅度要大于民营企业。综上，金融发展主要通过缓解公司外部融资约束和减轻代理问题来影响其现金持有行为。

本报告是系列年度报告《中国经济增长报告》的第17部。以往的报告分别为：

1.《中国经济增长报告2004——进入新一轮经济增长周期的中国经济》

2.《中国经济增长报告2005——宏观调控下的经济增长》

3.《中国经济增长报告2006——对外开放中的经济增长》

4.《中国经济增长报告2007——和谐社会与可持续发展》

5.《中国经济增长报告2008——经济结构与可持续发展》

6.《中国经济增长报告2009——全球衰退下的中国经济可持续增长》

7.《中国经济增长报告2010——从需求管理到供给管理》

8.《中国经济增长报告2011——克服中等收入陷阱的关键在于经济发展方式转变》

9.《中国经济增长报告2012——宏观调控与体制创新》

10.《中国经济增长报告2013——实现新的历史性跨越》

11.《中国经济增长报告2014——深化经济改革与适度经济增长》

12.《中国经济增长报告2015——新常态下的宏观调控与结构升级》

13.《中国经济增长报告2016——中国经济面临新的机遇和挑战》

14.《中国经济增长报告2017——新常态下的增长动力及其转换》

15.《中国经济增长报告 2018——高质量发展中的经济增长和宏观调控》
16.《中国经济增长报告 2019——寻求经济增长的持久动力与对策》
本期报告的主编为刘伟，副主编为苏剑。具体章节编写分工如下：
第一章　刘　伟（中国人民大学校长、教授、博士生导师）
第二章　苏　剑（北京大学国民经济研究中心主任、教授、博士生导师）
　　　　盛　磊（国家信息中心）
第三章　陶　涛（北京大学经济学院教授、博士生导师）
　　　　肖迎春（湖南财政经济学院助教授）
第四章　苏　剑、陈　阳（北京大学经济学院博士研究生）
第五章　苏　剑、周　圆（北京大学经济学院博士研究生）
第六章　周景彤（中国银行研究院资深经济学家、研究员）
　　　　梁　婧（中国银行研究院研究员）
　　　　叶银丹（中国银行研究院博士后）
第七章　周天勇（东北财经大学国民经济工程实验室主任、教授）
第八章　方　敏（北京大学经济学院教授）
　　　　李　梁（北京大学经济学院博士研究生）
第九章　单葆国（国网能源研究院有限公司副总经济师兼经济与能源供需研究所所长）
第十章　苏　剑、康　健（北京大学经济学院博士后）
第十一章　苏　剑、康　健
第十二章　张冬梅（中央民族大学经济学院）
第十三章　张　辉（北京大学经济学院教授、博士生导师）
第十四章　项凯标（贵州大学管理学院教授、博士）
　　　　　蒋小仙（贵州大学管理学院硕士研究生）
　　　　　王　鹏（贵州大学管理学院硕士研究生）
第十五章　邵宇佳（北京大学经济学院博士后）
第十六章　林卫斌（北京师范大学经济与资源管理研究院教授）
　　　　　尹秋月（北京师范大学经济与资源管理研究院博士研究生）
　　　　　胡　月（北京师范大学经济与资源管理研究院硕士研究生）
　　　　　陈子鸿（北京师范大学经济与资源管理研究院硕士研究生）
第十七章　邵宇佳
第十八章　胡　迟（国务院国资委研究中心研究员）
第十九章　陈　岩（北京邮电大学经济管理学院教授、博士生导师）
　　　　　张李叶子（北京邮电大学经济管理学院博士研究生）

李　飞（北京邮电大学经济管理学院讲师）
张之源（中国核工业股份有限公司人力资源部）
第二十章　冯　科（北京大学经济学院副教授、博士生导师）
何　理（清华大学公共管理学院博士研究生）
第二十一章　冯　科、胡亚峰（北京大学经济学院博士研究生）

第一篇 经济运行

第一章　疫情冲击对中国经济的影响及中国的对策

2019年，中国经济稳定运行，实现了“六稳”，各项宏观经济指标均符合预期政策目标。然而，2020年年初，一场突如其来的新冠肺炎疫情暴发了。随着疫情的扩散和感染人数的增加，中国政府立即采取了强有力的防控手段，封城、封省甚至封村、封社区举措在全国范围内展开，这无疑对中国2020年的经济发展产生了巨大的影响。在初期疫情防控取得了一定成效之后，全国复工复产稳步推进，宏观经济自2020年第二季度以来便出现了回升迹象，各项经济指标均呈现持续边际改善的趋势。尽管疫情的暴发会对中国经济产生许多不利的影响及新的挑战，但由于中国经济具有强大的韧性、巨大的潜力和扎实的基础，这些特性有助于抵抗疫情带来的冲击，且在适当的稳增长政策调整下，实现全面小康目标的步伐将一往直前。

第一节　疫情对中国经济的影响及挑战

一、疫情冲击对中国经济及全球的影响

此次突发疫情对中国经济乃至全球经济产生的冲击是巨大的，影响也是极其深远的，主要表现为以下三方面。

1. 疫情对经济增长的负面冲击之大是空前的

2020年第一季度受疫情冲击，中国GDP增速同比下降6.8%，这是改革开放40多年来最低的单季增幅；与2019年6.1%的GDP增速相比，净下跌13%左右，也是改革开放40多年来最大幅度的季度间波动。全年GDP比上年增长2.3%，也是改革开放40多年来增速最低的一年。

2. 疫情对中国经济的冲击具有全面性

从供给侧来看，中国三大产业均遭受了冲击。2020年第一季度，第二产业增速下降9.6%，第三产业增速虽然下降幅度低于第二产业，但也达到－5.2%。同时，考虑到第三产业在GDP中占比达54%以上，比重位居第一，其受到冲击的绝对影响未必小于第二产业。从需求侧来看，中国内需外需均受到显著影响。特别是从内需来看，无论是投资还是消费需求均大幅下滑，社会消费品零售总额和固定资产投资额分别下降19%和16.1%，严重加剧了内需疲软的态势。

3. 疫情冲击具有全球性

此次疫情在世界范围内蔓延，波及200多个国家和地区，对全球经济产生了空前深远的影响。从国际货币基金组织(IMF)公布的最新经济预测来看，2020年全球经济增速预计为－3%，较2019年增速下调5.9个百分点，其中发达经济体下降幅度将达到6.1%，美国预计下降5.9%，欧盟预计下降7.1%；新兴市场和发展中经济体的经济增长率预计下降1%，同样进入负增长状态。特别需要指出的是，疫情在全球的蔓延及防疫的进展直到目前仍有极大的不确定性，因而其对全球经济的冲击程度仍有不确定性，这种全球经济负增长及不断增大的不确定性，必然会对中国经济增长和发展带来深刻影响，不仅会从总量上影响中国经济增长的速度，而且会从进出口贸易和服务贸易、外汇及外资流动、产业链和供应链等多方面产生结构性冲击，从而从需求和供给两方面同时削弱中国经济增长动能，其影响程度会远远高于2008年全球金融危机对中国的冲击。

2008年全球金融危机带来的全球经济衰退对中国的影响在传导方式上是自外单向地输入式，在冲击领域上是从贸易传导至实体，中国金融部门和机制并未受到直接冲击。因此，尽管2009年全球经济出现负增长，但中国经济仍在2008年9%高速增长的基础上实现了近8%的较强劲增长。而此次疫情冲击带来的全球衰退对中国的影响，在传导方式上是内外先后双向共同作用，在冲击领域上则包括贸易、金融、外资、投资等多个方面，在冲击的时滞上几乎不存在明显的时间节奏，而是以“停摆”的方式在经济、政治、文化、社会等各种因素共同作用下迅速产生冲击效应。首先是经济上的负面效应，进而会影响中国经济社会发展目标的实现，包括与经济增长目标直接相联系的就业政策目标、通货膨胀或通货紧缩控制目标、“三大战役”尤其是脱贫攻坚战目标、2020年决胜全面小康建成社会目标、“十三五”规划能否圆满收官一系列经济社会发展目标，等等。原本在疫情未发生之前，预期目标都是完全有把握实现的，但在疫情冲击下，特别是由于经济增长受到严重影响，这些目标的实现具有新的不确定性，从这个意义上说，疫情对中国经济增长的影响具有历史性。

二、疫情冲击给中国经济带来的新挑战

疫情在对中国经济产生严重冲击的同时，带来了许多严峻的挑战，集中体现在以下三个方面。

1. 对维持必要的经济增速形成挑战

所谓必要的经济增速是指支持短期宏观经济趋于均衡的增长速度，同时能够支持长期经济社会发展目标如期实现的增长速度。本来中国经济发展进入经济新常态之后，宏观经济方面突出的特征之一便是经济增长速度进入“换挡期”，从高速增长向中速增长切换，经济增速呈现连续多年持续下降的趋势。客观地看，

中国经济进入新发展阶段之后，在发展方式和经济结构未发生根本变化的条件下，经济潜在增长率本身也会规律性地降低。在疫情发生之前，人们关注 2020 年中国的经济增长率时，共识在于两方面：一方面国内国际社会普遍认为 2020 年中国经济仍然是正增长，并且相对于全球经济而言仍将保持增长速度上的领先；另一方面普遍认为 2020 年中国经济增长速度会大概率地低于 2019 年(6.1%)，但在具体达到怎样的水平上，有不同的预测和判断。事实上，若不考虑政策干预，2020 年中国经济自然增长率在供给和需求双紧缩的条件下，至多只有 3%左右的水平，要达到 6%左右的实际增速，需要在政策上极大地加强刺激力度，虽有可能实现，但或许会支付高昂的成本。在疫情发生之后，从目前情况来看，经济增速要达到 6%左右甚至超出 6%已经不现实，在第一季度－6.8%的增长条件下，要实现全年 6%的目标增速，后三个季度的经济增速必须达到两位数以上的超高水平，这不仅不可能，而且代价会极大。那么，需要保持、能够保持、怎样保持必要的合理的经济增长速度，就成为疫情冲击下我们关注的重要问题，同时也是必须积极应对的挑战。

2. 对扭转需求疲软态势构成挑战

就当前短期经济增长而言，疫情在全球蔓延导致全球经济休克式衰退，严重影响了中国的出口需求，出口需求受到压制又会通过压制相应的产业，进而影响居民的就业和收入及其预期，从而加剧对投资需求及消费需求的压制，使总需求不足的矛盾更为凸显。就内需扩大而言，疫情冲击导致投资需求(－16.1%)和消费需求(－19%)的速度下滑，反映到市场价格信号上，2020 年前 4 个月，CPI 同比涨幅从 1 月的 5.4%持续下降至 3.3%，其中食品 CPI 经过连续两个月的环比负增长，同比涨幅已显著回落，非食品 CPI 经过连续三个月的环比负增长，同比涨幅已下跌至 0.4%，面临通货紧缩的风险。更重要的是，PPI 跌幅持续扩大，从 2020 年 1 月的正增长 0.1%持续下降到 4 月的负增长 3.1%，其中生产资料 PPI 同比跌幅已扩大至 4.5%，连续 11 个月处于负增长区间，这种 CPI 涨幅持续下滑及 PPI 持续负增长，说明在疫情冲击下，总需求不足的矛盾更为突出，对宏观逆周期调节提出了更为迫切的扩张性要求。

3. 对有效修复供给侧紧缩构成挑战

从中长期来看，中国经济中长期趋势性下滑的力量强劲，疫情进一步加剧了下滑压力，在疫情冲击之前，影响中国经济潜在增长率下滑的几大趋势性力量并未转变，仍然处于回落期。而叠加疫情冲击之后，市场主体行为模式调整、重大结构性失衡的矛盾加剧、产业链和供应链的阻断、要素效率和全要素生产率的下降等，从企业、产业、国民经济体系等企业个体、产业结构、宏观总量等不同方面抑制了供给的反弹，可能导致经济恢复低于线性外推预期。以上对深化供给侧结构性改革提出了进一步的要求，对贯彻“巩固、增强、提升、畅通”的新阶段深化供给侧结构性改革工作方针提出了更加深刻的挑战。

三、疫情下的中国经济安全风险

第一，中国能经受住多大程度的疫情冲击。从国际角度而言，疫情到底何时终止、何时能有效控制仍具有非常大的不确定性。目前中国的经济情况相对较好，已经取得了阶段性的、战略性的疫情防控成绩，以尽可能低的成本，赢得了更早开启的复工复产时间窗口。但问题在于疫情充满不确定性，最终疫情冲击会有多大，对中国整个宏观经济安全将在哪些方面、造成多大程度的影响仍不确定。

第二，中国2020年经济增长规模能有多大。2020年《政府工作报告》未明确增长速度目标，从底线思维分析，“六稳”“六保”的头一个都是就业，其目标是新增900万个就业岗位，按照投入产出的理论分析框架，需要保证经济增长4.3%。如此，2020年经济增长或至少达到4%以上，“六稳”“六保”的底线才能守得住。

第三，中等收入陷阱的威胁是否会进一步扩大。2020年是全面建成小康社会的决胜之年，也是“十三五”规划的收官之年，又衔接了“十四五”规划的起点，恰恰也是中国跨越中等收入陷阱的一个关键时期。预定经济增长目标能否实现，特别是“十三五”规划收官之年各项指标的达成度如何，直接关系到“十四五”能否实现中等收入陷阱的跨越，进而影响2035年能否基本实现现代化，以及人均GDP能否赶上中等发达国家。

第四，如何应对“修昔底德陷阱”的威胁。中国作为一个在百年未有之大变局中崛起的一个发展中大国，必然会遇到世界性的挑战和矛盾。中国实现现代化，将从根本上改变世界现代化的格局，改变实现现代化的制度道路和历史进程，因此其间遇到的种种矛盾必然是全球性和历史性的。正因为如此，习近平总书记提出的“人类命运共同体”及践行这一理念的“一带一路”倡议作为中国智慧、中国方案的体现才更具意义。

总之，疫情冲击下，2020年下半年中国宏观经济将面临更为严峻的短期风险因素（特别是需求疲软）和中长期趋势性下滑（主要是供给紧缩）的双重挑战。从短期因素来看，疫情的蔓延和再暴发风险、世界经济衰退进一步恶化的风险、全球产业链重构的风险、市场主体抗压能力和绩效恶化的风险以及相应的金融风险，均会对中国经济增长构成不利影响。从长期因素来看，要素成本的持续上升、创新力不足导致的产业结构升级受阻、全要素生产率提升迟缓导致发展方式转变动能不足等，都会对中国经济发展带来巨大的风险。

第二节 中国经济具有的潜在特征

一、中国经济具有强大的韧性

从历史经验来看，中国经济空间大、内需强、韧性足，在历次全球性和地区性经济危机中都表现出较强的韧性，在危机后都迅速恢复了较快的发展。与其他国家相比，往往越是经济困难、危机严重的时期，中国经济表现越是相对出色。1997年经历亚洲金融危机冲击之后，中国经济迎来了近10年的“高增长、低通胀”的黄金时期；2008年经历全球金融危机冲击之后，中国又经历了一轮强劲增长，并在2010年GDP总量超过日本，成为世界第二大经济体。

面对此次疫情冲击，在全球衰退、经济普遍预期负增长的背景下，中国经济仍能够实现正增长，这意味着2020年中国经济总量占全球GDP总量的比重仍会提高，从2019年的16%进一步上升，同时也意味着中国经济增长对全球经济增长的贡献度仍在提高，由近些年的30%以上进一步上升。这种在世界经济存量和增量上比重的提高，表明：疫情冲击下中国经济的国际影响力仍在提高而不是下降；中国经济实现伟大复兴的步伐进一步加快而不是放缓；中国经济与发达国家经济间的差距进一步缩小而不是拉大（与美国相比，2010年中国成为世界第二大经济体时GDP相当于美国的40%左右，2012年党的十八大召开时中国GDP大体相当于美国的54%左右，2017年党的十九大召开时这一比重提升至63%以上，到2019年则上升为67%）。究其原因，在经济发展历史进程阶段上，我们处于工业化、信息化、农业现代化的快速发展期，即拥有发展史上强劲增长的“天时”；在发展空间结构上，经济区域间具有梯度性特点，同时中国作为新兴经济体在当代全球发达经济与发展中经济“双环流”体系中又居于枢纽性位置，即拥有大国发展强劲增长期相对可能更久的“地利”；更为重要的在于，就基本经济制度和经济机制而言，中国特色社会主义市场经济制度在宏观调控方式和市场微观主体制度上，均具有更强的逆周期能力，即拥有支持经济淡化周期、实现均衡增长的“人和”。

二、中国经济具有巨大的发展潜力

一是中国拥有超大规模的国内市场优势，具有持续释放强劲需求的能力。2019年中国GDP总量已近100万亿元（折合14万亿美元），人均GDP突破1万美元，超过当代上中等收入国家的平均水平；常住人口城镇化率突破60%，城镇人口规模达到8.5亿人，同时，未来30年中国至少还有30%的人口（约4.2亿人），将要实现城镇化，平均每年新增城镇人口约1 400万，其消费方式和水平都将发生深刻变化；居民恩格尔系数降至28.2%，消费需求总量迅速扩张，消费结构持续升级，社会消费品零售总额超过40万亿元，成为超过美国的世界第一大国内消费品市场，已经成为“世界市场”。不断增长的国内需求，尤其是最终消费需求的不断扩张，是中国经济抵御疫情冲击保持持续拉动的重要潜力所在。

二是中国经过长期发展，已经成为全球规模最大的工业制造业经济体（2015年工业制造业规模超过美国），成为所谓的“世界工厂”，是世界上唯一拥有联合国划分的44个大类666个小类的部门齐全的工业体系国家。特别是加入世界贸易组织（WTO）以来，中国供应链不断延长，产业链日益完善，产业体系愈发成熟，产业链中的知识和创新密度均有所提升，受过高等教育的专门人才累计1.7亿人以上，核心竞争力和生产能力持续增强，未来更有可能成为“世界创新中心”。这些经长期发展积累起来的资本存量和劳动力资本存量以及生产能力等，并不会因疫情的冲击而消失或发生根本性改变。疫情冲击虽然强烈，但本质上这种冲击是外生的、偶发的，不会从根本上改变中国经济发展的主要决定因素，因而也不会改变中国经济长期向好的客观趋势。

三是国内疫情已经得到有效防控。疫情作为外生冲击，对宏观经济的影响程度主要取决于疫情持续时间，中国防疫形势在2020年第一季度已得到快速有效的控制，为全年经济恢复增长创造了极为难得的有利条件和基础。虽然第一季度总体受疫情冲击严重，但分月份来看，自3月起，中国主要经济指标降幅明显收窄，3月规模以上工业增加值同比下降1.1%，但降幅比1—2月收窄12.4个百分点；服务业生产指数下降9.1%，但较1—2月收窄3.9个百分点。4月以来，伴随疫情防控向好的态势进一步巩固，经济增长加快恢复态势进一步明显，表明中国果决的防疫措施为经济及早进入恢复期创造了时间窗口，赢得了主动权。

四是日益完善的宏观调控政策体系具有较强的抵御疫情冲击的反危机能力。改革开放以来，特别是党的十八大以来，伴随中国特色社会主义基本经济制度的更加成熟定型，宏观调控体系更加完善，宏观调控目标在强调总量目标的同时更加注意结构调整，宏观调控方式在关注总需求的同时更加注重总供给，宏观调控政策工具更加丰富多样，宏观调控力度和方向更加精准。特别是近年来在经济下行压力加剧的背景下，中国没有采取大水漫灌式的超强刺激，更没有将房地产泡沫推升作为短期刺激总需求的手段，而是采取大规模减税降费、优化营商环境等深化供给侧结构性改革的举措。这为当前应对疫情冲击预留了更为充足的政策空间。如较低的政府负债率和财政赤字率等为稳就业、保民生、“新基建”等预留了更大的财政政策空间；温和的核心CPI涨幅、PPI跌幅和“全球降息潮”的经济背景为从需求和供给两端实施“六稳”、落实“六保”预留了更大的货币政策空间。这样就能够使积极的财政政策更加积极有为、稳健的货币政策更加灵活适度，以保障经济运行处于合理区间，防止短期冲击演变成趋势性变化；通过强化宏观政策逆周期调节作用，以提高应对疫情等各种风险挑战的能力，实现全年经济平稳运行。[①]

三、中国经济具有扎实的基础

2019 年中国经济在国内下行压力增大、世界经济低迷的情况下，仍然保持健康增长势头，主要宏观经济指标达到了预期值，“六稳”要求得到全面落实；在全球经济增速预计下降 0.6 个百分点的背景下，经济增速仍保持领先优势，为全面实现“十三五”规划、全面建成小康社会奠定了坚实的基础。但动态地看，经济下行压力不断上升。2019 年，按季度来看，经济增速是持续下降的，前三季度分别是 6.4%、6.2%、6.0%；总体上全年同比增长预计为 6.2%。2019 年，虽与全球相比，经济增速领先，但与上年同期相比，回落 0.5 个百分点，2018—2019 年是经济下行加速期，2020—2021 年则可能是本轮周期的触底反弹期。2020 年，中国经济增速第一季度为 −6.8%；第二季度恢复正增长，达到 3.2%；第三季度继续升至 4.9%；第四季度达到 6.5%，全年则为 2.3%，成为世界主要经济体中唯一实现正增长的国家。

其中，从总供给角度而言，扩张性因素主要集中在以下三方面：一是发展性因素的改善，包括技术进步、外资投资增加、能源成本可能下降等。二是制度性红利的反弹会对冲部分潜在经济增长率下滑的作用。十八届三中全会以来已推出 2 217 个改革方案，仅 2019 年便出台了 285 个改革方案，其中完成 46 个重点改革任务，基本完成 61 个改革任务，基本经济制度的优势更加凸显。三是为应对外部冲击，特别是中美经贸摩擦带来的产业结构调整，在关键技术、科技研发、国产替代、重要设备等方面的战略政策启动会带来新的结构性拉动效应。

从总需求角度而言，积极因素主要集中在以下三方面：一是部分领域投资需求的增加，包括基础设施投资持续改善，国有企业投资上升，民营企业投资预期改善；二是全面建成小康社会的发展红利将进一步显现。随着 2020 年全面建成小康社会目标的实现，内需市场扩张的基础将进一步充实，超大规模的市场优势和中产阶层消费潜力将不断提升；三是全球经济政策同步宽松将给 2020 年带来全球政策红利，为促进全球经济复苏，全球主要经济体开启了新一轮降息周期。

第三节　对实现全面小康的再认识

2020 年的中国社会经济发展具有历史节点性意义，2020 年是中国现代化进程“两个百年目标”中第一个百年目标的实现节点，即决胜全面小康；是打赢“三大战役”尤其是实现“一个都不能少”的全面脱贫攻坚目标的决胜之年；是“十三五”

① 习近平，《在统筹推进新冠肺炎疫情防控和经济社会发展工作部署会议上的讲话》，《人民日报》，2020 年 2 月 24 日，第 2 版。

规划的收官之年。这些历史性节点所包含的一系列经济社会发展指标要如期达成,需要2020年实现一定的经济增长。那么,在疫情冲击下,中国能否实现所要求的经济增长?实际上,经济社会发展的预期目标实现是一个长期积累的过程,中国经济长期持续高速增长,且党的十八大以来发展方式转变加速、发展质量提升,这些都为实现预定的经济社会发展目标打下了坚实的基础。无论是实现全面小康,还是完成"十三五"规划指标,特别是脱贫攻坚任务,绝大部分指标截至2019年年底已基本达成,极大地缓解了2020年经济增长的压力,不需要较高速度的增长,只要坚持"六稳"、落实"六保",实现"底线管理"下的平稳增长和运行,就可以实现预定的经济社会发展目标。反过来说,若预定的经过长期发展才可以实现的全面小康目标、"十三五"规划目标和脱贫攻坚目标,仅仅因为2020年一年的经济增长受到疫情冲击而难以实现,那就表明实现这一系列发展目标的长期发展基础脆弱,并不可靠。但这并不符合中国国情。

就全面建成小康社会的目标而言,在经济数量指标上,人们关注的重要指标有二:一是GDP总量按可比价格比2000年(初步小康水平)翻两番,以10年为一阶段实现翻一番;二是城乡居民收入按可比价格比2010年翻一番。总量10年翻一番要求年均增长率为7.2%左右。2000—2010年翻一番的阶段性目标提前了三年(2007年)实现,若到2020年再比2010年实际基数翻一番,实际上实现的增长要比按2000年翻一番高,若仍以原定初步小康水平为基础实现翻两番的目标,2020年只要达到4%左右的经济增长即可实现,这是完全可能的。城乡居民人均可支配收入翻一番目标的实现则不仅涉及经济增长,还涉及收入分配问题。只要2020年中国经济增长不出现严重负增长,在已有基础上,只要我们进一步妥善处理好收入分配关系,包括国民收入的宏观分配和城乡居民的个人收入分配,就能够实现居民收入翻一番的目标。这一目标的实现对2020年中国经济增长速度并无更高的要求,4%以上的经济增长率完全可以支持。

需要强调的是,全面建成小康社会的关键在于"全面",不单是经济指标达标,即使就经济指标而言,也不单指GDP和居民收入等数量指标,而是综合性的社会经济发展目标体系,着重解决的是发展的不均衡、不协调等结构性矛盾。对于实现全面小康而言,2020年的任务重在经济质量指标的进一步提高,而不在于速度的进一步加快,从而使全面建成小康社会的目标实现得更为充分。

就保就业、保民生对年度经济增长的要求而言,由于经济增长与就业具有深刻的联系(根据奥肯定律,在其他条件不变的条件下,经济增长每下降或上升一个百分点,都会相应地减少或增加一定的就业机会,进而导致失业率变化),不同国家在不同的经济发展阶段和不同的经济结构下,其经济增长带来的相应就业岗位虽有不同,但其内在联系规律是存在的。中国近年来的就业政策目标通常是把城镇调查失业率控制在5%左右(登记失业率为4%左右),实际上大都稳定在5%以下。这就要求每年要提供1 100万—1 300万个新增就业机会,为此需要一定的经济增长支持。2019年中国GDP增长6.1%,为城镇新增1 352万个就业机会,调查失业率和登记失业率分别为5.2%和3.62%,实现了预定政策目标。

据测算,中国现阶段16—70岁的人口总数大体处于不增不减的阶段,就业人口规模稳定,甚至已接近下降的拐点。从劳动力总量上来看不会增大就业压力,同时部分超龄工作人口可能会退出劳动力市场,也有助于缓解实际就业的市场压力。再加上2020年疫情防控进一步取得的成效,经济恢复逐渐加快并步入正轨,下半年的增速会高于上半年,因此2020年下半年的就业压力会低于上半年。尤其要指出的是,由于存在增长的基础效应,2019年GDP较之2018年增长了6.1%,相应新增了1 352万个就业机会。如果考虑到疫情冲击对就业冲击的复杂性和深刻性,把调查失业率政策控制目标水平提升到6%左右(登记失业率为5.5%左右),那么,只要其他条件不发生大的逆向变化,4%以上的经济增长率预计就可以使城镇新增900万个就业岗位。而900万个新增就业岗位能够支持2020年将调查失业率控制在6%左右(登记失业率为5.5%左右)的水平,实现"保就业"的目标。除上述经济总量增长带来的就业效应外,如果再考虑到深化供给侧结构性改革所积累的红利释放,中国国民经济在吸纳就业的结构弹性上、体制效率上、政策力度上等方面发生的积极变化,都可能促进国民经济吸纳就业能力的提升。实际上,2020年全年中国经济增速为2.3%;新增就业人数超过1 000万人次,达到1 186万人次;全国城镇调查失业率全年平均为5.6%,这表明中国经济调控的反周期能力突出。

就实现2020年脱贫攻坚目标而言,经过长期不懈的努力,特别是党的十八大以来,以习近平同志为核心的党中央提出要精准扶贫,使贫困发生率从2012年的9%以上,降到2020年的0.6%。以现有贫困标准(中国贫困线标准高于联合国标准,1.9美元/日),未摘帽的贫困县有52个,贫困人口累计500多万,再加上300多万的贫困边缘化人口,考虑到疫情的冲击对农村务工人员收入的冲击,可能会有近200万的贫困人口重新返贫,2020年要实现"一个都不能少"的脱贫攻坚目标,还需要使近1 000万人实现脱贫。根据中国经济发展的历史经验,特别是党的十八大以来,中国年均脱贫人口规模都在1 000万人以上,2019年更是达到1 109万人。因此,在2020年经济有序恢复的基础上,通过各方面的努力和多方措施并举完全有能力完成这一任务。疫情阻挡不住中国实现脱贫攻坚目标的历史脚步,因为脱贫攻坚不仅需要相应的经济增长和发展作为基础,还需要制度作为保障。中国特色社会主义基本经济制度的本质和优势不仅决定了中国经济具有更强的反危机的增长动能,而且决定了中国具有更广泛的惠及广大人民实现共同富裕的优势。

第四节　政策建议

一、中国的宏观调控体系

中国的宏观调控政策体系包括需求管理、供给管理、市场环境管理三大类（刘伟和苏剑，2018；苏剑，2017）。在三大政策管理中，市场环境管理是治理宏观经济问题的治本政策，主要目的在于消除各种形式的市场失灵，以及存在于转轨经济中的市场不完善、产权不清晰等问题，从而恢复市场机制的调节。如果能够充分消除市场失灵，就不需要需求管理和供给管理政策了。只有当市场失灵在短期内无法被彻底消除时，需求管理和供给管理才有发挥作用的价值。

二、具体政策措施

1. 扩张性需求管理政策为主

第一，货币政策。应该充实流动性，常态化降低存款准备金率，构建更加透明、稳定的基础货币投放渠道，通过降准、定向降准、中期借贷便利等手段实施精准滴灌，同时，引导资金“脱虚向实”，让资金回流到实体经济，进一步降低民营企业、小微企业贷款成本，缓解民营企业、小微企业融资难、融资贵的问题，增强企业贷款意愿。在直接融资方面，进一步放松对直接融资的限制和对非法集资的认定，放松对企业在海外发行债券的限制。

第二，汇率政策。首先加强汇率政策与货币政策的协调，以更灵活的汇率浮动机制来确保货币政策的独立性和有效性，从而更好地“稳增长”；其次加强汇率政策与宏观审慎政策的协调，统筹做好对内宏观审慎管理和跨境资本流动宏观审慎监管，防范货币危机并避免内外部金融风险恶性联动；最后，加强短期汇率政策与对外开放政策的协调，使得金融业的开放真正服务于促进实体经济发展、提升金融服务业的竞争力和效率，而不能使其成为金融风险的“放大器”。

第三，财政政策。加大财政扩张的力度，建议将财政赤字率从 2019 年的 2.8%上调至 3%或更高，用于基本建设、教育、研究开发、文化方面；改革个人所得税，增强企业和个人的获得感，提升个人的消费能力；同时，财政支出向民生项目倾斜，增强人民群众的幸福感。

第四，改革计划生育政策，并转而鼓励生育。现在抚养孩子的成本很高，这本身就是消费需求，并且是优质消费需求，因此，鼓励生育就是扩大消费。

第五，放松房地产行业的限购、限贷政策，激活房地产投资；刺激汽车消费，放松各城市对汽车购买的限制，取消限行措施，降低汽车相关税收和燃油税等。

2. 扩张性供给管理政策次之

第一，降低企业生产经营成本。首先是减税，包括增值税、所得税和消费税等；其次是降低社保费率，可降低 1—2 个百分点，减轻企业负担；再次，可以将住房公积金从强制缴纳改为企业与劳动者协商后自愿缴纳或不缴纳；最后，国家可适当对受疫情影响严重的企业实施扶持，避免企业生产经营产生困难。

第二，加快国有企业市场化改革。国有企业市场化改革的首要任务是明确国有企业的权责利三要素，使国有企业成为真正意义上的市场主体。同时，打破财政兜底、刚性债务偿付制度，提高国有企业在市场经济中的独立自主性。

第三，深化产业结构升级，提高科技在产业中的作用，扩大高质量供给。一方面，继续改造传统产业，加快高能耗、高污染的落后产业逐步退出；另一方面，进一步加强对新兴行业的支持，通过政策扶持和金融支持，大力发展高科技产业。

第四，加快高新技术的自主研发。主要是在政策和资金支持、科技基础设施完善、人力资本培养以及产学研一体化等方面继续发力。

3. 扩张性市场环境管理为辅

在市场环境管理方面，要进一步放松管制，激活市场活力，调动一切积极因素发展经济。

第一，正确处理政府与市场的关系，以市场为导向，进一步发挥市场的调节作用。为促进经济稳定增长，设法降低制度性交易成本，这就需要推进制度和机构改革，正确处理政府与市场的关系，包括行政体制、企业体制、创新体制及财税金融体制等方面的改革，改善营商环境和消费环境。

从营商环境来看，首先，加强依法治国，制定和完善相关的法律法规，减少人为干预；其次，保持政策的稳定性、连贯性，不要在短期内频繁地变更政策；最后，注意引导市场预期，防控因扩大内需而引致的风险，即防控资金流向房地产市场和资本市场导致资产价格泡沫风险加剧。

从消费环境来看，首先，健全和完善社会保障体系，稳定消费者的消费信心；其次，完善消费基础设施，特别是旅游消费，增加消费供给，扩大消费者的选择范围；最后，完善消费者相关的法律法规，加强执法力度，依法保护消费者权益，整顿和规范市场秩序，对假冒伪劣和价格欺骗等行为零容忍。

第二，改善劳动力市场流动性。一方面，完善和规范用工法律法规，保护劳动者的合法权益，同时减轻就业市场对弱势劳动者的歧视问题；另一方面，继续改革户籍制度，加速城乡融合，为农村劳动力在城市就业和居住提供便利。

第三，放松各行各业的市场准入限制，鼓励民营企业进入各行各业。加快国有企业的市场化改革，实行所有制中性，使各种所有制的市场主体享受平等待遇。

第四，在农村实行土地产权制度改革，激活农村投资。

第五，进一步加大对外开放，对外开放在增加需求的同时也能增加资本、管理经验和生产技术等方面的供给。加快落实中美贸易谈判第一阶段已达成的协议，营造良好的国际环境。

第二章　“新基建”：背景、内容和逻辑

“新基建”是目前中国宏观调控中被普遍重视的政策。为什么会有“新基建”？它对中国经济会有什么影响？在中国的宏观调控体系中，“新基建”是如何发挥作用的？本章试图回答这些问题。本章将探讨“新基建”政策出台的经济背景、“新基建”的内容及其出台的理论逻辑和预期效果。

本章分六个小节。第一节从中国目前面临的国际经济背景、中国经济发展的阶段以及目前面临的国内国际疫情形势三个角度介绍中国目前宏观经济运行的背景；第二节分析中国目前的经济形势；第三节分析中国宏观经济运行的理想状态以及宏观调控的目标；第四节介绍“新基建”的内容及特点，随后，根据中国特有的宏观调控体系，探讨“新基建”的作用机制；第五节分析“新基建”中的需求管理、供给管理和市场环境管理；第六节是结语。

第一节　中国目前宏观经济运行的背景

一、国际经济背景

产能过剩是目前世界经济的主要特点。产能过剩的出现，主要是由于科技进步乏力，经济中缺乏新的消费热点，因而也就缺乏好的投资机会。其结果是，在缺乏新产品的情况下，世界总的市场需求就无法进一步有效扩大，世界经济总体增速就比较低迷，也就出现了世界各国争夺世界市场的情况，目前各国之间的贸易战就是这类争夺战的一种形式（苏剑和林卫斌，2015），而中美贸易摩擦就是这种市场争夺战的一个战场。

本次中美贸易摩擦爆发以来近两年的经历表明，当前世界经济仍处于2008年全球金融危机后的深度调整期，全球经济、贸易增长乏力以及保护主义抬头，对中国经济稳定发展和全球经济增长造成了重大障碍。中美贸易摩擦对中国经济的影响尤为直接和严重，中国出口导向型的经济增长方式面临严峻挑战。

二、中国经济发展阶段

改革开放以来，中国经济持续和高速增长，创造了经济增长的奇迹。2019年，中国GDP总量为99.1万亿元，居世界第二位，人均GDP达到10 276美元。东部沿海一些省市的人均GDP已超过世界上一些发达国家的水平。随着中国经济发展阶段的变化，中国经济资源禀赋结构和经济运行的特征也发生了很大变化。

第一，人口红利和资源红利是中国成为世界第二大经济体的主要初级动力。但是，随着人口红利和资源红利的衰减与消失、“中等收入陷阱”风险累积、全球经济增长低迷、发达经济体经济减速与需求下降、国际经济格局深刻调整等一系列内因与外因的作用下，在保持高速发展近 40 年后，2013 年以来，中国经济发展进入“新常态”：经济增长从年平均 9.5%的高速增长向平均 6.5%的中高速增长转换，发展方式从规模速度型粗放增长转向质量效率型集约增长，发展动力发生新旧转换。

第二，经济运行中的各种新的风险因素开始显现和聚集。过度依靠投资和外需的经济增长模式，以及来自能源、资源、环境的制约影响越来越明显，经济发展存在诸多结构性问题，产业结构由中低端向中高端转换；增长动力由要素驱动向创新驱动转换，资源配置由市场起基础性作用向起决定性作用转换；房地产价格、地方政府债务、外资撤离和国际金融传导等方面均存在风险，人口峰值、中国劳动力成本增加、外资结构变化、能源价格波动和环境保护等因素也从供求两端施压中国经济。

第三，宏观经济政策效力减弱。政府先后通过加大投资、降息、降准等政策保持经济稳定，但宏观调控货币政策在需求端持续加大力度而效果不彰，投资拉动上急而下徐，“基础设施＋房地产”增长模式的旧经济疲态显露，以需求侧为主的管理所取得的效果日益下降。

三、新冠肺炎疫情

突如其来的新冠肺炎疫情给实现中国全年经济社会发展的目标带来了困难和挑战，2020 年第一季度 GDP 为 206 504 亿元，同比下降 6.8%。[①] 第一季度主要宏观经济指标出现明显下滑。

受疫情影响，全球经济遭受重挫，供应链中断、需求被抑制。联合国 2020 年 5 月 13 日发布的《2020 年世界经济形势与展望年中报告》显示，受新冠肺炎疫情影响，2020 年全球经济预计萎缩 3.2%，发达国家经济将萎缩 5%，发展中国家经济将萎缩 0.7%。2020—2021 年，全球经济产出累计损失将达 8.5 万亿美元，几乎抹去了过去 4 年的全部增长。报告预计，2020 年世界贸易将收缩近 15%，2020 年全球将有约 3 430 万人跌入“极端贫困”，其中 56%生活在非洲。

报告还指出，大多数发展中经济体的公共债务水平高，很难实施大规模的经济刺激计划。同时，出口下滑正迅速破坏许多发展中国家的债务可持续性，进一

---

① 国家统计局，《2020 年一季度国内生产总值（GDP）初步核算结果》，详见 http://www.stats.gov.cn/tjsj/zxfb/202004/t20200417_1739602.html，访问时间：2020 年 4 月 21 日。

步限制它们实施刺激措施。[①]

在本次新冠肺炎疫情的影响下，中国面临的国际经济形势更为严峻。2020年第一季度，中国出口额为33 363亿元，下降11.4%；进口额为32 380亿元，下降0.7%。如果国际经济形势继续如此，甚至进一步恶化，将对中国继续产生影响。同时也要注意到，疫情加剧了国际经济摩擦，逆全球化可能会导致国际经济环境进一步恶化。

第二节 中国目前的经济形势

一、经济增长速度放缓，可持续发展问题日益突出

2010年以来，中国经济增速从10.6%下降到2019年的6.1%，平均每年下滑0.5个百分点。从外部因素来看，全球经济增长低迷、贸易保护主义抬头、中美贸易谈判的不确定性提高了生产成本、地缘政治风险等问题，对中国出口主导型经济增长模式产生了一定的抑制作用。从内部因素来看，国内经济下行压力有周期性因素，但更多的是结构性原因。

中国经济发展长久以来单纯依靠劳动力、资本和自然资源等生产要素的大规模投入和扩张，粗放型增长使能源、资源、环境的制约影响越来越明显。随着人口峰值到来、劳动力成本增加、人口老龄化导致“刘易斯转折点”加速到来、传统人口红利消失，要素资源约束日益加剧，要素的边际供给增量难以支撑传统的经济高速发展，中国经济潜在增长率降低，促使中国经济回落到一个低速增长区间。

二、就业形势发生根本性变化，疫情期间总量问题凸显

随着中国劳动力总量开始减少，中国的就业在总量上已经不存在大问题，主要问题是产业结构、人口结构变化导致的结构性失业问题。其集中表现就是近十几年出现的“民工荒”“大学生就业难”并存的现象，同时也导致中国这段时期内的资本深化。

疫情冲击下，就业形势变得更为严峻。就业总量上，受外部环境影响较大的为外贸出口企业、产能过剩行业，老工业基地和资源型地区，以及农村务工人员、中低技能劳动者和高校毕业生等群体；随着科技进步加快和产业调整升级，企业裁员和招工难现象并存，就业的结构性矛盾更加突出。

三、产业结构问题突出，经济缺乏国际竞争力

在中国经济发展的初期，主要以数量的快速增长为特征，对经济增长的质量要求不高。这主要是特定经济环境下企业和政府的理性选择决定的。中国经济

① 新华网，《联合国预计2020年全球经济萎缩3.2%》，详见 http://www.xinhuanet.com/2020-05/14/c_1125983401.htm，访问时间：2020年5月15日。

发展长久以来以数量的增长和速度为中心，不注重经济发展的质量，造成产业结构问题突出，建材、钢铁、煤炭、化工、电解铝等传统产业产能过剩，结构性有效供给不足；中国拥有全球门类最齐全的产业体系和配套网络，但许多产品仍处在价值链的中低端，低附加值产业和高消耗、高污染、高排放产业的比重偏高，单位产出的能耗和资源消耗明显高于国际先进水平，高附加值产业、绿色低碳产业、具有国际竞争力产业的比重偏低等。

2008 年全球金融危机爆发后，越来越多的国家认识到世界经济的关键问题不是短期的金融危机，而是深层次的经济结构问题。发达国家纷纷推进“再工业化”，加快调整发展模式，重塑和发展具有比较优势的产业，发展高端制造业，抢占新一轮产业变革制高点和全球话语权；一些新兴经济体利用比中国更低的成本优势积极接纳国际制造业转移，力求打造新的“世界工厂”。中国传统的低成本竞争优势减弱，在中低端领域面临成本更低的新兴经济体的追赶竞争，过去主要依靠要素低成本投入、外需拉动、粗放发展的模式更加难以为继。

第三节 中国宏观经济运行的理想状态

随着中国经济发展进入新常态，经济增长速度从高速转向中高速，发展方式从规模速度型粗放增长转向质量效率型集约增长，发展动力从传统增长点转向新增长点，中国宏观经济运行的理想状态即宏观调控的目标包括以下几个方面。

一、经济平稳运行

在新常态下，中国经济增速会放缓，但能够平稳运行，主要体现在经济增速、就业、物价、汇率等方面。

（1）经济增速稳定有助于保证企业运行的平稳，从而保证相关贷款的质量，避免经济出现过多的不良贷款。

（2）就业稳定是民生的保障，也是金融体系稳定的前提。这主要体现在住房贷款的安全方面。

（3）物价稳定既是民生的保证，也是社会稳定的前提。

（4）汇率稳定有助于避免国际贸易中的一些不确定性，为国民经济的运行提供一个稳定、可靠的环境。

二、高质量增长

经济平稳运行主要关注宏观经济运行的数量方面。但我们还应该关心经济运行的质量。因此，我们不仅需要一定的经济增长速度，还需要这种增长是高质量的。高质量的增长即经济的健康持续增长，通过高质量增长，避免出现系统性、全局性的经济和金融危机。

三、国际竞争力提升

国际国内经济形势的变化和科技进步，对中国经济的国际竞争力提出了越来越多的新要求。

首先，过去中国经济发展的重要战略机遇来自比较有利的国际环境，当前世界政治、经济、地缘等各种因素相互交织，对世界经济影响加深，围绕全球治理体系的竞争日趋激烈，中国面临的国际经济环境发生了并将继续发生重大变化，对中国经济发展形成制约。

其次，中国传统上以低成本为特点的竞争优势也随着劳动力成本的上升而逐步削弱，寻找和构建新的竞争优势成为中国经济未来急需解决的重大问题。

最后，随着科技革命、数字革命的爆发，新科技成果大爆炸集中在互联网、云计算、大数据、人工智能、5G 技术、量子通信等领域，体现了先进生产力的突破性发展。

在这样的大背景下，中国必须设法提升经济的国际竞争力。

四、结构升级

经济发展的过程也是结构升级的过程。第一，随着要素禀赋结构的变化，经济的比较优势也会发生变化；第二，随着居民收入的提高，也会出现消费升级；第三，科技进步也不断催生新的产业。因此，结构升级是一个国家经济发展不可避免的环节。但要实现产业的快速升级，并不是一件容易的事情；实际上，有些国家由于产业结构升级不及时，导致经济陷入中等收入陷阱。

产业结构的顺利升级需要产业政策的配合，需要政府克服相关领域存在的“协调失灵”等问题：在产业升级过程中，创新将变得越来越重要，因为新技术、新产业必须靠自主研究和发明。新产业所需的资本规模和风险通常比原有产业大，要求有能够动员更多资本、有效分散风险的金融制度安排及其配套；随着技术创新、产业升级，以及资本密集度和规模经济的提高，市场范围和交易价值会不断扩大和增多，交通、电力、港口等硬性基础设施和法律、法规等软性制度环境，也需要不断完善；新的技术创新和产业升级还需要相关基础科学的突破，而基础科学的研发属于公共产品范畴。凡此种种，都属于市场失灵的范畴，需要一个“有为的政府”来协调不同的企业和其他经济主体加以克服，或是由政府自己直接提供相应的服务。只有这样，才能随着要素积累和比较优势的变化，将具有潜在比较优势的产业变成新的具有竞争优势的产业。[①]

① 林毅夫，《产业政策与国家发展——新结构经济学的视角》，详见 https://www.guancha.cn/LinYiFu/2016_11_12_380318_s.shtml，访问时间：2020 年 5 月 15 日。

第四节 “新基建”的主要内容及中国的宏观经济政策体系

一、“新基建”的主要内容[①]

“新基建”是逆周期调控做出的有新内涵的战略部署。它是支撑传统产业朝网络化、数字化、智能化方向发展的信息基础设施，短期是助力疫情防控、复工复产，稳投资、保就业、保民生、促消费，扩大内需；长期是顺应产业周期的供给端提升，具有产业升级和补齐基础设施领域短板的双重特征。

2020 年 4 月 20 日，国家发展改革委创新和高技术发展司首次明确了新型基础设施的范围。按照其说明，新型基础设施是以新发展理念为引领，以技术创新为驱动，以信息网络为基础，面向高质量发展需要，提供数字转型、智能升级、融合创新等服务的基础设施体系。目前来看主要包括三方面的内容：

一是信息基础设施，指基于新一代信息技术演化生成的基础设施。比如：以5G、物联网、工业互联网、卫星互联网为代表的通信网络基础设施；以人工智能、云计算、区块链等为代表的新技术基础设施；以数据中心、智能计算中心为代表的算力基础设施等。

二是融合基础设施，指深度应用互联网、大数据、人工智能等技术，支撑传统基础设施转型升级，进而形成的融合基础设施，比如智能交通基础设施、智慧能源基础设施等。

三是创新基础设施，主要是指支撑科学研究、技术开发、产品研制的具有公益属性的基础设施，比如重大科技基础设施、科教基础设施、产业技术创新基础设施等。

伴随着技术革命和产业变革的推进，新型基础设施的内涵、外延并不是一成不变的。下一步，国家发展改革委将联合相关部门，深化研究、强化统筹、完善制度，重点做好四方面工作：加强顶层设计，优化政策环境，抓好项目建设，做好统筹协调。

二、中国的宏观经济政策体系

应该把“新基建”放在中国的宏观调控体系中理解。中国的宏观调控体系与目前西方的宏观调控体系具有很大的差别。

在宏观调控的目的方面，西方宏观经济管理的主要目标是促进经济增长、稳定就业、稳定物价和实现国际收支平衡。中国的宏观调控体系在宏观调控的目标

---

① 本节内容来自 http://www.mofcom.gov.cn/article/i/jyjl/e/202004/20200402957398.shtml，访问时间：2020 年 5 月 13 日。因为本章的目的是解读“新基建”，为保证对“新基建”理解正确，此处对官方就“新基建”的内容基本上是原文引用，尽量不做改动。

方面比西方国家要多得多，包括结构升级、防风险、惠民生、落实“五大发展理念”等，同时中国还强调经济增长的质量。在这种多目标的情况下，单一的需求管理政策无法兼顾，因此需要一个更为复杂的宏观调控政策体系。

西方国家的宏观调控中，基本上只有需求管理这一种政策工具。为了实现多目标调控，中国的宏观调控体系除传统的需求管理之外，还有供给管理和市场环境管理。一个市场经济的正常运行需要有三方面的结合，即供给方、需求方和市场。市场是一种基础设施，为交易双方提供了一个交易平台。因此，宏观调控就应该从这三个方面着手，相应地，宏观经济政策体系就应该包括需求管理、供给管理和市场环境管理三大类（苏剑，2017；刘伟、苏剑，2019）。

供给管理主要用于调节生产者的激励。供给管理政策主要包括要素价格政策、生产率政策（供给型创新和供给侧改革等）、调整企业负担的政策和行政手段四个方面，通过调节企业的生产率、企业面临的要素价格、企业的其他负担如税收等来影响经济。

按照凯恩斯主义的说法，宏观调控之所以有必要，就是因为存在市场失灵，而价格刚性就是凯恩斯主义强调的那种市场失灵。由于市场失灵的存在，经济中才需要需求管理政策的干预。所以，只要消除市场失灵，让市场充分发挥其功能，就排除了需求管理的必要性，市场环境管理的目的就是提供市场机制所需的各种基础设施，消除市场失灵或者完善市场，恢复市场机制的功能，让市场机制充分发挥作用。

接下来，我们就从需求管理、供给管理和市场环境管理三个方面探讨“新基建”的作用。

第五节　“新基建”中的需求管理、供给管理和市场环境管理

一、“新基建”中的需求管理

在产能过剩的经济中，经济的高质量发展需要靠优质需求拉动。所谓的“优质需求”，指的是能够给投资者或消费者带来更高的边际收益或边际效用的需求。传统的凯恩斯主义需求管理带来的是劣质需求，会埋下金融危机的隐患。政策无法解决产能过剩阶段面临的结构性失调问题。财政政策方面，由于地方政府债务规模较大，仅仅通过扩大财政支出、发行国债来刺激内需将进一步扩大财政赤字，容易引发债务危机；货币政策方面，如果单纯扩大货币供应量，可能导致资金流向房地产和股市，导致杠杆率进一步上升，引发系统性金融风险。即使资金流入实体经济，刺激出来的投资也是劣质投资，也就是投资收益率更低的投资需求。

新型基础设施建设代表宏观经济发展需求创新的重要政策方向。“新基建”

应用 5G、人工智能、云计算、大数据等新一代信息技术将技术通过产品、应用场景落地，进行市场创新、产品创新，相关产业链上下游将直接受到需求刺激，在中短期内创造大量投资机会，刺激优质投资需求，同时引导消费升级，新的消费热点带动经济增长。

"新基建"的投资领域包括信息基础设施、融合基础设施和创新基础设施等几大方向，并由此推动丰富的"新基建"应用场景，包括智能制造、智慧农业、智慧城市、智慧交通、智能电网、智慧金融、智慧物流、智慧医疗、智慧教育、智慧文旅等。这些建设投资，以技术、科技创新为底色，既能推动传统产业转型升级，促进新兴产业快速发展，支撑交通、能源基础设施数字化改造和转型，又能够提升城市建设水平，具有补齐民生发展短板的公益属性，符合人民对美好生活的向往，将会带来普惠性红利。因此，虽然"新基建"的目的也是拉动需求，但跟传统的基建相比，其拉动的是优质需求。

二、"新基建"中的供给管理

短期来看，"新基建"是需求管理政策；但长期来看，则是供给管理政策。"新基建"长期是顺应产业周期的供给端提升，补齐基础设施领域的短板，与此同时进行产业结构升级，加速智能经济的落地和智能社会的到来，提升经济发展动能。

新一代信息通信技术方兴未艾，尚未形成系统完整的产业体系，"新基建"在持续进行科学研究、技术开发、产品研制的同时，可填补新技术大范围应用和数字经济所需基础条件的缺口，有助于破解制约人工智能、物联网、工业互联网等在信息传输、连接规模、通信质量上的瓶颈，构建系统、完整的信息通信技术产业体系，增加有效供给，培育新兴产业，助力中国经济结构调整以及新旧动能转化；提供经济稳定发展的多元化增长动力，为经济平稳运行奠定基础。

三、"新基建"中的市场环境管理

凯恩斯主义宏观调控存在的理由是市场失灵。导致市场失灵的原因主要有价格刚性、垄断、信息不对称、外部性以及公共产品的存在等。因此，市场环境管理是指消除价格刚性、垄断、信息不对称、外部性等一系列市场失灵，以恢复市场功能的政策。健全的市场机制是提高宏观经济运行效率的核心。

基础设施尤其是交通、通信方面的基础设施是市场交换的平台。与传统基础设施相比，新型基础设施最突出的功能是支撑数据收集、存储、分析与运用，为数据成为新生产要素奠定基础，推动数字经济发展，有助于消除价格刚性、信息不对称、外部性等市场失灵。

1. 消除价格刚性

新凯恩斯主义经济学认为，"菜单成本"是价格刚性的源泉之一。所谓"菜单成本"，指的是调整价格所涉及的所有成本，比如修订和重印产品目录，调整价格涉及的会议、差旅、沟通成本等。“新基建”带来的信息技术的进步显然可以降低这些“菜单成本”，提高价格的灵活性。

2. 消除信息不对称

信息不对称是市场失灵的原因之一。“道德风险”“逆向选择”等现象的存在都源于信息不对称。在现代经济中，不可避免地存在“委托—代理问题”，这一问题在转轨经济中尤其严重。信息技术，尤其是5G技术的发展有助于消除这一点。比如最近几年备受瞩目的“共享单车”之所以能够存在，原因之一就是解决了供求双方之间关于单车供求信息不对称的问题。

5G技术的相关应用领域包括特定场景的无人驾驶、远程医疗和能源互联网等。这些场景具有天然的信息不对称性，5G技术的出现以及高带宽、低延时的通信服务为解决这些痛点提供了有效的技术手段。

3. 降低交易成本

新型基础设施作为公共产品，把涉及数据收集、存储、分析、运用的相关产业联成网络，使世界各地的消费者、生产者信息可即时对接，聚合物流、支付、信用管理等配套服务，极大地突破了沟通和协作的时空约束，大幅减少了中间环节、降低了交易成本、提高了交易效率。①

智慧金融充分利用5G技术的万物互联、泛在网和低时延等功能，使得金融机构能够准确掌握大范围内的中小微企业、社会金融弱势群体、农村地区有效信贷需求客户，并通过对其有效融资需求进行准确的定性分析，寻找出真正的融资需求者，做出是否放贷、利率多少等灵活有效的融资决策，降低交易成本，有效解决融资难、融资贵的技术性难题。

第六节 结 语

“新基建”是逆周期调控做出的有新内涵的战略部署，在外部经济环境恶化、出口下滑、消费受到抑制的背景下，短期是助力疫情防控、复工复产，稳投资、保就业、保民生、拉动优质投资、提振优质消费，扩大内需保持经济平稳运行。“新基建”瞄准全球科技革命时代趋势，代表宏观经济发展需求创新的重要政策方向；依托科技进步，重视创新、绿色发展，为基于新信息技术的数字经济赋能升级提供长久动能，具备科技边际效益递增的潜能；通过产品创新和产业结构升级，带动经济的增长建立在优质需求的基础上，从而避免了传统需求管理政策带来的产能过剩、金融危机等问题，有利于经济的持续、健康、高质量发展。

---

① 史丹，《新基建加速中国经济由大向强转变》，详见 http://www.71.cn/2020/0509/1085260.shtml，访问时间：2020年5月15日。

“新基建”长期是顺应产业周期的供给端提升，作为经济结构供给侧结构性改革的战略要点和战略产业，其主体是通信、算力、算法技术应用和数字经济的产业配套基础设施，具有产业升级和补齐基础设施领域短板的双重特征。“数字化”使经济具备了柔性，在促进经济结构转型升级的同时，可避免强刺激措施产生的负面作用，有助于长期构筑经济新动能。

“新基建”也有助于改善市场环境。市场交换需要一个良好的市场平台或市场环境。“新基建”在信息等基础设施的改进方面有助于降低市场交易成本，消除信息不对称问题和价格刚性，从而有助于恢复市场功能。

总之，“新基建”从短期来看可刺激需求，从中长期来看可刺激供给，同时改善市场环境，是一举多得的政策，有助于市场机制的平稳、顺畅运行和经济的高质量发展。

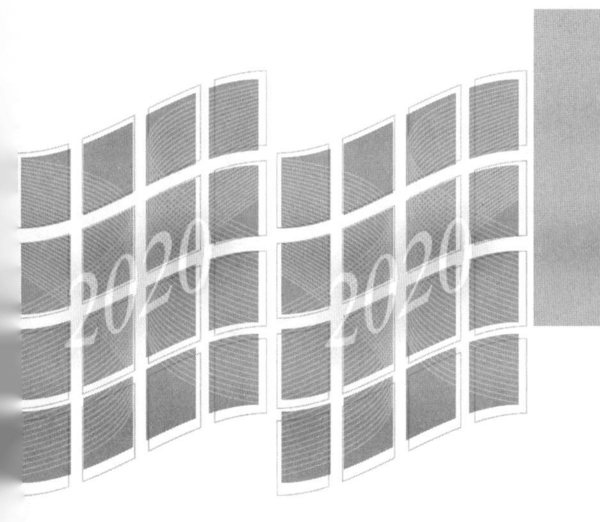

第二篇 中美经济

第三章　中美供应链脱钩的影响

2020年年初新冠肺炎疫情暴发，随后在全球范围内蔓延，不仅夺去了众多宝贵的生命，还带来了工厂停工、服务停顿、经济停摆等消极影响。口罩、防护服、呼吸机等医疗防疫物资需求暴增导致全球一物难求，一国一地区停产引发全球供应链中断，区域、全球性生产和供求依存的紧密程度从未像当下如此凸显。中国作为新冠肺炎疫情较早集中暴发地和全球最大的世界工厂，不可避免地成为世界瞩目的焦点。出于对供应链安全的担忧，不仅美国率先宣称脱钩中国供应链，欧洲许多国家及日本政府也相继出台措施，鼓励本国企业将生产线从中国撤离以及缩短全球供应链。实际上，自2008年全球金融危机以来，发达国家的再工业化和反全球化浪潮已经在不断敲打、冲击着自然延伸的全球分工网络。此番疫情冲击会不会成为全球化趋势扭转的一个拐点？中美供应链会脱钩吗？一旦脱钩对中美两国将造成什么影响？这无疑是当下最值得研究的问题。

美国和中国分别是全球第一、第二大经济体，全球第二、第一大贸易国。两国通过直接或间接的跨国生产和贸易，参与或吸收了众多企业的生产和供应，形成全球性生产和供求网络。中美供应链脱钩毫无疑问将是全球化的重大断裂。在全球化的经济条件没有发生根本变化的前提下，人为斩断两国的供应链并不现实，但是局部断链或逐步降低网络密度和深度可能是长期趋势。其中，有些是由中国生产成本上升、需求扩大和全球技术进步等经济条件驱动的，有些是由美国基于全球化反思而出台政策间接引导的，还有一些则是美国出于国家安全考虑而直接限制的。具体来看，经济条件变化是长期影响因素，美国等发达国家的反全球化措施是中期因素，美国总统大选是短期因素。新冠肺炎疫情作为一个全球性突发事件，可能会加强中期因素，使中期因素短期化，并使长期因素近期化。因而，全球化格局加快调整是必然的，中美供应链某种形式或程度的断裂会首当其冲。至于具体涉及哪些供应链、产业和企业，我们认为有以下四个判断维度：第一，美国认为对其技术优势和国家安全构成威胁的技术、企业和产业，会实施越来越严苛的限制，甚至不惜断链；第二，至于美国对中国供应链依赖程度大的产业，美国将依据中国供应链的可替代程度以及对美国消费者利益影响的大小逐渐脱钩；第三，对于中国核心竞争力不断提升的企业、产业，美国将依据对美国企业利益影响的大小逐步加强限制；第四，对于市场主体在中国、对双方产业竞争关系不构成影响的企业、产业,美国暂时不会打击。

因此,判断具体哪些中国企业、产业将受影响,关键看两个因素:一是其对美国技术优势和国家安全是否构成威胁,二是彼此的产业供应链依赖程度。针对第一个因素,根据美国于2018年修改的相应法案,以及美国商务部公布的14类可能影响美国国家安全的新兴和基础技术基本就可以判断。比如依据2018年修改的新法规,2020年5月15日美国商务部公告对华为公司实施最为严苛的近乎断链的供应限制。至于第二个关键因素,迄今为止还没有一个有效的指标来反映中美对彼此供应链的依赖程度。对一国或对一国某一产业供应链的依赖,不等同于对其工厂、加工能力、产品或市场的依赖,而是对基于生产链条的一系列供求关系的依赖。只有厘清涉及中美生产和服务的所有供求链条,才能测算中美供应链究竟对彼此产业和国家带来多大的贡献,也才能由此判断中美供应链脱钩对产业或国家的冲击有多大。本章构建了一个反映产业贡献度的新指标——产业供应链贡献度,来测算产业供应链对另一产业、国家的影响。中美供应链完全脱钩虽然不可能、不现实,但我们还是有必要测算一下,一旦这种极端情形发生,将对各自的产业和GDP造成什么影响。

第一节　中美供应链的关系

中美供应链不是中美之间单线的供求关系,而是由产品跨境生产所形成的全球生产网络中的一部分,是当下全球分工体系的一个集中表现。

一、国际分工向生产环节或任务分工转变

在20世纪90年代之前,国际分工主要以产业间和产业内贸易为主,一国企业在国内生产本国具有比较优势或竞争优势的产品,出口到在这些产品的生产上处于劣势的国家。通过国际贸易,产品的生产和消费实现了地理上的分离。国家之间形成了基于最终消费品的单线供求关系。20世纪90年代,世界迎来了真正意义上的全球化,这得益于两个重大变化:一是冷战结束,东西方之间的经济藩篱随之被打破,商品和要素的跨国流动范围向全球扩张,中国和其他转轨国家纷纷融入全球分工。二是ICT革命提高了信息传输效率,大大降低了商品和要素跨国流动的成本,让更多发展中国家、众多中小企业甚至个人也可以参与到全球分工之中。而且,随着技术的进步,产品的生产环节可以拆分开来,越来越多的服务成为可贸易品。将要素密集度不同的各生产环节和任务放在要素充裕度不同的国家生产可以实现资源的最优配置。生产环节和任务的地理分割一方面降低了生产成本,另一方面增加了协调、监督各个生产阶段的成本,以及运输、通信、保险等服务成本。因此,生产跨国分割的程度取决于由比较优势差异带来的生产成本节约与协调、监督和服务成本增大的相对大小。随着贸易壁垒的削弱和由技术进步带

来的协调、监督成本降低,跨境生产活动越来越频繁。

二、跨境生产越来越成为重要的生产活动

随着越来越多的跨国公司通过对外直接投资和/或离岸外包的方式进行跨国生产,跨国生产在进入 21 世纪后呈现出指数增长,成为全球分工的重要形式,全球生产活动的内容和结构因此发生了变化。据《全球价值链发展报告 2017:估算和分析 GVCs 对经济发展的影响》,全球 GDP 生产活动可分解为四类:第一类是完全国内生产并用于本国消费;第二类是作为最终品出口,即传统意义上的产品贸易(李嘉图贸易);第三类是作为中间品只出口过一次的生产活动(简单 GVC 活动);第四类是作为中间品出口过不止一次的生产活动(复杂 GVC 活动)。如图 3-1 所示,虽然全球绝大多数生产活动都只发生在一国内部,但是两种 GVC 活动的比重自 1995 年以来持续上升,而完全国内生产活动占比不断下降。2008 年全球金融危机之后,国内市场活动占比又开始上升。

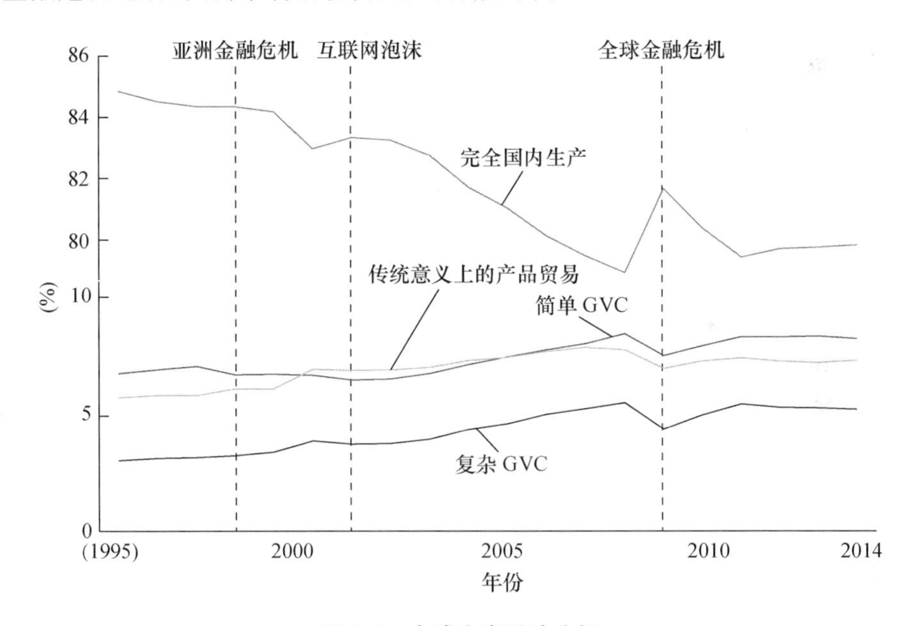

图 3-1 全球生产活动分解

资料来源:World Bank et al. Global value chain development report 2017: Measuring and analyzing the impact of GVCs on economic development。

三、全球/区域生产网络令越来越多的国家和产业彼此依赖

跨境生产的空间结构有多种,比如零部件分别在不同国家生产,最后汇总到某个国家组装;或者一个国家生产的零部件出口到另一国,加工后再出口到第三国,依次出口到最后一国组装;或者是这两种结构的混合。跨越地理范围可能在

两三个国家之间，也可能在区域内或全球范围，由此形成区域性或全球性的生产网络。在生产网络中，跨国公司在境外投资设厂生产，或离岸外包给东道国企业生产。东道国的企业和个人接单生产，或成为当地外企的供应商，或成为外企供应商的供应商。越来越多的企业和个人直接或间接地参与到全球/区域生产网络之中，国家、产业、企业在多重交织的供求关系中相互依赖。

依赖关系可能是简单的生产代工。比如在较早实行跨国生产的服装玩具行业，如芭比娃娃由美泰(Mattel)公司负责设计，生产则离岸外包给中国、印度尼西亚、马来西亚等低劳动力成本国家，最后再由美国企业完成着色与装扮等上市前的后续环节。或部分零部件简单外包，如波音公司从德国、日本、英国、意大利、瑞典、韩国等地进口部分零部件，最后在美国组装波音 787 飞机。依赖关系也可能是复杂的供求网络关系，如汽车全球价值链，美日欧大型汽车企业在各主要汽车消费国(美国、德国、英国、日本、中国)或区域消费中心(如泰国)都设有整车装配厂；只有为数不多的大型零部件供货商实行全球性生产，大部分零部件供应商都布局在整车装配厂周边，为其提供配套生产，形成了一个个区域性的汽车生产网络。内饰等轻型通用零部件分布于三大区域，供应区域内的生产中心；轮胎、玻璃等标准化部件的生产和供应则在全球布局。汽车设计与生产的各个环节形成了全球、区域、国家和地区层面相嵌套的空间网络结构(Sturgeon et al.，2008)。

电子产品的供应链更为错综复杂，比如 iPhone 的供应链是全球的，但生产则是区域性的，且高度集中于中国。根据苹果公司公布的物料清单，2017 年 iPhone 的供货商有美国、德国、日本、韩国、中国等 14 个国家和地区的 183 家企业。在芯片、内存等核心零部件的供货商中，美国、日本、德国、韩国等国家，以及中国台湾地区的供应商数量最多，合计占比达 69.74%。中国共有 33 家供应商为 iPhone 提供声学组件及结构件等非核心零部件。这 183 家全球供货商共有 748 家工厂为苹果公司供货，遍布奥地利、捷克、巴西、墨西哥、菲律宾、越南和中国等 26 个国家和地区，但其中有 347 家工厂设在中国，比例高达 46.4%。

四、全球生产网络的中美供应链关系

跨境生产网络结构不同，参与者的地位、收益、供求关系也不同。毫无疑问，中美作为全球生产网络的重要参与者，两国供应链关系必定是紧密的。

美国企业主导的产品价值链大致分为三种：以本国为市场、以全球为市场、以中国为市场。iPhone 是典型的面向全球市场的产品价值链，其供应商遍布全球，但是不仅美国供应商，日本、韩国等供应商也纷纷将工厂设在中国。中国作为供给者在 iPhone 全球价值链中有两重身份：一个是 iPhone 的供应商，另一个是其他 iPhone 供应商的生产基地。iPhone 生产高度集中于中国，既体现了中美之间的供求关系，也体现了东亚生产网络关系。中国与日本、韩国苹果供应商之间的分工

关系比中美苹果供应商之间的分工关系更为紧密。

美国在中国的汽车生产主要面向中国市场，但供求关系并非美国汽车企业在中国当地生产这么简单。中美在汽车供应链中的依赖关系可以从汽车全球价值链的供求网络拓扑结构中看到。类似于全球层面的生产活动分类，一国生产的汽车增加值也可分为四种：自产自销、作为最终品出口、简单 GVC、复杂 GVC。各国汽车生产所有的简单 GVC 活动构成简单汽车 GVC 网络，各国汽车生产的所有复杂 GVC 活动构成复杂汽车 GVC 网络。利用全球投入产出表，可以将各国汽车产业的增加值进行分解、分类，找出简单汽车 GVC 网络和复杂汽车 GVC 网络的供应中心，来考察各中心和依附国家间的关系。汽车 GVC 供应中心是指全球汽车增加值的主要出口国。如图 3-2 所示的汽车 GVC 网络中，如果一国的汽车增加值出口占进口国汽车进口的国别比重最高或大于 25%，在图中就会出现一个由该国指向进口国的箭头，表明该国是一个重要供应者。如果图中有比较多的箭头从该国出发指向他国，就意味着该国是一个供应中心。如图 3-2 所示，2017 年简单汽车 GVC 网络有四个供应中心，其中德国、中国和日本作为供应中心的网络都是区域性的，只有美国的供应网是全球性的，除了对北美，美国对德国、日本和新加坡都有显著的供应关系，但与中国没有显著的供应关系。在复杂汽车 GVC 网络中，美国依然是横跨三个洲的最重要的供应中心，而且是中国汽车生产的重要供应者。

图 3-3 是 2017 年基于汽车 GVC 需求中心的网络拓扑结构。汽车 GVC 需求中心是指全球汽车增加值出口的主要目的地。如果一国出口到另一国的汽车生产增加值占其汽车增加值总出口的比例最高或者大于 25%，就画出一条由该国指向进口国的箭头，表明该进口国是其重要的需求者。在简单汽车 GVC 网络中，美国和中国都是重要的需求中心，而且是全球性的。美国是中国的重要需求方，而中国不是美国的重要需求者。在复杂汽车 GVC 网络中，美国是全球性的需求中心，也是中国的重要需求方。

综上，无论是在简单 GVC 生产活动还是在复杂 GVC 生产活动中，美国都是最重要的供应中心和需求中心。中国汽车供应链依赖于美国供给，更依赖于美国需求。美国供应链依赖于中国供给，但不依赖于中国需求。总体来看，中国汽车供应链更依赖于美国。

随着中国经济的崛起和产业的发展，越来越多的中国企业通过全球采购，利用发达国家的先进设计和零部件开发自有品牌。即便产品做到国际竞争力水平，但供应链在很大程度上仍依赖于发达国家。核心技术尚未完全掌握的燃油汽车自不待言，即便在电子产业，中国作为后起之秀已经成为部分领域的领军者，也依然离不开对发达国家技术、产品、设备的依赖。以华为公司为例，通过自研芯片和

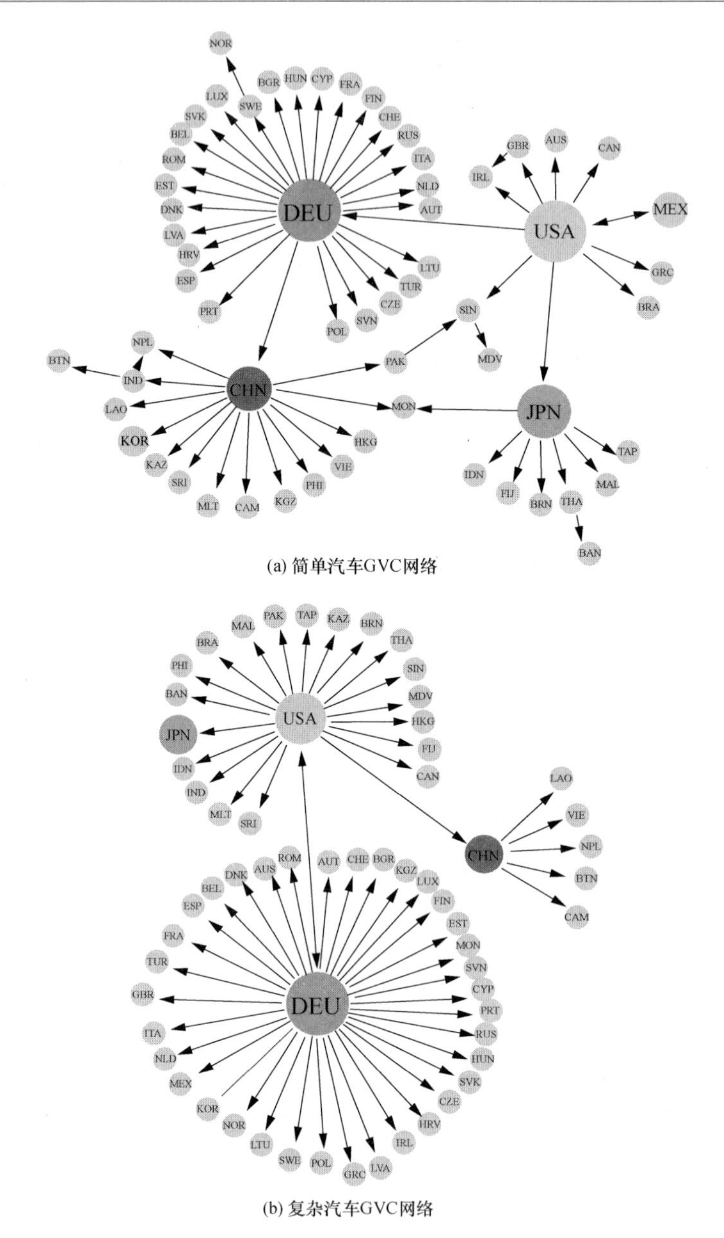

(a) 简单汽车GVC网络

(b) 复杂汽车GVC网络

图 3-2　汽车 GVC 供应中心及其网络拓扑结构(2017 年)

资料来源:根据对外经济贸易大学全球价值链研究院数据库计算绘制。

注:图中 DEU、USA、CHN 和 JPN 分别是德国、美国、中国和日本的国名缩写。其他缩写对应的国家/经济体名称参见附录。

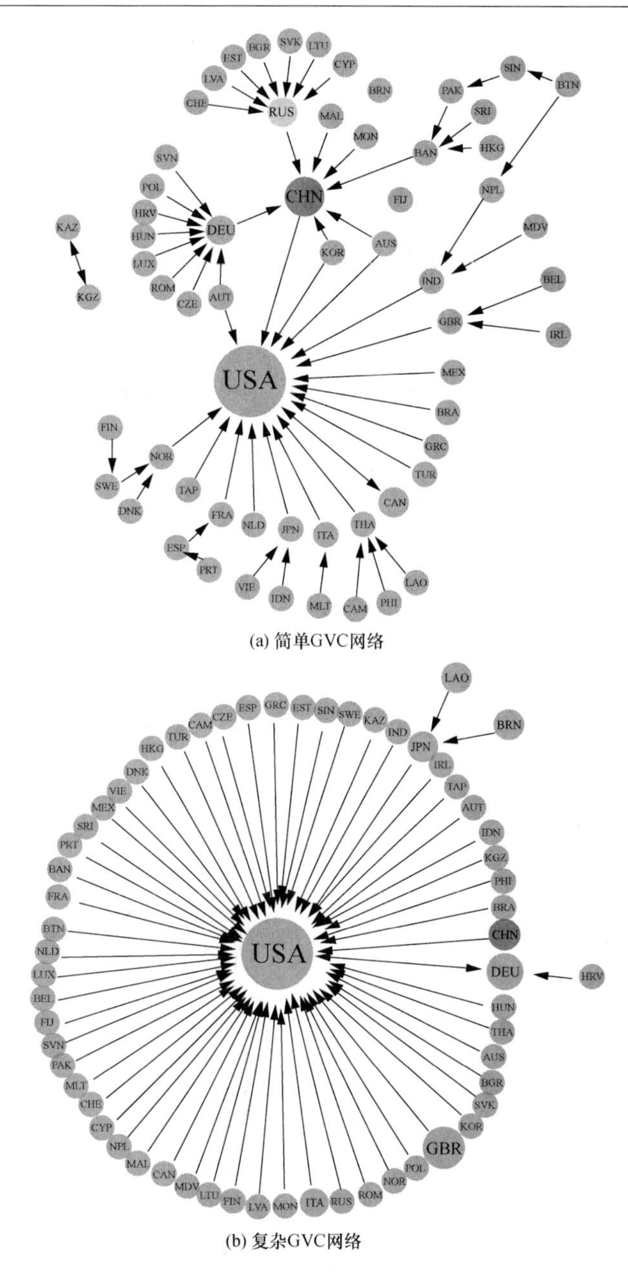

(a) 简单GVC网络

(b) 复杂GVC网络

图 3-3　汽车 GVC 需求中心及其网络拓扑结构(2017 年)

资料来源:根据对外经济贸易大学全球价值链研究院数据库计算绘制。

扩大国内代工,华为基站和手机的供应链国产化程度已经明显高于国内其他企业。2019 年受到美国制裁后,华为公司在加快自主研发的同时,更多地转用日韩供应商供货，但射频前端等部分核心器件依然依赖于美国。据日经新闻报道，受制裁后华为高端机中国产零部件的使用率已经从总额的约25%大幅上升到约42%，美国产零部件的使用率则从约11%大幅下降到约1%。华为公司不使用美国供应商，并不意味着华为公司能够与美国供应链脱钩，因为华为公司的很多日韩供应商仍在使用美国零部件或美国设备。表面上看，日韩与中国之间是区域性生产和供求网络，但是这个网络是与美国供应链紧密联系的。中美供应链一旦完全脱钩，就意味着这些与美国供应链相关的东亚供应链或其他生产网络也会与中国脱钩。

第二节　美国与中国供应链脱钩的原因

中美供应链脱钩无疑对中国不利，对美国也同样不利。毕竟美国跨国公司和消费者都曾从跨境生产与分工中获益。美国扬言与中国供应链脱钩，与发达国家对全球化的反思有关。

一、反思全球化

2008年全球金融危机的深远影响触发了发达国家对全球化进行反思。首先是对去工业化或产业空心化趋势的反思。自20世纪60年代至全球金融危机之前，发达国家的制造业越来越多地向低成本国家转移，工业产值比重不断下降，工业产品竞争力也趋于下降，总体呈现出去工业化的趋势。一些观点认为去工业化导致美国实体经济与虚拟经济失衡、消费与投资失衡、进出口失衡及收入分配失衡等经济结构失衡，是金融危机爆发的深层原因。如哈佛大学商学院加里·P.皮萨诺(Gary P. Pisano)教授和威利·C.史(Willy C. Shih)在其所著的《制造繁荣：美国为什么需要制造业复兴》(*Producing Prosperity: Why America Needs a Manufacturing Renaissance*)一书中指出，美国长期将制造与研发分离导致本国制造业投资不足，产业创新能力不足；制造业的衰落造成了美国国力的衰退。基于这种反思，全球金融危机之后，美国开始推行“再工业化”战略。

其次是全球化收益的反思。从理论上来说，自由的国际分工是对全球资源的最有效配置，所有参与者都可从中获益，但同时会带来国内要素和收入的重新分配。在传统贸易方式下，美国纺织、钢铁等进口替代产业的就业受到了冲击。但是，Baldwin(2016)指出在基于生产环节或任务的国际分工形式下，发达国家与发展中国家实际上形成了“总部经济”和“工厂经济”的分工，为了保证离岸活动的顺利进行，发达国家将知识与工作岗位一起离岸。离岸生产让发达国家的更多劳动者失去了工作岗位，知识离岸则打破了发达国家在知识上的垄断地位，而以中国为代表的新兴经济体则利用这两方面转移快速地完成了工业化，实现了经济总量扩张。这种利益分配的失衡让发达国家普遍感到焦虑，尤其是劳工阶层产生被剥夺的感觉，由此导致反全球化的思潮在发达国家兴起。

最后是对有关美国的先进技术优势和国家安全的反思。以美国为首的发达国家认为，正是资本、生产、服务和技术的全球化使新兴经济体发展壮大，不仅令中国工业竞争力不断提升，甚至新一代信息技术也在快速崛起，已经到了威胁其先进技术优势的地步。这种威胁关乎美国的再工业化、经济安全和国家安全。

二、美国确立国家利益第一的对外方针

出于对全球化的深度反思，美国确立了国家利益第一的策略，对有悖于美国利益的商品和要素流动设置障碍。

为了实现美国在国际贸易中的利益，特朗普总统上台后推出多个多边协定，并重新修订多个区域自由贸易协定；同时，针对产品或国家提高贸易壁垒，如 2018 年对进口的钢铁加征 25%的关税，对进口的铝产品加征 10%的关税；并发动针对中国的贸易战，提高中国出口到美国产品的关税，同时要求中国增加自美国的进口，开放国内市场以及调整国内结构。自 2018 年 7 月到 2019 年 9 月，美国分阶段对 500 亿美元、2 000 亿美元、3 000 亿美元从中国进口的商品加征 25%、10%（后提高至 25%）和 15%的关税（其中 B 类暂缓征收，A 类于 2020 年 1 月下调至 7.5%）。从美国分阶段实施关税政策的产品来看，对中国产业打击越大且对美国生产和消费影响越小的产品越早进入关税清单。

与此同时，美国不断加强投资审查和出口管制，对可能影响美国经济安全和国家安全的跨境交易进行审查和限制。2018 年 8 月，美国通过《外国投资风险审查现代化法案》和《出口管制改革法案》，扩大了美国外国投资委员会（CFIUS）的审查范围并修改审查程序，加强审查针对美国公司的外国投资，对可能威胁美国技术优势、尤其是关键技术的外国直接投资采取行动。同时，将出口管制扩展到新兴技术和基础技术。关键技术包括美国军需品清单、商业管制清单上的某些项目和《出口管制改革法案》识别和管制的新兴与基础技术等。2018 年 11 月，美国商务部工业与安全局发布《技术出口管理新提案》，列出 14 类可能影响美国国家安全的新兴和基础技术。

美国根据上述新法案不断推出针对中国企业并购的限制和出口管制措施。如 CFIUS 以数据安全为由否决了蚂蚁金服集团收购速汇金的申请，要求北京昆仑科技有限公司、深圳碳云智能公司和北京中长石基公司出售它们所持美国公司的股权等。2019 年，美国商务部将 44 家中国公司和学校列入未经核实危险名单，将包括华为及其子公司在内的多家公司列入出口管制的"实体名单"，涉及机械、超级计算机、半导体、航空航天、光学仪器等多个领域的龙头企业、核心研究机构及个人。

三、新冠肺炎疫情会扭转全球化趋势吗？

自全球金融危机以来，以全球生产网络为特征的全球化趋势已经发生了一些变化。在图 3-1 中可以看到，2008 年以后全球价值链的增长经短期反弹后转向停滞不前,与 GVC 生产活动相对,国内生产活动趋向扩张。这种变化的一部分是影响跨境生产的长期因素变化的结果。

生产成本是跨国投资的决定因素,随着东道国相对生产成本的变化,跨国公司也会相应地调整其跨国生产决策,比如收缩或撤回投资、变更离岸外包地点等。研究表明,对于供应母国市场的产品而言,劳动力成本差距缩小、协调和运输成本过高,以及缺乏质量保证和供应市场的灵活性等是跨国公司将市场搬回国内的主要原因。波士顿咨询公司于 2012 年发布的一篇报告《制造业重返美国》指出,对于产品定位于美国市场的在华制造企业而言,未来 5 年在中国生产相对于在美国投资设厂的成本优势会逐渐消失。理由包括:中国工人的工资和福利正以每年 15%～20%的速度增长,这将导致中国相对于美国低成本州的劳动力成本优势不断下降;很多商品在中国的运输成本、关税、供应链风险、工业地产以及其他成本可能都高于美国;中国的生产效率虽然在不断提高,但仍追赶不了成本上涨的速度。对于市场面向全球的产品,随着中国生产成本的上升,跨国公司会考虑将全部或部分生产从中国转移至劳动力成本更低的东南亚国家。但东南亚国家也有其短板,诸如基础设施不完善、工人技能和规模不足、国内供应网络不畅以及政治风险较高等,高端制造业在短时间内很难搬迁过去。像服装制鞋等供应链较短、对基础设施和工人技能要求不高的产业首先会出现跨境生产向低成本国家的转移。

另一个影响跨国公司跨境生产布局的长期因素是技术进步。20 世纪 90 年代,ICT 革命降低了信息通信成本和协调成本,使得企业可以在地理范围更大、更分散的供求网络中获利,推进了全球价值链的扩张。而 2010 年以来新一代信息技术革命和工业 4.0 萌芽对全球化的影响可能正相反。研究发现,工业 4.0 可能会从两个方面促进跨国公司将生产撤回本国(回岸生产)或周边地区(近岸生产):其一,工业 4.0 生产技术将大大提高企业的生产率,在母国生产的劳动成本劣势被抵消;其二,工业 4.0 因有望实现增值流程和业务模式的智能、实时、水平和垂直的整合,而大大提高生产、供应与市场的匹配度,正好弥补了全球生产网络所牺牲掉的灵活性。但经验研究表明,由于工业 4.0 尚在萌芽期,技术进步还没有对去全球化造成实质的影响。但长期来看,随着工业 4.0 的推进,发达国家生产效率的提高导致本国生产成本下降,这将吸引更多的生产线回归本国。

在近期内,以美国为首的发达国家的反全球化政策对全球化趋势的影响大过长期因素的影响。新冠肺炎疫情无疑会强化美国撤回投资和生产的决心,尤其是加快供应链"去中国化"。新冠肺炎疫情作为一个全球性突发事件可能会加强中期因素,使中期因素短期化,并通过强化美国技术优势、遏制中国技术进步以及"友好国家"技术/经济联盟使长期因素近期化。所以,全球化格局加快调整是必然的,中美供应链某种形式或程度的断裂会首当其冲,但很难说全球化趋势会就此改变。

第三节 供应链脱钩影响的测算指标:产业供应链贡献度

美国的反全球化措施必然会对全球供应链、价值链产生冲击,但具体对哪些产业造成影响以及影响的程度如何,则取决于美国当下及后续的具体措施。极端情形是中美供应链完全脱钩,一旦出现这种情况,不仅中美双方,其他参与中美产业链的经济体,乃至世界经济都将遭受巨大冲击。在此,我们测算极端情形下中美供应链脱钩将对中美两国的产业和 GDP 带来什么影响。

如前所述,中美之间的经济贸易联系除了简单的最终产品贸易(李嘉图贸易),还直接或间接地共存于跨国生产网络中。中美供应链脱钩不仅意味着彼此之间的贸易投资关系中断,双方共同参与的生产和供求网络都会受影响。所以,我们首先需要了解两国供应链对对方国家的影响。

一、产业贡献度与产业供应链贡献度

一般用产业贡献度来反映某个特定产业对另一个产业的重要性,即另一个产业总产值中该特定产业增加值的比重。比如,美国 A 产业总产值的构成中除了本产业的增加值,还包含来自其他产业的中间投入,其中包含的中国 B 产业增加值占 A 产业产值的比重,就是中国 B 产业对美国 A 产业的贡献度。利用世界投入产出数据库(WIOD)数据,可以计算中美各 56 个产业对对方 56 个产业的贡献度。表 3-1 列示了 2014 年一些中美两国联系比较密切的产业对对方同一行业的贡献度。其中,中国计算机电子和光学设备产业对美国该产业的贡献度约为 0.56%,表示美国计算机电子和光学设备产业的总产值中有 0.56%的增加值是由中国计算机电子和光学设备产业提供的。

表 3-1 中美各产业对对方产业的产业贡献度(2014)

单位:%

产业	中国对美国	美国对中国
计算机电子和光学设备	0.5567	0.3944
化学化工	0.2760	0.2652
黑色金属	0.1759	0.0222
电气设备	0.1962	0.0249
机器设备	0.2817	0.0784
矿业	0.0578	0.0603
煤精炼	0.0184	0.0282
金属制品制造	0.0934	0.0242
橡胶塑料	0.0960	0.0200

资料来源:根据 WIOD 数据库计算。

将美国A产业中中国各产业的贡献度加总，可以得到中国对美国A产业的贡献度；将中国B产业对美国各产业的贡献度加总，可以得到中国B产业对美国总产出的贡献度。产业贡献度指标反映了中国产业增加值对美国产值贡献的规模，即产业增加值的贡献度。

必须指出的是，中国产业贡献度并不能反映中国供应链对美国产业和GDP的影响。这是因为，如果美国限制A产业使用中国的中间投入，A产业损失的产值并不止中国产业增加值这么多。没有中国B产业的中间投入，也就没有了美国A产业针对这个中间投入的附加投入和相应的产值。况且，中国产业增加值对美国A产业的贡献并不一定是以中间品出口的方式直接投入的，也可能是通过间接方式投入的，比如内嵌在美国中间品或从第三国进口的中间品中。假设美国A产业从该国C产业或第三国购买了1万美元的中间投入品，该投入品有一半的附加值(5 000美元)是中国产业增加值。于是，A产业中中国产业增加值的含量增加了5 000美元，与此5 000美元相关的价值链是1万美元。如果美国斩断中国供应链，那么导致A产业减少的产值并不是5 000美元，而是1万美元以及A产业自身相应附加的增加值。也就是说，当存在中国产业增加值的间接投入时，如果斩断中国供应链，中国产业增加值所附带的美国或第三国产业增加值也随之消失。因此，斩断供应链对美国产业的影响可能远远大于被限制的中国产业增加值规模。间接投入的规模越大，中国产业增加值占间接投入的比重越低，美国产业受影响的程度就越大。为此，我们提出一个计算产业贡献度的新指标：产业供应链贡献度，它指的是与指定行业相关的产业供应链对一个产业或国家的贡献程度。其现实经济层面的含义就是，中断这一产业供应链将使另一个产业或国家遭受损失的程度。

二、产业供应链贡献度的计算

测算产业供应链贡献度首先需要将产业产值分解为两部分：一部分产值完全不涉及中国产业增加值，另一部分产值涉及中国供应链，即与中国产业增加值投入有关，包括中国产业增加值的直接投入额和内嵌了中国产业增加值的其他中间投入。为了反映对美国GDP的影响，类似地，我们将美国产业增加值或GDP分解为两部分：一部分完全与中国产业增加值无关，另一部分与中国产业增加值的直接或间接投入有关。第二部分就是中国供应链对产业净产出或GDP的贡献。基于这个分解，我们可以明确产业供应链贡献度的数学定义：与某一产业供应链相关的另一产业(国家)增加值占其产业(国家)总增加值的比重。

为了分解产业增加值，我们需要对全球投入产出表进行处理。投入产出数据可以看成是将细分程度更高的产品层面的数据加总而来，这些细分的产品层面数据可以与特定特征的产业供应链联系起来。即按照需要将符合特定条件的部分挑选出来，诸如与美国某一产业相关的产业链或者与中国某一产业相关的产业链。以中国B产业到美国A产业的供应链为例，通过投入产出表的分解，可以识别出所有直接或间接投入到A产业的B产业增加值，并且可以计算出每一单位B产业增加值经过多少个生产阶段(供应环节)进入了A产业。根据每一个生产环节的附加值率，就可以计算每一单位B产业增加值沿着各条供应链让A产业实现了多少增加值。换句话说，就是计算出A产业有多少增加值与B产业供应链有关。产业供应链贡献度的具体计算方法是，在保证投入产出关系平衡的前提下，用B产业到A产业之间经过的各生产阶段所对应的行业附加值率结合B产业到A产业的生产阶段数目，构建B产业对A产业的影响强度；该影响强度可以度量A产业增加值数量与B产业增加值数量之间的关系。再将直接和间接投入到A产业的所有B产业增加值乘以对应的影响强度，加总后就得到与B产业有关联的A产业增加值数量，用这个数值除以A产业增加值总额，算出占比。

我们知道，在现实情况下，每个生产环节的附加值率是不同的。遗憾的是，全球投入产出表没有提供每个生产环节的附加值率数据。我们采用两种特殊的假定情形来测算：第一种情形是附加值率不变，即假定生产链上各个生产环节的附加值率都不变，比如说上一环节的附加值率是50%，下一环节的附加值率也是50%。由于上一环节的产出是下一环节的投入，所以附加值率不变就意味着下一环节的增加值数量会更多。这种情形下，B产业增加值投入A产业所经过的平均生产阶段越多，即供应链越长，A产业相应的增加值数量越多。第二种情形是增加值数量不变。即假定各个生产环节的增加值的数量相同，比如说上一环节有一单位增加值，下一环节也会有一单位增加值。这样，下一环节的附加值率就会低于上一环节的附加值率。这种情形下，无论B产业增加值经过几个生产阶段投入A产业，都能使A产业产生相同规模的增加值。这两种情形可以看成是现实情况的上下边界，也就是现实附加值率处于两者之间。

具体计算公式基于一个多国的投入产出模型。在G个国家N个产业的投入产出关系中，有投入系数矩阵$\boldsymbol{A}=\begin{bmatrix} A_{11} & A_{12} & \cdots & A_{1G} \\ A_{21} & A_{22} & \cdots & A_{2G} \\ \vdots & \vdots & \ddots & \vdots \\ A_{G1} & A_{G1} & \cdots & A_{GG} \end{bmatrix}$，为$\boldsymbol{GN} * \boldsymbol{GN}$维的矩阵。

$\boldsymbol{A}_{pq}=\begin{bmatrix} a_{pq}^{11} & a_{pq}^{12} & \cdots & a_{pq}^{1N} \\ a_{pq}^{21} & a_{pq}^{22} & \cdots & a_{pq}^{2N} \\ \vdots & \vdots & \ddots & \vdots \\ a_{pq}^{N1} & a_{pq}^{N2} & \cdots & a_{pq}^{NN} \end{bmatrix}$是$\boldsymbol{A}$中由$p$国向$q$国出口中间品对应的$\boldsymbol{N} * \boldsymbol{N}$维的子

矩阵，下标 p 和 q 代表国家，$p,q=1,2,\cdots,G$，上标代表产业，$i,j=1,2,\cdots,N$，a_{pq}^{ij} 是 q 国 j 产业使用的 p 国 i 产业中间品对应的投入系数，依此类推。与 $\mathbf{A}$ 对应的里昂惕夫逆矩阵 $\mathbf{B}=(\mathbf{I}-\mathbf{A})^{-1}=\begin{bmatrix} B_{11} & B_{12} & \cdots & B_{1G} \\ B_{21} & B_{22} & \cdots & B_{2G} \\ \vdots & \vdots & \ddots & \vdots \\ B_{G1} & B_{G2} & \cdots & B_{GG} \end{bmatrix}$ 是一个 $\mathbf{GN}*\mathbf{GN}$ 维的矩阵。进而有分解矩阵：

$$\hat{\mathbf{V}}\mathbf{B}=\begin{bmatrix} \hat{V}_1B_{11} & \hat{V}_1B_{12} & \cdots & \hat{V}_1B_{1G} \\ \hat{V}_2B_{21} & \hat{V}_2B_{22} & \cdots & \hat{V}_2B_{2G} \\ \vdots & \vdots & \ddots & \vdots \\ \hat{V}_GB_{G1} & \hat{V}_GB_{G2} & \cdots & \hat{V}_GB_{GG} \end{bmatrix},\quad \hat{\mathbf{V}}=\begin{bmatrix} \hat{V}_1 & 0 & \cdots & 0 \\ 0 & \hat{V}_2 & \cdots & 0 \\ \vdots & \vdots & \ddots & \vdots \\ 0 & 0 & \cdots & \hat{V}_G \end{bmatrix},$$

$\hat{\mathbf{V}}\mathbf{B}$ 和 $\hat{\mathbf{V}}$ 都是 $\mathbf{GN}*\mathbf{GN}$ 维矩阵，$\hat{\mathbf{V}}_p$ 是由 p 国 N 个产业的附加值率向量 $\mathbf{V}_p=(V_p^1 \quad \cdots \quad V_P^N)$ 得到的 $\mathbf{N}*\mathbf{N}$ 维对角矩阵，$p=1,2,\cdots,G$，V_p^i 是 p 国第 i 个产业的附加值率，$i=1,2,\cdots,N$，依此类推。$\hat{\mathbf{V}}\mathbf{B}$ 矩阵的每一列的和都等于 1。用 $\hat{\mathbf{Y}}$ 表示为：$\begin{bmatrix} \hat{Y}_1 & 0 & \cdots & 0 \\ 0 & \hat{Y}_2 & \cdots & 0 \\ \vdots & \vdots & \ddots & \vdots \\ 0 & 0 & \cdots & \hat{Y}_G \end{bmatrix}$，$\hat{\mathbf{Y}}$ 是 $\mathbf{GN}*\mathbf{GN}$ 维矩阵，$\hat{\mathbf{Y}}_p$ 表示由 p 国最终产品向量 $\mathbf{Y}_p=\begin{bmatrix} Y_p^1 \\ Y_p^2 \\ \vdots \\ Y_p^N \end{bmatrix}$ 得到的 $\mathbf{N}*\mathbf{N}$ 维对角矩阵，$p=1,2,\cdots,G$，Y_p^i 是 p 国第 i 个产业的最终产品总量，$i=1,2,\cdots,N$，依此类推。$\mathbf{GN}*\mathbf{GN}$ 维的最终产品的增加值分解矩阵为：

$$\hat{\mathbf{V}}\mathbf{B}\hat{\mathbf{Y}}=\begin{bmatrix} \hat{V}_1B_{11}\hat{Y}_1 & \hat{V}_1B_{12}\hat{Y}_2 & \cdots & \hat{V}_1B_{1G}\hat{Y}_G \\ \hat{V}_2B_{21}\hat{Y}_1 & \hat{V}_2B_{22}\hat{Y}_2 & \cdots & \hat{V}_2B_{2G}\hat{Y}_G \\ \vdots & \vdots & \ddots & \vdots \\ \hat{V}_GB_{G1}\hat{Y}_1 & \hat{V}_GB_{G2}\hat{Y}_2 & \cdots & \hat{V}_GB_{GG}\hat{Y}_G \end{bmatrix}$$

下面定义 $\mathbf{GN}*\mathbf{GN}$ 维的矩阵 $\mathbf{CS}$：cs_{pq}^{ij} 是矩阵 $\mathbf{CS}$ 第 $p*N+i$ 行、$q*N+j$ 列的元素，$p,q=1,2,\cdots,G$，上标代表产业，$i,j=1,2,\cdots,N$，cs_{pq}^{ij} 满足如下条件：如果

$p=c$ 且 $i=s$ 成立，或者 $q=c$ 且 $j=s$ 成立，那么 $cs_{pq}^{ij}=a_{pq}^{ij}$，否则 $cs_{pq}^{ij}=0$。也就是说，矩阵 $\boldsymbol{CS}$ 中不等于零的元素就是 c 国 s 产业的投入产出系数。再定义矩阵 E_{cs}：矩阵 E_{cs} 的第 $c*N+s$ 行、$c*N+s$ 列的那一个元素等于 1，其余元素都等于 0。用 $\boldsymbol{B}_{cs}$ 表示矩阵 $(\boldsymbol{I}-\boldsymbol{A}+\boldsymbol{CS})^{-1}$。用 $\boldsymbol{L}$ 表示矩阵 $(\boldsymbol{I}-\boldsymbol{A}-\boldsymbol{A}*\hat{\boldsymbol{V}})^{-1}$。用 $\boldsymbol{L}_{cs}$ 表示矩阵 $(\boldsymbol{I}-\boldsymbol{A}-\boldsymbol{A}*\hat{\boldsymbol{V}}+\boldsymbol{CS}+\boldsymbol{CS}*\hat{\boldsymbol{V}})^{-1}$。得到如下矩阵：

$$\mathrm{diag}(\mathrm{sum}(\hat{\boldsymbol{V}}*(\boldsymbol{B}-\boldsymbol{B}_{cs}+\boldsymbol{E}_{cs})))*\hat{\boldsymbol{V}}*\boldsymbol{B}*\hat{\boldsymbol{Y}} \tag{1a}$$

$$(\boldsymbol{B}-\boldsymbol{B}_{cs})*\hat{\boldsymbol{Y}}+\mathrm{diag}(\mathrm{sum}(\hat{\boldsymbol{V}}*(\boldsymbol{B}-\boldsymbol{B}_{cs}+\boldsymbol{E}_{cs})))*\hat{\boldsymbol{V}}*\boldsymbol{L}_{cs}*\hat{\boldsymbol{Y}} \tag{2a}$$

$$\hat{\boldsymbol{V}}*(\boldsymbol{B}-\boldsymbol{B}_{cs}+\boldsymbol{E}_{cs})*\hat{\boldsymbol{Y}} \tag{3}$$

$$\mathrm{diag}(\mathrm{sum}(\hat{\boldsymbol{V}}*(\boldsymbol{L}*\boldsymbol{A}-\boldsymbol{L}_{cs}*(\boldsymbol{A}-\boldsymbol{CS}))))*\hat{\boldsymbol{V}}*\boldsymbol{B}*\hat{\boldsymbol{Y}} \tag{1b}$$

$$\hat{\boldsymbol{V}}*(\boldsymbol{B}-\boldsymbol{B}_{cs}+\boldsymbol{E}_{cs})*\hat{\boldsymbol{Y}}+\mathrm{diag}(\mathrm{sum}(\hat{\boldsymbol{V}}*(\boldsymbol{L}*\boldsymbol{A}-\boldsymbol{L}_{cs}*(\boldsymbol{A}-\boldsymbol{CS}))))*\hat{\boldsymbol{V}}*\boldsymbol{L}_{cs}*\hat{\boldsymbol{Y}} \tag{2b}$$

其中，$\mathrm{diag}(\mathrm{sum}(\hat{\boldsymbol{V}}*(\boldsymbol{B}-\boldsymbol{B}_{cs}+\boldsymbol{E}_{cs})))$ 是用矩阵 $\hat{\boldsymbol{V}}*(\boldsymbol{B}-\boldsymbol{B}_{cs}+\boldsymbol{E}_{cs})$ 按列求和之后得到行向量作为主对角元得到的对角矩阵。$\mathrm{diag}(\mathrm{sum}(\hat{\boldsymbol{V}}*(\boldsymbol{L}*\boldsymbol{A}-\boldsymbol{L}_{cs}*(\boldsymbol{A}-\boldsymbol{CS}))))$ 是用矩阵 $\hat{\boldsymbol{V}}*(\boldsymbol{L}*\boldsymbol{A}-\boldsymbol{L}_{cs}*(\boldsymbol{A}-\boldsymbol{CS}))$ 按列求和之后得到行向量作为主对角元得到的对角矩阵。

矩阵(1a)中任意一行的和就是与该行对应的国家产业在增加值数量不变的情形下直接或间接使用 c 国 s 产业中间品生产出来的增加值。

矩阵(2a)中任意一行的和就是与该行对应的国家产业在增加值数量不变的情形下与 c 国 s 产业有关联的增加值，包括直接或间接使用 c 国 s 产业中间品生产出来的增加值以及直接或间接被 c 国 s 产业当作中间品使用的增加值的总和。

矩阵(1b)中任意一行的和就是与该行对应的国家产业在附加值率不变的情形下直接或间接使用 c 国 s 产业中间品生产出来的增加值。

矩阵(2b)中任意一行的和就是与该行对应的国家产业在附加值率不变的情形下与 c 国 s 产业有关联的增加值，包括直接或间接使用 c 国 s 产业中间品生产出来的增加值以及直接或间接被 c 国 s 产业当作中间品使用的增加值的总和。

矩阵(3)中任意一行的和就是与该行对应的国家产业的直接或间接被 c 国 s 产业当作中间品使用的增加值的总和。这一数值在增加值数量不变的情形和附加值率不变的情形中是相同的。

三、测算中美产业供应链对对方产业的贡献度

根据计算矩阵，我们利用 WIOD 数据库计算了 2014 年中美各产业供应链对对方各产业的贡献度。该数据库包含了 56 个产业，产业间的相互贡献度涉及 3 136 个数据值。表 3-2 列示了一些对双方而言贡献度比较大的产业，数值反映了

一国产业供应链对对方同一产业增加值的贡献率。总体来看，中国产业供应链对美国同一产业的贡献度要大于美国产业供应链对中国同一产业的影响。如计算机电子和光学设备产业，中国供应链对美国该产业净产值的贡献在2.3%～2.6%，而美国供应链对中国该产业净产值的贡献在0.8%～1.2%，这表明在该产业中，美国更多地依赖于中国供应链。

表3-2 中美产业供应链对对方产业的贡献度(2014年)

单位：%

产业	中国对美国（增加值数量不变）	中国对美国（附加值率不变）	美国对中国（增加值数量不变）	美国对中国（附加值率不变）
计算机电子和光学设备	2.2510	2.6466	0.7973	1.1645
化学化工	1.2296	1.7501	0.7110	1.1005
黑色金属	0.8005	1.4654	0.0972	0.2539
电气设备	1.1265	1.5412	0.1144	0.1788
机器设备	1.2050	1.6550	0.3813	0.5487
矿业	0.1063	0.3810	0.0835	0.2984
煤精炼	0.1126	0.5383	0.1250	0.5129
金属制品制造	0.4211	0.6999	0.1454	0.2892
橡胶塑料	0.4174	0.7365	0.1141	0.2027

资料来源：根据WIOD数据库计算。

第四节 中美供应链脱钩对美国GDP的影响

对于出现在中美供应链中的每一个产业，都存在该产业作为供应方对对方国家GDP总额的影响，以及作为需求方（使用对方供应链）对对方国家GDP总额的影响。将两方面汇总，就是一个产业供应链对对方国家GDP的总和影响。也就是说，中美供应链对任一国GDP的贡献包括两部分：一部分是对方国家产业作为供应链对本国GDP的贡献，另一部分是本国产业被对方需求的GDP贡献。如果中断对方国家供应链，本国GDP将损失第一部分；如果同时也中断本国对对方国家的供应，则本国GDP也将损失第二部分。本节分两步来测算中美供应链脱钩对美国GDP的影响。

一、中国产业供应链对美国GDP的贡献度

将中国每个行业对美国56个产业的供应链贡献度进行加总，就得到中国各产业供应链对美国GDP的贡献度，即中国各产业供应链对美国GDP的影响程度。如果美国斩断中国供应链，禁止美国使用与中国特定产业相关的中间品，美

国 GDP 将损失这个份额。表 3-3 列示了对美国 GDP 影响最大的前 15 个产业的供应链贡献度。增加值数量不变和附加值率不变两种情形的计算结果虽有不同，但前两个产业完全一致，前 15 个产业中有 13 个产业是重叠的，可以基本判断这 15 个产业的中国供应链对美国的影响较大，其中计算机电子和光学设备产业与化学化工产业是影响最大的两个产业。如果美国斩断计算机电子和光学设备产业的中国供应链，在增加值数量不变的情形下，美国 GDP 将损失 0.26%；在附加值率不变的前提下，将损失 0.53%，现实的影响大概率居于这两者之间。将所有中国产业的供应链贡献度进行加总，再扣除 56 个产业相互之间交叉的部分后，就得到了中国供应链对美国 GDP 的影响，为 0.82%～1.61%。

表 3-3　产业供应链的 GDP 贡献度：对美国产业影响最大的前 15 个中国产业

单位：‰

产业	贡献度（增加值数量不变）	产业	贡献度（附加值率不变）
计算机电子和光学设备	2.5532	计算机电子和光学设备	5.2957
化学化工	1.5787	化学化工	4.2846
黑色金属	1.3194	矿业	4.1924
电气设备	1.1914	黑色金属	3.9524
机器设备	1.1273	批发	3.3222
矿业	1.0788	煤精炼	3.1699
批发	0.8613	电气设备	3.0649
煤精炼	0.8233	机器设备	2.8798
金属制品制造	0.7820	金融	2.4041
橡胶塑料	0.7086	电力等	2.3965
电力等	0.5878	法律会计	2.3334
机车	0.5592	金属制品制造	2.0759
法律会计	0.5494	橡胶塑料	1.9789
金融	0.5090	食品加工	1.7251
非金属矿加工	0.4120	农业	1.6608
所有产业加总	8.2190	**所有产业加总**	16.1040

资料来源：根据 WIOD 数据库计算。

从趋势来看，中国供应链对美国 GDP 的贡献度呈上升趋势。图 3-4 反映了上述 15 个产业中，中国产业供应链对美国 GDP 影响最大的 6 个制造产业供应链贡献度的动态变化。2000 年，这些产业对美国 GDP 的供应链贡献度都在 0.05%以下；进入 21 世纪以来，贡献度都呈上升趋势；2008 年全球金融危机前，黑色金属、化学化工及计算电子和光学设备三个产业的供应链贡献度上升最快；2008 全球金融危机之后，计算电子和光学设备产业的供应链贡献度大幅上升，成为对美国GDP贡献度最大的中国供应链。

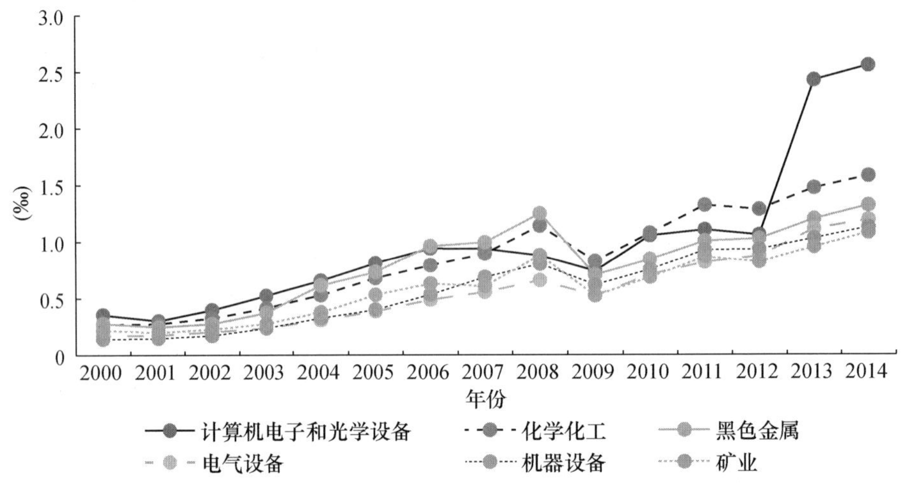

图 3-4　中国制造业的产业供应链贡献度变化（增加值数量不变）

资料来源：根据 WIND 数据库计算。

图 3-5 列示了中国服务业供应链对美国 GDP 贡献度排位前 6 位的产业。中国服务业供应链对美国的 GDP 贡献度远小于制造业，但前 6 位产业的供应链贡献度总体呈上升趋势，其中，批发业的贡献度最大。

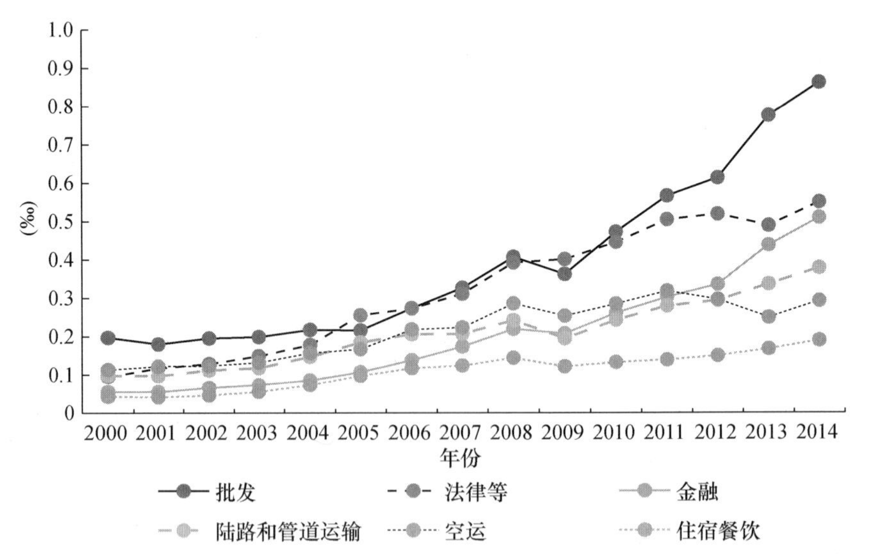

图 3-5　中国服务业的产业供应链贡献度变化（增加值数量不变）

资料来源：根据 WIND 数据库计算。

二、两国产业供应链完全脱钩对美国 GDP 的影响

如果美国同时也限制自己的中间品通过直接或间接的方式被中国使用，那么对美国 GDP 的冲击是双重的，除了损失中国产业供应链对 GDP 的贡献，还将损失被中国用作中间投入的美国产业增加值。这部分对美国产业的影响可以用中国各行业产出中美国各产业增加值的含量来反映，即美国产业的增加值贡献度。对美国 GDP 的影响就等于中国各产业产出中美国各产业增加值含量的总和。如果只是限制美国产业增加值用于中国某一产业，那么对美国 GDP 的影响是中国该产业产值中来自美国各产业增加值的加总。

美国斩断中国产业供应链，限制中国产业增加值用于美国，是从需求视角对中国施加限制；限制本国产业增加值用于中国，则是从供给视角对中国施加限制。双向限制将使双边供应链断裂。比如美国斩断与中国 B 产业的双边供应链，对美国 GDP 的影响等于中国 B 产业对美国的供应链贡献度加上美国 B 产业对中国产业增加值的贡献度，再扣除二者重叠的部分（部分美国产业增加值无论是从需求视角还是从供给视角都和中国相关，所以在这两部分中都会存在，求总效应的时候需要扣除，以免重复计算），我们将这二者之和命名为总和贡献度。如表 3-4 所示，计算机电子和光学设备产业与化学化工产业是对美国 GDP 影响最大的产业。如果美国与中国计算机电子和光学设备产业完全脱钩，那么美国 GDP 将损失 0.26%～0.54%；如果再与化学化工产业脱钩，那么美国 GDP 将损失 0.42%～0.97%；如果两国产业链完全脱钩，美国 GDP 将损失 1.36%～2.15%。

表 3-4　总和贡献度：对美国产业影响最大的前 15 个中国产业

单位：‰

增加值数量不变		附加值率不变	
产业	占比	产业	占比
计算机电子和光学设备	2.6409	计算机电子和光学设备	5.3831
化学化工	1.6130	化学化工	4.3187
黑色金属	1.3490	矿业	4.1962
电气设备	1.2239	黑色金属	3.9819
机器设备	1.1760	批发	3.3617
矿业	1.0826	煤精炼	3.1791
批发	0.9010	电气设备	3.0972
煤精炼	0.8325	机器设备	2.9283
金属制品制造	0.7946	金融	2.4146
橡胶塑料	0.7246	电力等	2.4038
电力等	0.5951	法律会计	2.3500
机车	0.5928	金属制品制造	2.0885

单位：‰（续表）

增加值数量不变		附加值率不变	
产业	占比	产业	占比
法律会计	0.5661	橡胶塑料	1.9948
金融	0.5196	食品加工	1.8499
食品加工	0.5036	农业	1.7009
所有产业加总	13.6620	**所有产业加总**	21.4900

资料来源：根据 WIOD 数据库计算。

如图 3-6 所示，从动态变化来看，对美国影响比较大的几个中国制造业供应链的总和贡献度都在不断上升，尤其是计算机电子和光学设备产业的总和贡献度在 2013 年出现了大幅提升，这主要是由美国更多地使用中国供应链所带来的。

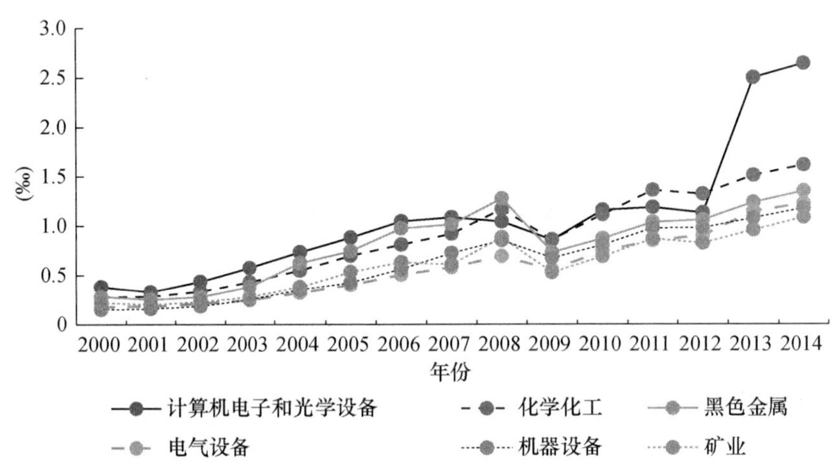

图 3-6 中国制造业的产业供应链总和贡献度变化（增加值数量不变）

资料来源：根据 WIOD 数据库计算。

如图 3-7 所示，就服务业而言，几个重要产业的总和贡献度总体上也是上升的。结合图 3-7 可知这种提升主要是由中国供应链对美国的贡献度提高带来的。

综上，斩断中国供应链对美国 GDP 的影响要远大于美国生产中所包含的中国产业增加值的规模，会导致所有与中国产业增加值相关的供应链的中断。中国供应链对美国 GDP 的贡献度呈逐年上升趋势，其中计算机电子和光学设备产业与化学化工产业供应链对美国 GDP 的影响最大。如果进一步中断美国供应链用于中国，导致两国供应链完全脱钩，那么对美国 GDP 的冲击将更大，其中斩断中国供应链的影响要大于中断美国供应链被中国使用的影响。因此从此数值上来看，美国对中国供应链的依赖度要大于中国对美国供应链的依赖度。

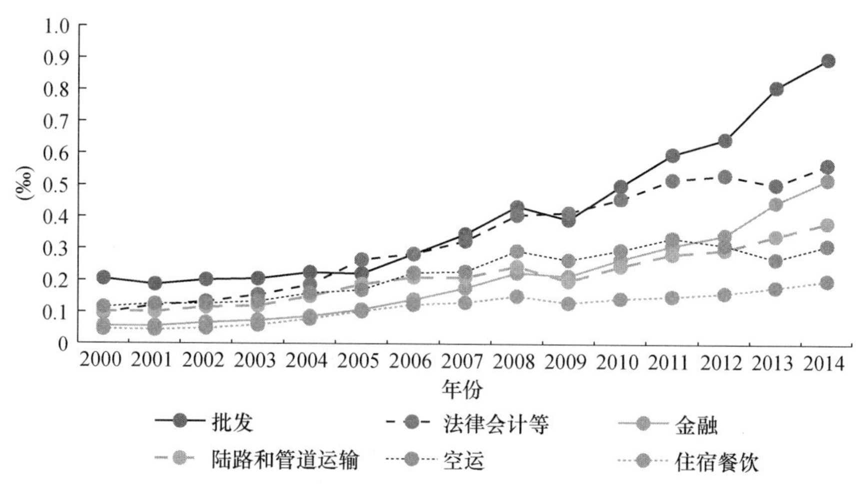

图 3-7　中国服务业的产业供应链总和贡献度变化(增加值数量递减)

资料来源:根据 WIOD 数据库计算。

第五节　中美供应链脱钩对中国 GDP 的影响

利用同样的方法,我们计算了美国产业供应链对中国 GDP 的贡献度,并据此分析中美供应链脱钩对中国 GDP 的影响。

一、美国产业供应链对中国 GDP 的贡献度

根据 2014 年的计算结果(见表 3-5),美国产业链对中国 GDP 贡献度比较高的产业有化学化工、批发、法律会计、矿业、计算机电子和光学设备等。较之中国产业供应链对美国 GDP 贡献度高的 15 个产业,制造业产业数量少,服务业产业数量多,农业也是一个重要产业。但美国产业供应链对中国 GDP 的贡献度要低于中国产业供应链对美国 GDP 的影响。排位第一的化学化工产业供应链对中国 GDP 的贡献度在 0.12%～0.37%,要低于中国产业供应链贡献度排位第一的计算机电子和光学设备产业,其贡献度在 0.26%～0.54%。美国计算机电子和光学设备产业供应链对中国 GDP 的贡献度在 0.06%～0.17%,要远低于中国该产业供应链对美国 GDP 的贡献度。但服务业供应链对中国的贡献度要更大,其中美国法律会计产业供应链对中国 GDP 的贡献度在 0.09%～0.37%,而中国法律会计产业供应链对美国 GDP 的贡献度在 0.06%～0.24%。将美国 56 个产业的产业供应链对中国 GDP 的贡献度加总起来,总和贡献度在 0.81%～2.27%,要大于中国所有产业的产业供应链对美国 GDP 的贡献度。可见,虽然贡献度排位前 15 的美国产业单个来看其产业供应链的贡献度要小,但是 56 个产业加总起来的供应链贡献度更大,说明美国产业供应链的影响可能更加分散。

表 3-5 美国产业供应链对中国 GDP 的贡献度

单位:‰

产业	贡献度（增加值数量不变）	产业	贡献度（附加值率不变）
化学化工	1.1938	法律会计	3.7333
空运	1.0112	批发	3.6671
农业	0.9647	化学化工	3.4865
法律会计	0.9046	煤精炼	3.4046
煤精炼	0.8566	矿业	2.9051
批发	0.7793	行政管理	2.8675
矿业	0.6934	农业	2.1733
计算机电子和光学设备	0.5580	空运	2.0642
行政管理	0.4875	陆路和管道运输	1.7920
陆路和管道运输	0.4753	计算机电子和光学设备	1.7250
机器设备	0.4394	金融	1.5190
食品加工	0.3898	机器设备	1.4565
黑色金属	0.2756	不动产	1.3990
金融	0.2593	黑色金属	1.1941
纸制品	0.2538	金属制品制造	1.1716
所有产业加总	8.0730	**所有产业加总**	22.6970

资料来源:根据 WIOD 数据库计算。

如图 3-8 所示,从趋势来看,美国几个制造业供应链的贡献度在 21 世纪初的几年有一个上升的过程,但之后整体上处于下降的趋势,尤其是计算机电子和光学设备产业供应链的贡献度下降最大,只有煤精炼产业供应链的贡献度是上升的。

如图 3-9 所示,从服务业总体上来看,美国产业供应链对中国 GDP 的贡献度都处于下降趋势,但空运产业供应链的贡献度在不断上升,表明中国对美国空运产业供应链的依赖度在增强。

二、中美供应链完全脱钩对中国 GDP 的影响

在美国产业供应链对中国 GDP 贡献度的基础上,再加上中国该产业增加值对美国各产业的贡献,就得到了中美供应链完全脱钩对中国 GDP 的总和影响。对比表 3-6 中增加值数量不变情形下的产业供应链贡献度排位,前 8 个产业的排位是一致的,而且贡献度增加的幅度不大,表明这些中国产业用于美国生产的增加值对中国 GDP 的贡献相对不大。后 7 个产业中的机器设备产业排位上升,而

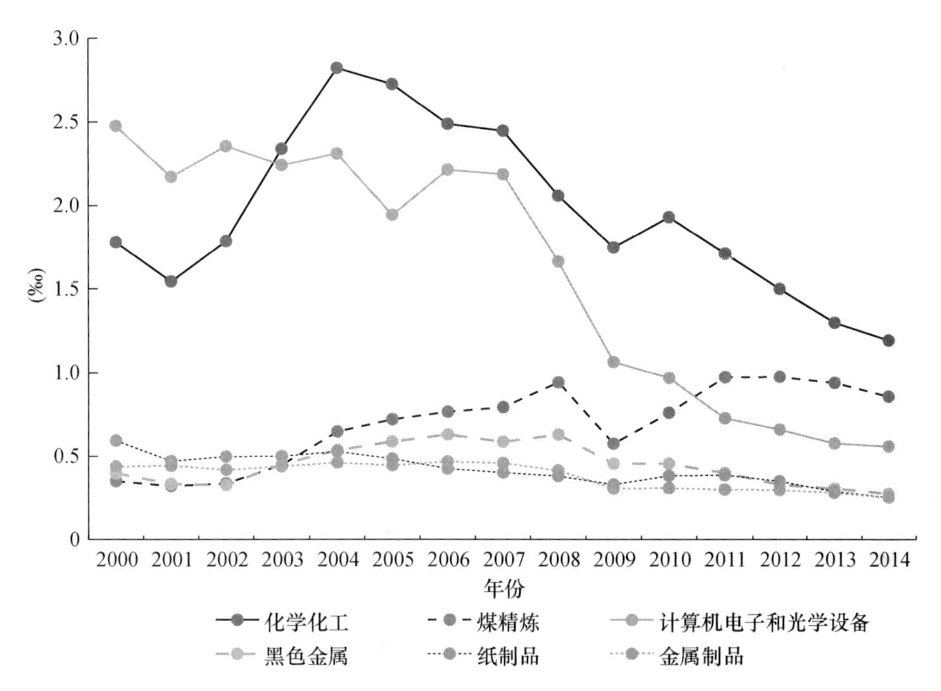

图 3-8 美国制造业的产业供应链贡献度变化(增加值数量不变)

资料来源:根据 WIND 数据库计算。

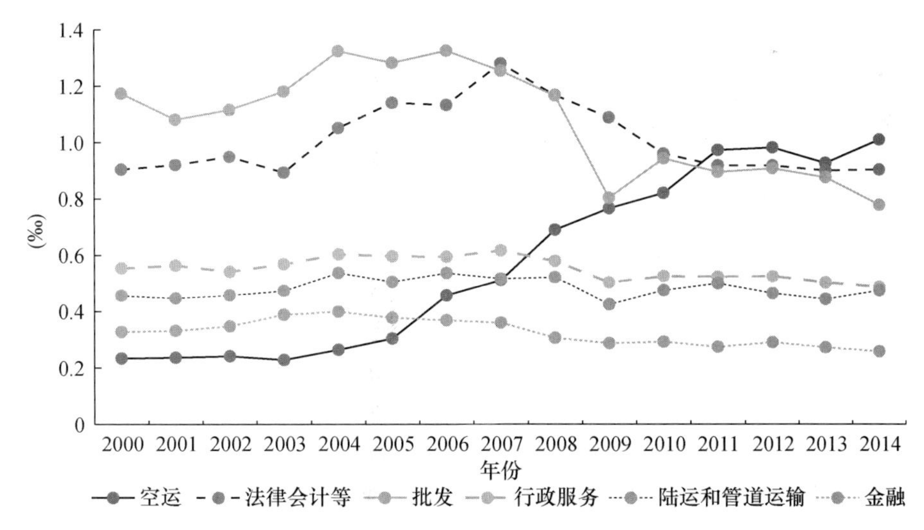

图 3-9 美国服务业的产业供应链贡献度变化(增加值数量不变)

资料来源:根据 WIOD 数据库计算。

且汽车和其他运输设备两个制造业进入前15,说明这三个产业作为美国产业的供给者对中国GDP的影响较大。如果中国这几个产业的供应链与美国脱钩,对中国GDP的影响可能大于美国这几个行业供应链与中国脱钩的影响。中美供应链完全脱钩,中国GDP将损失2.15%~3.58%。

表3-6 总和贡献度:对中国GDP影响最大的前15个美国产业

单位:‰

产业	贡献度(增加值数量不变)	产业	贡献度(附加值率不变)
化学化工	1.2658	法律会计	3.7629
空运	1.0127	批发	3.7044
农业	0.9839	化学化工	3.5583
法律	0.9343	煤精炼	3.4166
煤精炼	0.8686	矿业	2.9276
批发	0.8168	行政管理	2.9025
矿业	0.7160	农业	2.1924
计算机电子和光学设备	0.6451	空运	2.0657
机器设备	0.5653	计算机电子和光学设备	1.8118
行政管理	0.5226	陆路和管道运输	1.8073
陆路和管道运输	0.4906	机器设备	1.5821
食品加工	0.4632	金融	1.5293
公共管理	0.3644	不动产	1.4206
汽车	0.3390	公共管理	1.2906
其他运输设备	0.3161	金属制品制造	1.2131
所有产业加总	21.4630	**所有产业加总**	35.8480

资料来源:根据WIOD数据库计算。

如图3-10所示,从趋势来看,美国产业供应链对中国GDP贡献度最大的几个制造业是化学化工、计算机电子和光学设备、矿业、煤精炼、机器设备和汽车。总和贡献度整体都在下降,其中计算机电子和光学设备产业的总和贡献度下降幅度最大,从2000年的第1位下降到2014年的第4位。

如图3-11所示,美国服务业供应链对中国GDP贡献度产业差异比较大。其中,2014年空运供应链的影响最大;法律会计等产业和批发产业的贡献度也很大,但呈下降趋势,其他几个产业的贡献度变化较为稳定。

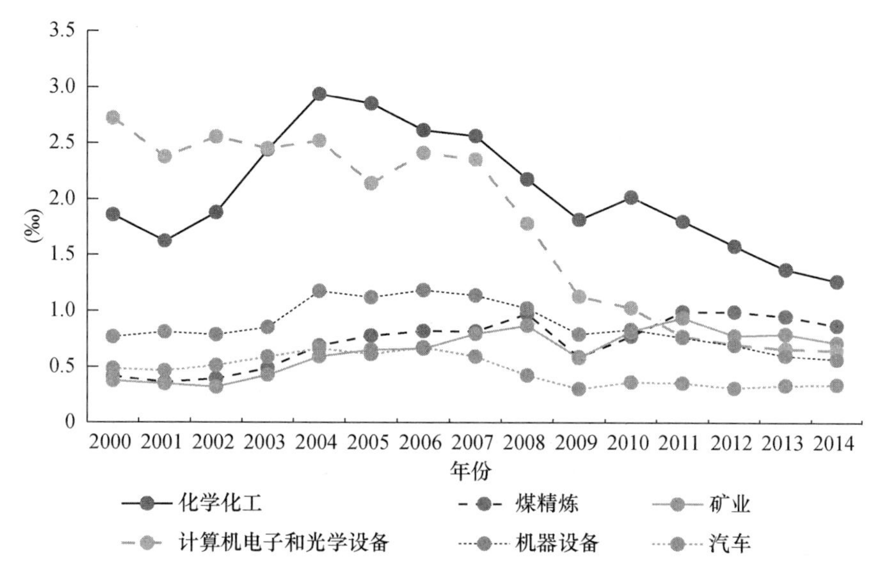

图 3-10 美国制造业的产业供应链总和贡献度变化(增加值数量不变)

资料来源:根据 WIOD 数据库计算。

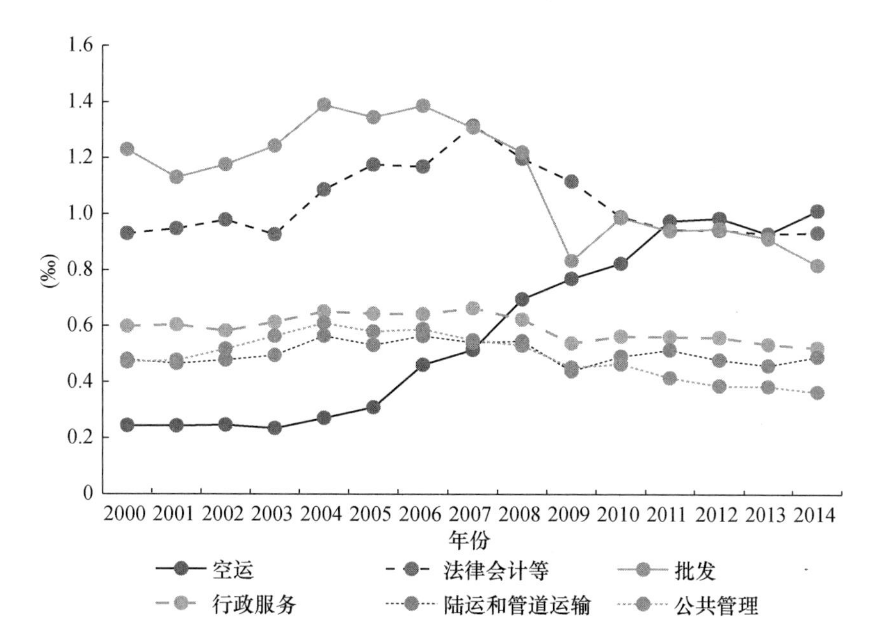

图 3-11 美国服务业的产业供应链总和贡献度变化(增加值数量不变)

资料来源:根据 WIOD 数据库计算。

综上，美国产业供应链对中国GDP的贡献度要小于中国产业供应链对美国GDP的贡献度。美国非制造业供应链对中国GDP的贡献度要大于制造业，且制造业供应链对中国GDP的贡献度呈下降趋势。相较于美国使用中国中间品投入对中国GDP的贡献，美国供应链对中国GDP的贡献度更大，但在机器设备和汽车等行业，美国使用中国中间品投入对中国GDP的贡献最大。

第六节　结　　语

全球化以及全球化过程中各国之间的依存关系是经济、技术和政治因素共同驱动的结果。世界主要国家供求条件的变化和技术进步是推动全球化的长期因素；发达国家对全球化和去工业化反思之下的政策策略以及中美之间日益加深的政治矛盾是影响全球化格局的中期因素；2020年年初暴发的新冠肺炎疫情作为一个影响全球的突发事件会加速反全球化趋势。在多方因素的影响之下，中美供应链出现某种形式或一定程度的断链是不可避免的。根据供应链贡献度的计算，在极端情形下，如果美国斩断中国供应链，美国GDP将可能损失0.82%～1.61%；如果中国斩断美国供应链，中国GDP将可能损失0.81%～2.27%；如果中美供应链完全脱钩，美国GDP将可能损失1.36%～2.15%，中国GDP将可能损失2.15%～3.58%。总体而言，两国供应链脱钩对中国的影响要大于美国。中美供应链完全脱钩虽然并不现实，但了解中美之间的供应链关系以及中美供应链完全脱钩对产业和宏观经济造成的影响，有助于我们对当下的困局做出正确的判断。

第四章　从美国金融危机看经济的高质量增长

高质量发展是中国经济现在面临的重要问题。如何理解高质量发展？如何测度高质量发展？如何实现高质量发展？这些都是需要解决的理论问题。关于这些问题，学术界已经有了大量的探讨。经济发展包括多个维度，如经济增长、收入分配、环境保护等，因此，讨论高质量发展成为一个范围很大的问题。很多学者从政治经济学、微观产品质量等角度对高质量发展的内涵进行了探索，金碚(2018)认为高质量发展阶段“更加注重产品和经济活动的使用价值及其质量合意性”。任保平等(2018)认为“高质量发展是经济发展的有效性、充分性、协调性、创新性、持续性、分享性和稳定性的综合”。整体来看，高质量发展涵盖经济、政治、文化等多个领域，范围比较大，很难在一篇文章中完全涵盖，因此，本章仅聚焦于研究高质量的经济增长。经济增长的衡量分为数量和质量两个方面，其中关于经济增长数量的研究已有很多，主要是通过 GDP 的增长率来评估经济增长率，而关于经济增长质量内涵的研究还没有一个系统公认的界定。[①]

本章认为，经济高质量增长的最基本要求是经济的健康、持续增长。所谓“经济健康”，就是不出现系统性、全局性的经济和金融危机；“持续”的意思是在相当长一段时间内不出现这样的危机，最好永远不出现。在过剩经济中，经济的均衡产出决定于需求，因此，经济的高质量增长也就取决于高质量需求(以下简称“优质需求”)的增长。本章认为，优质需求来源于产品创新，可以保证经济的高质量增长；而经由凯恩斯主义需求管理政策产生的需求是劣质需求，无法保证经济的高质量增长。本章还以美国金融危机为例说明了需求质量的决定因素，以及劣质需求的增长在美国金融危机爆发中的作用。

---

① 目前来看，高质量发展包括经济、政治、文化多个方面，与之前的经济高速增长阶段形成对应，本章只探讨其中的经济领域，即经济的高质量增长。关于经济增长质量的探讨目前没有形成统一的定义，可以将其粗略划分为狭义和广义两种概念，狭义的经济增长质量主要是指生产效率的提高、产品质量的提高及技术水平的提高等，主要集中在经济领域；广义的经济增长质量包括健康、环境、收入分配、社会制度等，已经超出了单纯的经济领域。本章所论述的经济增长质量介于狭义和广义之间，由于经济增长质量的内涵还在学术探索阶段，本章试图以一个不同于传统分类方法的新视角来阐释其内涵。

第一节　文献综述

较早对经济增长质量进行研究的是苏联经济学家卡马耶夫，其主要从劳动生产率的角度阐释了经济增长质量，在《经济增长的速度和质量》一书中，他指出，“在经济增长这个概念中，不仅应该包括生产资源的增加和生产数量的增长，而且也应该包括产品质量的提高、生产资料效率的提高、消费品消费效果的增长”“在国民经济方面，以及在最重要的物质生产部门中，经济增长的质量方面是由劳动生产率指标来说明的”。

越来越多的学者认为，经济增长质量是与经济增长数量相对应的概念，认为它应该包含更广泛的内容。Barro et al.（1991）认为，健康、生育率、收入分配、政治制度、犯罪率和宗教都可以纳入经济增长质量的衡量体系；他通过多个国家的数据分析发现，高质量的经济增长往往伴随着更长的预期寿命和较低的生育率。刘树成（2007）认为，提高经济增长质量是指不断提高经济增长态势的稳定性，不断提高经济增长方式的可持续性，不断提高经济增长结构的协调性，不断提高经济增长效益的和谐性。郭克莎（1995）的研究指出，经济增长的质量主要表现在经济增长的效率、国际竞争力的高低、通货膨胀的状况以及环境污染的程度等方面，其中国际竞争力的高低主要表现为产品与服务的质量水平和相对成本水平。

此外，也有学者从其他视角来阐释经济增长质量。程虹等（2014）认为，微观产品质量是实现宏观经济增长质量的基础，其所指的微观产品包含了经济中一、二、三产业生产的所有产品和服务。钞小静等（2009）运用主成分分析法构建了经济增长质量指数，其指标维度包含了经济增长的结构、稳定性、福利变化等方面。

综合来看，国内外关于经济增长质量内涵的研究主要围绕劳动生产率、健康、环境、技术、居民收入、政治制度等方面展开，其所涵盖的范围较广，评定起来较为困难。

第二节　经济高质量增长的内涵

本章认为，高质量的经济增长就是经济的健康、持续增长，其含义是在相当长的时期内不出现系统性、全局性的经济和金融危机，而如何实现高质量增长则取决于经济形势。经济形势从大的方面可以分为短缺经济和过剩经济两类，这两种情况下经济高质量增长的决定因素是不一样的。

在短缺经济中，由于生产能力不足，人们的需求得不到满足，此时决定经济运行质量的主要是供给的质量。正如我国在计划经济时期，生产力较为落后，物资匮乏，需求远远大于供给。此时经济的均衡产出决定于供给侧，供给的质量也就决定了经济运行的质量。在短缺经济阶段，经济增长的质量主要取决于优质供给能力的提升。

而在一个产能相对过剩的经济中，需求决定了均衡产出，因此需求的质量就决定了经济运行的质量。所谓优质需求就是能够保证经济健康、持续增长的需求，凡是不利于这一需求的都是劣质需求。一个经济体中，非政府部门的总需求由消费、投资、出口三部分构成，其中，出口的质量是最高的，因为出口的商品在国外被使用，对本国的经济运行没有影响，本国只要能够顺利得到销售收入就可以了。而消费的质量取决于其边际效用，投资的质量则取决于其预期收益率。“所谓的优质消费需求，就是能够给消费者带来较高的边际效用的消费需求，而所谓的优质投资需求，就是能够给投资者带来较高的投资收益率的投资需求”（苏剑，2017）。我们首先来看投资的质量，一个投资项目的预期收益率越高，意味着它应对各种经营风险的能力就越强，经济当然也就越健康；再来看消费的质量，消费的边际效用越高，消费者愿意支付的价格就越高，相关产品生产者的收益率就越高，其投资的质量当然也就越高，相应地，经济就越健康。

第三节　扩大优质需求的思路

根据前文所述，在当前产能相对过剩的经济中，需求的质量决定了经济运行的质量，优质需求的增长也就决定了经济的高质量增长。那么，如何扩大优质需求呢？苏剑（2017）认为，扩大需求有两条思路：一条是提供能够给消费者或投资者带来更高的边际效用或边际收益的消费品或投资项目，另一条是降低需求的成本。前者需要科技进步尤其是产品创新的支持，后者即凯恩斯主义需求管理政策。

传统的凯恩斯主义认为，产品过剩的原因是有效需求不足，因此凯恩斯主义需求管理主要是通过财政政策和货币政策来扩大需求。具体来看，传统的凯恩斯主义的货币政策主要是通过降低利率来刺激投资。然而，当经济中没有较高预期收益率的投资项目时，通过降低利率刺激出来的是劣质投资，资金往往流向一些过剩行业，劣质投资需求反而加剧了产能过剩。

传统的凯恩斯主义财政政策也是通过降低需求的成本来扩大消费的，例如，通过降低个人所得税或者增加政府补贴的方式来刺激消费需求。但在产能过剩的经济中，部分产品供给过剩，相应的消费需求已经饱和，而高质量产品供给相对缺乏，此时采用扩张性的财政政策虽然可以在一定程度上扩大消费，但刺激出来的是劣质需求，其边际效用较低。此外，扩张性的财政政策增加了政府的债务风险，容易引发债务危机。因此，在产能过剩的经济体中，继续使用传统的凯恩斯主义需求管理政策刺激出来的是劣质需求，容易形成资产价格泡沫，从而增加经济运行的风险。

再来看扩大需求的另一条思路——提供能够给消费者或投资者带来更高的边际效用的消费品或投资项目。就消费而言，通过工艺创新提高产品质量，或者通过产品创新形成新的消费热点，创造出来的就是高质量的需求；就投资而言，如果经济中出现了高预期收益率的投资项目，即便投资成本相对较高，企业也会有较强的投资意愿，这样刺激出来的也是高质量的投资。例如，随着5G网络的建设，与之相关的5G手机等电子设备层出不穷，这些新产品将提高消费者的边际效用，从而拉动总需求。

综合来看，经济的高质量增长是建立在优质需求的基础上的，而优质需求的来源是持续地创新，苏剑等(2019)将可以扩大优质需求的创新称为需求型创新。相比传统凯恩斯主义的需求管理，需求型创新刺激出来的是具有较高边际效用或边际收益率的优质需求，从而避免了传统需求管理政策带来的产能过剩、资产价格泡沫等问题，有利于经济的持续、健康发展。

第四节　从美国金融危机看经济的高质量增长

自2008年美国金融危机发生以来，许多学者对美国次贷危机的成因进行了讨论。部分学者认为，次贷危机是美国新自由主义政策的结果，对金融业管制的放松导致整个行业失去了监控，大量金融机构开展投机性业务，造成了金融风险的累积与蔓延。部分学者认为，美国次贷危机的发生主要源于美国人民的过度消费，低储蓄率造成家庭负债过高，而借贷链条中的任何一环出现问题就会导致整个系统的危机。也有学者认为，次贷危机是由于全球经济结构失衡造成的，这种失衡造成了美国经常账户长期的巨额赤字，也造成了大量资本流入美国，扩大了美国的资产价格泡沫。苏剑等(2009)认为，对金融业管制的放松、低储蓄率等并不是次贷危机发生的根源，其深层次的原因在于美国技术进步放缓导致的经济衰退。本章认为，2008年金融危机前美国经济的发展历程是关于经济增长质量的一个非常好的案例，起初是美国经济在新产品的拉动下实现高质量增长，随后是新产品不足导致经济衰退，美国宏观调控当局继而采取传统凯恩斯主义需求管理政策来刺激需求，但产生的是劣质需求，导致低质量增长，最终引发金融危机。

在冷战期间，美苏两国集中人力、物力、财力投入尖端武器的研发，拉动了美国通信、计算机等新技术的发展，这些技术逐渐扩散到各行各业，推动美国经济进入了持续增长的新经济时代。1991年，苏联解体，冷战结束，美国成为世界上唯一的超级大国。此后，美国对尖端武器的研发支出也逐渐减少。

如图4-1所示，从1991年到2000年，美国的总科研投入，尤其是国防科研投入增长放缓。到了2000年，冷战时期所积累的科技成果潜力被民间挖掘殆尽，因此从2000年中期开始，美国经济逐渐陷入衰退。互联网泡沫的破裂和“9·11”事件加剧了美国经济的下行。2001 年,美国实际 GDP 增长率仅为 1%。为了防止美国经济的进一步衰退,美联储从 2001 年 1 月至 2003 年 6 月,连续 13 次降低联邦基金利率,目标利率从 6.5%一直下调到 1%。

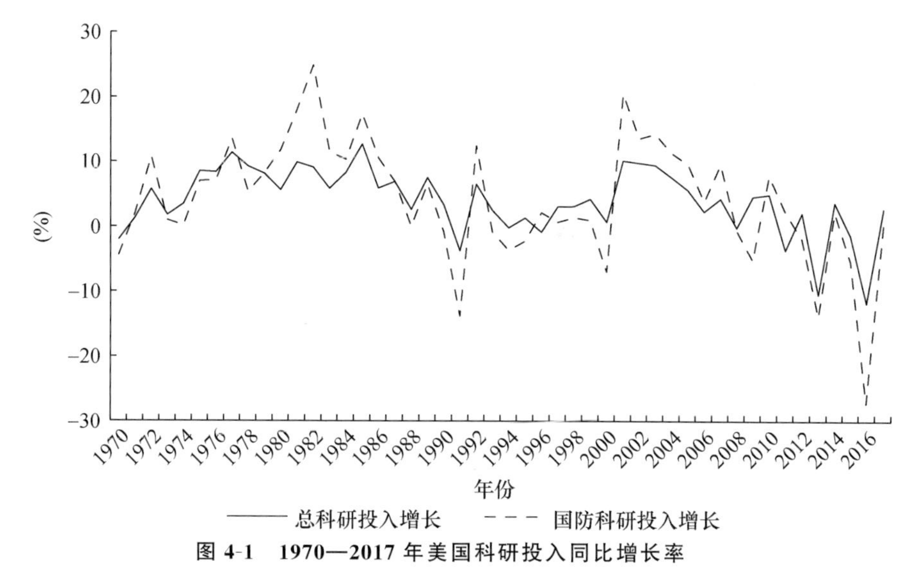

图 4-1　1970—2017 年美国科研投入同比增长率

资料来源:National Science Foundation, https://www.nsf.gov/statistics/srvyfedfunds/#tabs-4,访问时间:2020 年 6 月。

如图 4-2 所示,随着联邦基金目标利率的下降,商业银行的贷款利率也随之下降,释放了大量的信贷。然而,低利率并没有刺激出优质投资,反而使一些原本没有贷款资格的购房者获得了贷款,即所谓的"次级贷款"。

低利率刺激了美国次级抵押贷款市场的迅速发展,拉动了房地产投资。由于放贷条件的宽松,居民购房需求增加,2003 年新屋销售 108.6 万套,同比上涨 11.6%;新屋开工 184.8 万套,同比上涨 8.38%;新建住房平均价格为 24.63 万美元,比 2002 年上涨了 7.7%。到 2003 年中期,美国经济出现过热迹象,于是,2003 年 6 月至 2006 年 6 月,美联储逐渐将联邦基金目标利率从 1%提高到 5.25%,从而加剧了次级贷款的还款压力,导致家庭负债率攀升,很多购房者弃房断供。大量次级贷款成为商业银行的坏账,发展成次贷危机。此外,住房市场的降温导致房屋出售更加困难,银行收回断供者的房屋却卖不到高价。2007 年,美国新屋开工 135.5 万套,比 2006 年下跌了 24.76%;而销量仅为 77.6 万套,比 2006 年下跌了 26.17%。受次贷危机的影响,美国 2009 年的 GDP 增长率跌至-2.5%,10 月失业率攀升至 10%。次贷危机迅速蔓延,造成了全球股市的震荡和经济的衰退。

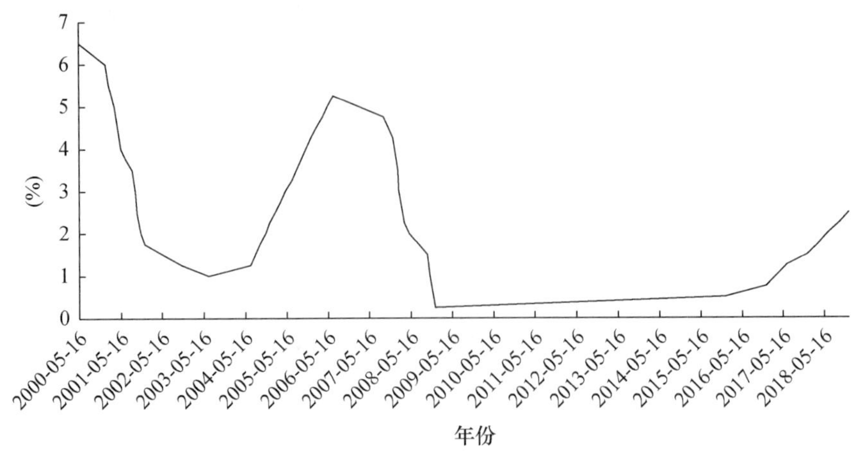

图 4-2　2000—2018 年美国联邦基金目标利率

资料来源:Wind 金融终端。

从以上案例可以看出,美国次贷危机爆发的原因在于投资风险的上升,而投资风险的上升来自低利率刺激投资的货币政策,而这种低利率政策产生的根源是美国产品创新不足导致的经济增长缓慢。因此,2000 年可以被看作美国经济的一个分水岭,产品创新的放缓是导致美国次贷危机爆发的根本原因。此前美国经济的增长是靠优质消费和优质投资的增长拉动的,因此经济增长的质量较高,经济的健康状况也较好;而此后美国经济的增长是靠传统凯恩斯主义的需求管理政策拉动的,需求质量较低,因此经济增长的质量较低,经不住利率上升的冲击,最终导致这次全球性金融危机。

第五节　中国实现高质量经济增长的对策

当前,中国面临的主要问题是产能过剩,过去粗放的经济增长方式及过度投资导致传统制造业产能的普遍过剩,特别是钢铁、煤炭、电解铝等行业的产能过剩问题尤为突出。2018 年 12 月,我国采矿业、煤炭开采业、非金属矿物制品业的产能利用率分别为 70.2%、68.5%和 69.8%,低于国际通常水平。此外,一些产需基本平衡的行业也存在潜在产能过剩的问题,部分行业的产能过剩给中国宏观经济的持续健康运行带来了不利影响,一方面导致一些过剩行业的产品价格下降—企业库存增加—企业亏损;另一方面导致银行不良资产明显增加,金融风险增大。

中国需要高质量的增长,即保证经济的健康、持续增长,而在产能过剩阶段,经济的高质量增长取决于高质量需求。但仅依靠传统凯恩斯主义的需求管理政策是无法解决产能过剩阶段面临的结构性失调问题的。财政政策方面,由于地方政府债务规模较大,仅仅通过扩大财政支出、发行国债来刺激内需将进一步扩大财政赤字，容易引发债务危机；货币政策方面，如果单纯扩大货币供应量，可能导致资金流向房地产市场和资本市场，导致相应领域的杠杆率进一步上升，引发系统性金融风险。即使资金流入实体经济，刺激出来的投资也是劣质投资。中国人民银行发布的《中国金融稳定报告(2018)》中指出，截至 2017 年年末，中国宏观杠杆率为 248.9%，其中，非金融企业部门的杠杆率为 163.6%，占宏观杠杆率的 65.7%。[①] 因此，高质量增长要求需求管理政策的转变，即通过需求型创新刺激优质的消费和投资需求，如此才能实现经济的健康、持续增长。

然而，中国目前的科技水平离世界科技发展前沿还有一定的距离。以半导体行业为例，2016 年，中国半导体行业销售额达到 1 075 亿美元，占全球半导体行业销售额的 32%，已经成为全球最大的半导体销售市场。然而，中国半导体行业的自给率仍较低。以集成电路为例，2016 年，中国集成电路的进口额为 2 271 亿美元，出口额为 613 亿美元，贸易逆差达到 1 658 亿美元。[②] 因此，在当前产能过剩的经济发展阶段，要实现高质量增长，需要扩大优质需求，本章认为可从以下几方面着手。

第一，进行产品创新。新产品的出现一方面会刺激消费需求，引导消费升级；另一方面可以提高企业的预期回报率，拉动高质量的投资。国家要加大对基础研究和应用基础研究的支持力度，健全以企业为主体的产学研一体化创新机制。企业是产品创新的重要主体，在市场需求的把握、科技成果的转化方面，企业相比科研机构更有优势，因此要加强科研机构与企业研发人员的双向交流，构建企业—高校共同研发中心。要加强国际创新合作，鼓励科研人员开展学术交流，积极融入全球科技创新网络，整合全球创新资源。

第二，继续引导产业结构升级。随着人们收入水平的上升，低端消费品的需求已经饱和，高端消费品需求上升，而当前我国的供给结构与需求结构的不匹配，制约了优质需求的扩大。因此，要以高质量需求为立足点，进一步促进产业结构的调整和升级，一方面要继续推动传统产业的改造提升，增强自主创新能力，对接国际标准，提升产品和服务质量；另一方面要推动新兴产业的发展，打造一批战略性新兴产业集群，促进我国产业迈向全球价值链中高端。

第三，进一步加强对外开放。一方面，深化对外开放可以拓展国际市场，增加外需，拉动本国经济增长；另一方面，国际市场需求的变化反映了产业结构变动的趋势，扩大对外开放可以帮助本国企业更迅速地了解国际市场的供需状况，充分

---

① 中国人民银行金融稳定分析小组，《中国金融稳定报告(2018)》，http://www.pbc.gov.cn/goutongjiaoliu/113456/113469/3656006/index.html，访问时间：2018 年 11 月。

② 笔者根据 Wind 金融终端的数据计算所得。

参与国际市场竞争,优化资源配置,并及时进行产品结构的调整,从而倒逼国内产业结构升级。2019年《政府工作报告》中指出,要“促进外贸稳中提质。推动出口市场多元化,扩大出口信用保险覆盖面。改革完善跨境电商等新业态扶持政策。推动服务贸易创新发展,引导加工贸易转型升级、向中西部转移,发挥好综合保税区作用。优化进口结构,积极扩大进口”。由此可见,高水平的对外开放是扩大优质需求的重要方式。

第四,通过技术进步降低成本,提高投资收益率。传统凯恩斯主义的货币政策主要是通过降低利率来降低企业的融资成本,刺激投资。而更加健康、持续地降低成本的方法是技术进步。例如,通过工艺创新可以提高原材料利用率,降低原材料成本;通过采用先进设备,提高劳动生产率等。以新能源汽车工艺创新为例,该行业的主要成本来自电池。据彭博新能源财经称,2017年全球电池组的平均价格约为208美元/kWh,电池成本占到汽车总成本的2/5。[①] 而特斯拉电池组能量密度方面的创新极大地降低了电池成本。据瑞银的报告显示,特斯拉与松下合作的锂电池生产技术正在不断压低成本,目前已降到111美元/kWh,成为业内第一,拥有明显的成本优势。[②] 特斯拉的电池成本之所以较低,主要是因为它通过技术创新降低了电池中的钴含量,而其电池合作伙伴松下正在研发无钴电池,进一步降低电池成本。

第五,改善管理,降低制度成本。首先,要进一步进行市场化改革,优化营商环境,降低制度性交易成本,减少行政审批环节,推行网上审批和服务,缩减市场准入负面清单,使企业将更多的精力集中到产品的研发与升级中。其次,要推动公平公正的市场监管,确保中小企业公平参与竞争,充分激发市场创新活力。最后,要完善科技创新体制机制,加强知识产权保护,进一步完善相关法律制度的顶层设计,建立科学合理的科研成果评价机制,为科研人员营造良好的创新环境。

---

① 汽场,《实实在在续航640公里 特斯拉称电池技术突破会比汽油车更便宜》,https://news.yiche.com/hao/wenzhang/814876,访问时间:2020年8月。

② 姚嘉,《特斯拉/松下第一 四家电池企业成本报告》,https://www.autohome.com.cn/news/201811/925824.html,访问时间:2019年8月。

第五章　正确理解美国的宏观调控政策体系

——以2008年全球金融危机后的美国宏观经济政策为例

一提起宏观经济政策，人们首先想到的就是需求管理政策，人们在分析和预判各国的宏观经济政策时经常关注的也是其需求管理政策。这个传统来自凯恩斯主义经济学，其理论基础是20世纪出现的希克斯—汉森(IS-LM)模型。问题在于，目前各国的宏观调控体系真的就只有需求管理政策吗？宏观调控方面还有没有其他政策被采用？从理论上说，宏观经济学已经从IS-LM模型发展到总供求(AS-AD)模型，难道宏观经济政策的理论基础不该从IS-LM模型转换到AS-AD模型吗？如果以AS-AD模型为基础，那么能够形成什么样的宏观调控体系？目前世界各国实际上有没有采用这样的宏观调控政策体系？本章以2008年全球金融危机以来美国的宏观调控政策为例来回答这一问题。

苏剑(2017)以及刘伟和苏剑(2018)提出了一个基于AS-AD模型的宏观调控政策体系。按照他们的分析，一个市场经济包括三个方面，即需求方、供给方和市场；因此宏观调控体系就应该包括需求管理政策、供给管理政策和市场环境管理政策三大类。市场环境管理政策的核心是保证市场机制的正常运行、市场功能的正常发挥，尤其是设法消除各种形式的市场失灵。而需求管理政策、供给管理政策则是在市场失灵无法被完全消除的情况下的辅助性措施。刘伟和苏剑(2018，2020a，2020b)、苏剑和陈阳(2019)应用这一宏观经济政策框架分析了2018—2020年中国的宏观调控体系，指出中国这几年实际采用的就是这个宏观调控体系。实际上，苏剑(2017)以及刘伟和苏剑(2018)认为中国最近40年来采用的就是这个宏观调控政策体系。

那么，其他国家有没有采用这一宏观调控政策体系？本章研究了2008年全球金融危机以来美国的宏观调控政策，发现美国实际上采用的也是这一宏观调控政策体系，只不过由于目前正统的宏观经济学中不包含供给管理政策和市场环境管理政策，后二者被严重忽视。

本章首先介绍特朗普上台时美国经济面临的问题，其次介绍基于AS-AD模型的宏观经济政策体系，再次分别介绍美国宏观调控中采用的需求管理政策、供给管理政策和市场环境管理政策，复次讨论 2008 年全球金融危机爆发以来美国采取这些政策的效果，最后探讨美国宏观调控政策体系的局限性。

第一节　特朗普上任时美国经济面临的问题

一、经济增速缓慢

根据美国商务部发布的数据，美国 2016 年真实 GDP 同比增长率仅为 1.6%，创 2012 年以来的新低。近 50 年以来，美国的经济增长速度一直呈放缓趋势，在特朗普就任前达到新低。美国服务业占 GDP 比重持续上升，工业产能利用率下降，出现了产能过剩的情况，经济显现结构性问题。另外，产能过剩使得美国境内投资急剧下降，严重影响了经济的增长。

二、财政压力倍增

2008 年全球金融危机发生后，为扭转经济颓势，美国政府发布了一系列刺激计划，使得美国国债一直处在加速上升的状态。2016 年 10 月，美国政府债务余额已经达到 19.7 万亿美元，占 GDP 的 105%。按照美国国会的要求，美国应逐步缩小财政赤字，但事实上美国国债还在不断增加，在特朗普上台前逐渐逼近上限，财政压力倍增。

三、社会贫富差距严重

根据美国劳工部(U.S. Department of Labor)发布的数据，2015 年美国富裕家庭(收入前 5%)年总收入为 2.2 万亿美元，是美国底层家庭(收入后 20%)的 7 倍，社会贫富差距呈现严重两极分化状态，收入分配不平等、财富不平等等问题日益严重，不利于社会公平的维护和员工工作积极性的提升。

四、再工业化进程缓慢

在经济全球化的格局下，美国制造业更多地转移至劳动力成本相对较低的国家，再工业化是一个逆全球化过程，目前进展缓慢。2008 年全球金融危机后，美国制造业受损严重，还未完全恢复。其占 GDP 比重从 2008 年的 12.3%下降至 2016 年的11.7%，制造业真实 GDP 年均增速仅为 0.27%，增长缓慢，出现了产业空心化。同时大量原本位于美国的制造业岗位流向越南、墨西哥等劳动力成本较低廉的国家，减少了美国蓝领工人的就业机会，阻碍了经济发展。

五、贸易赤字逐步增大

2008 年全球金融危机后，美国经济逐渐复苏，使得美国国内需求增加，贸易赤字逐步增大，在 2016 年创下四年内的新高，达 5 023 亿美元。从经济结构方面来看，全球分工使很多产品在美国只能依赖进口；同时美元升值使得进口产品价格更加低廉、出口产品竞争力下降，贸易逆差不断增加。

六、人口老龄化加剧

根据美国劳工统计局(U. S. Bureau of Labor Statistics)发布的数据,2016年,美国65岁以上人口占比已达15%,人口老龄化为社保福利和联邦医疗保险带来的压力不断增加。受金融危机影响,美国的生育率下降,人口增长率呈现逐年降低的趋势,人口老龄化程度加剧,影响了经济复苏进程。

第二节　特朗普上任以来实施的宏观经济政策组合

特朗普上任后,美国的宏观经济政策以"美国优先"理念为指导,以税制改革、加强基础设施建设、简政放权和贸易保护为核心,力图实现"让美国再次伟大"。根据特朗普上任当天发表的就职演说,特朗普政府的宏观调控目标包括:在未来10年内新增2 500万个就业岗位,使经济重回4%的年增长速度,让贸易协定惠及每个美国人。为实现这些目标,特朗普政府采取了需求管理、供给管理和市场环境管理三类政策相结合的调控方式。

需求管理方面,采取了扩张性的财政政策和随经济形势变化松紧相机调整的货币政策;供给管理方面,采取了以降低个人和企业所得税负为重点的减税政策,维护能源安全的能源自给政策,以及促进美国制造业发展的制造业回归政策;市场环境管理方面,采取了加强投资的基础设施建设政策,以美国利益为先的贸易保护政策。同时,在三方面都辅以简政放权政策,以使政策得到更有效地实施,提高实施效率。

以上具体政策中,财政政策由美国财政部制定,经国会审核;简政放权、能源自给、制造业回归等政策及财政预算提案由总统提出,同样须经国会审核;而货币政策的制定和执行长久以来由美联储独立负责。

美联储是美国的中央银行,其具体职责包括:实施国家的货币政策、维护金融体系的稳定性、维护单个金融机构的安全和健全、提高支付和结算系统的安全性和效率、促进消费者保护和社区发展。作为独立的中央银行,美联储受国会监督、与美国行政部门及国会官员之间保持沟通,但其决议是独立做出的,无须获得总统或立法机关的批准。

以下我们分别介绍美国采取的这三大类宏观经济政策。

第三节　美国的需求管理政策

宏观经济调控政策体系中产生最早的是需求管理政策。自"大萧条"时期起,西方在宏观调控方面采取的就是凯恩斯主义的需求管理政策。根据凯恩斯的理论,为维护经济的稳定运行,政府应主动采取财政政策和货币政策,通过调节税率、变动支出水平、调节利率等手段,调节总需求水平,以达到物价稳定的充分就业水平。另外，特朗普采取的简政放权政策中也有部分起到了需求管理的作用。以下为美国自2008年全球金融危机以来采取的需求管理政策，主要有财政政策、货币政策和简政放权三个部分。

一、财政政策：减税及增加政府支出、转移支付

美国政府在使用财政政策调节经济时，主要采用的方式有减税、增加政府支出及转移支付。

1. 减税

减税既可以归为需求管理政策，也可以归为供给管理政策。通过影响消费行为来增加需求，从而影响经济的减税政策，是需求管理政策；通过影响生产行为来增加供给，从而影响经济的减税政策，是供给管理政策。从具体措施来看，需求管理减税的典型形式是增加抵扣额，而供给管理减税的主要形式是降低边际税率。下面具体说明美国2008年金融危机后采取的需求管理减税政策。

2008年2月，布什签订了《2008年经济刺激法案》(Economic Stimulus Act of 2008)，规定向美国中低收入者退税，提高企业固定资产投资的优惠扣除标准至50%，提高企业购置符合条件的固定资产的折旧扣除额，提高合格贷款和联邦住房管理局的贷款限额，以刺激消费和商业投资。该法案的实施向中低收入者退税约1 130亿美元，减税规模共计1 680亿美元。系列经济刺激措施对消费者的购买行为产生了显著影响，且在低收入者中更为明显。

2008年10月，奥巴马签署了《2008年能源促进与优惠延长法案》(Energy Improvement and Extension Act of 2008)和《2008年延长税收优惠和最低选择税减免法案》(Tax Extenders and Alternative Minimum Tax Relief Act of 2008)，通过能源生产激励、延长个人信贷的替代性最低税收减免、延长个人和企业营业税优惠等措施，延长到期条款以提供税收减免，增加了1 120亿美元的减税计划。

2009年2月，奥巴马政府通过了《美国复兴与再投资法案》(American Recovery and Reinvestment Act)，通过新增工资税抵免额度、扩大对儿童的税收抵免、扩大大学信贷的税收抵免、增加对企业的退税、降低失业保证金的税收、延长有可再生能源生产的税收抵免等政策，为小型企业和95%的工作家庭减税，以缓解经济衰退对家庭和个人造成的破坏性影响，减税规模约2 810亿美元。

2010年12月，奥巴马签署了《减税、失业保险再授权和就业创造法案》(Tax Relief, Unemployment Insurance Reauthorization, and Job Creation Act)，延长、扩展了之前的减税政策，将所有美国人的减税期限延长了两年，并引入2%的工资税减税，减税规模约1 120亿美元。

需求侧减税政策一方面通过减税法案鼓励小型企业增加投资并雇用更多员工，通过增加投资来提振宏观经济；另一方面制定个人退税和税收优惠政策以增

加个人可支配收入，从而刺激消费，增加社会有效需求，拉动经济增长（苏京春和王琰，2019）。

2. 增加政府支出及转移支付

2008 年 2 月，美国国会通过的《2008 年经济刺激法案》旨在将钱交到最有可能花钱的个人和家庭手中。根据这项法案，财政部将邮寄 300～600 美元不等的支票给个人纳税人。

2008 年 10 月，奥巴马签署了《2008 年紧急经济稳定法案》（Emergency Economic Stabilization Act of 2008），授权美国联邦政府购买并确保不良资产的安全，提供 7 000 亿美元资金用于购买不良资产及向金融机构注入资金，协助金融机构处理其资产负债表上的大量减值资产，维护经济和金融体系稳定并防止其受到破坏，为信贷市场的复苏奠定了基础。政府通过收购不良资产、为不良贷款提供保险等手段救市。

2009 年 2 月，奥巴马政府出台了《美国复兴与再投资法案》，其在提供减税措施的同时，增加了政府支出。法案规定给予老年人、退伍军人和残疾人一次性支付 250 美元，共约 140 亿美元，其效果类似于减税；延长和增加失业保险福利，向直接受经济衰退影响的个人提供约 900 亿美元的支持；将超过 900 亿美元的公共投资和税收优惠政策定向于可再生能源，如风能和太阳能，并促进新的研发工作。该法案为失业和没有医疗保险的美国民众提供紧急救济，为经济的长期增长奠定了新的基础。通过对医疗、教育、基础设施和清洁能源的投资，该法案至 2010 年已挽救和创造了约 200 万个就业机会。同月，政府还发布了《政府的财政稳定计划》（Administration's Financial Stability Plan），财政部将承诺的“资产支持证券贷款工具”的额度增加至 1 000 亿美元，为企业和家庭提供至多 1 万亿美元的贷款，以解决不稳定因素之间的相互关联，增加信贷流动性。

2010 年 12 月，奥巴马政府发布了《减税、失业保险再授权和就业创造法案》，规定延续、扩大失业保险至 2011 年，将失业救济金从 2008 年的 80 亿美元增加至 2009 年的 430 亿美元，以及 2010 年的 650 亿美元。

2011 年 8 月，美国政府和国会同意在《2011 年预算控制法案》（Budget Control Act of 2011）中削减 1 万亿美元的赤字方案，并计划在接下来的削减中再增加 1.2 万亿～1.5 万亿美元。同年 9 月，奥巴马向减赤联合选择委员会提交了一份《平衡计划》（Balance Plan），计划在 10 年内通过削减支出和增加税收的方式将财政赤字减少 4 万亿美元，重塑财政预算平衡，使美国走上可持续的财政道路。

2013 年 1 月，奥巴马政府发布了《美国纳税人救济法》（American Taxpayer Relief Act），确保了 98%的美国人和 97%的小型企业的永久所得税减免，同时要求较富有的美国人为减少赤字做出更多的贡献，从而减轻政府对教育、研发和基础设施等关键投资的压力。该法案预计在未来10年中将至少减少财政赤字7000亿美元。

根据美国财政部(U.S. Department of the Treasury)数据,2017年特朗普执政后,为刺激美国GDP和就业率的增长,实施了扩张性财政政策,政府总支出规模稳步上升,从2016年年底的约6.5万亿美元扩大到2018年年底的约6.9万亿美元,财政赤字占GDP比重大幅攀升,2018年10月和11月两个月美国政府的预算赤字额已达3050亿美元,远高于上年同期的2020亿美元。

2020年3月27日,为帮助美国民众和企业应对新冠肺炎疫情带来的负面经济影响,特朗普签署了美国历史上规模最大的一揽子紧急援助计划。该计划内容包括:对个人进行直接支付金额高达1200美元;将失业保险每周增加600美元,持续4个月;建立5000亿美元的纳税人资金池,用于向受危机影响的企业、州等提供贷款担保或投资,以及其他一系列拨款、保障政策。该计划援助额度共计2.2万亿美元。

二、货币政策:传统及非传统货币政策工具

美联储在对货币政策进行调整时,主要以稳定价格和促进就业最大化为目标,运用传统及非传统货币政策工具,对经济发展进行逆周期调节,在2008年全球金融危机爆发后,美国主要采用非传统货币政策工具。

2007年9月至12月,美联储三次降息,使美国联邦基金目标利率累计降低100个基点;同时在2007年12月推出短期标售工具(TAF),与欧洲央行签订外汇互换协议,为金融市场注入流动性。

2008年,美联储启动了第一轮量化宽松的货币政策,连续七次降息,美国联邦基金目标利率累计降低400个基点,实行"零利率政策";同时推出了一系列政策工具及大规模资产购置计划,使银行间市场流动性压力降低,从而稳定金融市场,增加信贷供给。

2009年,美联储明确实施了购买1.25万亿美元的抵押支持证券(MBS)及1750亿美元的机构债计划。

2010年11月,美联储启动了第二轮量化宽松的货币政策,美联储宣布每月购买705亿美元的长期国债共计6000亿美元,以减少美国国债和降低失业率,促进实体经济恢复发展。

2011年后,美国通货膨胀率逐步下降,但失业率仍处在较高水平。2012年9月,美联储宣布启动第三轮量化宽松的货币政策,每月支出400亿美元以购买抵押支持证券,持续量化宽松,以促进就业。2012年12月,美联储推出第四轮量化宽松的货币政策,美联储每月共计购买资产850亿美元,促进美国经济状况逐步改善。

在 2009 年至 2014 年期间，美联储还对民众进行了前瞻指导。在经济低迷时，加强民众对货币宽松政策即将实施的预期，引导市场经济活动方向，从而促进经济复苏。

2014 年 10 月，美国失业率持续下降至 6.5%以下。美联储宣布停止资产购置计划，退出量化宽松的货币政策。

2015 年至 2018 年，美国经济发展良好，失业情况逐步改善。美联储开始谨慎加息、缩小资产负债表规模，逐步推进货币政策正常化，其政策关注点更侧重于价格的稳定。

2018 年 2 月，杰罗姆·鲍威尔(Jerome Powell)就任美联储主席后，继续实行紧缩的货币政策，推进货币政策正常化。通过四次加息，使美国联邦基金目标利率上调至 2.25%～2.5%。

2019 年，面对全球经济疲软和经贸事务等重大挑战，美联储连续三次降息，将利率回调至 1.5%～1.75%；同时，资产负债表规模扩张，自 2019 年 10 月起，每月购买 600 亿美元短期国债。

2020 年 3 月 3 日，考虑到新冠肺炎疫情对经济活动构成的风险，美联储将美国联邦基金目标利率下调 50 个基点至 1%～1.25%；3 月 15 日再次紧急降息 100 个基点至零利率附近。同时，宣布将增加 7 000 亿美元的债券持有规模。

2020 年 3 月 23 日，美联储宣布将继续购买美国国债和抵押支持证券，不设额度上限，开启了无限量的量化宽松；并将继续使用其全部工具来支持向家庭和企业的信贷流动，从而促进其价格稳定和就业最大化目标的实现。

三、简政放权

简政放权行动种类广泛，包括取消指导性文件、降低文书工作负担及废除被国会否决的规章等。特朗普认为，为实现经济的高质量增长，联邦监管结构必须进行精简和改进，相互冲突的、过于复杂的和不协调的规则及条例会对有利的投资造成阻碍，并拖延交付过程，影响经济发展利益。如前所说，特朗普上任后采取的简政放权政策中有部分起到了需求管理的效果。

2018 年，特朗普签署了《经济增长、监管放松和消费者保护法案》(Economic Growth, Regulatory Relief, and Consumer Protection Act)，改善了消费者获得抵押贷款的机会，在规章上为消费信贷提供救济和保护，为退伍军人、消费者、房主和学生借款人提供额外保护，每年为美国消费者额外节省 60 亿美元。

同时，特朗普放宽了对医疗保健部门的监管，为美国家庭提供了更多他们负担得起的健康保险，降低了处方药的成本，使美国人在处方药上节省开支近 10%；并取消了奥巴马医疗改革中的个人任务型罚款，该政策每年为美国人节约数十亿美元。

简政放权通过消除不必要的法规为消费者提供了更好的消费环境，从而拉动了总需求的增长。根据美国白宫发布的报告，仅特朗普政府的20项放松管制行动，每年可以为美国消费者和企业节省约2 200亿美元的开支。

第四节 美国的供给管理政策

自20世纪80年代起，经济学界对总供给越来越重视，基于菲利普斯曲线发展出了总供给理论，之后与总需求理论结合形成了总供求模型。因此，对于宏观经济调控政策体系来说，供给管理政策也成为重要的一部分。供给管理政策通过调节税率、变动产业相关政策等方式，调节总供给水平，从而使经济实现稳定发展。以下为美国在2008年全球金融危机前后采取的供给管理政策，主要有减税、能源自给、促进技术进步、简政放权四个部分。

一、减税

2017年12月，特朗普政府通过了《减税与就业法案》(Tax Cut and Job Act)，法案改革重点为所得税，包括企业所得税、个人所得税、跨境税制等。主要目标为：对中等收入家庭减税，简化个人税制，通过减免营业税实现经济增长，调回海外收入。其理论依据以供给学派为主，改革旨在解决产能过剩等结构性问题，提高供给质量和生产效率(马宇等，2019)。此次减税法案主要有以下条款：

个人所得税仍为七档，降低了除最低收入者外的所有应纳税所得额的所得税税率，降低了最高收入者的额定标准。夫妻标准抵扣额度及未成年成员税收抵扣额度提高，将联合申报人的标准抵扣额提高至24 000美元，单身申报人的标准抵扣额提高至12 000美元。

企业所得税率由35%下调至21%，并取消了分级企业税率表，废除了企业替代最低税，大大降低了企业运营成本，以增加供给。

国际税收方面，由“全球征税制”变更为“属地征税制”，并取消了“递延制度”，吸引跨国企业资金回流美国，重振美国制造业，促进经济增长。对全球无形低税收收入征收10.5%的最低税，将外国衍生的无形收入的公司税率降低到13.125%，并增加了新的税基侵蚀和反滥用税。

在法案通过的几周内，超过300家公司宣布提高薪水共约24亿美元，惠及420万工人；截至2018年1月，已获得1 900亿美元的新公司投资；通过使美国成为更具竞争力的经商地来鼓励投资，将在海外存放的近3万亿美元资产带回美国。以上措施从长远来看，将使美国GDP增长2%～4%，并使家庭平均年收入增加4 000美元。

二、能源自给

自20世纪70年代石油危机发生后，美国政府开始重视能源安全的重要性，以实现“能源统治”为目标。

2007 年 12 月，布什签署了《能源独立和安全法案》(Energy Independence and Security Act)，其中主要内容包括提高车辆燃油安全性、加速清洁和可再生能源的研究和开发，以促进美国能源独立，并保证能源安全。

2009 年，美国政府同意取消美国外大陆架油气钻探限制，以允许在外大陆架上进行负责任的石油和天然气勘探，并扩大使用油页岩的途径，以帮助满足美国的能源需求。

2009 年 6 月，奥巴马政府发布了《美国清洁能源与安全法案》(American Clean Energy and Security Act)，制定了有关清洁能源、能源效率、减少全球变暖、向清洁能源经济过渡的标准和目标，以及与农业和林业有关的补偿规定，要求在 2012 年前使美国整体能源生产率每年至少提高 2.5%，并在 2030 年前保持该增长率。

2011 年年初，奥巴马在发布国情咨文时指出：“美利坚合众国无法将我们的长期繁荣和安全押注在终将耗尽的资源上。”美国政府制定了《确保能源安全的未来蓝图》(Blueprint for a Secure Energy Future)，这是一项综合战略，着眼于三个关键领域：开发和确保美国能源(包括石油和天然气)的供应；为消费者提供降低成本和节省能源的选择；创新通往清洁能源未来的方式。同时，政府制定了先进的常识性新标准，以确保安全、负责任地开发资源。

2015 年 8 月，奥巴马政府发布了《清洁能源计划》(Clean Power Plan)，致力于解决二氧化碳排放造成的环境外部性。该计划提出，在 2030 年前使碳排放量与 2005 年相比下降 32%；增加 30%可再生能源生产，使可再生能源占比达 28%；将重心转向发展可再生能源的目标。

2016 年 11 月，《巴黎协定》(The Paris Agreement)生效，该协议确定了一个长期、持久的全球框架，所有参与国首次承诺将确定并遵守国家自主贡献目标，以减少全球温室气体的排放。

2017 年 1 月，特朗普提出优先处理六大“头号问题”，位于首位的是“美国优先能源计划”。该计划旨在为辛勤工作的美国人降低能源价格，尽量开发本土能源，减少国外石油进口，争取能源自给。

2017 年 3 月，美国政府发布了《关于促进能源独立和经济增长的总统行政命令》(Presidential Executive Order on Promoting Energy Independence and Economic Growth)，其主要内容为：审查所有可能给安全、有效开发国内能源资源带来负担的行政行为；废除一系列有碍于能源独立的前政府气候变化行政行动及可能压制美国能源工业的措施；审查环境保护局的《清洁能源计划》及其相关规则和行政行为；审查与美国石油和天然气发展有关的法规，重新评估《清洁能源计划》。

其目的在于促进美国能源资源的清洁和安全发展，维护国家利益，减少不必要的妨碍能源生产、限制经济增长和碍于创造就业机会的管理负担。

2017年6月，特朗普政府提出退出旨在加强全球应对气候变化威胁的《巴黎协定》，但还未经国会通过。

2017年10月，特朗普政府宣布废除奥巴马鼓励、促进清洁能源生产的《清洁电力计划》(Clean Power Plan)，至今国会还未通过。

从效果来看，2009年，美国已是世界上最大的天然气生产国；2017年，美国成为天然气净出口国，其主要形式为液化天然气出口；2019年5月，美国已成为世界第三大液化天然气出口国。

石油方面，2013年10月，美国国内石油产量首次超过了进口石油量，并在不断增加；2018年，美国成为世界上最大的原油生产国；2019年9月，美国成为原油和石油产品净出口国，根据美国能源信息署(U.S. Energy Information Administration)预计，美国会在2020年全年保持净出口。

能源生产为美国缺乏工作机会的地区创造了就业机会。能源价格的降低，为美国各地的家庭带来了利益，同时维护了地缘政治的安全。根据《2020年总统经济报告》(Economic Report of the President 2020)，美国政府将通过废除不必要的法规来释放美国庞大的自然资源和人力资源，继续支持能源行业的发展。

三、促进技术进步

2008年全球金融危机后，美国制造业加速衰退。为挽救经济，2010年奥巴马签署了《制造业促进法案》(Manufacturing Promotion Act)，提出“制造业回流”和“再工业化”战略，以新能源、新材料和先进制造业领域作为战略重点领域。此后，形成了复兴制造业的三条路径：一是发展先进制造业，二是通过非常规油气资源投资带动下游产业和能源密集型制造业投资，三是引导制造业企业回归和再投资。

2011年10月，奥巴马通过更新强化联邦政府的《贸易调整援助计划》(Trade Adjustment Assistance)，确保了美国工人面对日益激烈的全球竞争的信心。该计划帮助美国服务业和制造业的失业工人接受再就业培训，使这些工人更容易发展新技能，然后进入更具活力的经济领域。

为促进经济复苏，奥巴马政府在2013年宣布把振兴制造业和促进贸易出口作为主要增长目标，以“去空心化”的方式为经济增长夯实基础，促进美国就业水平的提高。政府相继出台了“重振美国制造业框架”(A Framework for Revitalizing American Manufacturing)、“国家机器人计划”(National Robotics Initiative)、“先进制造伙伴计划”(Advanced Manufacturing Partnership Plan)、“材料基因组计划”(Materials Genome Initiative)等一系列政策，明确指出了新兴产业和先进制造业以及能源革命的发展方向，通过占领制造业新技术高地重振美国制造业。

2015 年 10 月，奥巴马政府发布《美国创新战略》(Strategy for American Innovation)，详细介绍了政府可以介入的三个关键投资领域。其中，第一个是继续投资于联邦研发部门，以及用于未来私营部门科技突破的基础设施建造；第二个是在精密医学和先进制造等国家优先领域中发力；第三个是为提高联邦政府的创新能力。通过在这三个关键领域的投资，确保美国在未来几十年内保持创新优势。

2017 年特朗普执政后，改变了奥巴马政府扶持新兴产业发展的思想，以"让美国重返工作"为中心开展了更加务实的制造业回流计划。政策重心转向能直接带来就业岗位增加的汽车、钢铁、纺织等传统行业，大幅削减科研经费、鼓励美国企业回归本土。

2018 年 7 月，特朗普签署了《加强职业与技术教育 21 世纪法案》(Strengthening Career and Technical Education for the 21st Century Act)，旨在为学生和工人提供必要的职业培训，向制造业输入优质的人力资源。美国制造业协会(American Manufacturing Association)表示，2020 年制造商将在新员工和现有员工的内部、外部培训项目上支出 262 亿美元，以应对员工短缺。

四、简政放权

供给管理方面，2017 年 2 月，特朗普签署行政令，提出增强美国公司的国际竞争力、让每个人独立做出金融选择和决策、在国际金融监管中维护美国利益以及提高金融监管效率等七个核心原则。同年 6 月和 10 月，美国财政部先后发布评估报告《创造经济机遇的金融体系：银行和信用社》和《创造经济机遇的金融体系：资本市场》，建议减少监管重叠，放松对中小银行包括社区银行的监管以及对证券化的限制，增强证券市场投融资的便利性，给予美国商品期货委员会和美国证券交易委员会自由的豁免权授权，等等。政府通过取消烦琐的规定以使企业得到更多的投资和扩展机会，降低了企业成本，改善了营商环境，减少了企业在合规成本上的时间和资金损失，从而调节总供给，以维护经济的良好运行。

第五节 美国的市场环境管理政策

一个完善的市场经济应包括三个部分：需求方、供给方和市场。市场作为交换所需要的基础设施，为供需双方的交易行为提供交易场所及交易所需的其他条件。因此，在宏观经济调控政策体系中，出现了第三类政策——市场环境管理政策，其主要目的是提供市场机制所需的各种基础设施、消除市场失灵或完善市场、恢复市场机制的功能、让市场机制充分发挥作用。以下为美国自 2008 年全球金融危机以来采取的市场环境管理政策，主要有简政放权、加强基础设施建设和保护对外贸易三个部分。

一、简政放权

2017 年 1 月，特朗普签署了行政命令，要求政府部门在每颁布一项新的监管规定的同时需要废除两项旧规定。此外，政府部门还应以废除旧规定所节省的成本来支持新规定的正常运转。根据《2019 年总统经济报告》(Economic Report of the President 2019)，在 2017 年和 2018 年，联邦机构发布的废除措施比新增措施多出许多倍。其中 2017 财年废除了 15 项管制条例，新增了 3 项，节省监管成本 81 亿美元(净现值)；2018 财年废除了 57 项监管条例，新增了 14 项，共计节省了成本 230 亿美元(净现值)。

基础设施建设方面，2017 年 8 月，特朗普发布行政命令，以减少不必要的延误和基础设施投资障碍；2018 年 1 月，特朗普签署行政命令简化了将宽带扩展到农村地区的流程，以确保良好的宽带接入，提高农村生活质量，支持农村劳动力水平的提升。

市场准入方面，2017 年 9 月，美国交通部发布联邦自动化汽车政策更新，为开发人员提供指导，并在 2018 年 10 月进一步更新，提供了地面交通系统的安全框架和多通道方法。政府还在制定新的符合《国家太空政策》(National Space Policy)的规则，以简化太空企业的商业许可程序等。

通过简政放权措施，降低了政府监管成本，优化了政府服务，降低了市场准入门槛，营造了宽松公平的营商环境；同时，促进监管公平的实现，提高了联邦机构的透明度和公平性。放松管制和提升监管公平还有助于恢复市场机制的功能、消除市场失灵，从而促进经济稳定发展。

二、加强基础设施建设

市场环境管理除了依靠制度的不断改善，还需要各类基础设施建设的辅助。其中，长期为社会生产提供服务的如交通、能源、电信、环保等基础设施为硬性基础设施；为城市化和现代化提供支持的如文化教育、职业培训、科学研究等基础设施为软性基础设施。实现经济的高质量增长，需要兼顾硬性和软性基础设施建设。

2009 年 2 月，奥巴马政府发布的《美国复兴与再投资法案》(以下简称《复兴法案》)，在提供税收优惠的同时，增加了政府在基础设施建设上的投资。

能源方面，奥巴马政府为风能和太阳能等可再生能源行业提供了 900 亿美元的公共投资和税收优惠，以促进可再生能源的生产和研发。

电信方面，从 2009 年到 2012 年，政府每年对美国无线网络的投资从 210 亿美元增至 300 亿美元，增幅超过 40%，使得美国在 4G 无线宽带互联网服务方面处于世界领先地位。先进电信技术的发展，也有助于商业、医疗、教育、公共安全、娱乐等领域的技术发展，从而促进美国的经济复苏。

交通方面,《复兴法案》拨款 480 亿美元用于美国交通部所管理的项目,其中近 60%用于高速公路建设,37%用于公共交通和城际客运铁路建设,规模巨大。现代化、有效率的交通基础设施网络是经济运行的必要条件,也将提高经济的潜在产出。

环保方面,《复兴法案》为美国环境保护署提供资金,来清理受污染的土地使其恢复经济用途,减少柴油发动机造成的空气污染,减少地表水和饮用水中的污染物等。根据《2016 年总统经济报告》,法案的实施共计清理出可供利用的土地 1 566 英亩,减少二氧化碳排放量 840 300 吨,减少颗粒物排放 3 900 吨,维护、改善了覆盖全国 7 800 多万人的污水处理基础设施,使 693 个饮用水系统重新符合安全饮用水法案的标准。

软性基础设施方面,奥巴马政府在人力资本、科学研究领域也进行了大量投资,如为美国国家科学基金会、美国国立卫生研究院、美国国家航空航天局、美国能源部等机构的科学项目投资了共计超过 150 亿美元的科学设施、仪器和研究经费。另外,《复兴法案》还提供了 180 亿美元用于鼓励医院实现医疗记录计算机化,20 亿美元用于社区卫生中心建设,10 亿美元用于研究可预防慢性疾病,10 亿美元用于研究各种医学治疗的有效性。

另外,奥巴马在 2014 年的国情咨文中倡议为教育、研究、基础设施建设等领域提供额外可自由支配的投资,计划共计 560 亿美元。基础设施投资的增加在扩大需求的同时,也使企业能够以更低的成本和更有效的方式管理、运输货物,为企业创造了更好的市场环境,使制造商在美国生产更具成本效益。

特朗普上任后,同样重视美国的基础设施建设。他认为,因项目延误、投资不足、交通拥堵等带来的损耗正在拖累美国经济发展,为此提出了 1.5 万亿美元的新基础设施投资计划,主要用于交通、电信、给排水、能源等基础设施建设,并要求缩短审批程序,以减少基础设施建设阻碍,提高效率。创新和科学研究方面,政府继续优先为人工智能研究、计算基础设施、机器学习和自主系统提供研发资金,以保持美国在人工智能领域的领导地位。

加强基础设施的建设一方面有助于改善市场交易平台,为市场提供更高的公共服务水平、促进创新研发、提高生产率和产能;另一方面可以提升人力资本质量、增加就业机会,从而降低失业率,促进更强劲的经济长期增长。

三、保护对外贸易

2008 年全球金融危机爆发后,奥巴马政府将发展对外贸易作为第一要务,致力于制定明智、负责任的贸易政策,以恢复国家的经济稳定并为更多美国人提供就业支持。

2009 年 11 月,奥巴马启动了《跨太平洋伙伴关系协定》(TPP)的谈判,以与亚太地区主要贸易伙伴缔结自由贸易协定。该协定旨在为区域自由贸易协定树立新的更高标准,不仅解决此类协定中的传统核心问题,而且扩大范围,纳入监管一致性和中小型企业的优先事项一并考虑。除美国外,参加谈判的其他国家包括澳大利亚、文莱、智利、马来西亚、新西兰、秘鲁、新加坡和越南。

2011 年秋季,奥巴马政府审议通过了与哥伦比亚、巴拿马和韩国的自由贸易协定,标志着美国贸易自由化迈出了近 20 年来最大的一步。在这三个协议中,最具经济意义的是《韩美自由贸易协定》,该协定有望使美国对韩国的年度货物出口增加 110 亿美元。该协议还包括韩国承诺有望导致美国服务出口大幅增长的承诺。

2013 年 6 月,美国启动了《跨大西洋贸易与投资伙伴协定》(TTIP)的谈判,美国和欧盟将通过削减关税、消除贸易壁垒等方式发展经济。

2013 年 12 月,美国与世界贸易组织(WTO)的 159 个成员一起签署了《贸易便利化协定》(Trade Facilitation Agreement)。协定旨在加速货物和服务的越境转移,改善 WTO 成员之间的合作,降低贸易壁垒。其主要内容包括:减少贸易文件规定、确保海关法规和程序透明、鼓励各国接受关税和收费的电子付款、快速释放易腐货物等,通过简化程序和增强透明度来降低出口企业成本。

2017 年特朗普上任后,认为美国的贸易赤字源于贸易伙伴国对美国的不公平贸易。为了给国内企业提供良好的环境、保护本土制造业发展及降低失业率,美国的贸易政策开始表现出贸易保护主义特征。

2017 年 1 月,特朗普签署了行政命令,宣布美国退出 TPP。并在 2017 年年初开展了五轮《北美自由贸易协定》(NAFTA)三方谈判,在电信、竞争政策、数字贸易、良好的监管措施和海关、贸易便利化等方面取得进展(刘瑶和张明,2018)。

2017 年 4 月,美国商务部部长威尔伯 · L. 罗斯(Wilbur L. Ross)声称要对 WTO 贸易协议进行整体重新评估。同时,美国政府发布了以维护美国对外贸易权益为目的的行政命令。主要内容为:美国签署的每项贸易和投资协定,以及所有贸易关系和贸易优惠计划,都应促进美国的经济增长,有利于美国贸易平衡及增强美国的制造业基础。根据政策,美国将谈判新的贸易协定、投资协定和有利于美国工人及国内制造商、农民和牧场主的贸易关系;美国将重新谈判或终止任何现有的损害美国经济、知识产权、创新、企业利益或人民利益的贸易和投资协定。

2017 年 8 月,特朗普政府对中国进行了“301 反倾销调查”,调查中国政府在技术转让、知识产权和创新方面的政策行为是否会损害美国的商业活动。同时,展开了一些针对贸易伙伴进出口产品的反倾销、反垄断调查。

2018 年年初,特朗普政府宣布对中国、日本等经济体出口的钢铁和铝产品加征关税。年中，又以贸易不平衡为由，通过大规模加征关税或相关威胁要求中国加大对美国产品的进口并附加其他经贸甚至政治条件，要求欧盟和日本对美国汽车降低关税并扩大进口。同时，通过双边谈判向墨西哥、加拿大施压，重新签订自由贸易协定。

2018 年和 2019 年，美国政府采取了补充行动，以应对中国征收的报复性关税以及未能消除这些不公平行为、政策和做法的情况。

2020 年 1 月，美国政府就中美贸易协议第一阶段敲定了《中华人民共和国和美利坚合众国政府经济贸易协议》。该贸易协议要求在知识产权、技术转让、农业、金融服务以及货币和外汇等领域对中国的经贸政策进行结构性改革。最终目标为随着中国市场壁垒的降低和市场定位的改变，全球贸易体系将在一个更加平衡、互惠的环境中运作。

特朗普政府的目标是利用美国市场的吸引力，从贸易对手那里获得更多的让步，这一战略为实现减少美国结构性贸易逆差而服务。

第六节　特朗普政府实施宏观经济政策的效果

一、美国经济的短期表现

1. 美国的经济增长率

根据美国商务部发布的数据，如图 5-1 所示，美国的真实 GDP 增长率在 2008 年全球金融危机爆发前已经在缓慢下降，2008 年下半年金融危机爆发后，美国的真实 GDP 增长率极速下滑，在 2009 年跌至－2.5%。在奥巴马政府发布的一系列经济复苏政策的努力下，2010 年美国的真实 GDP 增长率恢复到 2.6%，经济刺激政策效果明显。但之后由于失业率持续高企、金融市场低迷、信贷规模收缩、居民收入增速放缓等因素，经济增速下降，恢复周期性波动。

特朗普上任后的 2017 年，美国的真实 GDP 同比增长 2.3%，反映了美国商业投资、出口、住房投资和消费者支出的增长。美国商务部部长罗斯表示，一系列税收计划、简政放权政策、贸易谈判新政及能源独立政策等，正在克服特朗普政府继承的经济低迷，给企业和消费者带来了强劲的信心。

随后的 2018 年，美国全年真实 GDP 增长率为 2.9%，较 2017 年又有提升。2018 年的经济增长率超出了美国专家的预估，以专家认为不可能的速度释放了美国的经济增长力。在特朗普政府的减税计划所提供的激励措施的刺激下，美国企业在设备、软件和知识产权研究与开发上的支出增加，企业投资得到强劲提升。较低的税负以及企业增加的奖金和薪水也使得员工可支配收入增加，进而促进消费，拉动了美国经济的增长。

2019 年，美国全年真实 GDP 增长率为 2.3%，GDP 达到了 21.43 万亿美元，

图 5-1　美国历年真实 GDP 增长率

资料来源：IMF，International Financial Statistics，May 2020。

创历史新高。国内货物生产、消费者支出、个人收入、个人储蓄率等都有持续增长，长期的大规模商品进口激增趋势缓和，全年商品进口增长 0.2%，为 2009 年以来的最低值。

2. 美国的失业率

根据美国劳工部发布的数据，如图 5-2 所示，美国的失业率在 2008 年全球金融危机爆发前呈稳定下降趋势，2007 年已降至 4.62%，就业市场表现良好。随着 2008 年金融危机的爆发，大量企业倒闭、员工失业，美国失业率在 2009 年飙升至 9.3%，并在 2010 年进一步升至 9.6%，大量劳动力失去工作，严重影响了美国经济的复苏和发展。2010 年后，由于奥巴马政府的努力，美国经济开始复苏，就业机会增多，失业率也恢复稳定下降趋势，至 2016 年已降至 4.9%。

特朗普上任后，2017 年美国劳动力市场表现平稳：失业率稳步下降，12 月失业率保持在 4.1%，为 2017 年以来的最低值；非农业部门总计新增就业岗位 210 万个，特朗普政府的经济政策在就业市场初见成效。之后的两年，失业率继续保持下降趋势，2020 年 2 月已下降至 3.5%，为 50 年来的最低水平。根据《2020 年总统经济报告》，自特朗普上任以来，美国劳动参与率上升，历史上一直处于弱势的工人工资增长最快，就业机会增加，已创造 50 多万个制造业工作岗位，并首次出现了职位空缺超过求职者的情况。可以看出，特朗普上任后制定的经济政策的确起到了稳增长、保就业的效果。

2020 年 3 月，受新冠肺炎疫情影响，美国失业率上升至 4.4%，非农业部门减

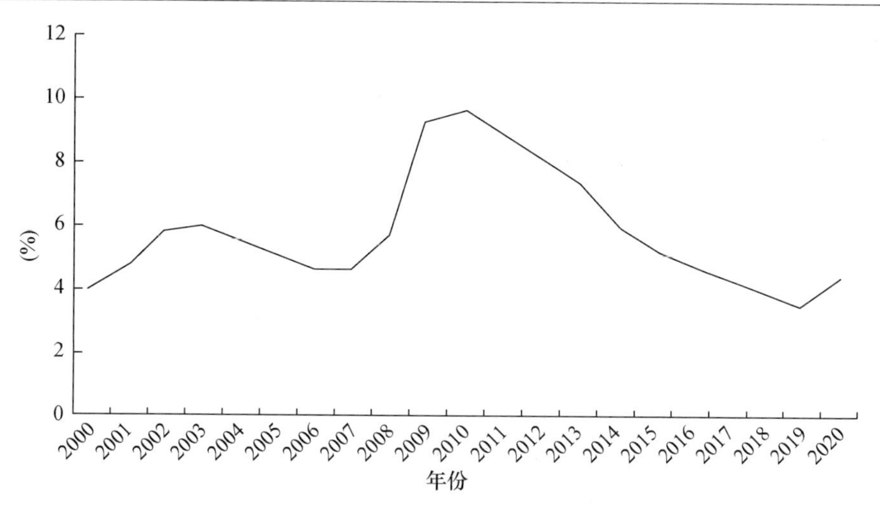

图 5-2 美国历年失业率

资料来源：U. S. Department of Commerce，May 2020。

少就业岗位 70 万个，就业市场形势恶化，后续还要看疫情的发展情况。

3. 美国股市的表现

2008 年全球金融危机爆发前，美国股市呈震荡上升趋势，以美国标准普尔 500 指数（以下简称“标普 500 指数”）和道琼斯工业平均指数（以下简称“道琼斯指数”）为代表，如图 5-3 所示，受金融危机影响，美国股市自 2007 年 10 月开始大幅

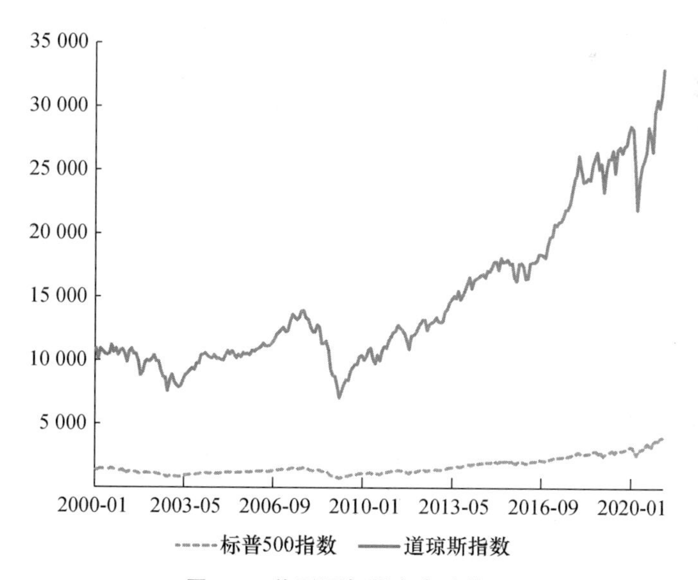

图 5-3 美国历年股市变动情况

资料来源：Investing. com，May 2020。

下挫，至2008年年底，标普500指数已由14 279点跌至7 800点附近，跌幅达45%。之后，奥巴马政府的经济复苏政策开始发挥作用，美国股市恢复震荡上升趋势。

2016年11月，特朗普当选总统后，美国股市形势大好，在接下来的12个月中，标普500指数反弹超过20%，道琼斯指数上涨30%，可以看出投资者对特朗普政府及其经济政策持乐观态度，看好美国经济发展前景。

2018年受美联储加息和特朗普贸易新政的影响，尽管经济增长率上升稳健，但投资者和消费者信心下滑，标普500指数累计下跌达7%，道琼斯指数下跌6.03%，美国股市自特朗普上任后首次出现负增长。

2019年，随着中美贸易关系缓和，中美达成第一阶段协议，加之美联储三次降息的政策配合，企业投资成本降低，市场信心恢复，作为美国经济核心的个人消费坚挺，标普500指数和道琼斯指数年收益率均超过20%，美国股市创2013年以来最佳表现。

二、美国优先

特朗普上任后，再次强调了他的“美国优先”理念，宣布所有有关贸易、税收、移民和外交事务的政策都将有利于美国工人和家庭。供给管理政策和市场环境管理政策都是主要针对本国企业的，而需求管理是全球受惠的。因此，前两类政策最适合特朗普的政策目标。

供给管理方面，特朗普政府通过减税、能源自给、促进制造业回流等政策，有效降低了企业成本，提高了美国企业的本土竞争力，将海外美元资产带回美国，同时增加了就业岗位，为美国经济注入了活力，是成功的供给管理实践。

市场环境管理方面，特朗普上任后制定的简政放权政策、不断加强的基础设施建设政策，以及之后不断改革的对外贸易政策，以“美国优先”理念为指导，以美国的就业、工人以及工业发展为先，向市场和社会放权，去除了繁重的监管政策和不公平的贸易协议，营造了宽松公平的营商环境，从而促进了就业和工资水平的提升，拉动了美国经济增长。

三、市场活力加强

特朗普上任前，由于经济增速放缓、新企业创立速度降低、中小企业成长潜力小、人口老龄化加剧等问题的影响，美国市场活力下降，影响了经济复苏的进程。特朗普政府通过一系列刺激及“去监管”措施，大力支持创新和技术研发，为中小企业提供更优质的营商环境，保持创新优势，促进技术进步，提升美国市场活力。同时，将制造业带回美国的“制造业回流”计划，带回了海外投资和就业岗位，进一步使市场活力加强。随着美国经济增速的回升及失业率的稳定下降，特朗普政府的宏观经济政策对市场活力的加强作用将继续显现。

四、美国经济独立

特朗普政府的减税计划和贸易新政颁布后，在海外投资的美国企业一方面受优惠的税收政策的吸引，另一方面面临高额关税成本的压力，将业务转移回美国成为其最好的选择。

随着制造业回流，2008年金融危机以来美国受损的制造业正在逐渐恢复，美国产业结构得到调整，蓝领工人就业岗位增多，在强大的技术进步的支持下，产业空心化趋势得以逆转。能源自给政策的实施，为缺乏工作机会的地区创造了就业机会，增加了美国家庭的切身收益，同时维护了美国的能源安全，弥补了产业短板。由此，美国在制造业、能源、进出口等多方面降低了对其他国家的依赖，逐步实现了美国经济独立。但美国本土人工成本高、逆全球化过程进展困难等问题不容忽视，美国"制造业回流"计划的继续推进，还需要后续政策的进一步配合，其效果还有待时间检验。

五、收入分配更为均等

2000年以来，美国收入分配两极化趋势越来越明显。税前家庭实际收入处于全美中位数50%～150%的中等收入阶层比例不断下降，至2016年已降至45.4%。收入分配不平等问题日渐严重，影响了家庭消费和经济复苏进程。特朗普上任后，通过减税、促进制造业回流、鼓励技术进步等政策，让制造业重新回到美国，在带来投资和就业岗位的同时，原来的制造业中产阶级又出现了。根据美国人口普查局(U. S. Census Bureau)公布的数据，中等收入家庭占比呈回升趋势，美国的收入分配渐渐回到橄榄型分配模式，有助于社会公平的实现和社会稳定的维护，从而为经济发展提供良好的环境。

第七节　特朗普政府实施宏观经济政策的缺陷

特朗普政府的经济政策在取得一系列成果的同时，也存在一些缺陷。

在新产品研发方面，特朗普政府的投入较少，经济增长的可持续性问题没有得到解决。特朗普上任后，与奥巴马高度重视科技创新和新产品研发的战略部署不同，特朗普没有将科技创新看作决策的重点，反而计划大幅削减科学研发支出。在2017年和2018年的年度预算提案中，特朗普均提出削减非国防部门的研发预算，但受国会制约未能通过。2020年2月，特朗普向国会提交的共计4.8万亿美元的2021年预算提案中，再次提出要大幅削减主要科学机构的研发支出，其中美国国立卫生研究院的年度预算削减了7%(29.42亿美元)，能源部科学办公室的年度预算削减了17%(11.64亿美元)，国家科学基金会的年度预算削减了6%(4.24亿美元)，国家航空航天局科学部的年度预算削减了11%(7.58亿美元)……由此可以看出特朗普削减科研预算以用于其他支持经济发展的项目的决心。但减少新产品研发的投入后，由于缺少创新的推动作用，美国经济难以保持可持续性增长，也许这也是美国国会拒绝特朗普提案的原因。

在需求管理政策方面，特朗普政府的需求管理政策仍主要以传统的需求管理政策为主，实施了扩张性的财政政策和宽松的货币政策，通过增加政府支出、降低利率、无限量的量化宽松等方式稳定经济，扩大需求。但也使得美国政府债务的规模继续扩大，政府面临的财政压力依然存在。同时，传统的需求管理政策带来的需求扩张难以满足高质量增长的要求，经济难以实现健康、持续、平稳的高质量发展。

在供给管理政策方面，特朗普政府的供给管理政策以减税为重心，通过降低所得税来提高企业的生产积极性，以促进经济增长。但在经济增长的同时，经济的结构性问题没有得到改善，仍然存在产能过剩等情况。同时减税政策虽然见效迅速，但也是有限度的，受到政府财政状况的制约。由于政府的财政收入主要来源于税收，并将其用于维护国家财政的正常运行，在已经面临高额国债的情况下，美国政府不可能一而再，再而三地进行减税，因此减税政策虽在短期取得成效，但政策本身不具有可持续性。在考虑供给管理政策时，应以促进技术进步、改善企业管理等方式为主，提高供给质量和生产效率，这些手段与减税政策相反，是无止境、可持续的，一方面可以从根源上解决经济的结构性问题，另一方面可以持续促进经济的高质量发展。

在市场环境管理政策方面，特朗普政府的简政放权、加强基础设施建设、保护对外贸易等政策措施以“美国优先”理念为指导，去除了繁重的监管政策和“不公平”的贸易协议，营造了宽松公平的营商环境，取得了不错的效果。但总体来看，市场环境管理政策缺乏系统性考虑。市场环境管理政策的核心应是设法消除市场失灵和完善市场机制，解决如凯恩斯主义强调的价格刚性等问题，让市场机制充分发挥其应有的作用。特朗普政府的市场环境管理政策在这方面还有所欠缺，仍需进一步完善。

另外，美国的三类宏观调控政策之间缺乏协调整合，其原因主要有两点：第一，传统的西方宏观经济学理论以需求管理为主，没有供给管理和市场环境管理，制定政策时在这两方面缺乏理论基础；第二，美国实行三权分立制度，行政权属于总统、立法权属于国会、司法权属于最高法院，而中央银行又独立于总统和国会，使得制定不同经济决策的部门之间相互制约又相对独立，缺乏整体协调性。

第三篇
经济增长

第六章　未来中国经济的环境变化、增长估算与政策建议

2021—2025 年是中国全面建成小康社会后向基本实现社会主义现代化迈进的第一个五年，也是中国能否跨越“中等收入陷阱”成为高收入国家的关键时期。从外部环境来看，全球经济大概率将陷入“低增长”困局，国际贸易投资增长持续低迷，疫情加速全球经贸投资规则变化，各国产业竞争更加激烈，全球产业链缩短或部分断裂风险上升，国际产业分工格局重构。从内部条件来看，疫情对经济的影响将主要集中在 2020 年，未来国内巨大市场作用将更加突出、潜力将进一步释放，产业转型升级进入从“量的扩张”到“质的提升”的关键期，创新驱动作用进一步增强，重大区域战略、城市群都市圈建设带动区域协调发展的作用将进一步凸显，“走出去”和“引进来”双向开放的水平和质量将进一步提升，市场的作用进一步发挥。

2021—2025 年，中国经济具有高质量增长的能力，将顺利跨越“中等收入陷阱”，成为高收入国家。本章测算表明，乐观情形下中国经济平均潜在增长率为 5.7%，一般情形下为 4.7%，在全球经济中的比重将进一步升至 20%左右。本章还分析了 5G 技术、五大新经济领域、智能交通等重点领域发展与全球经济放缓、高水平开放、中西部地区可持续发展、产业外迁、新型城镇化、污染治理等重大内外部条件变化对经济增长的影响。综合来看，2021—2025 年中国经济增长率有望保持在 5%左右。

本章建议，未来应对外部环境发展的巨大变化，要密切关注和跟踪全球政治和经济形势，及时调整战略和政策；充分认识到大国博弈可能带来的挑战并做好应对；积极参与国际经贸规则的制定，毫不动摇地促进中国产业向全球产业链中高端延伸。应对内部条件变化方面，要更好地发挥中国的制度优势，充分挖掘区域发展潜力，把握新型城镇化与高水平开放战略机遇，从供需两端促进经济高质量发展；积极应对人口年龄结构变化，保障劳动对经济增长的贡献；增强创新驱动作用和企业活力，推进产业升级，提高全要素生产率（TFP）；稳定市场主体预期，持续提振和修复市场信心；优化金融结构，提高金融效率。

第一节　2021—2025 年中国经济发展的外部环境变化趋势

一、全球经济大概率将陷入"低增长"困局

2008 年全球金融危机已过去 10 多年，尽管各国出台了大量的财政政策、货币政策以及结构性改革等政策，但全球经济复苏总体上仍然较为疲弱，2010—2019 年全球经济增速平均为 3.8%，明显低于 2000—2007 年 4.5%的平均水平。2020 年新冠肺炎疫情暴发，全球经济从供需两端遭受冲击，微观主体经历严重的资产负债表衰退，全球经济萎缩，170 余个国家（地区）的经济出现大幅衰退。

未来全球经济走势将受疫情后续演变的影响（见表 6-1）。基准情形下，各国疫情得到有效控制，中美冲突限于局部，2021 年起全球经济触底恢复，GDP 增速为 5.8%（主要由于 2020 年低基数），2022—2025 年，全球 GDP 增速恢复至 3%左右的正常水平；悲观情形下，疫情影响趋于长期，中美冲突更加恶化，2021 年起全球经济持续低迷，在较长时间内处于 2%～2.5%的增速区间；乐观情形下，新冠疫苗研发顺利，中美冲突有所缓和，去全球化力量逐步削减，多边主义仍居于主导地位，经济活动、商业信心、国际贸易和投资活动都逐步恢复，全球 GDP 增速有望超过 3%。国际商品贸易年均增速为 1.1%，全球 FDI 年均增幅在 3.0%左右。

表 6-1　全球经济、贸易和投资增速预测（%）

	指标	2019 年	2020 年	2021 年	2022 年	2023 年	2024 年	2025 年
基准情形	全球 GDP	2.9	−4.4	5.2	2.8	2.9	3.0	3.1
	全球商品贸易	−0.1	−25.0	15.0	2.0	2.1	2.2	2.2
	全球 FDI	−1.0	−35.0	−7.5	5.0	8.0	10.0	10.0
悲观情形	全球 GDP	2.9	−6.5	1.8	2.0	2.2	2.2	2.4
	全球商品贸易	−0.1	−30.0	10.0	1.0	1.1	1.3	1.5
	全球 FDI	−1.0	−40.0	−10.0	0.0	5.0	8.0	8.0
乐观情形	全球 GDP	2.9	−2.5	6.0	2.9	3.0	3.1	3.2
	全球商品贸易	−0.1	−10.0	23.0	2.2	2.3	2.4	2.5
	全球 FDI	−1.0	−20.0	25.0	8.0	12.0	15.0	15.0

资料来源：IMF"World Economic Outlook, October 2020: A Long and Difficult Ascent"，中国银行研究院。

从非经济因素来看，经济的持续低迷叠加疫情冲击，各国特别是大国之间力量对比持续变化，全球地缘政治格局更趋复杂，冲突或将更加激烈。"美国优先"战略理念将继续冲击全球治理体系和国际秩序，带来国际政治和经济格局的变化，引发中东、北非、亚洲等局部区域动荡。欧洲民粹主义持续发酵，英国脱欧及

其引发的其他欧盟国家脱欧思潮仍会给欧洲经济带来不确定性。民族主义、种族主义、难民潮、反政府和反社会情绪上升、恐怖主义等问题仍将给经济社会稳定带来冲击。此外,近年来气候变化导致极端天气事件增多,台风、水灾、旱灾等自然灾害增加。未来随着全球持续变暖,各地极端天气事件或将更频繁、更严重,这会对农业生产、能源供应、人们的健康等多方面带来损害。

二、国际贸易投资增长持续低迷

本轮金融危机后,全球贸易增速持续多年低于GDP增速,2017年一度回升到4.6%,超过GDP增速;但2018年以来,受全球经济增速放缓、贸易摩擦升级等因素的影响,全球贸易增速再次回落。同时,近年来全球外商直接投资(FDI)和对外直接投资(ODI)流量总体呈负增长,2018年增速分别为−13.4%、−28.9%,发达经济体的降幅更大。2020年新冠肺炎疫情的全球暴发更是对全球产业链、贸易和投资带来严重冲击。

从当前形势来看,2021—2025年全球贸易投资增长动力仍然不足。一方面,各国之间经贸摩擦加剧。根据WTO的数据,2018年10月至2019年10月,全球范围内实施了超过100项新的贸易限制措施,影响了价值约7 470亿美元的商品和服务,达到2012年以来的最高水平。此外,2020年新冠肺炎疫情大流行已导致80个国家和地区实行了医疗用品、食品等出口禁止或限制。考虑到新限制措施的不断出台以及过去的限制措施大多有效,未来全球贸易环境依然不容乐观。另一方面,越来越多的国家对外国投资采取更为审慎的立场。外商投资审查特别是对于战略资产、高技术企业并购、生物技术等领域的审查将继续加强。联合国贸发会议预计,2020年在疫情影响下,全球FDI将同比下降30%~40%。2020年3月,欧盟和澳大利亚均宣布进一步加强对外国投资的审查,以保护本国企业和就业,并加强本国在医学研究、生物技术等领域的安全。未来随着各国竞争的加剧,对外国投资政策仍将趋严。

与此同时,全球贸易投资将呈现一些新变化、新特点。一是疫情加速全球经贸投资规则重构。逆全球化和贸易保护主义浪潮下,未来全球贸易将进入"碎片化"时代,多边贸易体制的领导力将不断削弱,高标准的自贸协定将逐渐成为新的全球经贸规则。二是后疫情时期服务贸易、数字贸易将成为新的竞争焦点。根据WTO《2019年世界贸易报告——服务贸易的未来》(World Trade Report 2019: The Future of Services Trade),2005年以来,世界服务贸易额年均增长5.4%,高于货物贸易的4.6%。而由于数字化技术带来的远程交易量提升、"在线经济"模式兴起、贸易成本的降低,将使得未来20年服务贸易在全球贸易中的份额继续上升。同时,各国之间围绕服务贸易、数字贸易的国际经贸规则竞争也将更加激烈。

三是信息技术发展将催生新的国际贸易方式。比如跨境电商快速发展,2015年以来全球B2C(企业对个人)跨境电商交易额增速在30%以上,2018年交易额突破6 500亿美元,同比增长27.5%。未来随着线上消费的发展和普及,跨境电商还将保持快速发展。

三、各国产业竞争更加激烈,疫情冲击加速国际产业分工格局重构

第一,疫情冲击加大全球产业链缩短或部分断裂风险。疫情肆虐让各国政府和跨国企业更深刻地认识到构建自主可控产业链的重要性。美国、日本、欧盟等经济体更加强调"经济主权",其提升国产化率和自身产业链完整性的呼声越来越高,政府纷纷加大吸引本国企业回流本土的政策力度以减轻或摆脱对他国(尤其是中国)市场的依赖。例如,日本政府通过了新的经济刺激计划,并拨款2 200亿日元帮助日本制造商将生产线迁回本国。未来,我国传统产业领域面临的全球竞争仍将加剧。一方面发达经济体"再工业化"的实施会促进产业回流,另一方面发展中国家具有低成本优势,在中低端行业领域的竞争仍将持续。

第二,新一轮科技革命正在孕育和发展之中,未来主要国家将加速全球高端制造业布局,各国在中高端产业的竞争将明显加剧,围绕人工智能、新材料、生物技术、新能源、互联网等领域的创新将继续加快。2019年2月,德国、美国相继发布未来工业发展规划,德国的《国家工业战略2030:对于德国和欧洲产业政策的战略指导方针》(National Industrial Strategy 2030: Strategic Guidelines for a German and European Industrial Policy)将钢铁铜铝、化工、机械、汽车、光学、医疗器械、绿色科技、国防、航空航天和3D打印等10个工业领域列为"关键工业部门",认为数字化(人工智能)、机器与互联网(工业4.0)以及纳米技术、生物技术等技术领域是未来需要掌握的关键突破性创新;美国的《未来工业发展规划》(Industries of the Future)明确提出将专注人工智能、先进制造业技术、量子信息科学和5G技术。

第二节　2021—2025年中国经济发展的内部条件变化趋势

一、跨越"中等收入陷阱",中国将成为高收入国家

近些年,中国政府积极实施稳增长、供给侧结构性改革等政策,经济增长总体保持平稳,"十三五"期间经济增速保持在6%~7%;经济波动性明显降低,2016—2019年经济增速标准差为0.31,低于2011—2015年的1.03;"十三五"期间中国人均GDP从2016年的8 079美元上升到2018年的9 771美元,2019年突破10 000美元大关。

2020年年初,中国经济遭受疫情严重冲击,第一季度GDP更是出现罕见的下

降。但在逆周期调控政策加大力度的情况下，第二季度经济明显好转，预计第三季度经济将处于恢复期，第四季度有望恢复至正常水平，疫情对我国经济的影响将控制在 2020 年年内。尽管 2021—2025 年，在经济潜在增速下降、经济结构持续调整的大背景下，中国经济增速预计仍将逐步放缓，但只要经济保持平稳，增速不出现大幅下降，中国人均 GDP 将超过 12 500 美元，顺利跨越“中等收入陷阱”，成为高收入国家。

二、国内巨大市场的潜力将持续释放，内需的基础性作用将更加凸显

如前所述，2021—2025 年，中国外部环境仍将趋紧。随着中国经济规模的扩大及居民收入的不断增长，国内巨大市场的作用将不断凸显。近年来，在外部需求低迷的情况下，中国对于发挥内需作用的政策导向愈加明显，促消费、稳投资的政策不断出台。2020 年《政府工作报告》更是提出要“实施扩大内需战略，推动经济发展方式加快转变”，首次将扩大内需确定为国家战略。同时，中国社会主要矛盾已转变为人民日益增长的美好生活需要和不平衡不充分的发展之间的矛盾，供需不匹配是中国面临的重要结构性问题，因此未来政府需更加注重通过供给侧结构性改革激发需求活力。

2021—2025 年，内需市场的基础性作用将进一步凸显。随着中国步入高收入国家行列，中等收入群体将进一步扩大。根据国家统计局数据，以典型三口之家年收入 10 万～50 万元的标准来看，2018 年中国中等收入群体已突破 4 亿人，约 1.4 亿个家庭。根据测算，未来 15 年中国中等收入群体将实现倍增达到 8 亿人。居民消费升级趋势不会变，在由“有”向“好”的转变过程中，智能化、信息化、个性化、非物质化等消费将快速发展。

三、产业转型升级进入重要推进期，创新驱动作用进一步增强

基于新一轮科技革命和产业革命的推动，以及中国转变经济发展方式、突围美国对华技术封锁等需要，中国将持续推进产业链向中高端水平迈进，2021—2025 年则是中国迈入制造业强国行列的关键五年。

根据表 6-2，到 2025 年，制造业整体素质大幅提升，创新能力显著增强，全员劳动生产率明显提高，两化（工业化和信息化）融合迈上新台阶；重点行业单位工业增加值能耗、物耗及污染物排放达到世界先进水平；形成一批具有较强国际竞争力的跨国公司和产业集群，在全球产业分工和价值链中的地位明显提升。2025 年规模以上制造业研发经费内部支出占主营业务收入比重将从 2020 年的 1.26％上升到 1.68％。

表 6-2　2020 年和 2025 年制造业主要指标

类别	指标	2015 年	2020 年	2025 年
创新能力	规模以上制造业研发经费内部支出占主营业务收入比重(%)	0.95	1.26	1.68
	规模以上制造业每亿元主营业务收入有效发明专利数(件)	0.44	0.7	1.1
质量效益	制造业质量竞争力指数	83.5	84.5	85.5
	制造业增加值率提高	—	比 2015 年提高 2 个百分点	比 2015 年提高 4 个百分点
	制造业全员劳动生产率增速(%)	—	7.5 左右("十三五"期间年均增速)	6.5 左右(2021—2025 年年均增速)
两化融合	宽带普及率(%)	50	70	82
	数字化研发设计工具普及率(%)	58	72	84
	关键工序数控化率(%)	33	50	64
绿色发展	规模以上单位工业增加值能耗下降幅度	—	比 2015 年下降 18%	比 2015 年下降 34%
	单位工业增加值二氧化碳排放量下降幅度	—	比 2015 年下降 22%	比 2015 年下降 40%
	单位工业增加值用水量下降幅度	—	比 2015 年下降 23%	比 2015 年下降 41%
	工业固体废物综合利用率(%)	65	73	79

资料来源:作者根据相关资料整理。

2021—2025 年,中国将加快制造业强国建设,促进中国向全球产业链和价值链的中高端迈进。一是推动提升制造业创新能力。围绕重点行业转型升级和新一代信息技术、智能制造、增材制造(3D 打印)、新材料、生物医药等领域,加强关键核心技术攻关和科技成果产业化,建设一批重大科学研究和实验设施,形成一批制造业创新中心。截至 2019 年上半年,中国已累计批复 13 家国家制造业创新中心,指导各地认定了 107 家省级制造业创新中心。到 2020 年将重点形成 15 家左右制造业创新中心,2025 年力争形成 40 家左右。

二是推动信息化与工业化深度融合。紧扣关键工序智能化、关键岗位机器人替代、生产过程智能优化控制、供应链优化等,加快发展智能制造装备和产品,对机械、航空、船舶、汽车、轻工、纺织、食品、电子等行业生产设备进行智能化改造,全面提升企业研发、生产、管理和服务的智能化水平。随着 5G 技术的发展应用,智能制造或进一步提速。

三是加强关键零部件和基础材料自主保障,缓解受制于人的局面。未来美国对华科技政策仍将处于趋紧态势，这将使我国核心技术创新领域在短期内遇到一些困难，但中长期影响有限。未来，我国将针对航天装备、通信装备、发电与输变电设备、工程机械、轨道交通装备等产业的核心基础零部件、先进基础工艺、关键基础材料、产业技术基础，进行重点突破。预计到 2025 年，70%的核心基础零部件、关键基础材料要实现自主保障。

四、重大区域战略、城市群建设带动区域发展更趋平衡与协调

2021—2025 年，中国将更注重发挥各地区比较优势，以重大区域战略为引领，以中心城市带动城市群发展，以此进一步缩小区域发展差距。一是各地区的开放和合作意识将进一步增强，重点区域、城市群内各地区在基础设施、产业分工、资源流动、生态治理等方面的合作交流将进一步增强。特别是粤港澳大湾区、长三角一体化、京津冀协同发展、海南自贸区等重大区域战略实施将形成新的增长极和增长带。二是中心城市的优势进一步突出，对于产业、资源的吸引力进一步增强。目前，中国已有 9 个城市被定位为国家中心城市，这 9 个城市基本都为重大区域战略、城市群的重要城市（见表 6-3），从其 GDP、人口占本省的比重来看，总体保持了上升趋势（见图 6-1、图 6-2）。未来各大区域和城市群中的主力及枢纽城市的集聚效应或将进一步增强。三是“西快东慢”格局仍然存在，但西部与东部地区增速差距将有所缩小。过去中西部地区起步低，在政策支持下经济增速持续快于东部地区。但近些年在外部冲击、内部转型压力增大的情况下，东中西部地区经济增速均有所放缓。其中，中西部地区经济增速虽然仍高于东部地区，但两者经济增速差距已有所缩小（见图 6-3）。2021—2025 年，东部地区转型发展继续推进，由于其在人才、创新、市场机制等方面更具优势，其经济增速将更加稳定。中西部地区一方面可充分发挥后发优势，抓住东部地区产业升级和产能转移的机会，有望形成新的经济增长极，实现区域轮动发展；另一方面还可依托环境与资源方面的优势，通过开展生态环境保护、大力发展旅游产业等方式，实现经济可持续发展。

表 6-3　重点区域、城市群情况

<table>
<tr><th colspan="2">区域</th><th>GDP 规模
（万亿元）</th><th>GDP 占比
（%）</th><th>人口
（亿人）</th><th>人口占比
（%）</th><th>中心城市</th></tr>
<tr><td rowspan="4">重大区域战略</td><td>京津冀协同发展</td><td>8.5</td><td>9.3</td><td>1.19</td><td>8.5</td><td>北京、天津</td></tr>
<tr><td>粤港澳大湾区</td><td>10.9</td><td>12.6</td><td>0.7</td><td>5.1</td><td>香港、澳门、广州、深圳</td></tr>
<tr><td>长江经济带</td><td>40.3</td><td>44.1</td><td>6.0</td><td>42.9</td><td>上海</td></tr>
<tr><td>长三角一体化</td><td>21.0</td><td>23.3</td><td>1.5</td><td>10.8</td><td>上海</td></tr>
</table>

（续表）

区域		GDP 规模（万亿元）	GDP 占比（%）	人口（亿人）	人口占比（%）	中心城市
国家级城市群	成渝城市群	5.70	6.3	0.95	6.8	重庆、成都
	长江中游城市群	7.90	9.6	1.25	9.0	武汉、长沙、南昌
	中原城市群	6.80	8.3	1.60	11.5	郑州
	关中平原城市群	2.16	2.6	0.39	3.0	西安

资料来源：Wind 数据库。

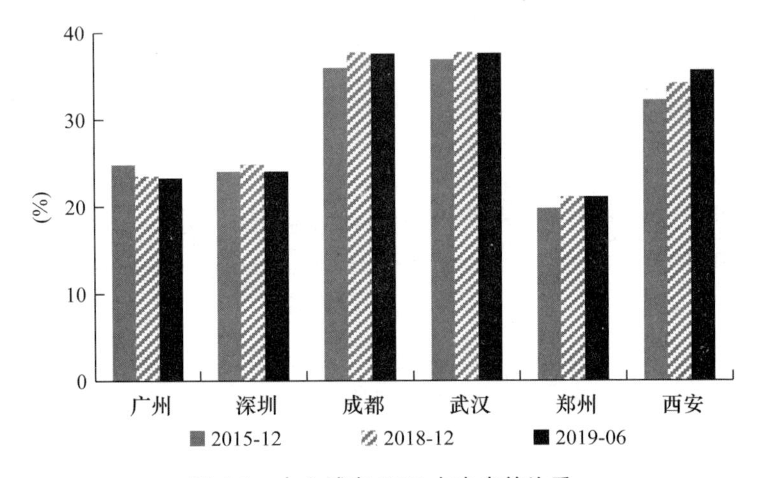

图 6-1 中心城市 GDP 占本省的比重

资料来源：Wind 数据库。

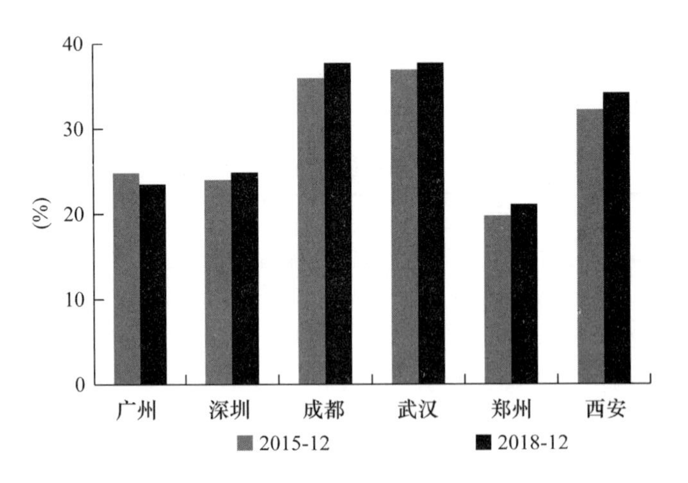

图 6-2 中心城市人口占本省的比重

资料来源：Wind 数据库。

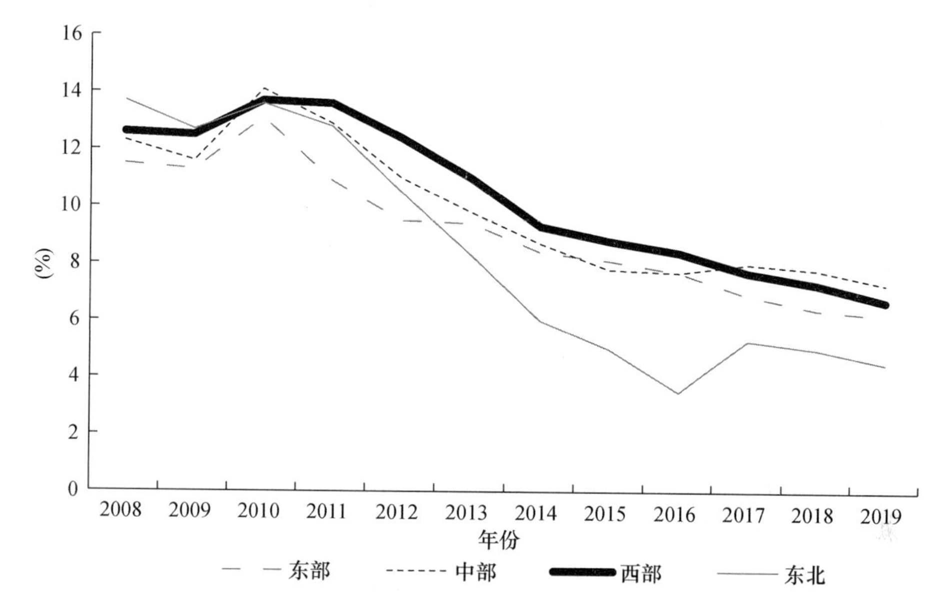

图 6-3　不同区域 GDP 平均增速

资料来源：Wind 数据库。

五、“引进来”与“走出去”并重，对外开放水平进一步提升

2021—2025 年，我国经济发展所面临的外部环境总体趋紧。但 2020 年《政府工作报告》特别强调：“面对外部环境变化，要坚定不移扩大对外开放，稳定产业链供应链，以开放促改革发展。”未来，中国对外开放的大门将越开越大，水平和质量也将进一步提升。一是“一带一路”建设仍将是开展国际区域合作的重点。2021—2025 年，将进一步落实已签订的政府间合作协议，项目合作将从基础设施向产业、金融等更多领域拓展。中国与“一带一路”沿线重点国家的贸易投资将保持较快增长。二是注重制度性开放，进一步推动双向开放。进一步完善规则、制度、法律等，加强与国际规则和标准的对接，提高贸易投资便利化、自由化。在“引进来”方面，扩大对外开放的领域，未来服务业将是开放的重点。同时，伴随经济转型升级的需要，高技术产业外资流入将继续较快增长。在“走出去”方面，加强对外产能合作，通过合作带动装备、技术、标准等走出去。三是注重开放与安全的平衡，在扩大开放的同时，宏观审慎政策将进一步完善。

六、更加注重发挥市场作用、提振市场信心

“十三五”时期，政府积极转变观念，不断推动简政放权，努力划清政府与市场的界限，通过制度、规则的制定和完善以更好地发挥市场的决定性作用。国企、民

企等各类市场主体也在调整转型。

2021—2025年，经济发展的方向将更加明确，但转型升级的任务依然较重，需要关注和解决的一个重点问题是如何为企业家创新创业提供稳定、透明、可预期的政治、经济和市场环境，更好地激发市场主体的活力和积极性，维护市场主体的信心。这一时期，中国将进一步完善制度化建设，尊重市场规律，全面推进营商环境改善，市场在资源配置中的基础性作用也将更加突出。

第三节　2021—2025年中国经济增长趋势研判
——潜在增长率角度

2021—2025年是中国跨越"中等收入陷阱"的关键时期，是中国经济社会转型发展爬坡过坎的关键窗口期，这就要求经济增长保持一定的速度。一般来说，实际经济增长率围绕潜在增长率上下波动。潜在增长率主要取决于经济的供给潜力，包括劳动、资本、TFP。本节通过对上述三方面的走势分析，测算2021—2025年中国经济潜在增长率。

一、劳动力供给增长放缓，就业人口开始负增长

2019年，中国人口出生率为10.48‰，死亡率为7.14‰，自然增长率从2015年的4.96‰降到3.34‰。此外，中国60岁以上人口比重不断增加，2018年为18.1%，远超国际老龄化标准(10%)。2019年，中国就业人口减少115万人，已是连续两年下降。根据世界银行的预测，未来中国人口老龄化程度将不断加深，到2050年，中国65岁及以上人口比重将接近26%。在出生率下降、老龄化加剧的情况下，2021—2025年中国劳动年龄人口(16～59岁人口)或进一步负增长。根据世界银行对中国未来10年分性别、分年龄组的人口预测，同时考虑不同性别及各自年龄组的劳动参与率，本节预测了2020—2030年的经济活动人口(见图6-4)。同时，假定未来各年就业参与率(就业人数/经济活动人口)为前10年就业参与率的平均值，可以得到未来各年的就业人数。预计到2025年，就业人数约为75 514万人，比2019年年末减少2 000万人左右(见图6-5)。

二、资本增速趋于下降，资本存量增速在5%—8%

从投资的供给来看，中国的高储蓄率能够形成一定支持。从投资的需求来看，中国的产业结构已发生明显变化，第二产业占GDP的比重持续下降至2019年的39%，第三产业占GDP的比重持续提高到2019年的53.9%。从各国经验及未来人口结构的变化来看，工业比重将继续下降，服务业比重将进一步上升，这意味着2021—2025年投资增速将进一步下降。同时，近年来中国资本效率大幅降低，资本回报率下降，这也不利于投资的快速增长。此外，中国的资本投入并不低。2017年中国人均GDP水平相当于1978年的日本，与类似发展阶段的日本相

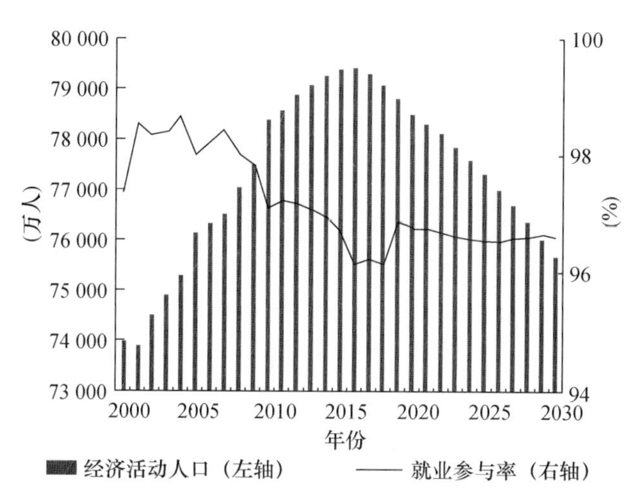

图 6-4　经济活动人口和就业参与率

资料来源：中国银行研究院。

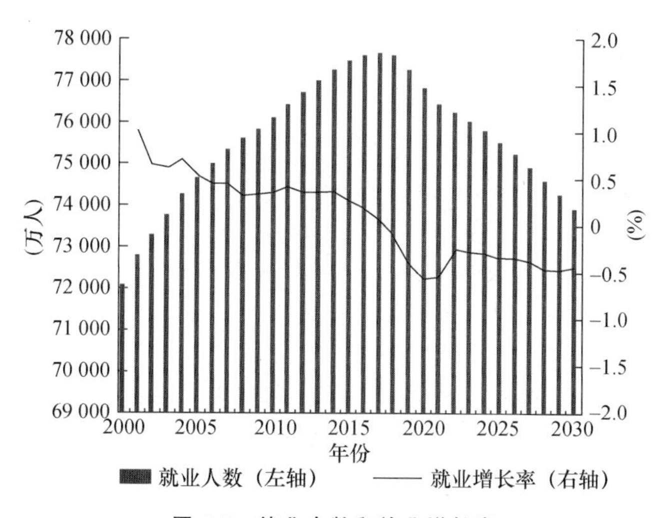

图 6-5　就业人数和就业增长率

资料来源：中国银行研究院。

比，中国固定资本形成总额占 GDP 的比重（43%）要高于日本（32%）。假定固定资本形成总额占 GDP 的比重保持在 2017 年的 43%（折旧为 5%左右），未来资本存量增速为 5%～8%（见图 6-6）。

图 6-6 中国资本存量增速

资料来源：中国银行研究院。

三、TFP 取决于改革效果，增速为 2%—3%

TFP 在经济意义上反映技术进步与效率的提高。在劳动力和投资增长率下降的情况下，未来 TFP 是经济增长的一个关键。技术、教育、制度是影响 TFP 的主要因素。2019 年中国研发支出（R&D）占 GDP 的比重已提高到 2.19%。2021—2025 年，在外部竞争加剧和内部转型升级的压力下，中国对创新研发的重视程度还会进一步提高，R&D 占比还将提高。中国平均受教育程度也将不断提高，根据《国家中长期教育改革和发展规划纲要（2010—2020 年）》，到 2020 年，新增劳动力平均受教育年限要提高到 13.5 年，主要劳动年龄人口平均受教育年限要提高到 11.2 年，其中受过高等教育的比例要达到 20%，具有高等教育文化程度的人数比 2009 年翻一番，预计 2021—2025 年这一趋势还将延续。重大区域战略、城市群建设将带动区域更加平衡、协调发展，有利于提高资源配置效率，双向开放将倒逼内部改革的推进和效率的提升。我们对 2021—2025 年 TFP 的增长假定两种情形：一般情形下增速为 2%；随着市场化进程和结构调整推进，资源配置更有效率，产业升级、企业创新和技术进步明显，乐观情形下增速为 3%。

四、2021—2025 年主要经济指标估算

根据以上预测或假定，利用 HP 滤波法（HP Filter）得到趋势就业人口和趋势 TFP。考虑到产业结构及人口结构的变化，未来劳动收入份额可能进一步提高。假定未来劳动产出弹性逐年提高，从 2018 年的 54.1% 提高到 2030 年的 55.3%，利用 HP 滤波法得到趋势劳动收入份额，接着利用生产函数法进行估计，得到潜在增长率、GDP 总量和人均 GDP 水平。

测算结果表明，一般情形下，2020—2025 年中国 GDP 潜在增长率在 4%—5%，年平均潜在增长率为 4.7%；乐观情形下，2020—2025 年中国 GDP 潜在增长率在 5%～6%，年平均潜在增长率为 5.7%（见表 6-4）。潜在增长率的下降是产业结构变化过程中劳动生产率增速放缓的结果，符合经济发展规律。因此，可适当提高对经济温和下行的容忍度，更加注重经济发展质量而不是速度。经济实际增速围绕潜在增长率波动，但 2020 年疫情对经济造成严重冲击，影响了经济增长的节奏，导致 2020 年经济实际增速将降至 3%～3.5%的水平，而 2021 年因 2020 年的低基数，经济实际增速将达到 7.5%～8.5%的较高水平。从 2022 年开始，预计随着疫情影响的远去，经济实际增速将与潜在增长率相一致。

表 6-4　2020—2025 年中国潜在增长率和实际增长率估算

	年份	乐观情形		一般情形	
		预测值	平均	预测值	平均
潜在增长率(%)	2020	6.0	5.7	5.0	4.7
	2021	5.9		4.9	
	2022	5.8		4.8	
	2023	5.6		4.6	
	2024	5.4		4.4	
	2025	5.3		4.3	
实际增长率(%)	2020	3.5	5.7	3.0	4.7
	2021	8.5		7.5	
	2022	5.8		4.8	
	2023	5.6		4.6	
	2024	5.4		4.4	
	2025	5.3		4.3	

资料来源：中国银行研究院。

本节在测算 2021—2025 年中国经济增速和总量的基础上，结合 IMF 关于美国和世界 GDP 增速的预测数据，估算 2021—2025 年中国经济占美国经济和世界经济的比重。研究发现，2021—2025 年中国经济与美国经济的差距将进一步缩小，中国经济在全球经济中的比重持续提高（见表 6-5）。一般情形下，到 2025 年中国经济将达到美国经济的 73%左右（2019 年为 67%左右），占全球经济的比重将达到 20%左右（2019 年为 16.6%左右）；乐观情形下，中国经济将达到美国经济 77%左右的水平，占全球经济的比重将达到 21%左右。

表 6-5 2021—2025 年中国经济占比预测

单位:%

年份	乐观情形		一般情形	
	占美国经济比重	占全球经济比重	占美国经济比重	占全球经济比重
2021	72.6	18.9	71.8	18.7
2022	73.7	19.4	72.3	19.1
2023	74.8	19.9	72.7	19.3
2024	75.9	20.3	73.0	19.6
2025	76.9	20.8	73.3	19.9

资料来源:美国国会预算办公室、IMF、中国银行研究院。

2021—2025 年,中国经济结构进一步优化,消费占 GDP 的比重持续提高(见表 6-6)。在乐观情形下,到 2025 年消费占 GDP 的比重将达到 60%左右(2018 年为 54.3%),投资占 GDP 的比重平稳下降至 38%左右(2018 年为 44.9%),净出口占 GDP 的比重相对稳定在 2%左右。

表 6-6 2021—2025 年经济结构预测

单位:%

年份	消费占比	投资占比	净出口占比
2021	56.7	42.0	1.3
2022	57.5	41.0	1.5
2023	58.3	40.0	1.7
2024	59.1	39.0	1.9
2025	59.9	38.0	2.1

资料来源:中国银行研究院。

注:三大需求规模按乐观情形下的 GDP 总量计算。

第四节 2021—2025 年重点领域发展与重大内外部条件变化对经济增长的影响

基于生产函数的潜在增长率测算只是实际增长率预判的一种参考。一方面,西方经济理论与我国经济社会发展的机制体制并不完全适应;另一方面,2021—2025 年,我国经济发展的内外部环境和条件将发生深刻变化,将影响中国经济潜在增长率转化为实际增长。本节将进一步分析值得关注的重点领域发展及重大内外部条件变化对经济增长的影响。

一、重点领域发展对经济增长的影响

1. 5G 技术

当前,5G 技术正在快速发展,未来 5G 技术将开辟移动通信发展新时代,构筑

万物互联的基础设施，加速经济社会的数字化转型。2021—2025 年，5G 技术对中国经济社会发展的影响包括以下三个方面。

第一，激发各领域加大数字化投资，加速 ICT 资本深化进程。一方面，2021—2025 年，各大通信运营商将加大 5G 网络及相关配套设施投资，实现 5G 技术的大规模产业化、市场化应用，从而带动网络设备、元器件、原材料等相关行业发展。另一方面，5G 技术的低时延、高效率和低成本等特性，将吸引其他行业加大 5G 技术和 ICT 相关投资，提高各行业的数字化水平和生产效率，从而促进经济结构优化，推动经济增长。

第二，促进业务应用创新，挖掘消费潜力、扩大消费总量。5G 相关技术的发展，将直接促进智能家居、可穿戴设备等信息产品创新以及远程教育、远程医疗等服务创新，从而增加信息消费的有效供给，推动消费升级和消费潜力释放。5G 技术的发展也将带动“互联网＋”相关消费的大发展。5G 技术不断成熟将使得虚拟现实购物等成为可能，从而打破消费的时空限制，有效带动其他领域的消费增长。

第三，5G 技术国际化拓展将扩大中国 ICT 产品的国际市场空间，提升中国科技的国际竞争力。5G 技术将扩大国内优质产品和服务的供给，极大地便利中国相关产品和服务出口，从而扩大中国对外贸易规模、优化贸易结构。

根据中国信息通信研究院《5G 经济社会影响白皮书》的测算，5G 技术发展一方面将直接带动电信运营、设备制造和信息服务业快速增长，另一方面还将通过产业间的关联效应，间接带动国民经济其他行业产出增加。预计到 2025 年，5G 技术发展将直接拉动 GDP 约 1.1 万亿元，间接拉动 GDP 约 2.1 万亿元；将提供约 350 万个就业机会，主要来自 5G 技术相关设备制造和电信运营环节（见表 6-7）。

表 6-7　5G 技术对经济社会发展的影响测算

指标		2020 年	2025 年	2030 年	年均复合增长率(%)
相关行业产出规模	5G 技术直接产出(万亿元)	0.48	3.3	6.3	29
	5G 技术拉动间接产出(万亿元)	1.20	6.3	10.6	24
对 GDP 贡献	5G 技术直接创造的 GDP(万亿元)	0.09	1.1	2.9	41
	对 GDP 的直接贡献率(%)	—	3.2	5.8	—
	5G 技术间接拉动的 GDP(万亿元)	0.42	2.1	3.6	24
就业拉动	直接创造的就业机会(万个)	54	350	800	31
	间接创造的就业机会(万个)	130	650 左右	1 150	24

资料来源：中国信息通信研究院《5G 经济社会影响白皮书》。

2. 数字、智能、生物、海洋和绿色等新经济领域

2021—2025 年，数字经济、智能经济、生物经济、海洋经济和绿色经济等重点新经济领域将快速发展，成为国民经济的重要组成部分。一是随着信息基础设施

的升级以及5G等技术的不断突破，信息技术将加快与传统产业融合，居民消费升级对信息化产品的需求持续增加，数字经济对经济增长的推动作用不断加强。二是智慧终端、智慧城市、智能网联汽车等成为人们生产、生活的新风尚，智能经济成为推动经济转型升级的重要力量。据中国宏观经济研究院测算，到2025年，智能经济中的人工智能及高端设备制造业规模为7万亿～8万亿元，占GDP比重约为5.4%。三是基因测序、细胞免疫治疗等重点领域的技术不断突破，将带动生物医药、生物农业、生物制造等产业快速发展。到2025年，生物经济规模有望突破10万亿元，占GDP的比重约为7.2%。四是随着海水淡化与综合利用、海洋可再生能源、海洋生物制品等产业的兴起，中国海洋产业将转变为向科技要潜力、向远洋要资源的创新型产业。到2025年，海洋经济总值有望超过14万亿元，占GDP的比重约为10.1%。五是随着"绿水青山就是金山银山"理念的不断深入和普及，节能环保、新能源等绿色技术不断突破，绿色经济实现较快增长。到2025年，绿色经济规模有望超过12万亿元，占GDP的比重约为8.7%。

3. 智能交通

智能交通建设是中国交通运输全面升级和建设交通强国的重要手段和机遇。交通运输部于2019年7月28日印发《数字交通发展规划纲要》(以下简称《纲要》)，促进先进信息技术与交通运输深度融合，发展以数据驱动的现代交通运输体系。《纲要》指出，到2025年，交通运输基础设施和运载装备全要素、全周期的数字化升级迈出新步伐，数字化采集体系和网络化传输体系基本形成；交通运输成为北斗导航的民用主行业，5G等公网和新一代卫星通信系统初步实现行业应用。2021—2025年，中国将加快构建数字化采集体系、网络化传输体系、智能化应用体系，推进车联网、5G、卫星通信信息网络等部署应用，完善全国高速公路通信信息网络，形成多网融合的交通信息通信网络。同时，打造数字化行业生态，推动"互联网+"便捷交通发展，鼓励和发展智能公交等城市出行服务新业态。

智能交通建设将有利于推动经济增长。一方面，智能交通建设过程中，需要大量的基础设施建设，将大大拉动有效投资增加。另一方面，智能交通建设将极大地便利人们出行，促进居民消费增长。此外，智能交通建设将有效减少地理距离对于人们生产、生活的限制，从而提高生产效率。

二、重大内外部条件变化对经济增长的影响

1. 全球经济增速明显放缓

随着中国经济规模的增大和对外开放的进一步推进，中国与世界的经济金融联系将更加密切，联动性将不断增强。国际贸易增加了国家之间产出与消费的相互依赖，国际金融市场的全球化使得各国利率、资产价格联动性增强。全球经济环境变化对中国经济的溢出和溢回效应增大，中国经济与全球经济表现的同步性将有所提高。根据历史数据以差分的方式测算，全球 GDP 增速变动对中国 GDP 增速变动的弹性约为 0.45，即全球 GDP 增速提升 1 个百分点将推高中国 GDP 增速约 0.45 个百分点。2020—2025 年，预计全球平均 GDP 增速约为 2.89%（基准情形），较 2016—2019 年下降约 1.73 个百分点，将拉低中国实际 GDP 增速约 0.78 个百分点。

2. 高水平开放引领高质量发展

经过改革开放 40 多年的探索，中国已经初步形成了多方位、多层次、宽领域、“引进来”和“走出去”相结合的开放格局。截至 2020 年 11 月 19 日，中国已与 26 个国家和地区签署 18 个自贸协定（见表 6-8）。在已签署的自由贸易协定中，零关税覆盖的产品范围超过 90%，承诺开放的服务部门已从加入 WTO 时的 100 个增至近 120 个。

表 6-8 中国已经签订的区域贸易协议

区域贸易协议名称	签订时间	生效时间	性质
亚太贸易协定(APTA)	2001.04	2002.01	货物贸易
中国—东盟自由贸易协定(CAFTA)	2002.11	2005.01	货物贸易和服务贸易
中国—智利自由贸易协定	2005.11	2006.10	货物贸易和服务贸易
中国—巴基斯坦自由贸易协定	2006.11	2007.06	货物贸易和服务贸易
中国—新西兰自由贸易协定	2008.04	2008.10	货物贸易和服务贸易
中国—新加坡自由贸易协定	2008.10	2009.01	货物贸易和服务贸易
中国—秘鲁自由贸易协定	2009.04	2010.03	货物贸易和服务贸易
海峡两岸经济合作框架协议(ECFA)	2010.06	2010.09	货物贸易和服务贸易
内地与港澳更紧密经贸关系安排(CEPA)	2003.06	2004.01	货物贸易和服务贸易
中国—哥斯达黎加自由贸易协定	2010.04	2011.08	货物贸易和服务贸易
中国—柬埔寨自由贸易协定	2020.10	预计 2021 年	货物贸易和服务贸易
中国—冰岛自由贸易协定	2013.04	2014.07	货物贸易和服务贸易
中国—瑞士自由贸易协定	2013.07	2014.07	货物贸易和服务贸易
中国—澳大利亚自由贸易协定	2015.06	2015.07	货物贸易和服务贸易
中国—韩国自由贸易协定	2015.06	2015.08	货物贸易和服务贸易
中国—格鲁吉亚自由贸易协定	2017.05	2017.06	货物贸易和服务贸易
中国—毛里求斯自由贸易协定	2019.10	2021.01	货物贸易、服务贸易、知识产权等
区域全面经济伙伴关系协定(RCEP)	2020.11	待定	货物贸易、服务贸易、投资、自然人移动、知识产权等

资料来源：商务部、中国银行研究院。

2021—2025年，中国开放的大门将越开越大，不断推进更高水平的开放，促进更高质量的发展。一是高水平开放形成高水平的制度安排，有助于中国把握从经贸大国向经贸强国转变的机遇期，改善中国对外贸易结构与对外贸易条件，整合全球高端要素，达到全球要素配置和全球市场拓展的最优状态。二是高水平开放有助于解决中国当前面临的投资主体、投资产业结构、投资国别及方式单一，对外投资法律法规不健全，海外投资风险防范及监管不力等问题，促进中国产业升级，提高中国参与全球市场竞争的广度与深度，降低中国经济波动风险。三是高水平开放有助于中国加快与国际经贸规则接轨，在全球经贸规则制定中拥有更大的话语权，推动建立更加适用于新兴经济体发展的国际经贸规则。

三、产业外迁

“十三五”时期，国际产业链分工深度调整，部分企业由于要素价格变化、自身发展战略需要等因素影响，将生产线向海外转移。例如，2016年富士康在印度建厂，2017年希捷硬盘制造商撤出苏州工厂等。中国银行研究院的调查数据显示，2019年，超过三成的被调查企业认为，中美贸易摩擦的影响将趋于长期化，并开始对经营策略进行调整。其中，8%左右的企业反映其上下游企业已将生产线转移至海外，部分企业计划转移国内现有生产线（5%）或新增生产线（6%）至东南亚等地区。未来，中美贸易摩擦持续演变、疫情影响下的各国“再工业化”浪潮兴起等都将在一定程度上加速我国产业外迁的进程。

资本向低成本地区流动是客观规律，产业梯度转移也是一国工业发展的正常现象。但要谨防产业转移速度过快导致产业空心化现象，给宏观经济带来不利的影响。例如，20世纪80年代中期至90年代，由于日本对外投资和产业转移速度过快，导致国内相关产业竞争优势削弱、产业空心化和内需相对不振。

2021—2025年，我国不会发生产业大规模外迁，对经济增长、产业升级、劳动就业等方面的影响总体可控。与潜在的产业承接国家相比，我国综合优势较为突出。《2019年全球竞争力报告》显示，综合人口结构、工作效率、基础设施、投资成本和社会稳定五大方面来看，东盟八国（越南、马来西亚、印度尼西亚、菲律宾、老挝、柬埔寨、缅甸和泰国）主要在劳动力成本和税负成本上占据优势，其他方面大多不及我国（见表6-9）。

表6-9 东盟八国主要指标与中国的对比情况

指标		中国	越南	马来西亚	印尼	菲律宾	老挝	柬埔寨	缅甸	泰国
人口	15—64岁人口占比(%)	71.20	优势	优势	优势	优势	优势	优势	优势	相当
	65岁以上人口占比(%)	11.20	优势	优势	优势	优势	优势	优势	优势	劣势
	0—14岁人口占比(%)	17.60	劣势	劣势	劣势	劣势	劣势	劣势	劣势	劣势

（续表）

指标		中国	越南	马来西亚	印尼	菲律宾	老挝	柬埔寨	缅甸	泰国
工作效率	职业教育评分(分)	4.50	劣势	优势	优势	优势	劣势	劣势	劣势	劣势
	熟练工人获得难易程度评分(分)	4.80	劣势	优势	优势	优势	劣势	劣势	劣势	劣势
	工作时长(小时/周)	45.00	劣势	劣势	劣势	劣势	劣势	优势	优势	劣势
基础设施	基础设施综合评分(分)	78.10	劣势	劣势	劣势	劣势	劣势	劣势	劣势	劣势
投资成本	土地成本(美元/平方米)	66.50	劣势	相当	劣势	相当	劣势	相当	相当	劣势
	电价(美元/度)	0.10	劣势	劣势	优势	劣势	优势	劣势	优势	劣势
	水价(美元/立方米)	0.47	劣势	劣势	劣势	劣势	优势	劣势	优势	劣势
	人工成本(美元/月)	807.00	优势	优势	优势	优势	优势	优势	优势	优势
	实际贷款利率(%)	2.40	劣势	劣势	劣势	劣势	劣势	劣势	劣势	劣势
	税率(%)	64.90	优势	优势	优势	优势	优势	优势	优势	优势
社会稳定	每十万人杀人率(人)	0.62	劣势	劣势	优势	劣势	劣势	劣势	劣势	劣势
	警察可靠性评分(分)	4.59	劣势	优势	劣势	劣势	劣势	劣势	劣势	劣势
	腐败性评分(分)	39.00	劣势	优势	劣势	劣势	劣势	劣势	劣势	劣势
	解决争端法律框架效率评分(分)	4.10	劣势	优势	劣势	劣势	劣势	劣势	劣势	劣势

资料来源:《2019 年全球竞争力报告》、中国银行研究院。

第一,我国产业链条完整,产业配套能力强大。我国是世界上唯一一个拥有联合国产业分类中全部工业门类的国家,二百多种工业产品产量为世界第一,部分产业达到或接近国际先进水平,是世界第一制造业大国,产业配套能力强大。制造业企业外迁、放弃我国产业配套的机会成本较大。

第二,我国基础设施完善,能有效降低生产成本。我国拥有更通达的交通、更方便获得电力等优势。世界银行《2020 年营商环境报告》显示,我国"获得电力"这一指标位列全球第 12,高于印度(第 22)、越南(第 27)、印度尼西亚(第 33)等国家。

第三,我国虽然人口红利逐步消减、用工成本逐渐提高,但是人力资本素质较高,人才红利突出。2018 年,我国受过高等教育和拥有专业技能的高素质人才超过 1.7 亿人。近年来,我国每年大学毕业生人数超过 800 万。此外,我国劳动力的劳动效率、组织性和纪律性也相对较高。

第四,我国营商环境显著优于潜在的产业承接国家。近年来,我国政府大力推进"放管服"改革,取得显著成效。世界银行《2020 年营商环境报告》显示,2019 年我国营商环境排名跃居全球第 31 位,较上年大幅提高 15 个位次,连续两年被评为全球营商环境改善幅度最大的 10 个经济体之一,遥遥领先于印度(第 63)、越南(第 70)、印度尼西亚(第 73)等国家。

四、新型城镇化

中华人民共和国成立 70 多年以来,中国城镇化经历了由曲折探索到高速发展的历程，城镇人口增加了近8亿人次，城镇化率提高了近50个百分点，截至2019年年底，中国城镇化率已突破60%，城乡面貌发生了翻天覆地的变化。

2021—2025年，中国将继续全面贯彻新发展理念，加快实施以促进人的城镇化为核心、提高质量为导向的新型城镇化战略。一方面，加快推进农业转移人口市民化，优化城镇化空间布局，促进城乡要素自由流动。同时，协调推进乡村振兴与新型城镇化双轮驱动，不断提升城乡融合发展水平。这将有利于加快培育形成强大国内市场，持续释放内需潜力。另一方面，着力提高中心城市和城市群的综合承载能力与资源优化配置能力，将城市群发展为新型城镇化的主体形态。加快补齐基础设施、公共服务、生态环境等方面的短板，使得城市可持续发展动力进一步增强，同时带动较大规模的投资。以铁路建设为例，2019年年末，中国铁路运营里程为13.9万公里，较上年增长6.1%，其中高速铁路运营里程为3.5万公里；"两横三纵"城市化战略提出，到2025年，中国铁路网规模将达到17.5万公里左右，其中高速铁路为3.8万公里左右。可见，铁路基础建设投资还存在较大空间，城镇化的持续推进将有效带动相关领域的投资增长。

五、中西部地区可持续发展新模式

长期以来，中国始终积极发挥区域比较优势，充分挖掘区域发展潜力，推动区域平衡发展。从过去的西部大开发、中部崛起到现在的长三角一体化、京津冀协同发展、长江经济带等，这些重大区域战略都是促进区域平衡发展、形成新的经济增长极的重要举措。从效果来看，近几年中国中西部地区GDP增速一直快于东部地区。

2021—2025年，中国将继续大力推动区域平衡发展，积极落实《关于新时代推进西部大开发形成新格局的指导意见》，探索中西部地区可持续发展新模式，形成中西部地区大保护、大开放、高质量发展的新格局。一方面，中西部地区将充分发挥后发优势，抓住东部地区产业升级和产能转移的机会，争取形成新的经济增长极，实现中国区域经济阶梯式轮动发展。另一方面，中西部地区可抓住新时代西部大开发和"一带一路"重大发展机遇，积极扩大对外开放，吸引产业、资金等资源流入。此外，中国中西部地区地域辽阔，拥有得天独厚的生态环境和自然资源优势，以及历史悠久、丰富独特的文化优势。未来中西部地区可依托其在自然环境与文化方面的优势，通过开展生态环境保护、大力发展旅游产业等方式，实现经济可持续发展。

六、污染防治

2021—2025年，中国将继续坚定不移地推进生态文明建设，不断完善发展绿色环保政策和制度体系建设，探索创新多元化政策手段和政策运作机制。绿色环保政策仍将趋严，其对经济增长的影响主要体现在对资本存量的影响方面。绿色环保政策通过影响污染行业和非污染行业的企业投资，进而影响投资规模与结构变动。对于污染行业，从短期来看，企业的环保投资将挤占其生产性投资。但从长期来看，绿色环保政策通过提升污染行业整体的创新能力和生产效率，不仅能"补偿"初期的环保支出，而且有利于提升污染行业的投资价值，促进行业投资结构优化和投资规模扩张。对于非污染行业，受益于初期绿色环保政策对污染行业投资的挤出效应，从污染行业撤出的资本将会进入非污染行业，使非污染行业的投资规模上升。综合环境规制对污染行业和非污染行业的投资影响来看，随着环境规制强度的提升，投资规模将呈现一个短期下降、中长期上升的"U"形趋势。

通过计量方法量化中国 2000—2017 年环境规制强度对资本存量的影响。由于烟尘排放量是影响中国"十四五"时期污染物排放减少和生态环境改善的重要因素，本节主要选用全国烟尘排放量作为主要解释变量。在控制了全国工业固体废物排放量后，利用 2000—2017 年的数据测算表明，全国烟尘排放量每减少 1 个百分点（绿色环保政策强度提升），中国资本存量增加 0.387 个百分点，这说明中国已经进入"U"形发展趋势的后半段。若"十四五"规划中的细颗粒物（PM2.5）未达标地级及以上城市浓度累计下降指标在 2025 年的目标为 22.3%（2018 年为 24.6%），根据模型结果测算，2021—2025 年，中国资本存量将增加 0.89 个百分点，使得潜在 GDP 增速上升约 0.7 个百分点。

第五节　启示与政策建议

2021—2025 年，中国经济具备高质量发展的能力，但考虑到外部环境更加复杂和严峻，疫情对经济的影响大小和影响时间仍取决于全球范围内的疫情演变情况，内部结构和制度面临新的调整和转变，未来政策要特别关注以下方面。

（1）从外部环境看，要做好面临复杂国际形势的准备，密切关注变化，及时应对挑战。

2021—2025 年，中国经济实力和影响力将进一步提升，但外部风险与挑战不减，逆全球化浪潮抬头，中美关系处理难度加大，大国博弈加剧，经贸规则调整压力增大，产业竞争更加激烈。这一时期要特别注意做好几方面应对：

第一，认清中美关系发生的根本性变化，积极应对大国博弈中可能出现的挑战。

一是坚定不移地推进对外开放，同时谨慎处理好开放与稳定的关系。一方面，积极推动商品、要素和制度开放；积极拓展多元化的外贸市场，减少对美国市场的依赖；在竞争中性和规则公平的基础上为外商、外贸营造良好的营商环境，推动中国在外资外贸领域培育综合竞争新优势；同时，统筹安排国内国际两套制度和规则，既要让国内规则吸纳国际规则中的合理成分，又要争取让国际规则的发

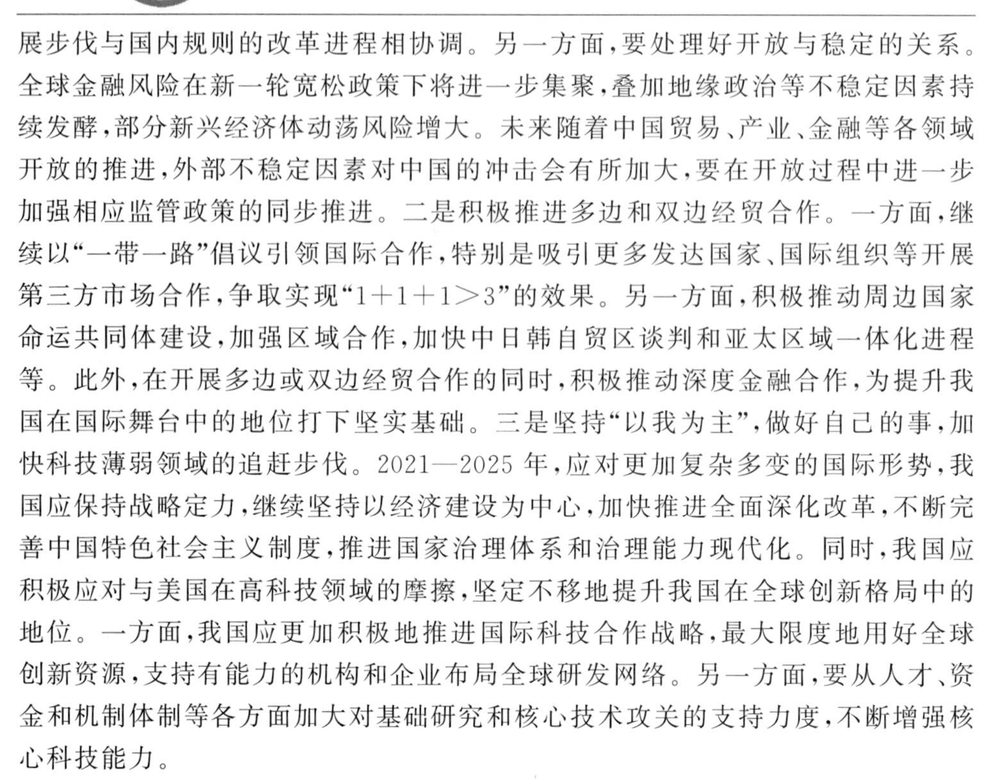

展步伐与国内规则的改革进程相协调。另一方面，要处理好开放与稳定的关系。全球金融风险在新一轮宽松政策下将进一步集聚，叠加地缘政治等不稳定因素持续发酵，部分新兴经济体动荡风险增大。未来随着中国贸易、产业、金融等各领域开放的推进，外部不稳定因素对中国的冲击会有所加大，要在开放过程中进一步加强相应监管政策的同步推进。二是积极推进多边和双边经贸合作。一方面，继续以“一带一路”倡议引领国际合作，特别是吸引更多发达国家、国际组织等开展第三方市场合作，争取实现“1＋1＋1＞3”的效果。另一方面，积极推动周边国家命运共同体建设，加强区域合作，加快中日韩自贸区谈判和亚太区域一体化进程等。此外，在开展多边或双边经贸合作的同时，积极推动深度金融合作，为提升我国在国际舞台中的地位打下坚实基础。三是坚持“以我为主”，做好自己的事，加快科技薄弱领域的追赶步伐。2021—2025 年，应对更加复杂多变的国际形势，我国应保持战略定力，继续坚持以经济建设为中心，加快推进全面深化改革，不断完善中国特色社会主义制度，推进国家治理体系和治理能力现代化。同时，我国应积极应对与美国在高科技领域的摩擦，坚定不移地提升我国在全球创新格局中的地位。一方面，我国应更加积极地推进国际科技合作战略，最大限度地用好全球创新资源，支持有能力的机构和企业布局全球研发网络。另一方面，要从人才、资金和机制体制等各方面加大对基础研究和核心技术攻关的支持力度，不断增强核心科技能力。

第二，更加深度参与国际经贸规则体系的治理与变革，提高发展中国家在国际经贸规则制定中的话语权。

一是积极推动和落实 RCEP 协议，树立以发展中国家为主导的多边经贸规则典范。RCEP 协议集中体现了发展中国家以“发展”为核心的利益诉求和发展中国家携手应对逆全球化浪潮的决心。RCEP 协议若取得实质性成功，必将有助于打破当前以发达国家意志和利益为主导的国际经贸规则制定现状，推动全球经贸规则朝着发展中国家以“发展”为核心的经贸规则治理和发达国家以“标准”为核心的经贸规则治理并行的趋势发展。二是既要在传统经贸规则改革和调整中积极作为，也要在新型国际经贸规则制定中先发制人，占据主导地位。一方面，要积极参与知识产权、国际贸易投资、争端解决、监管、劳工和环境等方面的国际规则制定，争取更多体现发展中经济体的诉求。另一方面，伴随服务贸易、数字贸易等新国际贸易方式的发展，我国应积极主动地参与和推动相关国际标准、全球支付体系、物流规则、税收规则等的制定，争取在此类新型国际规则制定中占据主导地位。

第三，用好、用足我国外贸新优势，向全球产业链中高端攀升。

一是加快提升我国用好国际国内两个市场、两种资源的能力，实现资源要素在全球范围内的更优配置，推动我国经济高质量发展。一方面，利用好发达国家的高新技术、创新产品、精细化管理经验等我国产业发展中有所欠缺的因素，加快我国产业转型升级；利用好东南亚、非洲、拉美等国家的市场需求潜力，加快我国出口市场拓展，加强垂直产业分工合作。另一方面，利用好我国人才红利突出、资本充足、产业体系完备、市场巨大统一、营商环境稳步提升等优势，推动经济高质量发展。二是抓住我国外贸新优势，加快向全球产业链中高端攀升。面对新一轮全球价值链格局的大变革，加快设计、研发、营销等高级生产要素的沉淀，培育向全球价值链中高端延伸的国际竞争新优势，在巩固中国制造、中国加工地位的同时，重点推动中国创造、中国营销和中国品牌，从更大范围、更高水平上融入全球分工体系，从一般制造业向中高端制造业转变，谋求在全球价值链中地位的提升。

（2）从内部发展看，要充分发挥优势"转危为机"，保障经济高质量发展。

2021—2025 年，中国经济既有高质量发展的能力，也有高质量发展的必要。我国应更加充分地发挥制度优势，利用好我国宏观调控政策空间，熨平疫情对经济的冲击，在后疫情时代继续引领全球经济增长；同时，更好地把握区域发展、新型城镇化与高水平对外开放等战略机遇，保障经济高质量发展，从而保证就业和社会稳定，顺利跨越"中等收入陷阱"，保证现代化强国建设目标的实现。

第一，充分发挥中国优势，保持经济平稳增长。据前文测算，2021—2025 年，中国经济将走出疫情影响，增速有望保持在 5%左右。一方面，中国要从劳动力、资本、TFP 三方面积极促进潜在增长率的提升，为未来长远稳定持续增长奠定良好的基础。同时，仍要注重稳定消费、投资、出口等需求，挖掘需求潜力，使实际增长达到潜在增长水平。尤其要注重发挥国内巨大市场的作用，继续推动供给侧结构性改革以适应需求变化，解决高质量产品和服务供不应求、供求不匹配等问题。另一方面，中国要更加充分地发挥制度优势，积极探索中西部地区可持续发展新模式，不断推动区域协调发展，持续推进新型城镇化，把握高水平对外开放战略机遇，保障中国经济平稳发展。

第二，产业升级和产业转移并进，保持产业结构平衡。2021—2025 年，全球产业链将发生深度调整。同时，我国供给侧结构性改革和产业转型升级也将继续推进，我国传统产业由于要素成本竞争优势的逐渐削弱，本身就具有向外转移生产力的内生性需求。但是要谨防这种内生性需求与中美贸易摩擦恶化、逆全球化加剧、发达国家企业回流加快等因素叠加，导致产业过快转移，出现产业空心化问题。产业政策方面，建议采取主动策略来应对，重点做好以下两方面工作：一是坚持我国完整产业链条的优势，加大力度推进产业结构优化调整和升级；积极出台相关政策鼓励企业将总部、研发部门、"母工厂"等留在中国，从而将企业的研发活动、具有高附加值或核心部件的生产环节留在中国，仅将附加价值较低、技术含量不高的生产环节转移到海外，从而在满足我国生产力转移内生性需求的同时，实现产业转型升级。二是多措并举改善营商环境，重点突破当前营商环境中税收规范性文件较多、纳税企业执行成本较高、中小企业获取信贷困难、跨境贸易环节众多、通关便利性不足等痛点和难点。

第三，积极应对人口结构变化，增强社保基金的可持续性。人口结构变化对经济发展的影响是一个长期过程。从政策上来看，不论是促进人口质量提升还是减缓人口老龄化速度，都需要较长时间的积累，需要高度重视、提早布局。一是更加重视人力资本的积累，提高劳动力素质。要进一步加大公共教育的支出力度，特别是加大对农村等落后地区的教育投入，在提升基础教育质量的前提下，进一步提高高等教育的大众化水平；同时，要加大职业教育投入，提升职业教育办学质量，培养与产业发展相适应的高素质劳动者和技术技能人才。二是继续积极推进生育政策的调整，从控制人口增长的低生育率政策向保持人口均衡增长的合理生育率政策转变，适度提高生育率和出生率。三是提高劳动参与率。利用宏观经济政策和积极的就业政策降低周期性、结构性和摩擦性失业，促进城乡居民就业，降低失业率；鼓励劳动力从农业转移到非农产业，进一步推进城镇化建设，深化户籍制度改革，促进农村务工人员的市民化。四是以改革提高社保基金的可持续性。建立精算平衡的养老保险体系；扎实推进社保费率降低，实现参保人员扩容，做大社保基金"蛋糕"；积极推动国有资本划转社保等改革办法提速；加快研究和实施渐进式延迟退休方案；扩大社保基金投资的范围和规模，以增强投资回报等。

第四，科技创新重点突破，技术水平再上台阶。2021—2025 年是我国实现创新引领发展的关键时期，在各国创新竞争日益激烈、美国对华科技政策进一步收紧的情况下，应重点做好以下几方面工作：一是政府加大对研发的投入，加强关键核心技术和基础技术的研究和开发，加大研究和试验税收抵免的力度，引导企业进行自主创新。二是加快培育高层次创新人才和高素质技能人才，加大对重点领域人才的支持力度，加强青年人才普惠支持力度，激发各类人才的创造性和积极性。三是深化机制体制改革，健全创新制度环境。一方面，健全鼓励支持基础研究、原始创新的体制机制，夯实科学创新基础；同时，加强对知识产权的保护。另一方面，加快科技成果的转化应用，构建起以企业为主体、以市场为导向的产学研相结合的创新体系，推动新技术、新产业、新业态、新机制的融合发展。此外，建立创业保险、担保和风险分担制度，为企业创新提供保障。

第五，稳定市场主体预期，提振市场信心。在经济放缓的形势下，"信心比黄金更宝贵"，如果信心不足、预期不稳，企业家也就缺乏干事创新的积极性，经济转型升级也将更加艰难。为此，政府一是要着力依法保护企业家的合法权益，完善财产、创新权益等产权保护制度，规范行政执法，减轻企业负担。同时，建立健全企业家参与涉企政策制定的机制，保持涉企政策的连续性、稳定性，完善涉企政策和信息公开机制。二是要从行政许可、财政扶持、金融支持等方面，为非公有制经济提供平等公平的竞争环境，同时加强对中小微企业的扶持力度。三是对于地方政府官员、国有企业负责人等在探索创新中出现的失误要建立合理的容错机制，以营造鼓励创新、宽容失败的文化氛围。

第六，优化金融结构，提高金融效率。针对当前我国金融业发展存在的融资结构不均衡制约金融服务实体经济能力，金融资源配置不合理难以满足高质量发展需求，金融机构发展的差异性不足阻碍金融效率提升，金融全球服务能力弱难以满足我国高水平开放新格局的要求等问题，建议 2021—2025 年以金融供给侧改革为战略指引，通过改革实现金融制度优化和服务效率提升。一是大力推进资本市场基础性制度改革，强化优胜劣汰的市场机制，打造一个规范、透明、开放、有活力、有韧性的资本市场，真正发挥出资本市场高效的资源配置能力。二是构建多层次、广覆盖、有差异的银行体系，增强银行体系的专业化和差异性，为实体经济提供更加精准的金融支持，实现金融提质增效。三是扩大金融双向开放，更好地服务于高水平开放新格局的构建。一方面，持续推动资本市场双向开放程度，逐步放开或取消境内外投资额度限制，拓展境外机构参与资本市场的主体范围和规模。另一方面，坚持循序渐进的原则，在风险可控的前提下，持续推进人民币资本项目的审慎开放。同时，不断提高金融机构的全球化布局、全球化服务能力与综合竞争力，使之与企业“走出去”步伐相适应。四是在稳增长的基础上防风险，把握好管控风险的节奏和力度，防止政策叠加带来的紧缩效应，以及“一刀切”可能带来的负面影响。

第七章　国民经济的中高速增长:改革与发展的战略和对策

在中国过去出口导向的工业化战略发展阶段,众多的发展中国家学习中国发展的经验,转移和利用自己便宜的劳动力,并与制造业相结合,生产产品向全球出口,挤压中国的国际市场;而发达国家实施再工业化政策,振兴制造业,促使外资和跨国公司回流国内,不仅替代进口,还要向中国市场出口自己的制成品。而国内则内部需求不足,生产过剩和经济增长下行压力较大,形势错综复杂。本章认为,我国需要精准深化减税、人口与劳动力流动、资金在国有企业与民营企业间分配、土地要素配置等体制改革;推进市民化的城市化,提高居民特别是农村居民的收入水平;不放弃制造业,延长工业化;实施调节水资源分配、改造未利用土地、扩大发展空间战略。通过以上举措,使中国在2021年到2035年间,实现国民经济的中高速增长,顺利进入高收入国家行列。

第一节　转型国家经济增长的测算逻辑

为把握未来决定中国经济增长最重要的因素,本节先观察了中国1973—1996年人口自然增长对1993—2016年经济增长的影响。根据实证研究,具有不同人口增长率的国家,一般有不同的经济增长速度;而且有一个定律:20年前的人口增长上行或下行,会显著影响20年后经济增长的上行或下行。原因在于:从劳动力供给来看,人口20岁左右进入劳动年龄,逐步成为就业创业和经济活动的主体;从收入和需求来看,劳动力通过劳动获得工资和其他创业收入成为有支付能力的消费人群,具有租房买房、购置耐用消费品和汽车等需求,成为从要素供给和消费需求两方面推动经济增长的动力。

我们又以未来投入劳动力变量、资本变量,以及人口消费收缩发生的动态资本出清率,构建了劳动力可就业人数减少状态下内生影响经济增长的模型,按照不同的数据进行计算。

从表7-1可以看出:首先,如果2021—2035年的前20年再多一些人口,还原能够达到先富后老应有的人口自然增长率,即使有其他体制扭曲的存在,中国经济未来还是会以平均6.77%的速度增长15年。如此一来,我国无疑会顺利跨越中等收入发展阶段,在2025年以前就可以进入高收入国家行列。另外,无论是根据20年前人口增长影响20年后经济增长的定律,还是基于索洛模型推算,由于未来人口增长的放缓和可用劳动力减少，经济增长从 3.50%下降到 2.42%，年平均增速在 2.84%的水平上。

表 7-1 三种方法和数据估算 2021—2035 年的中国经济增长

单位：%

不同方法和条件	2021—2025 年	2026—2030 年	2031—2035 年	平均
先富后老应有人口增长决定经济增长	7.66	6.78	5.70	6.77
公布数据人口增长影响经济增长	3.50	2.48	2.42	2.84
索洛模型(要素增长＋余值增长)	2.82＋0.67＝3.50	1.81＋0.67＝2.48	1.33＋1.09＝2.42	2.84

注：第 1 行为要实现与日本、韩国一样的先富后老的发展过程，我国应有人口增长所决定的经济增长；第 2 行为国家统计局公布的人口自然增长率所决定的经济增长；前两行均以不同的 2000—2015 年人口自然增长率代入式 $ry_t=-1.293+0.749\times pop_{t-2}$[①] 得到不同的 2021—2035 年经济增长率数据。第 3 行，数据来源：就业劳动力 L，见田帆(2017)；资本 K，固定资本存量(1952＝100)根据张军、章元(2003)测算，年折旧率取 5%；资本存量增速从 2018 年的 8.8%降低为 2035 年的 5.08%，按 2049 年降低到 2%折算(李标、齐子豪、丁任重，2018)。笔者取劳动报酬占比从 2020 年的 50%上升到 2035 年的 60%，TFP 贡献率从 2020 年的 20%左右提高到 2035 年的 60%以上。以索洛模型净劳动与资本投入产出增长，与人口与经济回归法计算的 GDP 增长之差，是 TFP 增长，正好符合 TFP 贡献从 20%左右到 60%以上的趋势。

在有关未来经济增长速度推测的基础上，本节基于人口因素计算了 2020—2035 年中国的 GDP 总量和人均 GDP，在收集和估算基础上确定了高收入国家人均 GDP 的门槛值，绘制如图 7-1 所示。

图 7-1 表明，如果无其他方面的重大措施，2035 年前中国将会一直在高收入国家门槛外徘徊。如果考虑严重老龄化趋势、养老成本上升、通货膨胀、汇率不确定等因素，特别是过去人口统计数据的准确性待定，可能会使经济增长速度的下行压力更大，跨越高收入国家门槛的难度较大。

但是，如果通过改革一些重大经济投入产出和增长的制约性体制，也即还原一些重要的市场经济体系假设条件，那么中国会获得经济增长新的潜能，从而推动未来国民经济的中高速增长，也可以使中国在未来进入高收入国家行列。

从要素的投入产出来看，国民经济增长的动力来源于劳动力、资金、土地、技术要素的投入和贡献。目前，许多研究机构大多基于索洛模型，对中国过去的经济增长和未来的增长趋势进行了各自的研究，结果和说法不一。由于索洛模型有一系列严格的假定条件，而中国的经济运行国情和环境有许多不满足这些要求，因此这些研究计算的结果误差很大，提出的建议和方案可能针对性不强，甚至有误。

---

① ry 为实际 GDP 增长率变量，pop 为人口增长率变量，pop 变量对 ry 变量影响系数对应的 p 值为 0.000，高度显著，判定系数 $R^2=0.6017$，见周天勇、王元地：《中国：增长放缓之谜》，格致出版社、上海人民出版社、上海三联书店 2018 年版，第 140 页。

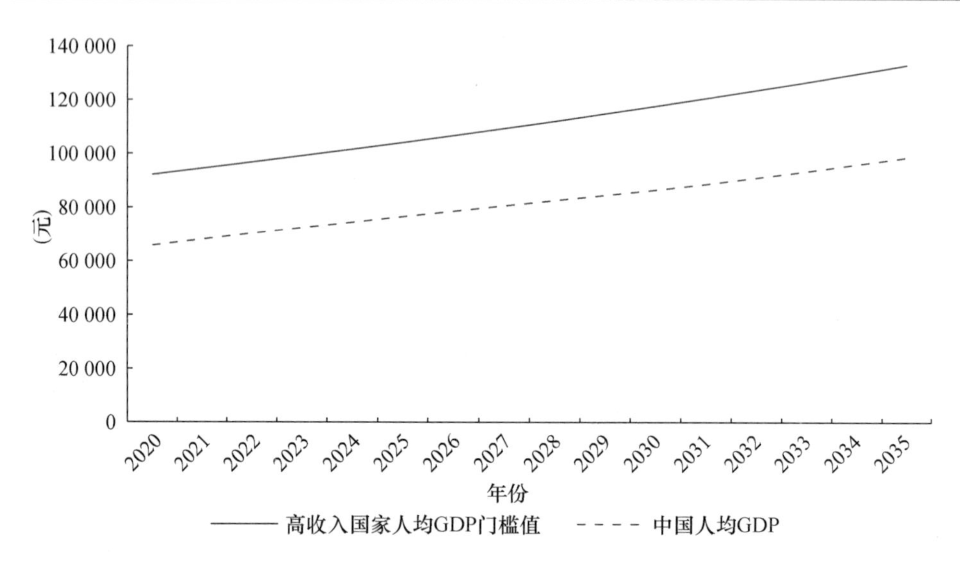

图 7-1　中国人均 GDP 与高收入国家人均 GDP 门槛值的测算结果

资料来源：高收入国家人均 GDP 门槛值数据来自世界银行网站，跨入高收入门槛值以世界银行公布的 1988—2018 年高收入门槛值增速的平均值 2.47%来计算数据，人民币—美元汇率按照 1 美元兑 7 元人民币测算；中国人均 GDP 数据参考了周天勇和王元地(2018)、周天勇(2019)的相关数据。

对于国民经济，如果没有数理方法而只是定性研究，那么只能是“猜测”，决策心中无数；而如果只有一堆数据，没有科学适用的数理分析方法，或者简单地套用模型，那么会出现偏差，用于决策也会造成很大的失误。

索洛全要素生产函数是一个市场经济的模型，它有一系列严格的假定：一个竞争性的市场；要素自由流动且通过市场交易配置；市场决定价格，要素都有价值表达；生产和供给自动创造消费和需求，不存在长期的生产过剩。这些模型的条件要求就是市场经济的标准，实际上也就是一系列市场经济运行和发展的体制安排。但是，中国是一个从计划经济向市场经济转轨的国家，许多体制还在改革之中，还不满足索洛模型的要求。因而，中国普遍存在学者们倾向于简单套用数据来分析中国的经济运行和增长，导致误差很大，以及给中央的政策建议缺乏问题导向、没有针对性等。

对此，我们也陷入了长时间方法上的纠结。后来基于“市场经济应该有，但是没有；应该有多少，但是实际没有那么多”的思路，用假设条件还原和反事实法，建立了一套适用于发展和体制均处于二元结构转型阶段的国家，即符合中国国情的国民经济投入产出和增长的分析方法和逻辑框架。

第二节　精准改革是进入高收入国家行列的关键

我们将过去经济学家们对改革红利的定性“猜测”改变成了数量分析，用上述方法就要素投入和配置改善可以释放的未来经济增长潜能进行了估计。

一、资金要素投入和配置改善可能获得的增长潜能

1. 减税降费：改善收入在政府支出和企业资本间的配置

按照发展中国家的一般标准值，宏观税负率在 GDP 的 18%～25%，体制转型国家在 28%左右，中国目前宏观税负率为 36%左右，我们将中国作为发展中国家和转型国家，宏观税负率应有水平放宽在了 30%，偏差为 6 个百分点以上。用反事实法计算，2019 年高税负率的年产出损失为 GDP 的 1.3%～1.5%。

如果按照标准值进行还原改革，需要减税 5.5 万亿到 6 万亿元。税额在一年内减少的可能性不大。分三年的话，其间每年获得的新增长潜能平均为 0.45 个百分点左右。虽然释放增长潜能的时间短，动能也不大，但是如果不减税降费，企业会大面积关停和减少。

2. 资金国有和民营经济配置改善可能获得的增长潜能

资金要素目前还没有做到竞争中性分配，特别值得警惕的是，国有银行为民营企业发放贷款时，将法律上投资、创业和经营的有限责任，普遍地变成了企业家搭上全部家产和父债子还的无限追责。国有企业贷款成本低、资金使用效率差、净资产盈利水平不高是一个客观的事实。由于国有企业的低效率，负债资金和权益资金在国有企业与民营企业之间形成的错配，其损失占 2019 年 GDP 的 5.5%左右，由此看来，资金供给错配造成的损失还是很大的。2019 年，国有经济贷款、债券占贷款总额的 60%，我们将这一结构按照国有企业 15%和民营经济 75%的配置变动逐步进行还原改革，2021—2035 年这项改革获得的增长潜能，按高低方案的不同，年平均为 0.24～0.3 个百分点。也可能是因为我们的计算需要改进，这一效果并不如一些经济学家们猜测的那样大。但是，如果国有企业不改革，甚至任由民营经济比重下降继续下去，就会对出口贡献大、吸纳就业多的民营企业，形成挤出态势。

资本要素通过改革，其配置改善得到的增长动力不强的原因在于，资本的流动性较强，实际已经由市场定价。其在国有经济配置扭曲可能发生的产出损失，可以通过国有企业财务公司向民营经济转贷，或将国有贷款工程等项目外包给民营经济这样非扭曲体制的产出，得到纠正。

二、劳动力配置改善可能获得的增长潜能

人口迁移、劳动力要素流动和配置，受到了户籍、教育及医疗资源不均、城镇居住成本高和难、农村土地不能退出等干扰，与处于同样发展阶段的日本、韩国的

城市化水平及农业就业劳动力比例相比，有较大的偏差。通过计算，2019 年其造成的产出损失为 6.5 万亿元左右，占当年 GDP 的 6.5%。

如果对人口迁移和劳动力流动等上述有关市场经济条件进行还原的体制改革，未来带来的新经济增长潜能，2021—2025 年平均为 0.48%，2026—2030 年平均为 0.20%，2031—2035 年平均为 0.002%，并且从 2035 年开始转为负值。这一计算结果，出乎我们的预料。因为有些经济学家，包括我们在内，以为这一改革会给未来带来年平均 1～2 个百分点的增长潜能。

未达到预期的原因在于劳动力数量在未来的 15 年中，每年平均以 1%的速率收缩，投入量在逐年减少，其每年造成平均 0.5 个百分点增长率的损失，而配置改善能够带来每年平均 0.7 个百分点的增长。相互抵消，未来 15 年的年平均增长率只有 0.2%。但是，如果不改革户籍等体制，没有劳动力配置改善获得的增长潜能支撑，将会有每年平均 0.7 个百分点的收缩，增长下行的压力会更大。

分析到这里，发现不容乐观的未来是：累积估算减税降费，迁移户籍、新市民教育和医疗、城镇住房、农村土地退出，国有企业等三大体制改革，其释放的增长潜能，加上上述 20 年前人口自然增长影响 20 年后的经济增长速度基数，并没有使中国 2035 年前跨入高收入国家门槛的概率显著增大。

三、土地配置体制改革的增长潜能

由于对土地进行交易管制，土地的稀缺性、外部经济溢值性、投入积累性和非折旧性等经济特征，土地价值要么不能表达，要么表达得不完全和不充分。

在禁止某类土地交易时，农村土地要素的所有者或实际占有使用者，不能通过交易实现其财产性收入。农村的第一、第二、第三产业几乎都要以土地为基础而发展。然而，农村土地只是生活和生产资料，社会资金和信贷资金不能进入，农民不能以土地为资本进行创业，也失去了其创业收入。

每年城乡仅有 0.5%的土地可用于交易，但由于不让交易，或者不能交易，城乡损失的交易收入为 4 万亿元左右，占 2019 年 GDP 的 4%。假定改革开放以来至 2019 年，现有农村已经有 10%的土地资产投入资本，城镇一些可交易利用率不高的土地资本化率为 1%，但是因为体制所限上述假定未能实现，导致以土地为资本创业，或者在资本投入方面的产出损失为 6 万亿元，占 GDP 的 6%左右。

如果对城乡土地按照要素由市场交易决定其配置且土地有价值表达、能够资本化，2021—2035 年，其改革释放的年平均增长潜能，按低方案测算为近 1.4 个百分点，按高方案测算则为 2.3 个百分点，而且增长潜能为动态递增。

城乡土地体制改革所获得的增长潜能，按高低不同方案，分别为上述三方面改革获得增长总潜能的 78.98%和 71.49%。这给中国在 2035 年之前，通过改革支撑和保持国民经济的中高速增长以跨越中等收入发展阶段，带来了希望和信心。

土地要素配置体制改革的增长潜能最大，主要归结为以下原因：① 与资本和劳动力要素价格部分扭曲不一样的是，中国相当规模的土地是禁止交易的，其扭曲区间是从零到市场价值。如果放开土地交易，使其资产化，其潜能是从没有价值到市场价值的释放。② 未来长期投入要素中，劳动力数量减少，装备资本过剩且其边际产出率递减，只有土地要素与国际比较为短缺和最有替代弹性。③ 中国未来将从一般消费品工业化阶段，转向资产积累的工业化阶段，土地和房屋是居民置业的重要财富。④ 中国全部国土利用率为70%，与国际比较水平并不高，笔者估算通过调节水资源分布，还可以增加约7亿亩土地，即5亿亩耕地、1亿亩园地、1亿亩建设用地。也就是说，索洛模型中的土地投入不是恒定的，而是一个未来15年中可以增加的变量。⑤ 土地进一步资本化改革，在城乡间双向流动和配置，不仅可以大幅增加农村和农业的产出，也会提高城市土地的产出水平。

深化城乡土地体制改革，可以拓展货币流入新流域，降低各方面负债率，形成更多的良性资产，稳定货币金融体系，提振国民经济长期的利好预期。目前，城乡存量土地由于交易被管制，不能资本化，导致资金要素与土地要素不能优化组合，货币无法流入农村和农业，也不能流入城镇一些可交易划拨的低价但闲置的土地中。从现在的货币投放来看，工业由于有支付能力消费需求不足，供给过剩而投入不进去；城镇房地产因行政寡头垄断市场、行政限购限价，没有开征房地产税，一放则涨，货币大量地流入，形成泡沫；地方政府和部分企业因过去负债率太高，借新还旧导致资金体系内部产生利息泡沫。

能不能换一种思路解决上述问题？

(1) 利用土地资产疏通货币投放和流动。加快土地要素市场化改革，让货币流入基本没有价格和低价的农村470万亿元、城镇150万亿元，以及未来通过建设水利工程和土地改造可以新增的100多万亿元土地，让土地生活和生产资料变成资产和不动产。农民使用在土地上获得的财产性收入和以土地为资本的创业收入，去购买工业品，就可以通过消费，以及工业品消费需求提升后所带来的工业生产投资增加，使货币流入工业领域。

(2) 降低国民经济负债率。将无价值和价值很低的土地，变成有合理价值的资产，让城乡居民拥有更多的不动产财富，可以整体上降低居民部门的负债率；银行抵押资产中增加许多有合理价值、可市场交易的土地资产，其贷款的质量会提高，其不良资产的比率也会下降；一些国有企业，特别如铁路总公司，将给其划拨的低价土地放开交易，使其折价计入资产，改革其资本结构，其资产负债率就会大大降低，并且这部分闲置和低利用率的资产由于可交易、可抵押，其资产流动性会大大增强。

(3) 提振中国经济信心。如果实施农村和城镇土地产权、使用年限和市场交易等方面的体制改革,那么未来有 700 多万亿元原来没有价值的土地,可以转变成资产,从而奠定中国货币价值稳定的基础;许多流往国外购置土地、住宅和建厂的个人与企业投资,将会止住并投往国内,一些境外资金也会流向中国购地购房和投资建厂;人民币外流的意愿大大减弱,外资流入中国的激励得以增强,人民币币值保持坚挺和稳定;中国第三次土地改革,将使中国经济未来预期向好,股市和各种经济指数预期都得到提振。土地要素配置市场化改革,是扭转国民经济增长过度下行的关键战役。

第三节 提升居民收入:生产与消费的平衡和良性循环

索洛模型一个非常重要的假定条件是,市场可以通过要素投入和退出,通过不断地出清,实际供给自动创造需求。如果出现生产过剩,那么必然是经济衰退,增长速度趋于下行。

然而,我们从三个大的方面干扰了居民收入的正常增长。由于实行计划生育政策时间太长和力度太大,经济主力人口收缩,应有而没有的人口最保守估计为 2.8 亿,其中缺失的劳动年龄人口造成的居民收入损失 2019 年为 9 万亿元,占 GDP 的 9%;由于户籍等体制的阻碍,市民化的城市人口应当为 97 305.6 万人,应有而没有的居民收入为 10 万亿元,占 2019 年 GDP 的 10%;因限制农村土地交易和以土地为资本创业而损失的居民收入为 7 万亿元,占 2019 年 GDP 的 7%。

按照《中华人民共和国 2019 年国民经济和社会发展统计公报》的人均可支配收入乘以总人口,当年居民总收入只占 GDP 的 43.7%,与我们处于同样发展水平的国家的居民收入一般占 GDP 的 60%,两者相差 16 个百分点。如果没有对人口增长、人口市民化的城市化、农民土地财产和创业收入三个方面的干预和扭曲,居民收入占 GDP 的比重应当在 69%,即使不考虑人口因素,后两项还原的居民收入占 GDP 的比重也应该在 60%。

从 2019 年国民收入的部门结构来看,居民、企业和政府的收入比为 44 : 20 : 36。国民收入部门结构和 GDP 部门结构大体一致。其中,收入分配中政府、金融行业分配过多;生产结构中资本装备、基础设施(交通、城市建设等)的占比过高。

因为人口因素在 20 年内不可逆,除去其造成的消费损失之外,2018 年由于人口迁移和劳动力流动,以及农村土地配置体制扭曲造成应有而没有的有支付能力的居民消费需求规模为 121 825 亿元。2018 年,居民总消费占 GDP 的实际比重为 30.77%,还原后居民总消费占 GDP 的比重应该在 44.30%,应有而没有的居民消费占 GDP 的比重为 13.53%。2019 年,由居民人均消费支出乘以总人口得出的消费规模只占 GDP 的 30%,比处于同样发展水平的国家一般 50%的比重低了 20

个百分点。

人口迁移和劳动力流动，以及土地要素配置等体制的改革，较快地提高了居民的收入，增强了他们的消费能力，还原了一定发展水平的市场经济中居民收入和居民消费占 GDP 的合理比例。至 2035 年，以上改革预计将居民收入占 GDP 的比重逐年还原提高到 65%，居民消费占 GDP 的比重逐步还原提高到 50%。

2019 年，中国农业就业比重为 27%左右，与处于同样发展阶段的国家 12%左右的比重相差了 15 个百分点；农业和非农业劳动生产率之比为 1∶4.14，农村居民、城镇非户籍居民、城镇户籍居民人均可支配收入之比为 1∶1.83∶3.06，城乡居民财产性收入和拥有财富相差更大，我们估计的比例分别为 1∶12 和 1∶18。在这样的数据格局中，日本、韩国正处于人口迁移、劳动力流动、城市化、工业化和经济高速增长的进程中，人口和劳动力流动的压力差很大。

2019 年人均可支配收入为 16 000 多元的农村居民有 5.5 亿人，人均可支配收入为 26 000 元的城镇非户籍居民（大部分是从农村进城的农民工和小工商业者）有 2.59 亿人，这 7.8 亿人中低收入人口占到总人口的 55.7%。从这些数据来看，城市化和工业化并没有完成，预计还有至少 10 余年的时间。在这个过程中，需要推进市民化的城市化、提高居民收入，结构上政府收入增长要慢于 GDP 增长，居民收入增长要快于 GDP 增长 1.8 个百分点，2021—2035 年，居民收入预计翻 1.5 番。在此期间，按低和高两种方案测算的 GDP 年均增长速率分别为 4.97%和 5.99%，而按低和高两种方案测算的居民收入年均分别增长 7.14%和 8.17%，这样才能分别将居民收入和居民消费还原到占 65%和 50%的标准。值得注意的是，如果分配方面还是坚持居民收入与 GDP 同步增长，居民收入和居民消费占 GDP 比重过低的偏差就永远也扭转不了，产能过剩的问题也不可能从根本上得到解决。

未来 15 年，后有发展中国家学习中国发展模式，将转移剩余便宜劳动力与引进制造业相结合，通过向欧美和中国大量出口产品，谋求自己的经济发展；前有发达国家实施再工业化政策，促进制造业回流，并谋求向中国这样的人口大国出口制成品。这样一来，中国原来出口导向型工业化战略的国际市场环境，遇到了来自双向的激烈竞争和挤压。

因此，只有扩大国内消费需求，2021—2035 年居民消费规模依照低方案从 31.17 万亿元扩大到 100.41 万亿元，依照高方案从 31.43 万亿元扩大到 118.40 万亿元，这样才可能逐步从根本上平衡过剩的产能，改变总供给大于总需求的局面，并且消化一部分关税降低后国外扩大的产品进口，保证未来 15 年中有一个宽松的国内消费需求环境和条件，实现国民经济的中高速增长。

第四节 经济增长的学界观点及商榷

21世纪的第2个10年中,经济学界和经济政策研究界就中国未来经济发展提出了许多对策,各有所述,观点不同。其中一些如果进入战略、定之于规划和施之于行动,可能会产生不良的后果。这里我们有针对性地予以分析,并提出相应的建议。

(1) 国内一些学者提出,未来经济的中低速增长是常态,不应当再强调GDP跨越式增长;国外一些学者,如斯蒂格利茨也提议,不要将GDP增长看得太重。在我们看来,这可能有误,原因有三:一是20世纪80年代末,当时中国遭遇了外部制裁和内部经济下行的困境,主流的经济学家们几乎一致主张,并向中央提出中国实现5%的适度经济增长为宜。后来邓小平同志没有听取此建议,而是提出"发展是硬道理",增长目标放在了高速水平上。二是经济增长速度下行压力虽然很大,但是我们还有中高速增长的余地,关键是改革和选取正确的发展战略。三是美国这样人均GDP 6.2万美元的国家,还在强调经济增长速度,中国目前还不到10 000美元,如果GDP增长没有实现赶超,就跨越不了中等收入发展阶段。正确的提法可能是,坚持发展是硬道理不动摇,尽可能地释放经济增长的潜能,提倡跨越式增长没有错,速度要支撑得住和快一些,同时提高效益和质量,并且追求居民收入、家庭财富和大众消费占比越来越高的GDP。

(2) 国内一些学者提出,工业化已经趋于结束,要去工业化。在我们看来,这是错误的。从中国农村居民、城镇非户籍居民的收入水平和人群规模、农业就业比例、农业劳动生产率与非农业劳动生产率三方面比较,以及中国人均GDP水平等方面来看,中国8亿左右人口的基本和中等水平的工业社会物质需要还没有得到满足,农业劳动力向非农业转移的压力还很大。中国仍然处在工业化的发展阶段,还应该有15年以上国民经济中高速增长的工业化时间。

(3) 国内一些学者提出,中国经济结构升级要服务化,未来支撑经济中高速增长的新潜能来自服务业的比重应当越来越大。在我们看来,这种看法可能是错误的。围绕这个论断,美国经济学家威廉姆·J.鲍莫尔(William J. Baumol)曾经进行了一项研究,其结果表明:当一个国家的经济结构中服务业比重在60%左右变动时,经济增长速度会从高速下行到中速,甚至下行到低速。工业生产的特点是大规模、专业化和标准化,劳动生产率较高;而服务业的特点则大多是小规模、个性化和非标准化,劳动生产率较低。举例说,一个工厂,可以一天生产一万部手机,但是,无法在一个地点、在一天之内为一万个人理发。像美国这样的发达国家,都还在寻求再工业化,振兴制造业,而我们却要去工业化,可能有失偏颇。因此,服务业过于快速地升级,稳不住制造业,并不是国民经济的利好,反而很可能会使经济增长速度快速下行。

(4) 国内一些学者提出，对于经济增长速度下行，可以通过技术进步、人工智能和产业创新来获得新的增长潜能，以支撑国民经济并实现其新一波的中高速增长。在我们看来，这可能会有误。加大基础科学投入、推动技术进步、培育颠覆性技术群、实现新一轮产业革命，升级中国产业、增强国际竞争力和获得新增长潜能，固然是不得不推进的重大战略；但是，新一轮产业革命会在何时爆发，并会突然发力推动国民经济实现新一波的中高速增长，具有很大的不确定性，我们并不能精准地预测哪个时间会推动国民经济增长从下行转变为上行。如 1980 年之后的日本，其技术发明和产业创新的步子不能说不大，但是也没有将其国民经济从中低速增长扭转为中高速增长的状态。而且，如果展开新一轮的人工智能，更多地替代劳动力，则会发生大量的原有知识结构的劳动力失去就业机会，并且财富越来越多地由资本和技术创造，工资性收入相对减少，将会发生更严重的生产过剩和经济衰退。因此，技术进步和产业创新万万放松不得，否则经济增长速度下行的压力会更大；但因产业革命新增长潜能何时爆发有太大的不确定性，制定国民经济发展规划、加快经济增长速度的宝是万万不能押在技术进步和产业创新之上的。

(5) 一些学者给中央提出供给侧结构性改革，在这方面，美国做了两件事：一是减税，二是通过《拜杜法案》促进技术进步；英国做了两件事，即减税和降低国有经济比重。而国内一些学者和政策研究部门给中央的具体建议，却主要变成了去产能。实际上，中国与美国和英国当时情况不一样的是，英、美两国居民收入和居民消费占 GDP 的比重，要比中国目前的水平高；我们正处于一个出口拉动 GDP 增长的力量下降过程之中。因此，人口收缩、迁移受阻和土地财产及以土地为资本的创业收入不足，使得国内居民收入和居民消费占 GDP 的比重过低，虽然在经济上表现为生产过剩，但其深层原因是居民有支付能力的消费需求不足。如果不解决这一关键性问题，产能过剩就会常态化。而且，从这几年去产能和环保督导的结果来看，压缩民营企业、提高下游竞争性企业的成本、不公平地增加上游国有企业的利润，导致国有经济比重上升、民营经济比重下降。正确的方略可能应当包括：供给侧改革的重心是减税费；市场竞争中性，公平贷款和企业债发行，而非行政性压产，让过剩产能破产重整退出；供给侧改革与增加居民收入、扩大有支付能力的消费需求双向推进。

第五节　宏观把握正确的发展战略

未来国内经济发展面临的人口变动、发展阶段、回旋余地等条件以及国际经济格局的变动趋势，是制定中国经济发展战略的依据。实现“两个一百年”的宏伟

发展目标，支撑住增长速度和尽可能地加快发展，需要寻找具有关键性、重要性、牵动性的重大战略举措。各个方面的重大行动方案，需要横向的战略配合和纵向的战略衔接。

一、老老实实地完成城市化和工业化

首先应重点推进市民化的城市化进程。从世界经济发展史来看，极少有国家能在城市化水平不足70%的情况下就迈入高收入门槛并达到发达水平。中国的城市化进程目前只完成了2/3。在目前建成区和建筑物城市化超前和基本完成的情况下，未来应着重推进人口和市民化的城市化。因此应彻底废除城乡和地域户籍管制，使已经长期在城镇居住和就业的以亿而计的非城镇户籍人口以及更多进城的农村务工人口，能够进得来、留得下，变成市民；让更多的农村劳动力离开就业机会少和收入水平低的农村，到就业机会多和收入水平高的城市中去；向新进入城市的人口提供公平和均等的教育、医疗公共服务；降低城市房价、控制租金上涨、提供廉租房、以多种形式建设住宅。2019年，中国城镇户籍人口只有6.2亿，加上常住人口只有8.5亿，到2035年时，中国城市人口应增加到11.62亿，完成中国城市文明的现代化。

此外，解决低收入居民增收难的问题，助力走完工业化路程。工业化是一个地区从落后经济体向发达经济体迈进的必经过程。从2019年中国5.5亿农村居民的人均可支配收入（16 000元）、农村居住性能、农民日常生活消费水平、2.59亿城镇非户籍居民的人均可支配收入（26 300元）、城乡汽车普及率等指标来看，8亿多居民的工业化需求还没有得到满足。如果这8亿多人有支付能力去购买中高水平的工业品，就不可能发生工业产能过剩的状况。由于国民经济还没有进入经济服务业化的后工业时代，仍然需要实行提高居民收入、增强居民支付能力的措施，不要舍基础而建楼阁，而应脚踏实地地完成中国基本的工业化进程。

我们应当对照市场经济的各项标准，如GDP在政府与企业支出和资本间分配、人口迁移和劳动力流动、土地要素配置方式、资金要素国有与民营间的供给等方面，并实施市民化城市化和延长工业化的战略，观察其带来的新增长潜能，以及因居民收入和居民消费改善而带来的市场需求环境变化，初步估计出2021—2035年改革能够推动国民经济的中高速增长和进入高收入国家行列的趋势，依照低方案测算，中国可在2029年左右跨越中等收入陷阱；依照高方案测算，中国可以在2025年进入高收入国家行列。

二、调水改土战略性工程

如果考虑人口老龄化趋势，再加上疏通城乡人口要素模块的淤积和城乡之间的循环和流动，加大中国经济发展的回旋余地，我们还考虑了一个调节水资源分配、改造未利用土地和扩大发展空间的战略。其战略实施的意义在于，不仅可以在建设期扩大投资需求,还可以在建成后增加可利用土地,以及国家、企业和居民新的资产和不动产财富,并在新土地上兴建农场、工厂、交通、城市和农村社区等,从而形成新的产业和市场区域;对于国民经济增长而言,其具有其他单一投资建设项目无法比拟的关联性强、综合方面多、各环节接续、乘数性放大、发挥功能久远等推动作用。

中国是一个水利弱国。2019年,美国人口不到中国的1/4,国土面积与中国相当,其调水规模为300亿立方米,人均调水量为94立方米;印度拥有13.4亿人口,国土面积不到中国的1/3,调水规模为1386亿立方米,人均调水量为103立方米,每平方公里调水4.7立方米;加拿大的人口不到3700万,为中国的2.6%,其调水规模为1390亿立方米,人均调水量为3757立方米,每平方公里调水1.4立方米。而中国调水规模只有660亿立方米,人均调水量只有47立方米,每平方公里调水也只有0.69立方米。

水利强国,促进百年复兴。在目前已经建成660亿立方米调水能力的基础上,应再建设和形成540亿立方米左右的调水能力,使中国未来总调水能力达到1200亿立方米左右。在北部新经济带,调水改土,增加耕地、园地、林地、建设和生态用地总面积7亿亩,扩大中华民族生存和发展的可利用国土空间。通过迁移人口、加快市民化的城市化,以及转移农业劳动力、提高农业劳动生产率,争取到2035年实现农业劳动力就业比例从目前的26.5%下降到3.55%;农业就业人均耕地面积从目前的9.9亩提高到100亩;非农业与农业劳动生产率比从4.27∶1降低到1.8∶1;增加土地资产总价值100万亿元。如果调水改土从2021年开始,持续到2035年,则每年可平均增加6万亿元到7万亿元土地资产。

按照调水改土的低方案和高方案分别测算,可以获得的经济增长潜能分别为1.11%和1.48%。这对于市场化改革、市民化城市化及延长工业化,又是一个保证性举措,使得我们能够万无一失地完成第一个百年发展目标,实现经济社会的初步现代化。

第八章　社会积累结构变迁与中国长期经济增长

第一节　引　　言

改革开放以来，中国GDP增长率于2007年达到峰值14.2%，随后逐年下降，到2018年已降至6.6%。这一变化引发了大量有关经济增速下滑的讨论。本章试图在这些文献的基础上提出一个更加长期的分析视角，即社会积累结构(Social Structure of Accumulation，SSA)的长期演变对长期宏观绩效的影响，并构成了当前经济增速下滑的深层次原因。

SSA指的是维持资本积累顺利进行所需的一整套社会结构[①]，由美国学者大卫・M.戈登(David M. Gordon)提出并用来解释经济长波现象。戈登认为，适宜的SSA可以稳定积累过程中的矛盾，促进积累与增长；而不适宜的SSA将阻碍积累与增长，由此产生经济长波现象。与"经济制度""经济体制"等相对抽象的概念相比，SSA概念更为具体和精确，它聚焦于对积累与增长产生直接影响的各种具体制度结构[②]，包括若干核心制度及众多边缘制度，以此来分析特定时期影响特定国家经济增长的社会制度因素[③]。同时，通过将同一国家不同时期的SSA进行前后对比，可以理解该国经济增长不同阶段的前后关联。虽然SSA的具体内容很庞杂，但是对资本主义经济体来说，其最核心的结构包括劳资关系结构、资本间关系结构、政府在经济中的角色、国际经济关系结构等。从政治经济学角度来看，SSA的提出为理解资本积累过程中的结构变迁提供了一个有力的工具。

虽然中国特色社会主义与西方资本主义存在基本经济制度的差别，但是也需要一套制度体系来保证持续的经济增长，也都必须遵循经济发展的一般规律。首

---

① SSA学派目前是西方马克思主义一个极具影响力的学派，其学者包括David M. Gordon、Richard Edwards、Michael Reich、Terrence McDonough、Martin H. Wolfson及David M. Kotz等人。

② 对积累产生间接影响的制度结构则不属于SSA的范围。如体育制度、社会风俗习惯也可对资本积累及经济增长产生影响，但这种影响往往是间接的，因此不在本章所指SSA的研究范围内。

③ SSA学派对导致美国第二次世界大战后经济繁荣与衰退的SSA进行了大量深入的研究。如戈登曾将第二次世界大战后到1965年的SSA总结为11条。而David M. Gordon、Thomas E. Weisskappf和Samuel Bowles曾将第二次世界大战后到"滞胀"危机期间的SSA总结为四大支柱：劳资关系调和、美国霸权下的和平、资本家与民众关系调和、资本内部竞争缓和。

先，从基本经济制度来看，中国特色社会主义制度的所有制基础是公有制为主体、多种所有制经济共同发展，经济发展需要同时利用公有和非公有资本。相应地，在分配制度上，不仅存在按劳分配关系，还存在按要素分配关系。不同经济成分在社会主义市场经济中是平等的市场主体，相互之间存在为市场利润而竞争的关系。以上各种生产关系不仅构成了中国经济发展的结构性因素，而且与西方国家进行资本积累和经济发展所建立的 SSA 具有一定的共性。此外，从 SSA 自身的特点来讲，SSA 的变化可以出现在不涉及所有制等基本经济制度发生根本调整的情况下，单纯由于技术和资源禀赋等生产力因素发展引起的劳动方式变化，以及生产、分配、交换、消费等各个环节具体生产关系的变化，使得中国经济在不同发展阶段可以呈现出不同的阶段性特征。经济增速的加速与放缓，就是最明显的阶段性特征之一。

图 8-1 显示了 1953—2018 年中国 GDP 年增长率，图 8-2 显示了 1953—2018 年中国 GDP 增长率下行时期的年均 GDP 增长率，从中可以得到一些比较直观的结论。比如，由图 8-1 可知：① "前三十年"[①]也有过快速的经济增长；② GDP 增速

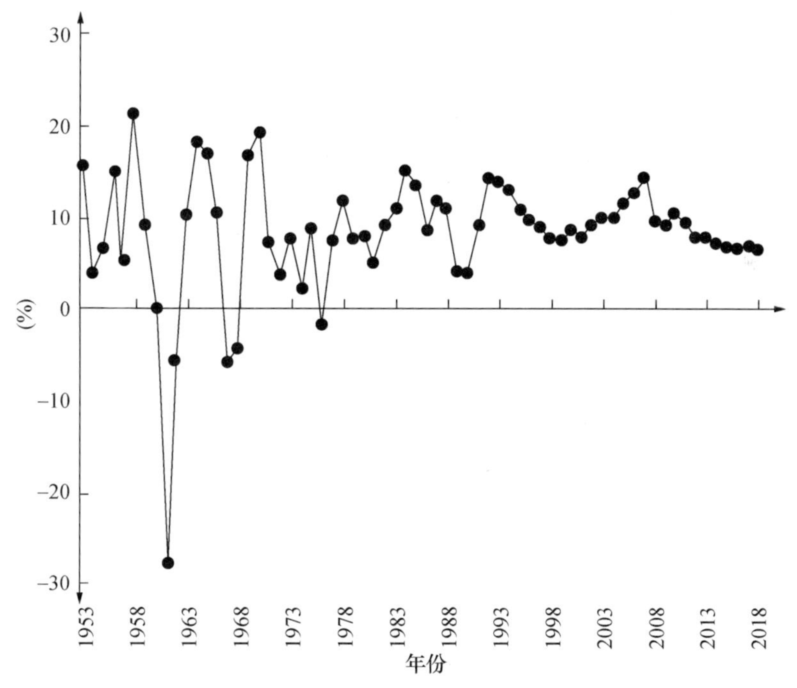

图 8-1　1953—2018 年中国 GDP 年增长率

资料来源：国家统计局网站。

① "前三十年"是指 1949 年中华人民共和国成立到 1978 年党的十一届三中全会召开这一段历史时期。

的波动在改革开放前非常剧烈，改革开放后相对温和；③ 2010 年以来的 GDP 增速下降，与中华人民共和国历史上其他增速下降期相比要温和得多。由图 8-2 可知：① 多数 GDP 增速下降时期仍属高速增长时期；② 尽管 2010—2018 年的 GDP 年均增长率低于 2007—2010 年，但是没有证据显示这种下降是一种长期趋势①，因此唱衰中国经济的“经济崩溃论”并无依据。

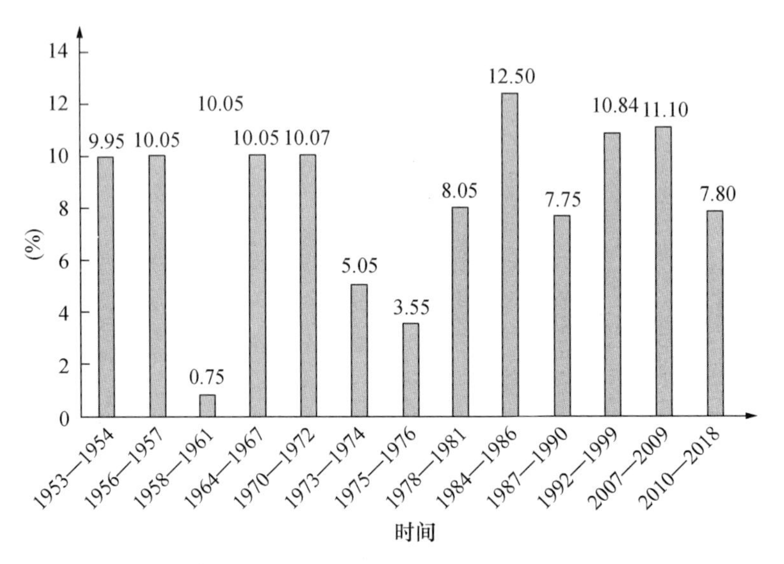

图 8-2 1953—2018 年增速放缓期的 GDP 年均增长率

资料来源：国家统计局网站。

本章接下来就从 SSA 变迁的角度对经济增长的阶段性变化做出解释。

第二节 SSA 影响经济增长的机制

SSA 通过影响资本积累过程进而影响经济增长。

首先，需要把 SSA 与资本积累过程区别开来。把 SSA 所涵盖的社会制度与其他制度区分开的所谓“外界”条件是这些制度是否会直接影响资本积累过程。对于最典型的产业资本而言，实现资本积累的条件是必须经过购买、生产、售卖三个阶段，完成剩余价值的生产和实现。在购买阶段，使用货币资本购买原材料、劳动力等生产要素；在生产阶段，将生产要素结合以生产商品资本；在售卖阶段，出售商品以获得更多的货币资本。积累过程的顺利进行要求三阶段紧密衔接。但

① 根据 SSA 理论，相邻多个“GDP 增长率下行时期”的年均增长率连续出现下滑，即预示着萧条的到来。但目前 GDP 增长率下行时期的平均增长率下滑仅出现了一次，因此断言“经济崩溃论”缺乏依据。鉴于仍相对较高的 GDP 增长率，该时期仍属于中国经济增长的黄金时期。

三阶段必须在稳定的 SSA 下才能进行。如生产要素的购买,要求有可交易的市场;而商品的售卖,则要求购买群体具有相应的支付能力。因此,资本积累过程必须在稳定的 SSA 下才能长期自我维持。这些制度结构包括可靠的劳动市场结构(以确保企业家通过便捷可靠的途径找到工人)、制度化的劳动管理过程(以确保工人尽可能地努力工作)、获得消费资料市场的各种途径(涉及一定的信用与交通运输制度)等。一套维持资本积累的稳定的 SSA 就是由各个具体制度结构紧密交织而成的,存在于购买、生产、售卖的各个环节,对资本积累起到保障作用。

此外,也要把"资本积累"与"经济增长"区别开来。现有的多数研究不对两者进行区分,或直接将两者视为彼此的代名词。但也有一些研究指出了两者的区别,如 David M. Kotz & Martin H. Wolfson 在论述自由主义 SSA 的特征时,曾将资本积累与经济增长加以区别。直观地理解,资本积累的主体是企业家,资本积累过程则是企业家群体投入货币资本以最终获取更多货币资本的过程,通常以剩余价值率、利润率等作为衡量资本积累过程成功与否的指标。而经济增长的主体是国家或地区,它指一国(地区)在一定时期内经济总量的增加,通常以 GDP 增长率作为衡量经济增长速度的指标。资本积累要转化为经济增长,还要受到一系列社会条件的制约。

一旦 SSA 发生变迁,其资本积累的促进作用也会发生变化。SSA 的变迁过程可分为相对稳定期与快速变化期。在相对稳定期,资本积累过程顺利进行并带来经济的快速增长;而在旧 SSA 分化瓦解与新 SSA 的形成期,由于围绕资本积累三阶段的制度条件无法全部得到保障,易引起资本积累遇阻并导致经济增长放缓。经济增长是资本积累的结果,而资本积累又受 SSA 变迁的影响,因此经济增速的变动最终要受到 SSA 变迁的影响。

在区分了 SSA、资本积累、经济增长等概念的基础上,我们就可以从资本积累与 SSA 两方面分析中国经济问题的普遍性与特殊性。在资本积累过程方面,特殊性体现在:① 资本的属性不同。正如马艳等(2016)所指出的,西方国家的资本主要是私有资本,即无限追求价值增殖的资本,而中国占主体的是公有资本,其本质是借助资本积累发展公有制经济,实现社会主义的生产目的。② 资本积累的目标不同。甘梅霞、特伦斯·麦克唐纳(2016)将资本积累分为两种类型:以个体资本家的积累为目标,以社会整体积累为目标。西方国家的资本积累模式属于前者,而中国的资本积累模式属于后者,即以社会整体积累为目标。③ 资本积累的主体不同。西方国家资本积累的主体是私人资本家,而中国资本积累的主体,在改革开放前以国家为唯一主体,改革开放后资本积累主体中企业与个人的比重攀升,但国家仍占一定的比重。普遍性则体现在:任何国家,无论其社会性质如何,要实现经济增长都要进行资本积累。自中华人民共和国成立以来,各阶段都存在资本积累。如建国初期推行的快速工业化战略及改革开放后建立的市场经济体制，其目的都是不断提高资本积累效率与速度，以解决人民日益增长的物质文化需要与落后的社会生产之间的矛盾。尽管改革开放前后资本积累的主体与方式发生了巨大变化，但资本积累过程在中华人民共和国成立以来的各阶段延续，成为70年来中国经济不断增长的根本原因。

中国的SSA与西方的SSA相比，也存在特殊性与普遍性。在特殊性方面，由于基本经济制度和发展阶段不同，中国的SSA与西方的SSA存在非常多的差异，主要表现在SSA的几大核心结构，即人口结构（劳动力人口比例等）、劳资关系结构（劳动者工资水平、工作条件、劳动强度等）、资本间关系结构（竞争、垄断、合谋等）、政府在经济中的角色、劳动者间的关系（就业岗位的有限性、工资水平的差异）、国际经济关系结构等。而在普遍性方面，无论是中国还是西方国家，SSA作为为资本积累过程提供支撑的一整套相互协调的社会制度结构，其相对稳定与快速变动的过程决定了资本积累的不同历史阶段，这对所有国家都是一样的。

在深刻把握中国经济问题特殊性与普遍性的辩证统一关系的基础上，我们就可以运用SSA的理论框架来分析中国经济增长的长期性和结构性变化。一方面，在从结构意义上考察SSA的变迁及其对经济增长的影响时，需要深入分析中国的SSA在不同阶段的具体特点，此时更多关注的是特殊性。本章第三节划分了中华人民共和国成立以来的几个SSA，第四节分析了导致1953—1958年、1978—2010年快速增长的SSA与1970—1978年、2010—2018年增速下滑的SSA，目的在于分析这种特殊性，从而考察中华人民共和国成立以来不同历史时期影响经济增长的主要结构性逻辑。另一方面，在从总量意义上考察SSA对经济增长的影响时，则应更多地关注普遍性。本章第五节就以GDP增长率为被解释变量，利润率为解释变量，以不同的SSA为虚拟变量，构建计量模型，以验证SSA对经济增长促进作用的周期性是否为普遍规律。

第三节　中华人民共和国成立以来SSA的阶段划分

作为影响资本积累过程的一整套相互协调的社会制度结构，SSA往往与资本积累的不同历史阶段高度相关。反过来讲，资本积累的不同历史阶段同时也代表了不同的SSA。为了刻画SSA影响中国经济增长的证据，我们对1953年以来不同阶段的SSA做了时间上的划分。这种划分是根据GDP增速的变化做出的，划分结果与制度变迁及结构转折的年份基本吻合。借鉴大卫·科茨（David Kotz）、迪彭卡·巴苏（Dipenka Basu）、朱安东、陈旸在划分美国历史上SSA的时间节点时采用的原则：① 对时间节点的划分应考虑短周期，以避免周期性因素的影响。方法是从短周期的峰顶年份中选择SSA的边界。根据图8-1，1953—2018年共有

12个完整的短周期。② 若将 SSA 促进经济快速增长的时期称为“阶段 1”，将 SSA 对经济增长的促进作用弱化的时期称为“阶段 2”，则从“阶段 1”到“阶段 2”的临界年份应依据经济绩效变差的时间来确定。基于上述原则，将中国 1953 年以来 SSA 各阶段划分如下：

（1）1953—1964 年为改革开放前 SSA 的“阶段 1”；

（2）1964—1978 年为改革开放前 SSA 的“阶段 2”；

（3）1978—2010 年为改革开放后 SSA 的“阶段 1”；

（4）2010—2018 年为改革开放后 SSA 的“阶段 2”。

这种划分还考虑到了一些更加具体的因素。1953 年是可获得中国 GDP 数据的最早年份，2018 是最近年份，其余年份均为图 8-1 中较短周期的峰顶年份。1958—1970 年是中国经济的一个特殊时期。1958 年，中国 GDP 增速高达 21.31%，但随后骤降，1961 年跌至－27.32%；经历了 1963—1966 年的快速增长后(1964 年达到峰值 18.24%)，1967—1968 年再次跌为负值，这种剧烈波动可能源于严重的自然灾害与政治动乱。由于 1964 年既是短周期的峰顶年份，也是 1958—1970 年两个特殊短周期的分界点，因此改革开放前 SSA 的“阶段 1”与“阶段 2”应以 1964 年为界。[①] 1978 年则既是短周期的峰顶年份，也是公认的制度转折与结构调整年份，因此将 1978 年作为改革开放前 SSA 与改革开放后 SSA 的分界点。而新 SSA 的起点究竟是在 2007 年还是在 2010 年仍有些模糊，我们将其定在 2010 年，主要基于两个原因：① 尽管 GDP 增速下滑趋势始于 2007 年，但直到 2010 年以后才趋于明朗。直观地看，2007—2010 年 GDP 增速与前一时期更接近，比后一时期高。② 目前公认 2012 年以后为“新常态”时期，2010 年与 2012 年更为接近。为保持短周期的完整性，1964 年、1978 年、2010 年等临界年份既被归入前一阶段，也被归入后一阶段。

需要强调的是 GDP 增长率的周期性变化。在删除 1959—1969 年的异常数据后，1953—1958 年、1970—1978 年、1978—2010 年、2010—2018 年四个时期的 GDP 年均增长率分别为 11.37%、7.41%、10.02%、7.80%，呈现出高中高的周期性变动趋势，如图 8-3 所示。传统 SSA 理论认为，SSA 的变迁会引发经济在长期增长与长期停滞之间的交替，一套 SSA 的“阶段 2”意味着 SSA 本身的剧烈变化，不仅 SSA 无法继续促进经济增长，而且往往伴随着增长停滞与经济危机，西方发达国家正是如此。但在中国 SSA 的“阶段 2”，尽管 GDP 增长率有所下滑，却并未造成增长停滞与经济危机。例如，1970—1978 年的 GDP 增速比 1953—1958 年的低约 4%，且该时期的制度结构常被视为阻碍增长的典型，但实际上该时期的平均

① 但由于该时期经济增长率波动过于剧烈，后文的数据分析与计量分析剔除了 1959—1969 年。

GDP 增速仍高达 7.41%，远远谈不上停滞。2010 年以来的经济增速下滑，也与停滞相去甚远。对比一下同期的美国，可以深刻地认识这一点。美国经济在 1973—1979 年深陷“滞胀”危机，其 GDP 增长率仅有 2.97%。而在次贷危机后的 2007—2015 年，其 GDP 增长率则仅为 1.19%。

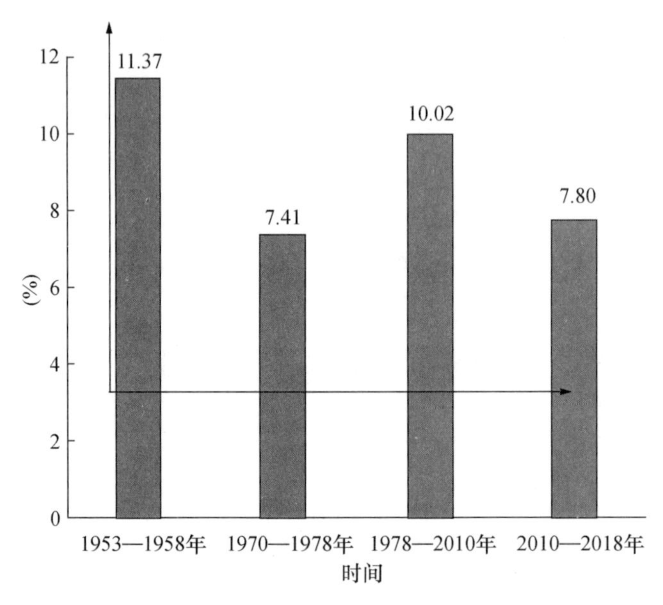

图 8-3　四个阶段的 GDP 年均增长率

本章把这种 GDP 增长率在长期上升与长期下降之间的周期性变动的原因归结为 SSA 的变迁。1953—1958 年、1978—2010 年两段时期的 SSA 促进资本积累，而 1970—1978 年、2010—2018 年两段时期的 SSA 对资本积累的促进作用减弱，这也是长期 GDP 增长率呈现周期性变化的根本原因。下面我们试图说明，中华人民共和国成立以来的两个 SSA 是如何促进经济增长的，其对经济增长的促进作用又是如何削弱的。

第四节　对长期 GDP 增长率周期性变动的 SSA 解释

运用 SSA 分析经济增长过程，关键是要把握社会积累结构主要矛盾的转化。SSA 的具体内容很庞杂，但大体上包括几大核心结构，它们虽不能覆盖 SSA 的全部细节，但是足以将不同时期的 SSA 区分开来。通过对中华人民共和国成立以来不同时期的 SSA 核心结构的分析，可以把握不同 SSA 的主要特点。

一、改革开放前的 SSA

1953—1964 年为改革开放前 SSA 的“阶段 1”。1953 年是中国进入大规模建设的第一年,是"一五计划"(1953—1957)的开端。尽管公有制经济尚未占据主体,但国有成分已占相当大的比重。该时期是新 SSA 的形成与发展时期,"社会主义三大改造"标志着新 SSA 的初步建立。从核心的制度结构来看,该时期 SSA 最显著的特点包括:人口总量开始增加①,公有制经济比重显著上升,与公有制相适应的平等劳动关系确立,高度集权的中央计划经济体制开始实行②。在上述 SSA 下,中国利用国家力量将有限的财力、物力、人力结合起来,通过大规模投资,建立起独立、完整的工业体系(尤其是重工业)与国民经济体系,开启了由农业国向工业国的转变。根据图 8-1,除 1960—1962 年的经济倒退外,改革开放前 SSA"阶段1"对增长的促进作用还是很明显的。

1964—1978 年为改革开放前 SSA 的"阶段 2"。该阶段 SSA 的主要特点包括:人口快速增长但少儿占比比较高③,公有制经济中集体成分上升,分散化的计划经济体制开始实行等。在该时期,低龄化的人口结构尚未转变为人口红利,而计划经济体制所带来的分工效益与规模效应逐渐耗竭,其内部矛盾(如忽视市场规律、政企权责不明、体制僵化、平均主义分配等)则日益凸显。这导致新 SSA 对经济增长的促进作用日益削弱。大量文献所描述的"改革开放前制度结构对经济发展的束缚作用",指的正是这一时期。从图 8-3 可以看到,排除 1958—1970 年的特殊时期后,1970—1978 年的 GDP 增速明显低于 1953—1958 年的 GDP 增速。

二、改革开放后的 SSA

1978—2010 年与 2010—2018 年,分别为改革开放后 SSA 的"阶段 1"与"阶段2"。在"阶段 1",计划经济体制逐渐瓦解而市场经济体制逐渐确立,开启了经济快速增长的引擎。该时期的 GDP 平均增速略低于 1953—1958 年,但持续时间长达三十多年,导致中国经济体量的迅猛增长。但在"阶段 2",所有制改革促进经济增长的势能已基本耗尽,而内生的重大技术突破尚未形成,这导致中国经济增速下滑。我们有必要深入探讨改革开放后 SSA 的"阶段 1"与"阶段 2"影响经济增长的具体制度结构,以理解改革开放后几十年的经济快速增长与 2010 年以后经济增速的放缓。

表 8-1 从人口结构、积累主体、劳动关系、政府角色、积累中介、国际经济关系六个方面考察了改革开放后的 SSA 在"阶段 1"与"阶段 2"的主要特点。这六方面

---

① 尽管 1959—1961 年曾因自然灾害导致人口数量下降,但人口总量仍由 1953 年的 58 796 万人增加到 1964 年的 70 499 万人。

② 指整体经济运作围绕中央计划展开,强调层级、指令、纪律;社会再生产领域的分配偏向投资而不是消费。

③ 因此劳动年龄人口占比不高,对当时经济造成了一定的负担,但为 1978 年以后的经济增长积蓄了劳动力。

虽不能覆盖 SSA 的全部特点，但足以将不同时期的 SSA 区分开来。同时，为了理解“阶段 1”何以持续如此之久，即 1978—2010 年的 SSA 为何能够持续促进经济增长，将其进一步分为 1978—1992 年与 1992—2010 年两段。

表 8-1　中国改革开放后 SSA 在“阶段 1”与“阶段 2”的主要特点

	阶段 1		阶段 2
	（1978—1992 年）	（1992—2010 年）	（2010—2018 年）
人口结构	年轻化但教育程度低；人口增长较快；劳动年龄人口猛增；人口红利出现	人口增速放缓，生育率低，出现老龄化；劳动年龄人口比例上升；女性劳动参与率提高；城镇化加速；人口红利达到顶峰	人口增速极缓；劳动年龄人口下降；总抚养比增加；“全面二胎”尚未发挥作用；人口红利消退
积累主体	私有制被认可；承包责任制实行；私企出现；国企放权让利	非公经济发展速度加快；国企进行市场化改革	经济主体力量对比反转；国企数量减少但效率提高；私企数量增加但竞争加剧
劳动关系	人力资本投资与社会流动的渠道打开；市场经济下的雇佣关系形成	农村人口涌入城市；国企职工下岗潮为劳动密集型产业注入劳动力	劳动年龄人口减少导致制造业民工荒，劳动力成本上升；劳动者收入增加导致消费增加
政府角色	政府放松管制；鼓励竞争、投资；财政权力下放；稳定货币供给；废除价格双轨制	政府在经济中扮演积极角色；分税制改革赋予中央政府推动大型工程的能力；地方政府成为增长重要推动力	政府继续扮演积极角色；开展大规模基建、扶贫、治污、反腐败；推行供给侧结构性改革、若干区域一体化战略；但扩张性财政政策受赤字限制
积累中介	“大一统”的中央银行被拆解；金融资源配置更多地由各类金融机构和非金融部门分散决策、共同决定	金融约束体制与银行导向金融结构形成，稳定了金融运转但带来垄断；房地产崛起但多数群体难以从中获益	金融产业发展迅速；互联网金融与移动支付出现，在平衡生产与消费的同时带来不稳定因素；房地产市场增长放缓
国际经济关系	加入 IMF 与世界银行；由沿海开始打开国门；“进口替代”转为“出口导向”	开放程度深化；融入全球分工体系，成为“世界工厂”；出口成为增长的重要源泉，但创新不足	进出口仍在增加，但外部风险增大；模仿型技术进步空间压缩，部分企业“走出去”；“一带一路”倡议提出

通过三段时期的 SSA 对比可以发现，1978—2010 年的经济快速增长与 2010—2018 年的经济增速放缓，皆非由单一因素决定，而是由诸多制度结构多元决定的。上述核心制度结构紧密联系形成整套 SSA，这些核心制度结构的变迁带动整体 SSA 的变迁，从而对经济增长产生影响。

首先是改革开放后 SSA 的“阶段 1”，该阶段包括 1978—1992 年与 1992—2010 年两个时期。1978—1992 年为改革开放后 SSA 的形成时期。根据表 8-1，该时期 SSA 的特点包括：人口红利出现，所有制改革红利出现，生产要素开始自由流动，政府放松管制并破除影响增长的壁垒，打开国门引入资金与先进技术。在该时期，制度结构的变化打破了计划经济对生产力的束缚，提升了经济活力与资源配置效率,为经济发展释放势能。SSA 的有利变迁启动了经济快速增长的引擎。但因起点低,人均量在世界排名仍靠后。1992—2010 年则为改革开放后 SSA 的成熟时期。该时期 SSA 的特点包括:人口红利达到顶峰[①],所有制结构变迁继续释放红利,城镇化加速与国企职工下岗潮释放大量劳动力,政府在增长中扮演的角色更积极,金融与房地产迅猛发展,开放程度深化。在该时期,几大核心结构与 1978—1992 年相比有更深入的发展,继续对经济增长起促进作用。两段时期相比,1978—1992 年 SSA 的突出特点是所有制改革与政府放松管制;1992—2010 年 SSA 的突出特点则是城镇化进程与政府在经济中扮演积极角色,这些特点相继成为经济增长的重要推动力。而人口红利在两时期均发挥了重要作用。总之,1978—2010 年中国 SSA 的变迁是整体有效的,这大致解释了中国经济快速增长持续时间如此之久的原因。

但 2010 年以后,中国 SSA 的特点发生了反转。根据表 8-1,其对经济增长的影响主要有以下几点:① 人口红利消退,劳动力成本上升,经济增长更加依赖于消费与投资,企业被迫提高投资数量与效率,进行制度创新与技术创新;② 所有制变迁红利消退,市场竞争成为推动经济增长的主要力量;③ 通信技术的普及节省了劳动者就业、工作、消费的成本,催生了共享经济、网红经济等新的经济形式;④ 城镇化动能耗竭,投资机会转向城市间与城市内人员流动及其引致的城市基础设施建设;⑤ 政府更加注重发展的均衡性,但扩张性财政政策受日益增加的政府债务的限制;⑥ 金融产业的迅速发展,为生产与消费的不平衡提供了润滑剂,但也带来了不稳定因素;⑦ 房地产市场增速放缓;⑧ 在国际经济关系方面,出口增速放缓但外部风险增加,积累了一定技术与资本的企业开始“走出去”。

这表明,2010 年以后的 SSA 呈现出与 1978—2010 年截然不同的特征。该阶段可视为改革开放后 SSA 逐渐瓦解与新 SSA 形成的时期。在该阶段,由于经济主体力量对比反转,通过所有制改革促进经济增长的势能已耗尽,但激烈的竞争将成为技术进步与经济增长的动力;劳动力年龄人口减少导致企业劳动力成本上升,但劳动者收入提高将促进消费;尽管财政赤字增加,但政府为保持均衡发展仍采取扩张性财政政策;尽管外部风险增加,但中国的高科技行业仍在开辟新的市场。根据 SSA 理论,社会结构的变化在不断冲刷瓦解原有 SSA 的同时,也在塑造新的 SSA。总体而言,尽管改革开放后 SSA 促进经济增长的动力日趋耗竭,导致经济增速下滑以及 SSA 自身的快速变动,但 SSA 自身的变迁表明中国已进入“增长动力转换”时期,这将意味着粗放的高速增长将被更加温和的高质量增长取代。体量增速的放缓与结构优化的加速,正是近年来中国 GDP 增长率下滑

① 该时期人口结构特点导致高储蓄、高投资、高增长特征。

的根本原因。

第五节 数据分析

一、模型的构建

为了验证以上判断，即中国 SSA 在"阶段 1"会促进经济增长，而在"阶段 2"对经济增长的促进作用会减弱，建立如下模型：

$$\mathrm{ROG}_t = \gamma_0 + \gamma_1 \cdot GQ_{t1} + \gamma_2 \cdot GQ_{t2} + \gamma_3 \cdot GH_{t2} + \mu_t \qquad (8\text{-}1)$$

在式(8-1)中：t 为年份；ROG_t 为 t 期 GDP 增长率；μ_t 为随机误差项；GQ_{t1}、GQ_{t2}、GH_{t2}为虚拟变量，分别代表改革开放前 SSA 的"阶段 1"、改革开放前 SSA 的"阶段 2"、改革开放后 SSA 的"阶段 2"。为保持短周期的完整性，将临界年份(1978、2010)的数值取两次，分别归入前一时期与后一时期。由于剔除了 1959—1969 年的数据，因此各虚拟变量取值所代表的年份如下：① $GQ_{t1}=1$ 对应 1953—1958 年，$GQ_{t1}=0$ 对应 1970—2018 年；② $GQ_{t2}=1$ 对应 1970—1978 年，$GQ_{t2}=0$ 对应 1953—1958 年或 1978—2018 年；③ $GH_{t2}=1$ 对应 2010—2018 年，$GH_{t2}=0$ 对应 1953—1958 年或 1970—2010 年。改革开放后 SSA 的"阶段 1"(1978—2010 年)为对照组。根据虚拟变量设置规则，若定性变量有 m 个类别，应引入 $m-1$ 个虚拟变量。式(8-1)有 4 个类别，应引入 3 个虚拟变量。γ_1、γ_2、γ_0、γ_3 的符号与显著性水平分别代表中国 SSA 四个阶段的经济增长率的差异。为验证中国 SSA 不同阶段经济增长的周期性，需检验"γ_1 显著大于 γ_2"与"γ_0 显著大于 γ_3"的假定。

但上述模型不足以捕捉 SSA 与资本积累和经济增长的相互关系。经济主体对利润率的追求是驱动经济增长的根本动力，而 SSA 的变化则通过影响利润率最终影响经济增长。为了捕捉 SSA 对 GDP 增长率的影响，引入利润率与代表 SSA 的虚拟变量的交互作用项。为了捕捉 GDP 增长率对利润率的相应变化，引入利润率与代表 SSA 的虚拟变量以及代表 SSA 阶段的虚拟变量的交互作用项。建立如下模型：

$$\begin{aligned}\mathrm{ROG}_t = {} & \alpha_0 + \alpha_1 \cdot GQ_t + \alpha_2 \cdot GQ_t \cdot GQ_{t2} + \alpha_3 (1 - GQ_t) \cdot GH_{t2} \\ & + \beta_0 \cdot \mathrm{ROP}_t + \beta_1 \cdot GQ_t \cdot \mathrm{ROP}_t + \beta_2 \cdot GQ_t \cdot GQ_{t2} \cdot \mathrm{ROP}_t \\ & + \beta_3 \cdot (1 - GQ_t) \cdot GH_{t2} \cdot \mathrm{ROP}_t + \varepsilon_t \end{aligned} \qquad (8\text{-}2)$$

式(8-2)严格区分了资本积累与经济增长。在式(8-2)中：t 为年份；ROG_t 为 t 期经济增长率，用于表征经济增长状况；ROP_t 为 t 期平均利润率，用于表征资本积累状况；GQ_t 为改革开放前 SSA 的虚拟变量($GQ_t=1$ 对应 1953—1978 年，$GQ_t=0$ 对应 1978—2018 年)；GQ_{t2}为改革开放前 SSA 的"阶段 2"虚拟变量($GQ_{t2}=1$ 对应 1970—1978 年，$GQ_{t2}=0$ 对应 1953—1958 年或 1978—2018 年)；GH_{t2}为改革开放后 SSA 的"阶段 2"虚拟变量($GH_{t2}=1$ 对应 2010—2018 年，$GH_{t2}=0$ 对应 1953—

2010 年)；ε_t 为随机误差项。以表征资本积累的利润率作为解释变量，原因在于资本积累是经济增长最重要的源泉。以表征历史阶段的虚拟变量作为 SSA 的替代变量，原因在于不同的 SSA 与不同的历史阶段高度相关。因此，在式(8-2)中，SSA 对经济增长的影响就被分为两大部分：① 间接影响，即 SSA 变迁通过影响利润率从而对经济增长产生影响，通过利润率与"利润率与虚拟变量的交互项"的系数表现出来。② 直接影响，即 SSA 变迁不通过利润率而直接对经济增长产生的冲击，通过常数项与虚拟变量的系数表现出来。[①]

需要仔细辨析式(8-2)的参数设置。α_0 为 1978—2010 年 SSA 下的截距，用于捕捉该时期 SSA 对经济增长的直接影响；α_1 是改革开放前与改革开放后的截距差，用于捕捉 1978 年前后 SSA 对经济增长直接影响的差异；α_2 是改革开放前"阶段 1"与"阶段 2"的截距差，用于捕捉 1953—1958 年与 1970—1978 年的 SSA 对经济增长直接影响的差异；α_3 是改革开放后"阶段 1"与"阶段 2"的截距差，用于捕捉 1978—2010 年与 2010—2018 年的 SSA 对经济增长直接影响的差异；β_0 为 1978—2010 年 SSA 下利润率对经济增长的边际贡献，即间接影响；β_1 代表 1978 年前后不同 SSA 下利润率对经济增长的边际贡献的差异；β_2 代表改革开放前 SSA 的"阶段 1"与"阶段 2"的利润率边际贡献的差异；β_3 代表改革开放后 SSA"阶段 1"与"阶段 2"的利润率边际贡献的差异。不同 SSA 下利润率变化对经济增长的边际贡献，即间接影响。

分阶段来看，在改革开放前 SSA 的"阶段 1"(1953—1958 年)：

$$\mathrm{ROG}_t = (\alpha_0 + \alpha_1) + (\beta_0 + \beta_1) \cdot \mathrm{ROP}_t + \varepsilon_t$$

其中，$(\alpha_0+\alpha_1)$用于度量该 SSA 对经济增长的直接影响；$(\beta_0+\beta_1)$用于度量间接影响。在改革开放前 SSA 的"阶段 2"(1970—1978 年)：

$$\mathrm{ROG}_t = (\alpha_0 + \alpha_1 + \alpha_2) + (\beta_0 + \beta_1 + \beta_2) \cdot \mathrm{ROP}_t + \varepsilon_t$$

其中，$(\alpha_0+\alpha_1+\alpha_2)$用于度量直接影响；$(\beta_0+\beta_1+\beta_2)$用于度量间接影响。在改革开放后 SSA 的"阶段 1"(1978—2010 年)：

$$\mathrm{ROG}_t = \alpha_0 + \beta_0 \cdot \mathrm{ROP}_t + \varepsilon_t$$

其中，α_0 用于度量直接影响；β_0 用于度量间接影响。该 SSA 为对照组。在改革开放后 SSA 的"阶段 2"(2010—2018 年)：

$$\mathrm{ROG}_t = (\alpha_0 + \alpha_3) + (\beta_0 + \beta_3) \cdot \mathrm{ROP}_t + \varepsilon_t$$

其中，$(\alpha_0+\alpha_3)$用于度量直接影响；$(\beta_0+\beta_3)$用于度量间接影响。需要注意的是，

---

① 需要注意的是，可以将不同时期的直接影响进行比较，也可将不同时期的间接影响进行比较，但不能将同一时期的直接影响与间接影响直接进行比较，原因在于直接影响以截距值来衡量，而间接影响以斜率值衡量，其衡量单位并不一致。

同一 SSA 下直接影响与间接影响本身的意义不大，重要的是将不同 SSA 下的直接影响（或间接影响）进行对比。

与西方经济学中常见的实证研究相比，式(8-2)实际上是一个较为抽象的计量模型。该模型将长期经济增长的影响因素分为 SSA 与资本积累两部分，因此，SSA 对长期经济增长的影响就可被分为直接影响与间接影响两部分，并分别通过虚拟变量与交互变量的系数加以度量，以此捕捉 SSA 变迁对长期经济增长的影响。

尽管非常抽象，但可以为式(8-2)提供一个直觉上的解释：① 当某一时期较高的利润率能够刺激经济增长（即利润率对经济增长率的边际贡献显著为正）时，就可以认为该时期的 SSA 有效。当无法通过提高利润率来促进经济增长时（即利润率对经济增长的边际贡献很低时），就可以认为 SSA 无效，需要进行变革。② 当 GDP 增长率呈现长期波动趋势，但长期利润率呈现下降趋势，可以认为 GDP 增长率的长期波动趋势源于不可克服的国际经济周期性因素。这样，就容易理解式(8-2)中解释变量的设置了。

二、数据来源与统计汇总

在给出回归结果之前，先对数据来源进行说明：GDP 增长率数据源于国家统计局。选取 1953—2018 年的逐年 GDP 指数（上年＝100），并一律减去 1，即得 1953—2018 年的 GDP 增长率数据。获取利润率的过程稍复杂。为得到 1953—2018 年的平均利润率数据，我们做了如下工作。

首先，从文献中读取 1956—2014 年的利润率。齐昊(2017)利用一套复杂的计算方法构建了中国 1956—2014 年的剩余价值率与利润率等数据，并以图像形式呈现；再使用软件 GetData Graph Digitizer 2.25 将总利润率的图像读取出来。

其次，构造 2015—2018 年利润率的替代数据。令 x＝规模以上工业企业利润总额/规模以上工业企业主营业务成本[①]，计算 2013—2018 年的 x 值。令(2013 年总利润率)/(2013 年 x 值)＝n_1，(2014 年总利润率)/(2014 年 x 值)＝n_2，令 $n=(n_1+n_2)/2$，再以 2015—2018 年的 x 值均乘以 n，即得 2015—2018 年利润率的替代数据。实际上是利用规模以上工业企业的利润率的变动趋势来替代总利润率的变动趋势。

最后，构造 1953—1955 年利润率的替代数据。查阅 1953—1957 年的国民收入积累率数据。[②] 令(1956 年总利润率)/(1956 年国民收入积累率)＝m_1，(1957

---

① 由于马克思意义上的利润率属于成本利润率，因此应采取相应的成本利润率作为替代。规模以上工业企业利润总额与规模以上工业企业主营业务成本两项数据，来自国家统计局网站。

② 李德彬，《中华人民共和国经济史简编(1949—1985)》，长沙：湖南人民出版社，第 224 页。

年总利润率)/(1957 年国民收入积累率)$=m_2$,令 $m=(m_1+m_2)/2$,再以 1953—1955 年的国民收入积累率均乘以 m,即得 1953—1955 年利润率的替代数据。这样做的原因在于:1953 年以后为发展工业,绝大多数利润被用于资本积累。因此国民收入积累率的变动可大致反映总利润率的变动趋势。乘以 n 与 m 的目的在于消除不同方法带来的数据估值差异。

表 8-2 报告了四个时期 GDP 增长率与利润率的汇总统计结果(将 1958—1970 年的相关数据列出以做对比)。

表 8-2　汇总统计

指标	改革开放前的 SSA			改革开放后的 SSA	
	阶段 1	1958—1970 年	阶段 2	阶段 1	阶段 2
GDP 增长率(%)	11.3667 (6.9131)	6.1538 (14.0453)	7.4111 (5.9377)	10.0152 (2.7494)	7.8000 (1.4053)
利润率(%)	43.2004 (7.6796)	32.8692 (14.3515)	37.0333 (3.7195)	30.7879 (4.0148)	27.9967 (2.6344)
观测数	6	13	9	33	9

注:括号外的数字为均值,括号内的数字为标准差。改革开放前 SSA(阶段 1:1953—1958 年;阶段 2:1970—1978 年);改革开放后 SSA(阶段 1:1978—2010 年;阶段 2:2010—2018 年)。为确保不同阶段具有完整的商业周期,临界年份既被归入"阶段 1",也被归入"阶段 2"。

根据表 8-2,可以发现:① 1958—1970 年的 GDP 增长率与利润率的标准差远高于其他时期,说明数据波动过于剧烈,在计量分析中应予以剔除;② "阶段 1"的 GDP 增长率与利润率均高于"阶段 2",说明不同 SSA 的"阶段 1"对资本积累与经济增长的促进作用均高于"阶段 2";③ 两个"阶段 1"相比,改革开放前 SSA"阶段 1"的 GDP 增长率与利润率更高,但改革开放后 SSA"阶段 1"的持续时间更久;④ 从全部时期来看,GDP 增长率与利润率的标准差有缩小的趋势,说明中国经济的稳定性逐渐增强;⑤ 一个额外发现是,长期利润率有下降趋势。现在我们转向计量经济学分析,看数据能否进一步支持上述结论。

三、回归结果

式(8-1)的回归结果显示,γ_0、γ_1、γ_2、γ_3 的参数估计值分别为 10.02、1.35、−2.60、−2.22。其显著性水平分别为:在 1%的水平上显著($t=15.01$),在 10%的水平上不显著($t=0.79$),在 5%的水平上显著($t=-1.81$),在 10%的水平上显著($t=-1.54$)。$\gamma_1=\gamma_2$ 的原假定在 10%的水平上显著(F 值$=3.83$),而 $\gamma_0=\gamma_3$ 的原假定在 1%的水平上显著($F=43.82$),因此均被拒绝。根据回归结果,GQ_{t1} 与常数项的系数估计值均为正,而 GQ_{t2} 与 GH_{t2} 的系数估计值均为负且均在统计意

义上显著，这意味着无论是改革开放前的SSA还是改革开放后的SSA，“阶段1”均促进经济增长而“阶段2”均不促进经济增长。而$\gamma_1=\gamma_2$与$\gamma_0=\gamma_3$的原假设被拒绝，也说明“阶段1”与“阶段2”的GDP增长率存在显著差异，即“阶段1”的GDP增长率显著高于“阶段2”。这说明中国经济增长具有周期性。

式(8-2)的回归结果显示，α_0、α_1、α_2、α_3、β_0、β_1、β_2、β_3的系数估计值分别为6.06、−19.58、−15.82、−11.58、0.13、0.45、0.42、0.35。其显著性水平分别为：在10%的水平上显著($t=1.32$)，在2.5%的水平上显著($t=-2.02$)，在25%的水平上显著($t=-1.08$)，在25%的水平上显著($t=-0.86$)，在25%的水平上显著($t=0.87$)，在5%的水平上显著($t=1.83$)，在25%的水平上显著($t=1.11$)，在25%的水平上显著($t=0.73$)。[①] 显然，式(8-2)的回归结果良好，所有系数估计值均在统计意义上显著。

根据式(8-2)的回归结果，可以得到以下结论：

(1) α_0与β_0分别代表改革开放后“阶段1”(1978—2010年)的SSA对经济增长的直接影响与间接影响。这一时期的影响作为对照组。两者系数估计值均显著为正，意味着该时期的SSA显著促进了经济增长。

(2) α_1代表1978年前后SSA对经济增长直接影响的差异，β_1代表1978年前后利润率变化对经济增长边际贡献(即间接影响)的差异。α_1显著为负而β_1显著为正，这意味着与改革开放前相比，改革开放后的SSA发生了更有利的水平变迁但利润率对经济增长的边际效应降低，即直接影响增加而间接影响减少。考虑到改革开放后更高的经济增长率，可以推论直接影响的增加超过了间接影响的减少。换言之，与改革开放前相比，改革开放后更高的经济增长率，更多地源于SSA的有效变迁对经济增长的正向水平冲击，而不是通过积累过程促进经济增长的动能提高。

(3) α_2代表改革开放前“阶段2”(1970—1978年)与“阶段1”(1953—1958年)对经济增长直接影响的差异，β_2代表改革开放前“阶段2”与“阶段1”对经济增长间接影响的差异。α_2显著为负而β_2显著为正，这意味着改革开放前“阶段2”与“阶段1”相比，SSA发生了不利的水平变迁，但利润率对经济增长的边际效应增加了，即直接影响减少了而间接影响增加了。考虑到“阶段2”的经济增长率低于“阶段1”，可以推论直接影响的减少超过了间接影响的增加。换言之，1970—1978年

① 由于无法查到$t(49)$在不同显著性水平下的临界值，以$t(40)$与$t(60)$在不同显著性水平下的临界值的平均值来替代，并使用单侧检验。因此在25%、10%、5%、2.5%、1%水平上的显著性临界点分别为：0.68、1.2995、1.6775、2.0105、2.4065。

经济增长率之所以低于1953—1958年，主要原因在于SSA的不利变迁对经济增长的水平冲击，而不是通过资本积累过程促进经济增长势能的衰减。

（4）α_3 代表改革开放后“阶段2”（2010—2018年）与“阶段1”（1978—2010年）对经济增长直接影响的差异，β_3 代表改革开放后“阶段2”与“阶段1”对经济增长间接影响的差异。α_3 显著为负而 β_3 显著为正，这意味着改革开放后“阶段2”与“阶段1”相比，SSA发生了不利的水平变迁，但利润率对经济增长的边际效应却增加了，即直接影响减少了，而间接影响增加了。考虑到“阶段2”的经济增长率低于“阶段1”，可以推论直接影响的减少超过了间接影响的增加。换言之，2010—2018年的经济增长率之所以低于1978—2010年，主要原因也在于SSA的不利变迁对经济增长造成的水平冲击，而不是通过资本积累过程促进增长势能的衰减。

综上，与两个“阶段1”相比，两个“阶段2”的SSA对经济增长促进作用的衰减，主要源于SSA的不利变迁对经济造成的水平冲击，即主要源于直接影响的衰减，而不是源于间接影响的衰减。齐昊（2017）将新常态以来中国经济增速的下滑单纯归因于长期利润率的下降，从短期来看是正确的，但从长期维度来看，却忽略了不可控的周期性因素的影响。

根据式（8-2）的回归结果，可计算不同SSA下直接影响与间接影响的数值，并以“该数值为0”为原假设计算其显著性。可得：① 在改革开放前SSA的“阶段1”，SSA对经济增长的直接影响为－13.52，在25%的水平上显著（$F=2.5$）；间接影响为0.58，在1%的水平上显著（$F=8.7$）。② 在改革开放前SSA的“阶段2”，SSA对经济增长的直接影响为－29.34，在5%的水平上显著（$F=6.12$）；间接影响为1，在1%的水平上显著（$F=9.69$）。③ 在改革开放后SSA的“阶段1”，SSA对经济增长的直接影响为6.06，在25%的水平上显著（$F=1.75$）；间接影响为0.13，在25%的水平上不显著（$F=0.76$）。④ 在改革开放后SSA的“阶段2”，SSA对经济增长的直接影响为－5.52，在25%的水平上不显著（$F=0.19$）；间接影响为0.48，在25%的水平上不显著（$F=1.12$）。[①]

综上：① 四个阶段的SSA对经济增长的直接影响呈现显著的周期性。② 在改革开放前SSA的两个阶段，利润率变化对经济增长的边际贡献都非常显著；而改革开放后SSA的两个阶段，利润率变化对经济增长的边际贡献不显著。这说明改革开放以后，利润率变化对经济增长的边际贡献大幅降低，即SSA对经济增长

① 因无法查到 $F(1,49)$ 在不同显著性水平下的临界值，以 $F(1,40)$ 与 $F(1,60)$ 在不同显著性水平下的临界值的平均值来代替。因此25%、10%、5%、1%显著性水平上的临界值分别为1.345、2.815、4.04、7.195。

的间接影响逐渐减弱。这也说明与改革开放前相比,改革开放后经济的快速增长,更多依靠的是 SSA 的有效变迁,而不是利润率的增加。但当进入"阶段 2"后,由于利润率变化对经济增长的边际贡献很低,如果 SSA 不能发生有效的变迁,则必然会对经济增长产生负面影响。

综合计量结果,本章得到下述结论:① SSA 对中国经济增长的促进作用具有周期性,"阶段 1"的促进作用更强,"阶段 2"的促进作用减弱。这种周期性源于 SSA 对经济增长直接影响的变化,而不是利润率对经济增长边际贡献的变化。② 与改革开放前相比,改革开放后的 SSA 显著促进经济增长的原因在于 SSA 对经济增长直接影响的增强,而不是利润率对经济增长边际贡献的增加。③ 对于全部时期而言,利润率变化对经济增长的边际贡献日趋减弱,而当前则迫切需要对 SSA 进行有效的变迁。

第六节 结　语

本章试图从理论和计量两方面阐释 SSA 对我国经济增长的周期性影响。本章认为,1953—1958 年、1978—2010 年的经济高速增长和 1970—1978 年、2010—2018 年的增速放缓,都可以归结为 SSA 的变迁。具体而言,人口结构、积累主体、劳动关系、政府角色、积累中介、国际经济关系等 SSA 核心结构的变化,既是导致 1978—1992 年、1992—2010 年经济实现高速增长的结构性原因,也是导致 2010—2018 年经济增长率下滑的根本原因。

如前所述,当前 SSA 进入快速变化期,这意味着旧 SSA 中促进经济快速增长的诸多制度结构因素开始消解,如人口红利消退、所有制变迁红利消退、城镇化动能耗竭、政府扩张性财政政策受到债务增加的限制、金融不稳定性增加、国际经济风险增加等;这也意味着旧 SSA 促进经济增长的动能逐渐耗竭,改革开放初期经济迅猛增长的势头将难以再现,GDP 增长率的走低将会持续相当长的一段时期。与此同时,旧 SSA 的瓦解也是新 SSA 的形成过程。比如,劳动力成本上升虽然降低了企业利润,但也增加了工人的消费并迫使企业进行创新;市场竞争将代替所有制变迁成为推动增长的主要力量;通信技术的普及节省了劳动者就业、工作、消费的成本,并催生了共享经济、网红经济等新经济形式;尽管城镇化动能耗竭,但城市间与城市内人员流动及其引致的城市基础设施建设仍有大量投资机会;政府更加注重发展的均衡性;金融产业风险总体可控,仍可为生产与消费的不平衡提供润滑剂;有实力的企业开始寻求国际市场;等等。总之,新 SSA 的形成,就是中国经济增长动力转换与结构优化的过程,也是经济从高速增长转向高质量发展的过程。

推动 SSA 变迁的根本动力在于深化改革，改善社会各群体之间的相互作用，使得生产关系能够进一步解放和发展社会生产力。对于当前的中国而言，向往美好生活的广大人民、具有强大社会动员力量的各级政府、在经济变迁过程中不断学习和调整的各类经济主体，构成了重塑新 SSA 的重要主体。其中，中国共产党对经济工作的集中统一领导在新 SSA 的重塑中将起到引领和决定性作用。尽管中国当前的经济发展面临很多新的问题和挑战，但只要我们坚持党总揽大局、协调各方的领导作用，坚持以人为本的发展思想，充分发挥全体人民的积极性，就能够实现经济的持续和健康发展。

第九章 中国电力弹性系数的变化特点及“十四五”期间研判

第一节 引 言

电力需求增长与经济发展密切相关,电力弹性系数是用以表征电力消费与经济增长之间关系的指标。准确把握电力弹性系数变化规律,对科学谋划未来五年电力行业发展具有重要的意义。国内外经验显示,随着工业化进程的推进,电力弹性系数的变化具有规律性,在工业化发展的不同阶段,电力弹性系数呈现不同的特点。2020 年新冠肺炎疫情、国际政治经济格局变化等重大突发事件,使得经济增长与电力需求增速出现很多不确定性。“十四五”期间,中国经济仍然处于工业化后期,正确判断经济增长和用电增长趋势,对于编制“十四五”能源及电力规划具有重要参考意义。

本章主要分析内容如下:① 分析改革开放以来中国电力消费的特点;② 分析中国电力弹性系数的变化特点;③ 分析各省级区域工业化发展阶段及其与电力弹性系数之间的关系;④ 综合考虑新冠肺炎疫情、中美贸易摩擦、降温负荷、电能替代等影响因素,预测“十四五”期间全国电力弹性系数的变化趋势。

第二节 改革开放以来中国电力消费增长

改革开放以来,中国全社会用电量保持快速增长。如图 9-1 所示,1978—2019 年,中国全社会用电量从 0.25 万亿千瓦时增至 7.2 万亿千瓦时,增长 28 倍,年均增长 8.6%。其中,“六五”“七五”“八五”时期全社会用电量增速分别为 6.5%、8.6%、10.0%,增速稳步提升;“九五”时期受亚洲金融危机等影响,全社会用电量增速回落至 6.4%;“十五”“十一五”时期,受经济高速增长拉动,全社会用电量实现两位数增长,增速分别为 13.0%、11.1%。

“十二五”以来,全社会用电量增速大幅波动,“十二五”“十三五”前四年用电量年均增速分别是 6.3%、6.1%。2011 年,中国用电量保持两位数增长,增速为 12.0%;2012 年起,用电量增速波动下降;2015 年,用电量增速降至谷底,为

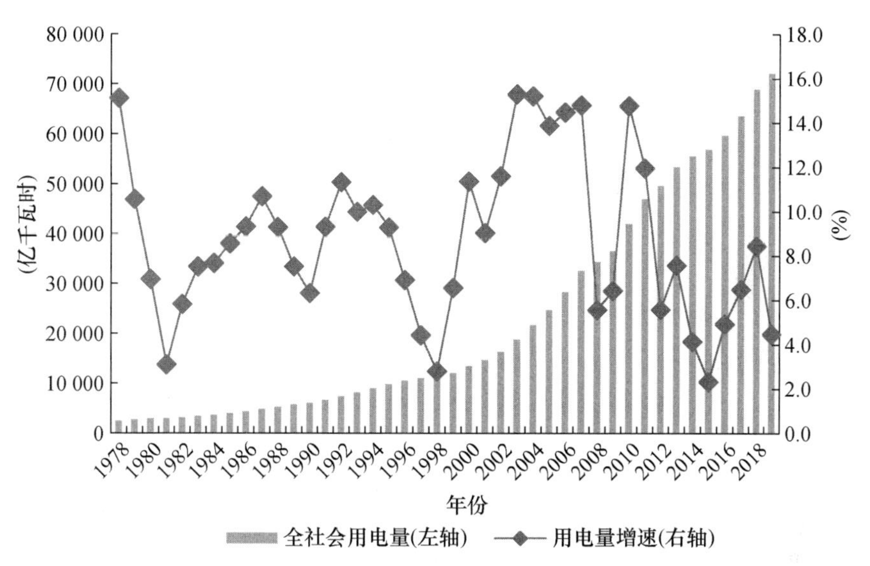

图 9-1　1978 年以来中国全社会用电量及增速

1.0%，主要是供给侧结构性改革“三去一降一补”[①]等政策措施见效，钢铁、煤炭去产能力度较大；2016 年起，受高耗能生产恢复、夏季高温天气、电能替代稳步推进等影响，用电量增速连续三年回升，其中 2018 年用电量增速为 8.4%，创 2012 年以来新高；2019 年，受工业生产放缓、气温同比偏低等影响，用电量增速回落至 4.5%。

分部门来看，“十二五”以来，中国第一产业用电量低速增长；第二产业用电量较快增长、增速走势与全社会用电量基本一致；第三产业和居民生活用电量中高速增长。2010—2019 年，中国三大产业和居民生活用电量年均增速分别为3.6%、5.1%、10.4%、8.0%。从用电增长贡献率来看，第二产业是全社会用电量增长的主要力量，但贡献率明显下降，由 2010 年的 79.8%降至 47.9%；第三产业和居民生活对全社会用电量增长的合计贡献率明显增强，由 2010 年的不足 20%到 2019 年超过 50%。从用电量占比来看，2019 年，三大产业和居民生活用电量比重分别为 1.1%、47.9%、33.1%、17.9%，其中第一产业和第二产业用电量比重较 2010 年分别降低 1.2 个、6.6 个百分点，第三产业和居民生活用电量比重较 2010 年分别提高 5.8 个、2.1 个百分点。

---

① 即供给侧结构性改革中去产能、去库存、去杠杆、降成本、补短板等五大任务。

第三节 改革开放以来电力弹性系数变化特点

一、电力弹性系数的含义

电力弹性系数是一定时期内全社会(或某产业)电力消费增速与国内生产总值、地区生产总值(或产业增加值)增速的比值,反映了两者的相对变化。其中,电力消费量是基于电能计量装置汇总统计得到的物理量;GDP、地区生产总值(或产业增加值)是通过调查统计得到的价值量。电力消费与经济增加值密切相关,但两者又分别受到不同因素的影响,且影响程度各异,电力弹性系数的变化取决于两者增速波动幅度的大小以及两者的相对变化。

用电量是国民经济发展的晴雨表,能够反映经济运行的特点。电力弹性系数计算方便、简单直观,常常作为开展经济运行分析的参考指标。从中长期来看,用电量增长周期与经济周期基本一致,电力弹性系数变化相对稳定,电力弹性系数法可以作为校核方法来判断电力需求预测结果的科学性和合理性。

但从短期来看,电力弹性系数的应用也有局限性。受经济发展阶段、产业结构、技术进步、气候气温以及突发事件等因素的影响,短期用电量与经济增速波动幅度存在明显差异,导致年度电力弹性系数波动起伏较大,实际参考意义不大。

二、电力弹性系数波动的主要特点

从年度来看,电力弹性系数波动较大。如图 9-2 所示,1978—2019 年,中国年度电力弹性系数最大值为 1.79(1989 年),最小值为 0.14(2015 年)。例如,1989 年受紧缩调控政策及有关政治事件的影响,经济增速大幅下降,电力弹性系数跃升为 1.79;1998 年,受亚洲金融危机的影响,GDP 增速明显下降,但电力消费增速下降更显著,电力弹性系数下降到 0.36;2008 年,受全球金融危机等影响,电力消费增速大幅下降,电力弹性系数为 0.57;2015 年,中国经济保持平稳增长,但钢铁、煤炭行业去产能力度很大,“三去一降一补”等政策措施见效,电力消费增速下降至 1%左右,电力弹性系数仅为 0.14。因此,年度电力弹性系数波动幅度较大,无法用来进行年度电力需求预测,实际应用价值不大。

从中长期来看,电力弹性系数相对稳定,具有一定的规律性。1981—2019 年,中国电力消费年均增速为 8.5%,GDP 年均增速为 9.4%,电力弹性系数为 0.91。改革开放以来,中国经济发展大体经历了 4 个周期,每个周期为 10 年左右。1981—1990 年,中国产业结构以农业和轻工业为主,电力弹性系数为 0.82;1991—1999 年,中国产业结构以轻工业为主,电力弹性系数为 0.74;2000—2009 年,中国经济处在重化工业加速发展阶段,电力弹性系数为 1.13;2010—2019 年,中国经济逐步进入新常态,工业化进入中后期阶段,电力弹性系数降至 0.92。我们可以看出,在工业化前期阶段,电力弹性系数小于 1;在工业化中期阶段,电力

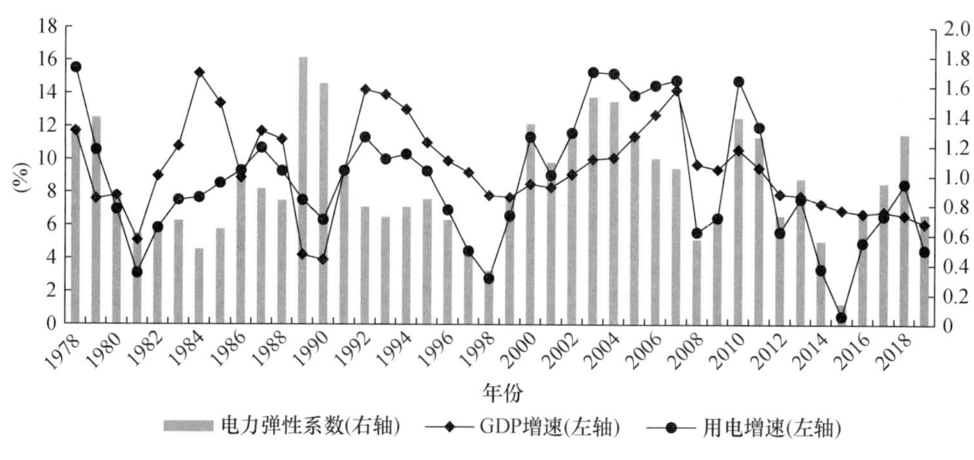

图 9-2　1978—2019 年我国电力弹性系数的变化情况

资料来源：国家统计局，中国电力企业联合会。

弹性系数大于 1；进入工业化后期，电力弹性系数下降到 1 以下。不考虑工业化中期阶段，其他三个经济周期电力弹性系数均在 0.74～0.92，相对稳定。因此，中长期电力弹性系数具有参考价值，可以作为中长期电力需求预测的校核依据。

第四节　中国电力弹性系数与工业化阶段的关系

一、中国各地区工业化发展阶段判断

工业化是指以工业部门为代表的现代经济持续发展变化为主，并伴随着人均收入的增长和经济社会结构转换的综合过程。已有文献通常从经济发展水平、产业结构(尤其工业产值比重)、就业结构、工业内部结构、人口城乡分布等方面对工业化进行综合评价。本章选择人均 GDP(以 2010 年美元为可比价)、产业产值结构(第一产业增加值比重、第二产业增加值比重、第三产业增加值比重)、第一产业就业占比、城镇化率作为具体评价指标。工业化指数的计算过程如下：

(1) 指标数据获取。全国及各省数据来自 Wind 数据库、国家统计局网站、WDI 数据库，其中河北、吉林、西藏等个别省份 2018 年及黑龙江 2011—2013 年第一产业就业占比数据缺失，通过趋势推算得到；各省人均 GDP(以 2010 年美元为可比价)基于全国人均 GDP 与 Wind 数据库里中国 2010 年美元计价的人均 GDP 折算系数得到。

(2) 指标阶段判断。参考黄群慧(2013)，对全国及各省指标对应的工业化阶段进行判断。其中，工业化前期、中期、后期及后工业化阶段分别标记为 1、2、3、4。

（3）指标无量纲化。针对指标特点，通过下面分段计算公式进行指标无量纲化：

$$\begin{cases}\theta_{lk} = (S_{lk} - 1) \cdot 33 + (X_{lk} - \min_{lk})/(\max_{ks} - \min_{ks}), & (S_{lk} = 1,2,3) \\ \theta_{lk} = 100, & (S_{lk} = 4)\end{cases} \tag{9-1}$$

式(9-1)中，l、k 分别代表第 l 个地区、第 k 个指标；θ_l 即 l 地区 k 个指标的值；S_{lk} 为 l 地区 k 个指标所处的阶段；$\min_{ks}$、$\max_{ks}$ 分别为 k 指标在 S 阶段的最小参考值、最大参考值。

（4）指标权重确定。结合陈佳贵等(2006)通过层次分析法测算的指标权重、相关文献(中国经济增长与宏观稳定课题组，2009)及专家意见，确定人均 GDP(以 2010 年美元为可比价)、产业产值结构、第一产业就业占比、城镇化率的权重分别为 0.40、0.25、0.25、0.10。

（5）加权合成工业化综合指数。根据计算出的工业化综合指数得分划分工业化阶段，指数值在 1～33 为工业化前期，在 34～66 为工业化中期，在 67～99 为工业化后期，在 100 及以上为后工业化阶段。

从全国来看，工业化综合指数超过 95，表明中国已处在工业化后期阶段。从各省来看，东部沿海除海南外的其他各省及西部的重庆均已基本完成工业化，进入后工业化阶段；东北三省、中部六省和西部的陕西、内蒙古、宁夏、青海以及河北处在工业化后期阶段；其余八省(均为西部省份)尚处在工业化中期阶段。表 9-1 是 2018 年各省份工业化综合指数。

表 9-1　2018 年全国 31 个省份工业化阶段判断

省份	指数	阶段	省份	指数	阶段	省份	指数	阶段
北京	140.4	4	湖北	82.4	3	河南	67.9	3
上海	140.3	4	吉林	82.3	3	海南	67.9	3
天津	140.1	4	陕西	77.3	3	四川	59.7	2
浙江	112.9	4	宁夏	77.1	3	新疆	59.5	2
广东	112.2	4	青海	76.7	3	广西	56.2	2
江苏	105.4	4	山西	76.3	3	贵州	55.8	2
福建	103.7	4	江西	71.4	3	云南	55.7	2
重庆	102.7	4	黑龙江	70.0	3	甘肃	55.5	2
山东	100.1	4	湖南	68.5	3	西藏	50.9	2
内蒙古	98.3	3	河北	68.3	3			
辽宁	85.6	3	安徽	68.0	3			

二、电力弹性系数与工业化阶段的关系

产业结构和用电结构的不对称性对电力弹性系数影响很大。改革开放以来，中国第二产业用电量占全社会用电量的比重长期在 68%以上，而其增加值占 GDP 的比重仅为 39%～48%；第三产业用电量占全社会用电量的比重不到 17%，但其增加值比重已由 1978 年的 25%上升到 2019 年的 54%；第二产业产值电耗是第三产业的 5～9 倍。因此，产业结构调整对用电量增速的影响要远远大于对经济增速的影响。例如，2000—2007 年，第二产业增加值占 GDP 的比重持续提高，电力消费增速远远快于经济增速，第二产业电力弹性系数大于 1，导致全社会电力弹性系数也大于 1；2012 年以后，第二产业增加值占 GDP 的比重持续下降，第二产业电力弹性系数下降到 0.61，尽管第三产业电力弹性系数大于 1，但全社会电力弹性系数也回落至 0.74。由此看出，第二产业对电力弹性系数的影响最大，1987 年以来第二产业电力弹性系数的走势与全社会电力弹性系数的走势高度吻合。图 9-3 是全社会和三大产业电力弹性系数的变化走势。

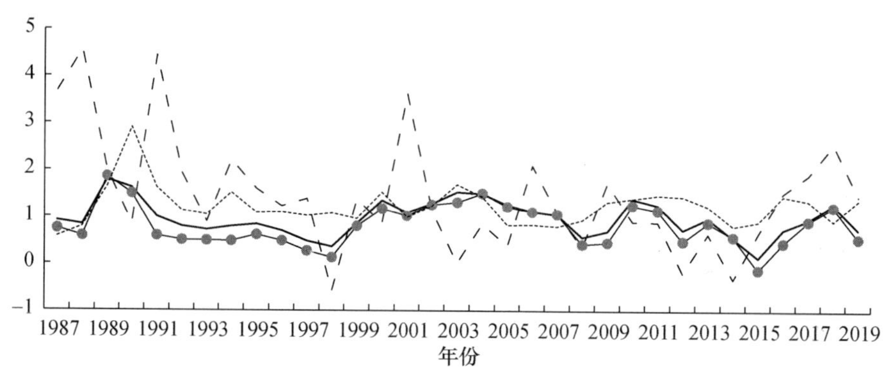

图 9-3 全社会和三大产业电力弹性系数的变化情况

随着工业化进程的推进，各地区电力弹性系数也经历了先上升后下降的过程。通过对 1990 年以来全国 31 个省份（除港澳台地区）工业化进程中各阶段电力弹性系数变化的分析发现，在工业化前期和中期阶段，电力弹性系数普遍偏高，工业化中期多数省份的电力弹性系数大于 1；在工业化后期和后工业化阶段，电力弹性系数逐渐下降，多数省份的该项数据小于 1。具体来看，在工业化前期阶段，约 60%的省份的电力弹性系数小于 1；在工业化中期阶段，约 62%的省份的电力弹性系数大于 1；在工业化后期阶段，约 74%的省份的电力弹性系数小于 1；在后工业化阶段，约 89%的省份的电力弹性系数小于 1。工业比重较大的省份如新疆、青海、宁夏、内蒙古等，其工业化中期阶段的电力弹性系数要远远大于 1，高于其他省

份。图 9-4 是 1990 年以来各省份不同工业化阶段工业化综合指数与对应的电力弹性系数的散点图。其中，9 个省份经历 2 个阶段；16 个省份经历 3 个阶段；6 个省份经历 4 个阶段，共形成 90 个散点。

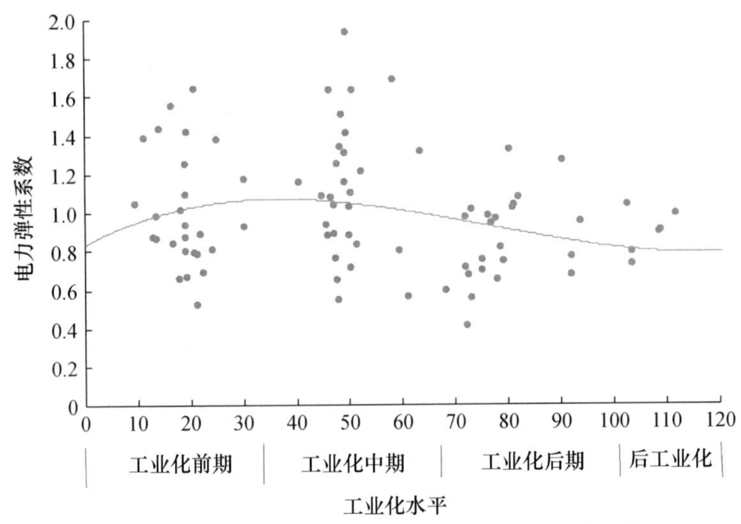

图 9-4　1990 年以来各省份电力弹性系数与工业化阶段的关系

注：采用各省份不同工业化阶段的中长期电力弹性系数，不是年度电力弹性系数。

国际经验显示，工业增加值占 GDP 的比重对电力弹性系数的影响很大；随着工业增加值比重的下降，电力弹性系数呈明显下降趋势。根据对 1960 年以来美国、日本、韩国的数据分析可知：美国、日本工业增加值比重不断下降，电力弹性系数也出现大幅下降；韩国工业增加值比重先提高后保持相对稳定，电力弹性系数相对较高，各阶段均在 1.0 以上。表 9-2 列示了美国、日本、韩国在不同经济发展阶段的电力弹性系数。

表 9-2　美国、日本、韩国在不同发展阶段的电力弹性系数

	时间	工业比重（%）	电力弹性系数		时间	工业比重（%）	电力弹性系数		时间	工业比重（%）	电力弹性系数
美国	1960—1980 年	34	1.6	日本	1960—1975 年	42	1.3	韩国	1961—1980 年	25	1.7
	1981—2000 年	26	0.8		1976—2000 年	36	1.0		1981—1998 年	35	1.3
	2001—2018 年	21	0.2		2001—2018 年	28	−0.1		1999—2018 年	34	1.2

资料来源：世界银行 WDI 数据库（2019）、《帕尔格雷夫世界历史统计》（美洲卷以及亚洲、非洲和大洋洲卷）、IEA 及《韩国电力统计年鉴》（2006）。

注：工业比重是工业增加值占 GDP 的比重，为所对应阶段的平均值；时间段按照各国经济增长关键节点划分。

第五节 “十四五”期间中国电力弹性系数预测

一、影响因素分析

1. 国际经济形势

国际政治经济格局加快演变，全球产业链分工收缩调整。2020年，新冠肺炎疫情的全球大流行加速了世界百年未有之大变局。疫情后的世界虽不大可能会有根本性、颠覆性的不同，但疫情前就已存在的大国竞争加剧、全球合作受阻、地缘风险上升、民粹思潮蔓延等问题会变得更加明显，世界政治经济格局加快演变，中国与西方国家在制度、经贸等方面的摩擦增多，发展所面临的外部环境趋于更加复杂。此外，疫情还催化了全球产业链的分工调整，部分西方国家希望通过产业回流和技术封锁确保国家战略安全。在短期内，各国很难建立完整的供应链，中国作为世界工厂的地位难以被取代；但中长期内，中国发展面临的低端产业向外梯次转移、高技术产业被封锁打压的“双重困境”愈发严峻。

全球疫情影响短期内难以消除，将延续至“十四五”前期。2020年中国抗疫取得重大战略成果，欧洲部分国家疫情仍处于扩散蔓延状态。世界卫生组织（WHO）表示，全球疫情发展仍具有高度不确定性。综合来看，国内疫情对经济和用电的影响正在逐步消退，但国外疫情对中国经济和用电的影响仍在持续发展；疫情影响不会在短期内彻底消除，将延续至“十四五”前期。

2. 国内经济形势

“十四五”时期是“两个一百年”奋斗目标的历史交汇期，既要全面建成小康社会、实现第一个百年奋斗目标，又要乘势而上开启全面建设社会主义现代化国家的新征程，向第二个百年奋斗目标迈进。从国内来看，中国经济正处在转变发展方式、优化经济结构、转换增长动力的攻关期，经济发展前景向好，但也面临着结构性、体制性、周期性问题相互交织所带来的困难和挑战。依托庞大的消费市场和完整的产业体系，随着制度改革的不断深入以及技术发展的持续创新，中国经济增长的韧性和潜力还是很大。

（1）国内经济增速下台阶，进入高质量发展阶段。新冠肺炎疫情导致2020年中国经济增速下降，但不改变经济长期向好的局面，疫情结束后，中国经济将较快地恢复到潜在增长水平。从需求侧来看，“新基建”补短板、促创新将带动投资结构优化；收入水平提升、新型城镇化推进、社会保障体系不断完善将推动消费结构继续升级。从供给侧来看，我国产业结构持续升级，新兴行业持续较快发展，高耗能行业转型升级加快，产业新旧动能转换效果更加明显。

（2）新时代背景下社会主义现代化强国建设提速。当前中国社会的主要矛盾已经发生转变，标志着中国经济社会发展进入新时代。“十四五”是中国进入新时代后的重要起点，中国特色社会主义制度建设、国家治理体系和治理能力现代化必将全面加快推进，尤其是要加快现代化经济体系的建设，为新旧动能持续健康转换和经济高质量发展保驾护航。

（3）城乡融合发展加速促进资源要素的开放和流动。随着城市落户条件的放宽，“十四五”期间城镇化进程仍将以年均增长1个百分点左右的速度上升，2025年城镇化率预计超过67%，常住人口城镇化率与户籍人口城镇化率的差距继续缩小。同时，实施乡村振兴战略、加快城乡公共服务均等化、加速城乡融合发展、促进各要素流动将是经济协调发展的重要方面。

（4）市场化深度改革进一步释放经济增长活力。市场化深度改革仍将是中国“十四五”时期经济的主要变量，预计更加聚焦产业链竞争力、微观主体活力等涉及长远发展的重大问题，以扩大内需、打造高水平开放格局、推动结构性改革为目标，在要素市场化、产权制度、税费制度、市场竞争规范等方面改革创新，打造良好的营商环境以进一步释放经济增长活力。

（5）收入水平将由中等收入偏上迈向高收入水平。根据中国社会科学院的测算，预计在2021—2025年的五年期间，中国人均收入水平将超过12 600美元，进入世界银行标准划定的高收入国家之列。随着中等收入群体的持续扩大，消费将成为拉动经济增长的重要因素，个性化、多样化的发展型和服务型消费渐成主流。

（6）投资呈现结构性优化，高技术产业和“新基建”投资更加突出。房地产投资将回归合理水平，高技术产业和“新基建”是更加有效的投资领域。新能源、新材料、节能环保、生物医药、信息网络、高端制造业、新能源汽车、物联网等战略性新兴产业，逐渐成为中国新的经济增长点，产业投资将继续在这些产业聚集。基础设施投资的可延续性在于持续的“补短板”投资。此外，5G基站建设、特高压、城际高速铁路和城市轨道交通、新能源汽车充电桩、大数据中心、人工智能、工业互联网等“新基建”将成为稳定中国经济并实现经济增长的新动力、新引擎。

（7）消费结构持续升级，多样化、个性化的消费需求对经济增长的拉动作用快速显现。随着收入的不断提升，中国居民消费结构将持续从生存型向发展型拓展。中国经济增长动能将越来越转向内需增长，多样化、个性化消费对经济增长的拉动作用更加凸显。随着中国社会保障体系和再收入分配机制的完善，老年人、低收入者和失业者等社会弱势群体的购买力将得到提升。预计绿色消费将成为“十四五”期间的消费主题，信息需求膨胀并成为消费的重要内容，新型文化消费日益受到重视，健康消费和闲暇消费水平将会显著上升，耐用品消费升级换代加快，为相关产业的发展提供了广阔空间。

（8）出口对经济的整体拉动作用减弱，对欧美的出口依赖减弱，但与周边区域的经贸合作将加强。2008年全球金融危机以来，中国对外贸易依存度总体下降。

尽管对外贸易依存度持续下降，但中国对外贸易结构将不断升级，在国际贸易中的地位将不断提升，并逐步向国际产业链分工的上游移动。新一轮科技革命的兴起将重塑全球产业分工体系和贸易格局，中国出口产品实现高科技含量和高附加值的结构转型。国际经济形势的波动影响中国的出口表现，中美贸易摩擦仍将持续并对中国出口贸易造成负面影响。未来，中国对欧美的出口依赖将逐步减弱，更重视与周边区域的经贸合作。

(9) 中国将向工业化后期迈进，产业结构持续优化升级。中国低端产业向外转移，新一轮科技革命推动新兴技术产业兴起和产业融合，新经济类型及占经济比重增加，高质量发展要求给产业结构调整形成积极导向，市场化深度改革有助于破除产业发展中长期存在的结构性、体制性问题。中美贸易摩擦主要影响中国电子设备制造业、交通运输设备制造业、金属制品业等高技术产业。在我国加快构建以国内大循环为主体、国际国内双循环相互促进的新发展格局的趋势下，国际贸易摩擦不会阻断我国产业结构升级的步伐。

(10) 高耗能行业主要产品产量增速回落，但行业转型升级趋势加快。“十四五”期间，受经济增长逐步放缓、产业结构加速调整等因素影响，钢铁、有色、建材、化工四大高耗能行业的主要产品需求将放缓甚至负增长。但同时，高质量发展成为行业未来主旋律，通过淘汰落后产能、实施高端技术改造、壮大产业集群，高耗能行业转型升级趋势明显。预计 2025 年，粗钢、水泥、电解铝、化肥年产量分别为 9.5 亿吨、20.3 亿吨、3 792 万吨、5 709 万吨，“十四五”年均增速分别为－1.5%、－2.5%、0.9%、1.5%，增速均较“十三五”年均增速有所回落。

(11) 战略性新兴产业持续较快发展，成为经济发展的主导力量。“十四五”期间，环保产业势必成为新的经济增长点，物联网、云计算、人工智能、产业互联网等新一代信息技术将得到突破发展，生物医药行业的规模将显著扩张，高端装备制造业受国际贸易摩擦影响将面临较大的不确定性，新能源行业将保持高质量发展，新材料行业产品升级步伐将加快，新能源汽车产销量将保持快速增长。预计“十四五”期间，新材料、生物医药行业增加值年均增速在 10%以上，节能环保、新一代信息技术、高端装备制造业、新能源行业增加值年均增速在 8%以上，新能源汽车产量年均增速在 20%以上。

3. 降温采暖电量

(1) 夏季降温电量快速增长，占全社会用电量的比重呈上升态势。近五年，中国夏季平均气温均高于常年水平，大范围、持续性极端高温拉动夏季降温电量增长。据测算，2015—2019 年，全国夏季(6—8 月)降温电量从 1 406 亿千瓦时升至 2 211 亿千瓦时，年均增长 12.0%，增速高出夏季全社会用电量年均增速 5.6 个百分点；降温电量占夏季全社会用电量的比重从 9.3%升至 11.4%，年均提升 0.5 个百分点;降温电量对夏季全社会用电量增长的年均贡献率达18.8%。2019年,夏季气温较常年同期偏高,但较上年同期偏低影响,降温电量有所下降(见图9-5)。

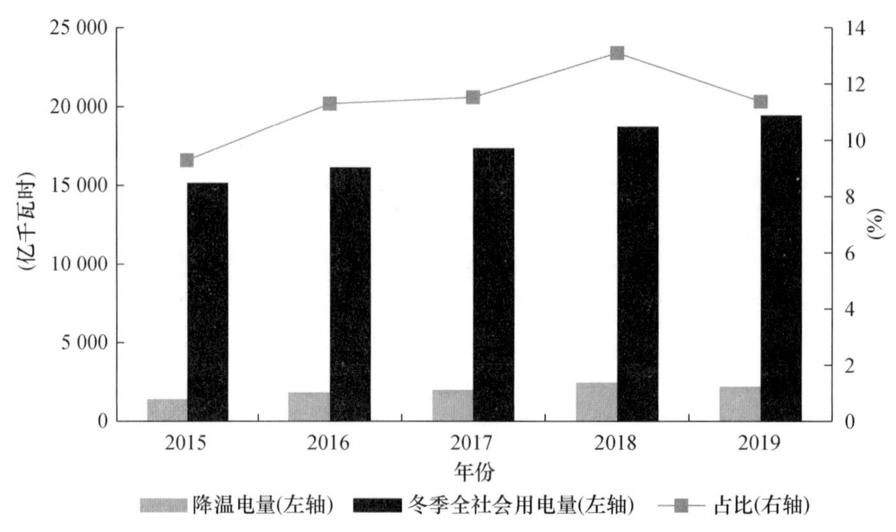

图9-5 近五年中国夏季降温电量及占全社会用电量的比重

(2) 采暖电量保持较大规模,是冬季全社会用电量增速波动的重要因素。近五年,采暖负荷在各月、各日之间因气候变化持续波动,但受电采暖政策推广、人民生活水平提升等因素影响,采暖电量呈现快速增长态势,对温度的敏感性不断增强,占全社会用电量比重也不断提高。据测算,2016—2019年,全国冬季(1—2月、12月)采暖电量从1 147亿千瓦时升至1 906亿千瓦时,年均增长为18.4%,增速高出冬季全社会用电量年均增速10.8个百分点;采暖电量占冬季全社会用电量的比重从7.9%升至10.5%,年均提升0.9个百分点;采暖电量对冬季全社会用电量增长的年均贡献率达21.0%(见图9-6)。

(3) "十四五"期间,降温采暖电量仍然是拉动全社会用电量增长的重要力量。"十四五"期间,建筑空调安装率有望进一步提高,人们对舒适度的追求推高空调使用率;收入增长或使降温用电对温度的敏感性提升,夏季降温电量还将进一步增长。考虑到电采暖政策仍处于加快推广阶段、居民电采暖需求仍未充分释放,冬季采暖电量还有较大刚性的增长空间,冬季采暖电量占冬季全社会用电量的比重将继续提升。

4. 电能替代

(1) 近年来,我国电能替代电量呈逐年上升态势,对全社会用电量产生了较大的拉动作用。以国家电网经营区为例,2013年,国家电网有限公司提出"两个替代"发展战略,即能源开发实施清洁替代,能源消费实施电能替代。2014—2020

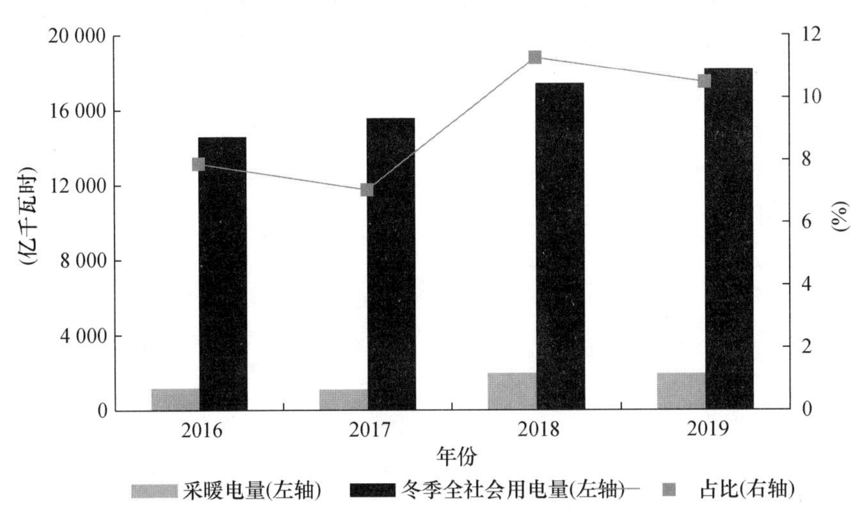

图 9-6 近五年中国冬季采暖电量及占冬季全社会用电量的比重

年,国家电网经营区电能替代电量由 503 亿千瓦时升至 1 938 亿千瓦时,年均增长 25.2%;电能替代占国家电网经营区全社会用电量的比重由 1.2%升至 3.3%,年均提升 0.4 个百分点;电能替代电量对全社会用电量增长的贡献率保持在 30%以上(见图 9-7)。

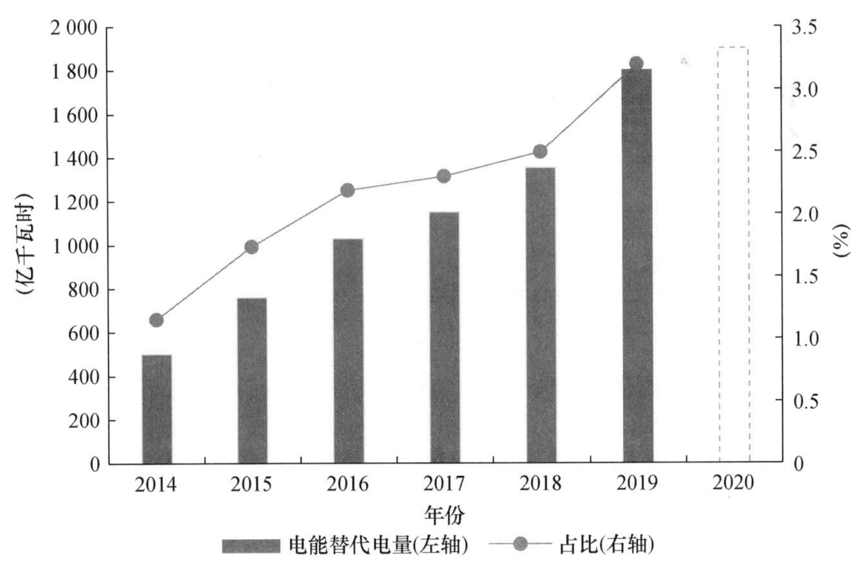

图 9-7 2014 年以来国家电网经营区电能替代电量及占全社会用电量的比重

(2)"十四五"期间,电能替代电量仍保持较大规模,但替代规模较"十三五"期间下降。经过多年的市场拓展，较为容易实现电能替代的领域已经基本替代，电能替代规模不断上升。但受政府补贴支撑力度不足、电能替代设备初始投资大且应用周期长、配套电网投资回收压力大等因素的影响，电能替代进入深水区，拓展电能替代广度和深度的难度加大。预计“十四五”期间，国家电网经营区电能替代电量仍将保持较大规模，但替代电量较“十三五”时期将有所下降。

二、中国经济增长趋势预测

2020年是“十三五”规划的收官之年，也是全面建成小康社会的决胜之年，但突如其来的新冠肺炎疫情对中国经济社会带来了前所未有的影响。当前国内新冠肺炎疫情蔓延势头已得到遏制，疫情对中国经济的短期冲击逐渐消退。但全球范围内新冠肺炎疫情的蔓延势头仍然持续，全球经济衰退已成定局。

2020年，我国政府加大宏观政策逆周期调控力度，出台各项“六稳”“六保”工作举措，以有效应对新冠肺炎疫情影响，促进经济社会平稳运行。2020年《政府工作报告》提出，积极的财政政策要更加积极有为，稳健的货币政策要更加灵活适度。2020年赤字率拟按3.6%以上安排，财政赤字规模比上年增加1万亿元，同时发行1万亿元抗疫特别国债；大力优化财政支出结构，基本民生支出只增不减，重点领域支出要切实保障，一般性支出要坚决压减；综合运用降准降息、再贷款等灵活手段，引导广义货币供应量和社会融资规模增速明显高于上年；创新直达实体经济的货币政策工具，推动企业便利获得贷款，推动利率持续下行。综合国内外权威机构的判断，预计2020年中国GDP增长2.2%左右。根据国内主要机构的判断，“十四五”期间中国经济潜在增长率在5.5%左右，经济增速将处于5.1%～5.8%的区间。但这些预测结果均未考虑疫情对2020年的负向冲击造成2021年经济增速可能大幅反弹。若考虑疫情对2020年中国经济增速的影响，“十四五”期间中国经济增速将略高于现有预测结果。综合上述诸因素的影响，在参考上述机构预测结果的基础上，预计2021年GDP增速回升至8.0%左右，“十四五”期间年均增速在5.5%～6.0%。

三、中国电力需求增长趋势预测

新冠肺炎疫情对2020年中国电力需求产生了较大影响，但“十四五”期间中国电力需求仍有较大的增长空间。2020年，考虑到国内外疫情对中国经济的影响、国家“六稳”“六保”政策、电能替代及气候气温等因素，应用国家电网公司电力供需研究实验室的相关模型，预计2020年全国全社会用电量达到7.5万亿千瓦时，比上年增长3.1%。“十三五”期间，全国电力弹性系数为0.97。2021年，受上年基数影响，全社会用电量增速预计将大幅反弹，达8.0%～10.0%；“十四五”后四年，用电量增长恢复常态，处于3.0%～4.6%的区间；“十四五”期间，用电量年均增速处于3.9%～5.5%的区间，2025年中国全社会用电量将达到9.1万亿～

9.8 万亿千瓦时，中方案增速为 4.6%。

四、中国电力弹性系数预测

中方案下，“十四五”期间，全国电力弹性系数为 0.79，略低于 2010—2019 年的水平，与中国处于工业化后期发展阶段相吻合。通过电力弹性系数的校核，说明“十四五”期间电力需求预测结果符合中国经济发展阶段特征。

第六节　结　　语

电力弹性系数是用以表征电力消费与经济增长之间关系的指标，由于第二产业具有用电量比重大、产值单耗高等特征，全社会电力弹性系数与第二产业电力弹性系数关联性强。在工业化中期阶段，各地区电力弹性系数普遍较高，之后出现明显下降；工业比重大的省份电力弹性系数比较高。

“十四五”期间，中国仍然处于工业化后期阶段，经济实现高质量发展，电力需求将保持中高速增长，2025 年中国全社会用电量将达到 9.1 万亿～9.8 万亿千瓦时，全国电力弹性系数在 0.79 左右，与中国工业化后期发展阶段相吻合。

第四篇 人口与经济

第十章　人口负债与中国经济增长

改革开放以来，中国经济实现了高速增长，充足的劳动力为中国经济增长提供了强大的动力，人口作为基本变量因素直接影响着社会经济发展；劳动力、资本存量、技术进步作为经济增长的源泉，都随着人口年龄结构的改变而发生变化。在人口转变的第一阶段，死亡率下降先于出生率下降发生，容易出现人口年轻化趋势，少年抚养比上升，这一时期会出现人口负债；第二阶段，出生率下降的同时人口老龄化速度比较缓慢，少年抚养比和老年抚养比都比较低[①]，劳动力供给充足，这一时期会出现人口红利，也就是人口年龄结构处在最富有生产性的阶段；第三阶段，人口老龄化的速度快于出生率下降的速度，老年抚养比快速上升，这一时期又会出现人口负债，也就是人口转变超过了人口红利阶段，人口年龄结构因老龄化而不再富有生产性[②③]。但值得注意的是，第一阶段的人口负债是由新生儿增加造成的，可以看作对未来人力资本的投资，而第三阶段的人口负债是由老龄化造成的，也是真正意义上的人口负债。因此，基于人口负债的内涵以及中国面临人口老龄化的现实背景，本章讨论的“人口负债”主要是基于人口老龄化造成的负债。

目前，中国人口老龄化和劳动力短缺已经是学术界的共识，本章试图分析中国的劳动力和人口年龄结构与中国潜在经济增长率之间的关系，从而回答以下问题：第一，中国最近四十多年的经济增长中，劳动力的贡献有多大？所谓的人口红利有多重要？第二，人口年龄结构对技术进步率和资本增长率有何影响？此前四十多年的经济增长中，科技进步和资本增长与人口年龄结构有没有关系？今后的老龄化会如何抑制中国的科技进步和资本增长？第三，在对上述问题分析的基础上，讨论未来中国经济潜在增长率的变化，以及如何提高中国潜在经济增长率，并就老龄化现象提供政策建议。

---

① 老年抚养比为老年人口数与劳动年龄人口数之比；少年抚养比为少年人口数与劳动年龄人口数之比。

② 蔡昉，《人口转变、人口红利与刘易斯转折点》，《经济研究》，2010 年第 4 期，第 4—13 页。

③ 陈友华，《人口红利与人口负债：数量界定、经验观察与理论思考》，《人口研究》，2005 年第 6 期，第 9—23 页。

第一节 人口现状及未来趋势

2019年6月17日，联合国经济和社会事务部发布的《2019年世界人口展望：重点》(*World Population Prospects 2019：Highlights*)认为，世界人口老龄化加剧，65岁及以上人口将成为增长最快的年龄组。目前，全世界约9%的人口超过65岁，而到2050年，这一比例将达到16%。报告指出，人口老龄化导致工作年龄段人口比例下降。人口老龄化已成为全球性问题，而中国正处在全球规模最大的老龄化过程中。2018年年末，中国总人口数达到13.95亿，人口增长率仅为0.52%，人口自然增长率仅为0.381%，总和生育率持续走低(中国的总和生育率自1993年以来已降至人口更替水平以下，长期低于2.1)。2018年年末，中国育龄妇女人数约为3.46亿，较2017年减少约700万；劳动力人口数量为8.97亿，较2017年减少470万，首次跌破9亿劳动力人口大关，劳动年龄人口数占总人口数的比重为64.3%，低于2017年的64.9%。随着生活水平的提高和医疗水平的提高，人口平均预期寿命从2017年的76.7岁提高到2018年的77.0岁，截至2018年年底，中国65岁及以上人口数量达到1.67亿，占总人口数的比重为11.9%。① 育龄妇女人数减少、结婚意愿逐渐减弱导致新生儿出生率持续降低，死亡率、生育率持续下降以及劳动力减少都直接导致老年人口数占比逐年增加、劳动力人口数占比减少、人口老龄化程度不断加深。

关于中国人口峰值的预测，易富贤和苏剑分三种方案对中国未来人口进行了预测，结果表明在低、中、高三种方案下，总人口分别在2017年、2019年、2020年达到12.91亿、12.94亿、12.99亿的峰值后开始出现负增长，2050年人口只有10.3亿、10.8亿、11.1亿，2100年人口只有3.6亿、4.8亿、5.9亿。② 苏剑在接受采访时也曾表示中国的总人口数量不可能超过14亿。③

第二节 人口红利与人口负债对经济增长的影响

一、人口红利对经济增长的贡献

1997年，安德鲁·梅森(Andrew Mason)在研究东亚奇迹时，最早提出人口红利的概念，并指出人口年龄结构因素对日本、韩国等国的东亚奇迹的发生起到了

① 数据来源于中国国家统计局。

② 易富贤、苏剑，《中国人口政策应改弦易辙》，《中国经济报告》，2017年第3期，第26—28页。

③ 苏剑，《中国总人口数不可能超过14亿》，《时代财经》，https://tfcaijing.com/article/page/e548fdc060f9587001612215f7c57a0d，访问时间：2018年1月24日。

重要的作用。[①] 1998 年,大卫·E. 布鲁姆(David E. Bloom)等明确提出将东亚地区"中间大、两头小"的人口年龄结构视为人口红利。[②] 同年,联合国人口基金会(UNFPA)正式使用人口红利(Demographic Bonus)这个词[③],此后,人口红利的概念逐渐被学术界认可。诸多学者从不同的角度定义了人口红利,但是基本上都认同人口红利是人口年龄结构变化带来的机遇期。1998 年,杰弗里·G. 威廉森(Jeffrey G. Williamson)指出在东亚奇迹过程中,东亚地区实现了年均 6.1%的经济快速发展,人口结构转变对实现东亚奇迹起到了重要作用,在此过程中人口抚养比降低这一因素对东亚地区经济增长的贡献率高达 25%～33%。[④] 2005 年,蔡昉和王德文以人口抚养比作为人口红利的代理指标,研究结果显示中国在 1982—2000 年,人口红利对人均 GDP 增长率的贡献为 26.8%[⑤],基本达到了东亚奇迹过程中人口红利对经济增长的贡献率。2008 年,王丰与梅森同样以人口抚养比作为人口红利的代理指标,研究分析得出中国在 1982—2000 年,人口红利对中国经济增长的贡献为 15%。[⑥] 然而,由中国的发展经验可知,人口抚养比这一变量并不能完全涵盖人口红利对于经济增长的作用,实际上,人口红利几乎会影响所有的经济增长源泉;人口结构转变在影响抚养比的同时,也会通过影响劳动力供给、技术进步与资本增长等来影响经济增长率。

自改革开放以来,中国发生了较大的人口结构变化,人口抚养比下降,劳动年龄人口数量增长较快,据国家统计局的数据显示,中国 15 岁～64 岁人口由 1990 年的 7.6306 亿增至 2018 年的 9.9351 亿,增长了约 30.2%,使得劳动力供给充足。这主要体现在劳动力数量增加对经济增长的贡献率之中。西蒙·库兹涅茨(Simon Kuznets)研究发现,主要的先行工业化国家劳动占国民收入的比重普遍经历了比较明显的上升趋势,其中,英国劳动力要素创造的收入占国民收入的比

---

① Andrew Mason, "Population and Asian Economic Miracle", *Asian-Pacific Population & Policy*, No. 43 (October1997): 1—4.

② David E. Bloom and Jeffrey G. Williamson, "Demographic Transitions and Economic Miracles in Emerging Asia", *World Bank Economic Review*, 12, No. 3 (1998): 419—455.

③ United Nations Population Fund, "The State of World Population 1998", 1998: 7.

④ Jeffrey G. Williamson, "Growth, Distribution, and Demography: Some Lessons from History", *Explorations in Economic History*, 35, No. 3(1998), 241—271.

⑤ Cai Fang and Dewen Wang, "Demographic Transitions: Implications for Growth", in *The China Boom and Its Discontents*, ed. Ross Garnaut and Ligang Song(Canberra: Asia Pacific Press, 2005), 34—52.

⑥ Wang Feng and Andrew Mason, "The Demographic Factor in China's Transition", in *China's Great Economic Transformation*, ed. Loren Brandt and Thomas G. Rawski (Cambridge: Cambridge University Press, 2008), 136—166.

重由19世纪60年代的不足50%逐渐提高到1960年的70%，美国劳动力要素创造的收入占国民收入的比重由1899—1908年的54%提高到1954—1960年的69%。① 与以上国家相比，中国由于工业化水平相对较低，使得劳动力的弹性系数相对较低。蔡昉和王德文基于中国1982—1997年的省级数据，实证检验发现中国劳动力的弹性系数为0.465，这表明就业劳动力数量增加1%，将使产出增加0.465%。② 谢千里(Gary H. Jefferson)等学者基于1998年和2005年中国所有规模以上工业企业，即全部国有和年主营业务收入在500万元及以上的非国有工业法人单位的数据，实证研究发现劳动力的弹性系数为0.28～0.38。③ 李巨威等基于中国1985—2006年分省面板数据，实证发现劳动力的弹性系数为0.278～0.337。④ 中国经济增长前沿课题组研究发现，在施加报酬不变约束的条件下，中国劳动力的弹性系数由20世纪80年代中期的0.32上升到2011年的0.48。⑤ 当然这并不是说任何国家处在人口抚养比较低、劳动力供给充足的阶段都能带来经济的较快发展，对于中国经济快速发展的奇迹，学界也有不同的看法。总的说来，人口红利要在一定的条件之下才能对经济发展起到积极的促进作用，比如，劳动力参与率较充分、失业率较低，这样才能保证大部分适龄劳动人口参与生产劳动。

改革开放以来，中国城镇化水平逐渐提高，其速度在1995年前后更进一步提高，并且中国城镇人口数占总人口数的比重在2011年首次超过50%。⑥ 在城镇化的过程中，中国从以农业生产为主的社会，逐渐转向以第二产业与第三产业为主的非农业生产型社会。为了进一步直观展示劳动力投入与产业增加值之间的关系，接下来以第二产业与第三产业为例，通过图10-1形象展示了1978—2018年第二产业增加值增长率与第二产业就业人员增长率之间的变化情况；通过图10-2形象展示了1978—2018年第三产业增加值增长率与第三产业就业人员增长率之间的变化情况。图10-1、图10-2基本反映了第二、第三产业劳动力增长率与产出增长率之间的走势，由于劳动力投入数量增长能够促进产出增长，所以，长期而言，劳动力的增长方向与产出的增长方向基本一致。

---

① 西蒙·库兹涅茨，《现代经济增长：速度、结构与扩展》，北京：北京经济学院出版社1989年版，第140—187页。

② 蔡昉、王德文，《中国经济增长可持续性与劳动贡献》，《经济研究》，1999年第10期，第62—68页。

③ 谢千里(Gary H. Jefferson)、罗斯基(Thomas G. Rawski)、张轶凡，《中国工业生产率的增长与收敛》，《经济学》(季刊)，第7卷第3期(2008年4月)，第809—826页。

④ Kui-wai Li and Tung Liu, "Economic and Productivity Growth Decomposition: An Application to Post-reform China", *Economic Modelling*, 28, No. 1—2 (2011): 366—373.

⑤ 中国经济增长前沿课题组，《中国经济长期增长路径、效率与潜在增长水平》，《经济研究》，2012年第11期，第4—17、75页。

⑥ 数据源于中国国家统计局。

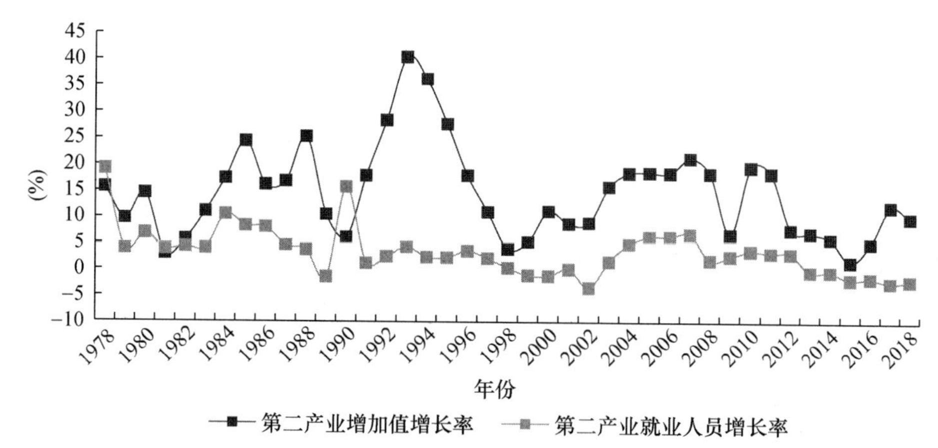

图 10-1　第二产业增加值增长率与第二产业就业人员增长率

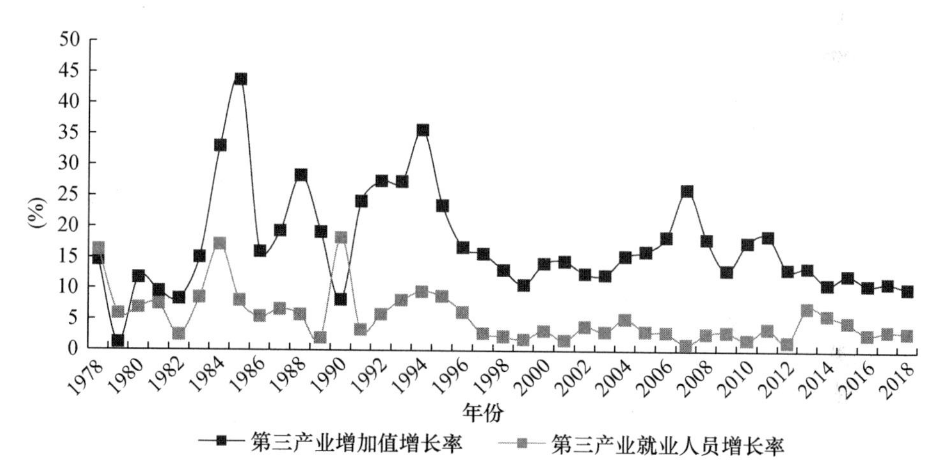

图 10-2　第三产业增加值增长率与第三产业就业人员增长率

二、人口老龄化对技术进步的影响

本章认为,虽然人口老龄化在某些方面存在促进技术进步的可能性,但整体而言,人口老龄化阻碍技术进步的作用可能会更大。技术进步是影响经济增长的重要因素,人口老龄化又必然影响技术进步,学术界关于技术进步促进经济增长的观点已经达成共识,但是对于人口老龄化影响技术进步的方向仍存在争议。一部分观点认为,高龄劳动者经验丰富、技能掌握扎实、对工作的熟练程度高,相较于年轻劳动者会更加促进技术进步,比如:本杰明 · F. 琼斯(Benjamin F. Jones)通过分析诺贝尔奖获得者和著名发明家的数据发现,在 20 世纪,获得诺贝尔奖和取得重要创新发明的人的年龄大约提高了六岁,这一趋势与劳动力老化是一致的，早期的人力资本投资、学习技能、理论、前人的研究成果都是创新发明产生的必要组成部分，因此，高龄劳动者相较于年轻劳动者更能够促进技术进步。[①]

一部分观点认为，人口老龄化会导致接受新技能的能力减弱，从而阻碍技术进步，比如：莎拉·J.查娅(Sara J. Czaja)认为随着劳动者年龄的增长，其运动技能也会随之产生变化，包括反应时间较长、持续运动的能力降低、丧失协调性、失去灵活性；同样，与年龄相关的认知能力的下降对技术进步也有影响，工作记忆的衰退导致老年人很难学习新的概念、技能，或者回忆复杂的操作程序，注意力下降可能使老年人在工作上很难集中精力，这些与年龄相关的认知能力都会对技术进步产生负面影响[②]；郭凯明等认为人口转变不利于个人提高创新能力，并利用中国30个省(直辖市、自治区)2001—2010年的数据，检验了人口转变对企业家精神的影响，结果表明，老年抚养比每提高1个百分点，发明专利申请量将下降6%左右，由此得出中国人口老龄化不利于企业家精神的形成，对企业家的创新和创业精神都有显著的负向作用[③]；姚东旻等基于2003—2012年中国各省份的面板数据，利用动态面板模型和系统广义矩方法，分析了老龄化对科技创新水平的影响，结果表明，老龄化对科技创新水平具有显著的负面影响[④]。

还有一部分观点认为，劳动力的年龄结构与技术进步之间呈倒U形关系，即当劳动者比较年轻时，其创新能力也比较弱，而随着劳动者年龄的增长，其创新能力也随之增强，但是，当劳动者达到一定年龄时，其创新能力达到顶峰，之后随着劳动者年龄的增长，其创新能力逐渐减弱，也即劳动力的年龄结构与企业员工的创新能力之间呈倒U形关系，企业员工的创新能力很大程度上决定了企业的技术进步水平，因此，劳动力的年龄结构与技术进步之间呈倒U形关系。比如：卢茨·施耐德(Lutz Schneider)认为发达经济体经济增长本质上是由创新能力推动的，为了回答劳动力老龄化趋势是否会影响这些经济体的创新能力，作者基于德国雇主—雇员数据库，实证检验了企业创新潜力具有明显的年龄效应，劳动者年龄与企业创新之间呈倒U形关系，即越是年轻或越是年长的劳动者，其创新能力越弱，而处在青壮年时期的劳动者，其创新能力最强，而企业员工在40岁时达到创新能

---

① Benjamin F. Jones, "Age and Great Invention", *Review of Economics and Statistics*, 92, No. 1 (2010): 1—14.

② Sara J. Czaja and Chin Chin Lee, "The Impact of Aging on Access to Technology", *Universal Access in the Information Society*, 5, No. 4(2007): 341—349.

③ 郭凯明、余靖雯、龚六堂，《人口转变、企业家精神与经济增长》，《经济学》(季刊)，2016年第3期，第989—1010页。

④ 姚东旻、宁静、韦诗言，《老龄化如何影响科技创新》，《世界经济》，2017年第4期，第105—128页。

力峰值。[①] 詹姆斯·法伊雷尔(James Feyrer)利用 OECD 成员 1960—1990 年的数据,证实了劳动力年龄结构与技术进步之间呈倒 U 形关系,实证结果表明劳动力年龄处在 40 岁～49 岁时,TFP(技术进步率)处在峰值,当劳动力年龄超过 50 岁时,年龄对技术进步存在负效应。[②] 琼斯等的研究也表明,科学家创造力峰值的年龄分布在 40 岁～45 岁,因此,人口老龄化会不利于科学家创新精神和创造力的发挥,进而阻碍技术进步。[③]

本章支持后两种观点,因为第一种观点的成立必须基于一定的条件之上,也就是对劳动者的年龄限制,年长的劳动者相较于年轻的劳动者在经验、技能掌握、熟练程度等方面一定是更有优势的,但是当劳动者的年龄增长到一定程度,这些优势会随着身体状况等生理自然规律而逐渐消失,也就是说,高龄劳动者优越的劳动技能只能体现在有限的劳动年龄区间,而一旦超过普遍意义上的劳动年龄(65 岁),老年人的反应速度、身体机能、劳动动机以及创新能力的减弱将大大抵消掉他们曾经积累的工作经验。小罗伯特·E. 卢卡斯(Robert E. Lucas, Jr.)的"干中学"(Learning-by-doing)理论认为,"干中学"效应将促进技术进步[④],但是随着劳动者年龄的增长,当劳动者达到一定年龄时,年龄老化会大大削弱"干中学"积累的经验。人口理论的数量一质量替代原理认为,随着经济发展水平的提高,人们的生育意愿逐渐降低,人口预期寿命逐渐延长,考虑到未来收益,每个家庭会更加重视子女教育的投入,进而提高人力资本投资,这在一定程度上能缓解人口老龄化对技术进步的抑制作用。[⑤] 从国际经验来看,日本是世界上人口老龄化最严重的国家,其老年人口占比也位居世界第一,2018 年,日本 65 岁及以上人口占比达到 27%。直广雄川预言,人口老龄化将对日本的技术进步产生不利影响,20 世纪 90 年代以来日本经济陷入衰退与日益严重的人口老龄化有相当大的关联,到 21 世纪初期日本经济增长率已降到 1%,甚至出现了零增长现象。[⑥] 诸多研究表明,人口老龄化是日本经济陷入二十年停滞的重要原因。

---

① Ludt Schneider, "Alterung und Technologisches Innovationspotential", *Zeitschrift für Bevölkerungs Wissenschaft*, 2008: 33, 37—54.

② James Feyrer, "Demographics and Productivity", *The Review of Economics and Statistics*, 89, No. 1 (2007):100—109.

③ Benjamin Jones, E. J. Reedy, and Bruce A. Weinberg, "Age and Scientific Genius", NBER Working Paper, No. 19866(January 2014):1—51.

④ Robert E. Lucas, Jr., "On The Mechanics Of Economic Development", *Journal of Monetary Economics* 22, No. 1(1989):3—42.

⑤ Gary S. Becker and H. Gregg Lewis, "On the Interaction between the Quantity and Quality of Children", *Journal of Political Economy*, 81, No. 1—2(1973):279—288.

⑥ 李仲生,《人口经济学》,北京:清华大学出版社 2009 年版,第 198—211 页。

三、人口老龄化对资本增长的影响

人口老龄化会拉低国内储蓄率,因为一般而言,老年人的消费大于生产,因此老年人以消费为主,储蓄能力较弱,国内储蓄率下降使得可投资的资金减少,最终导致资本增速放缓。易富贤指出随着老年人口数的增加,日本的国内储蓄率、投资率分别从1991年的36%、34%降至2016年的25%、24%。中国目前的年龄结构非常类似于1992年的日本。中国的国内储蓄率已从2010年的52%降至2017年的47%,投资率则从2013年的47%降至2017年的44%。可见,中国的人口老龄化同样导致国内储蓄率和投资率的下降。

弗兰科·莫迪利安尼(Franco Modigliani)和R.布伦贝格(R. Brumberg)于1954年提出的生命周期假说认为,个人的消费行为和储蓄行为是年龄的函数,个人在一生中的每个年龄段对消费和储蓄进行最优配置:少年时期只有消费行为,没有储蓄;青壮年时期出于抚育子女和未来养老的需要,个人储蓄会有所增加;而年老时期储蓄为负。同样,对于人口相对年轻或者老龄化程度较高的国家,通常其储蓄率水平相对较低;而对于处于适龄劳动阶段的国家,其储蓄率水平则相对较高。[①] 1969年,纳撒尼尔·H.莱夫(Nathaniel H. Leff)最早实证检验了包括发达国家和欠发达国家在内的74个国家的人口老龄化对储蓄率的影响,认为人口老龄化对储蓄率有显著的负面影响。[②] 2000年,诺曼·洛艾萨(Norman Loayza)等基于150个国家的跨国面板数据,并使用广义矩方法,发现老年抚养比每上升1%会使得私人储蓄率与总储蓄率分别降低0.7%与0.8%。[③]

后来陆续有很多学者也证实了人口老龄化对储蓄率的负效应,有的基于跨国截面数据或面板数据,有的基于时序数据,也有的基于微观调查数据,都得到了类似的结论。莫迪利安尼等于2004年的研究发现,改革开放以来中国的家庭储蓄率出现了爆炸式增长,到20世纪90年代初期,中国的个人储蓄率已经达到了惊人的水平,接近30%,峰值超过33%,而中国的人均收入水平却远远低于工业化国家的水平,该研究表明人口结构对储蓄率的波动有显著的影响;在毛泽东的领导下,一段时期内中国政府一直鼓励生育,直到20世纪70年代,中国政府开始关注人口增长问题,为了提高人们的经济福祉,开始实行计划生育政策,少年抚养比急剧下降,从20世纪70年代中期的0.96下降到21世纪初的0.41,这对储蓄率产生了

---

① Franco Modigliani and R. Brumberg, "Utility Analysis and the Consumption Function: An Interpretation of Cross-Section Data", in *Post Keynesian Economics*, ed. Kenneth K. Kurihara (New Brunswick, NJ: Rutgers University Press, 1954): 388—436.

② Nathaniel H. Leff, "Dependency Rates and Savings Rates", *American Economic Review*, 59, No. 5 (1969): 886—896.

③ Norman Loayza, Klaus Schmidt-Hebbel, and Luis Servén, "What Drives Private Saving across the World?", *The Review of Economics and Statistics*, 82, No. 2(2000):165—181.

深远影响。[①] 巴里·博斯沃斯(Barry Bosworth)等在 2007 年对全球范围内 85 个国家的数据进行分析,全部样本国家的实证结果表明,老年抚养比每上升 1%,会造成储蓄率下降 0.54%;老龄化对工业化国家的储蓄率影响相对较小,而对于拉丁美洲和亚洲国家的影响较大,其中亚洲国家老年抚养比每上升 1%,会使储蓄率下降1.19%。老龄化对投资的影响也得到了类似的结论,对所有样本国家的实证结果显示,老年抚养比每上升 1%,将使投资率下降 0.57%;老龄化对工业化国家的投资率影响相对较小,而对于拉丁美洲和亚洲国家的影响较大,其中亚洲国家老年抚养比每上升 1%,会使投资率下降 1.91%。[②]

但是,生命周期假说也遭到了一些质疑,诸多学者对生命周期假说进行了拓展,他们认为预期寿命延长会使劳动者预先增加储蓄,因此,老龄化对储蓄率的影响方向是不确定的。2003 年,布鲁姆、大卫·坎宁(David Canning)等学者将健康和寿命等要素纳入生命周期理论,并指出预期寿命的延长会导致每个年龄段的储蓄率上升,但是这种预期寿命效应只是暂时的,长期来看,老年人口数增加导致的负储蓄状态会抵消这种预期寿命效应。[③] 迈克尔·格拉夫(Michael Graff)等认为抚养比对储蓄率的影响符合生命周期假说,但是当劳动者预期自己寿命延长而增加储蓄,当然也和收入有关;同时他们也支持老年人口数增加导致的储蓄率下降会逐渐抵消预期寿命效应导致的储蓄率上升的看法。[④]

综上分析,本章支持生命周期假说。中国储蓄率一直偏高,这可能与中国人勤俭节约以及惯于做预防性储蓄有关,而近年来储蓄率持续下滑,或许与很多因素有关,如消费增加、理财产品丰富、社会保障逐渐完善,但是人口老龄化很可能是其中的重要因素之一,也就是人口老龄化拉低储蓄率,进而使得投资减少,最终导致资本增速放缓。总之,人口年龄结构变化会通过影响储蓄和投资进而影响经济增长。

四、人口负债对潜在增长率的影响

基于劳动力贡献与经济增长的关系,劳动力减少会拉低中国经济潜在增长率,本章预测未来的人口负债会通过降低劳动人口数量、阻碍技术进步、降低资本增速等方式,对中国潜在经济增长率产生负面影响。在 20 世纪 80 年代中后期,日

---

① Franco Modigliani and Shi Larry Cao,"The Chinese Saving Puzzle and the Life-Cycle Hypothesis", *Journal of Economic Literature*, 42, No. 1 (2004): 145—170.

② Barry Bosworth and Gabriel Chodorow-Reich, "Saving and Demographic Change: The Global Dimension", Working Paper, Center for Retirement Research at Boston College (February 2007).

③ David E. Bloom, David Canning, and Bryan Graham, "Longevity and Life-cycle Savings", *The Scandinavian Journal of Economics*, 105, No. 3(2003): 319—338.

④ Michael Graff, Kam Ki Tang, and Jie Zhang, "Demography, Financial Openness, National Savings and External Balance", KOF Working papers (2008).

本政府并没有认识到经济增长率与日本的人口结构变化相关，在人口结构发生变化后，日本政府还依然坚信其经济增长率能够维持之前的较高水平，与此同时，为了拉动内需、对冲与美国贸易战的影响，日本采取了宽松的货币政策和积极的财政政策，最终造成疯狂的房地产泡沫。中国应借鉴日本的经验教训，当人口结构发生变化，潜在经济增长率下降时，不应采取过度的刺激政策来促使经济维持短暂的繁荣。因此，深入研究人口负债对潜在经济增长率的影响，对于政府制定合理的货币政策和财政政策具有至关重要的参考作用。

潜在经济增长率由物质资本、劳动力、人力资本和全要素生产率共同决定，人口结构的变化通过直接和间接的途径影响以上因素。相关研究对中国未来经济潜在增长率进行了测算。例如，穆嘉（Carsten A. Holz）的研究预测中国 2020—2025 年的潜在经济增长率为 3.98%～13.51%。[①] 巴里·艾肯格林（Barry Eichengreen）等预测 2021—2030 年，中国的平均潜在经济增长率将为 5.0%～6.2%。[②] 据约翰逊（Åsa Johansson）等的研究预测，2020—2030 年中国的平均潜在经济增长率为 6.6%，2030—2060 年的平均潜在经济增长率为 2.3%。[③] 中国经济增长前沿课题组预测中国 2021—2030 年的潜在经济增长率为 5.4%～6.3%。[④] 庄巨忠等的研究指出，如果中国能够有效应对挑战，在 2020—2030 年中国将实现 6%的经济增长目标。[⑤] 兰特·普里切特（Lant Pritchett）等的研究指出，中国经历过经济高速增长的阶段后将回归至常态，中国 2020—2023 年的潜在经济增长率将降至 5.01%，2023—2033 年则降至 3.28%。[⑥]。

从已有文献来看，估算潜在经济增长率的方法主要包括生产函数法、HP 滤波法以及多变量状态空间法。一个国家人口负债期的最突出表现是劳动年龄人口的比重下降、老龄化问题越来越严重。为了更直观地考察劳动人口数量变化对潜在经济增长率的影响，本章参照周天勇、洛伦·勃兰特（Loren Brandt）等和中国经

---

① Carsten A. Holz, "China's Economic Growth 1978—2025: What We Know Today about China's Economic Growth Tomorrow", *World Development*, 36, No. 10(2006): 1665—1691.

② Barry Eichengreen, Donghyun Park, and Kwanho Shin, "When Fast Growing Economies Slow Down: International Evidence and Implications for China", Asian Economic Papers, 11, No. 1(2012): 78.

③ Åsa Johansson et al., "Looking to 2060: Long-term Global Growth Prospects", OECD Economic Policy Papers, No. 3(November 2012): 31.

④ 中国经济增长前沿课题组，《中国经济长期增长路径、效率与潜在增长水平》，《经济研究》，2012 年第 11 期，第 4—17 页、第 75 页。

⑤ Juzhong Zhuang, Paul Vandenberg, and Yiping Huang, "Growing beyond the Low-Cost Advantage: How the People's Republic of China can Avoid the Middle-Income Trap", Manila: Asian Development Bank, 2012, xvi.

⑥ Lant Pritchett and Lawrence H. Summers, "Asiaphoria Meets Regression to the Mean", NBER Working Paper, No. 20573, (October2014): 1—35.

济增长前沿课题组关于潜在经济增长核算方式的研究，通过生产函数法分析劳动数量变化对潜在经济增长的影响[①]，根据戴维·罗默(David Romer)关于经济增长核算的公式[②]，劳动力数量变化对潜在经济增长的影响等于劳动力的弹性系数与劳动力数量变化的乘积。穆嘉的研究假设中国的生产函数中劳动力弹性为0.521，根据中国经济增长前沿课题组的预测，中国2021—2030年的劳动力弹性约为0.5，这说明劳动力数量供给每降低1%，潜在经济增长率大约降低0.5%。[③]

五、小结

中国由于人口结构转变而产生的人口红利对经济增长起到了重要作用，但随着人口老龄化程度的加剧，人口红利逐渐减少甚至逐渐转为人口负债。一切发展都是以人的发展为前提，中国调整了施行几十年的严格计划生育政策，但是二孩政策遇冷，并没有收到预期的效果，这与生育成本、女性因生育放弃的机会成本等有很大关联。因此，除了生育政策本身，鼓励生育的配套措施更加需要完善；通过新生儿新增劳动人口是个长期的过程，短期内进一步挖掘既有劳动人口的劳动潜能有助于迅速增加劳动供给；在科技强国、人才兴国战略的指引下，中国从模仿逐步转向自主研发，技术进步的质量与速度得以提高，弥补了由于劳动力数量减少对经济发展产生的不利影响。基于以上分析，本章将结合中国的实际情况提出政策建议。

第三节　政策建议

一、取消计划生育政策，转向鼓励生育

中国的生育政策经历了鼓励生育(1949—1953年)、“晚稀少”的计划生育政策(1954—1977年)、严格的独生子女政策(1978—2013年)、单独二孩(2014—2015年)、全面二孩的宽松计划生育政策(2016年至今)几个阶段。[④] 1980年9月，《中共中央关于控制我国人口增长问题致全体共产党员、共青团员的公开信》中提到，只生一个孩子将来可能出现一些问题：人口的平均年龄老化、劳动力老化、劳动力

---

① 周天勇，《劳动与经济增长》，上海人民出版社，1994：60—69；Loren Brandt, Chang-tai Hsieh, and Xiaodong Zhu, “Growth and Structural Transformation in China”, in *China's Great Economic Transformation*, 2008：683—728；中国经济增长前沿课题组，《中国经济长期增长路径、效率与潜在增长水平》，2012年第11期，第4—17页、第75页。

② 戴维·罗默，《高级宏观经济学》，上海：上海财经大学出版社2014年版，第23—25页。

③ Carsten A. Holz, “China's Economic Growth 1978—2025：What We Know Today about China's Economic Growth Tomorrow”, *World Development*, 2008：1665—1691；中国经济增长前沿课题组，《中国经济长期增长路径、效率与潜在增长水平》，2012年第11期，第4—17、75页。

④ 任泽平、熊柴、周哲，《渐行渐近的人口危机——中国生育报告2019》，《恒大研究院研究报告》，2019年1月2日，第6—8页。

不足、男性数目会多过女性、一对青年夫妇供养的老人会增加,但是,“老化”的现象在20世纪不会出现,老化现象最快也将在40年以后才会出现。[①] 这些问题确实在20世纪没有出现,但是在40年后的今天,这些计划生育政策引发的问题全都出现了。

改革开放初期施行的严格计划生育政策的确在很大程度上解决了人们在穿衣、吃饭、住房等基本需求方面的问题,但是在不同的经济发展阶段以及不同的人口年龄结构时期,国家面临着不同的问题,现阶段人口老龄化日趋严重。为此,本章建议改革计划生育政策,转向鼓励生育,同时出台相应的鼓励措施。首先,保障女性生育及就业权利。如果只是限制企业不得询问女性的婚育情况,会促使一些企业直接放弃招聘女性,给女性就业造成更大的障碍。真正有效的鼓励措施不应该完全让企业承担因为女性生育造成的损失,国家应该通过为企业提供相应的补贴或税收优惠等鼓励措施,来逐渐缩小男女劳动参与率的差距。其次,完善婴幼儿抚育服务。目前很多年轻人的育儿任务只能依靠隔代父母,抚育压力大,因此,建议国家相关部门提供必要的抚育服务,成立一些托育机构,适当降低家庭抚育孩子的时间成本,以此激励家庭生育子女。最后,降低育儿成本。通过适当补贴和降低孩子的教育、医疗成本,来解决一部分不敢生育的年轻人的后顾之忧。虽然放开生育政策、激励生育并不能立即解决人口老龄化的问题,但是新生儿作为社会未来的投资,能在一定程度上缓解未来中国深度老龄化的压力。

二、延迟退休年龄,补充劳动力

中国现行的法定退休年龄是依据1978年确定的男性60周岁、女性55周岁(工人50周岁),是世界上退休年龄最小的国家。一些发达国家为了应对老龄化问题,相继提出了延迟退休年龄、补充劳动力的计划,中国也有学者提出过相关建议。早在2016年,人力资源和社会保障部曾经提出要渐进式延迟退休年龄,但是一直没有执行,可见执行具有一定难度。因此,在延迟退休年龄这个问题上,除了从国家整体利益的角度考虑,还要考虑每一个缴纳社会保险费用的人的利益。渐进式推进是一个好办法,可以让大家有一个逐渐接受的过程,但是更主要的应该是给予鼓励和保障措施,比如:鼓励一些非重体力岗位的劳动者积极响应号召;也可以通过提高退休待遇的方式激励劳动者;此外,对于愿意延迟退休的劳动者可以采用弹性工作制,方便隔代照顾小孩以及丰富业余生活,这样既能让劳动者发挥余热又能兼顾家庭。推迟退休年龄是补充劳动力立竿见影的方式。

三、增加教育投入、深化改革、扩大开放,促进技术进步

前文分析了人口老龄化如何制约技术进步从而抑制经济增长,因此建议通过

---

① 《中共中央关于控制我国人口增长问题致全体共产党员、共青团员的公开信》,《人民日报》,1980-09-25。

增加教育投入、深化改革、扩大开放等方式促进技术进步。首先,增加教育投入。中国自古以来重视教育,近年来更是加大了教育投入力度,《国务院关于进一步加大财政教育投入的意见》指出,2001—2010 年,公共财政教育投入从约 2 700 亿元增加到约 14 200 亿元,年均增长 20.2%,高于同期财政收入年均增长幅度;教育支出占财政支出的比重从 14.3%提高到 15.8%,已成为公共财政的第一大支出。[①]《关于 2017 年全国教育经费执行情况统计公告》显示,2017 年,全国教育经费总投入为 42 562.01 亿元,比上年的 38 888.39 亿元增长 9.45%。2017 年全国一般公共预算教育经费(包括教育事业费、基建经费和教育费附加)为 29 919.78 亿元,比上年增长 8.01%。其中,中央财政教育经费为 4 663.16 亿元,比上年增长 5.03%。[②] 但是相比于发达国家,中国的人均教育投入还是远远不够,增加教育投入是迅速提高劳动者素质的有效途径,劳动者的素质和技能水平直接影响着生产效率。近年来的中美贸易摩擦在一定程度上也是教育战和科技战,美国限制高科技专业中国赴美留学生,促使我们反思中国的教育和科技现状,而增加教育投入、提高教育质量、提升自主创新能力都可为技术进步奠定良好的基础。其次,深化改革。改革开放以来,中国企业取得了较大的进步,国家应继续深化改革,加大重点领域的改革力度,扫除制度障碍,给自主研发和技术创新提供宽松的土壤。最后,持续扩大开放。中国是在开放过程中获益的少数发展中国家,因此,中国应继续扩大开放,将“走出去”和“引进来”相结合;对于中国来说,应该更加开放市场,并且在多边贸易规则制定中发挥更加积极的作用,这样,不仅能够解决中美经贸问题,而且有利于技术“引进来”和本土技术“走出去”,从而促进中国技术水平的提高。

四、人工智能代替部分人口红利

新一轮的信息技术革命给中国发展带来了机遇和挑战。中国应该抓住人工智能快速发展的机遇,利用人工智能代替一部分简单重复性的人工工作,在一些可操作的行业试行“无人自助式”服务,而替换下来的劳动者经过技能培训后可以进入到相近行业。例如,我们可以效仿老龄化比较严重的日本,将客户支持类的基础性工作交给机器人:日本的第一家机器人酒店,已经充分利用了机器人代替人工搬运行李、办理入住和退房手续,这些已有的经验都值得我们借鉴。这样可以有效补充劳动力缺口,最大限度地发挥有限劳动力的作用,在一定程度上缓解劳动力短缺对经济增长的负效应。

---

① 《国务院关于进一步加大财政教育投入的意见》,http://www.gov.cn/zwgk/2011-07/01/content_1897763.htm,访问时间:2020 年 6 月。

② 教育部、国家统计局、财政部,《关于 2017 年全国教育经费执行情况统计公告》,http://www.moe.gov.cn/srcsite/A05/s3040/201810/t20181012_351301.html,访问时间:2020 年 6 月。

第四节 结　　语

本章介绍了中国人口现状及未来趋势，分析表明，中国的人口老龄化和劳动力短缺问题日趋严重，这将引发诸如用工荒、养老负担过重等一系列的社会问题，而如何缓解由人口结构变化带来的负面效应是政府亟待解决的难题。改革开放以来，人口红利对中国四十多年来的经济增长起到了至关重要的作用，充足的劳动力使中国持续了多年出口导向型的经济模式，而随着人口红利的消失，中国经济也在积极转型。近年来，中国提出"一带一路"倡议、举办国际进口博览会等一系列举措都表明了中国持续开放的决心，逐步实现从依赖出口向外贸多元化发展，为了积极应对农村剩余劳动力减少等问题，中国采取了产业结构调整、推行现代农业等措施。未来中国将继续加大转型和改革力度，鼓励自主创新推动技术进步，增加人力资本投资，以人口质量补偿人口数量。

第十一章　从人口结构看中国储蓄率的走势

——基于跨国面板数据的估计

第一节　引　　言

投资是经济潜在增长率的决定因素之一。诸多研究认为，影响中国经济增长的因素中，相较于劳动力因素和技术进步因素，资本要素始终是经济增长的主要驱动力。王小鲁(2000)计算的1979—1999年的资本对经济增长的平均贡献率为61.45%。Chow & Lin(2002)发现中国1979—1998年的经济增长中资本贡献率高达66.34%。林毅夫和苏剑(2007)总结已有文献指出，改革开放以来，中国经济增长主要是由资本的增长推动的。余泳泽(2015)认为，1978—2012年资本要素对中国经济增长的平均贡献率达到了70%～85%。OECD数据显示，2000—2016年中国经济增长中的资本平均贡献率为69%。上述研究结果一致认为，资本要素对中国经济增长的贡献率是最大的。

而资本增长率与储蓄率之间存在直接的关系：

$$\frac{\Delta K}{K}=\frac{sY-\delta K}{K}=s\frac{Y}{K}-\delta \tag{11-1}$$

式(11-1)中：$\frac{\Delta K}{K}$为资本增长率；s为储蓄率；δ为折旧率；$\frac{Y}{K}$为资本-产出比的倒数。显然，储蓄率越高，资本增长率就越高。[①]

近年来，人口老龄化已成为全球性问题，很多发达国家和一些发展中国家都已经步入老龄化社会。2019年6月，联合国发布了《2019年世界人口展望》报告，报告指出，由于生育率持续下降和死亡率不断下降，虽然世界人口仍在继续增长，但是增长速度是1950年以来最慢的，并将持续放缓，预计21世纪末世界人口将停止增长。报告强调了全球前所未有的老龄化问题，2018年，全球65岁及以上人口数量首次超过5岁以下人口数量。报告预测，到2050年，全球65岁及以上人口数量将超过15—24岁的青少年人口数量。

---

① 当然，这里假定所有的储蓄都被转化为投资了，没有漏出。

与此同时，中国人口老龄化呈现出规模巨大、增长速度飞快的态势。据国家统计局数据显示，2000年，65岁及以上人口数量占总人口数量的比重达到了7%，中国初步步入老龄化社会，2018年，这一比重升至11.9%，人口老龄化程度进一步加重。

储蓄率作为影响经济增长的重要因素对中国长期以来的宏观经济发展起到了至关重要的作用。中国步入老龄化社会以后，如何继续保持宏观经济的平稳增长已经成为学界乃至全社会关注的问题。因此，无论是对中国宏观经济现状的认识，还是对于未来经济形势的研判，基于人口年龄结构的视角对中国未来的储蓄率走势进行预测都是至关重要的；基于可靠的预测结果同样有利于发挥宏观经济政策制定的前瞻性和针对性，为制定合理的宏观经济政策提供依据，从而发挥最优政策效应，推动高质量发展。

本章首先研究人口老龄化对储蓄率的影响，然后据此预测中国未来的储蓄率走势。现有的关于中国储蓄率变化的研究和预测基本上都是基于中国的数据，由于中国的经济数据经常受到质疑，所以这些研究的可靠性也就受到了质疑。本章基于跨国面板数据讨论全球人口老龄化对国民储蓄率的影响，并假定世界各国的平均储蓄行为与老龄化之间的关系适用于中国，据此从人口年龄结构的角度对中国未来30年的储蓄率走势进行预测。这就避免了使用中国经济数据来预测中国未来储蓄率的变化。但本章可能面临的一个质疑是，假定"世界各国的平均储蓄行为与老龄化之间的关系适用于中国"毕竟不是直接针对中国展开研究，可能也会带来一些误差，但由于我们的数据考虑了118个国家和地区，样本量足够大，各参数的估计值应该很接近其真实值。

第二节　文献综述

关于人口年龄结构与国民储蓄率之间的关系描述最具代表性的是莫迪利安尼和布伦贝格于1954年提出的生命周期理论。生命周期理论认为，理性的消费者会根据其一生的收入来安排消费和储蓄行为，年少时没有储蓄，只有消费行为；成年时为了抚育儿女、赡养老人以及考虑自身的养老等问题，储蓄倾向上升；到了老年时，收入来源减少，储蓄倾向下降。因此，一个理想消费者一生的储蓄行为以图形表示呈"驼峰状"。将个体消费者行为推演到整个社会，也就是说，当一国或地区处在老龄化社会时，该国或地区的储蓄率会随着人口年龄结构的变化而发生变化，这就是人口老龄化带来的负担效应。随后很多学者开始了对人口老龄化带来的储蓄变化的研究以及对生命周期假说的验证。Leff(1969)最早利用1964年74个国家的截面数据对生命周期假说进行了实证检验，检验结果表明，老年抚养比上升对国民储蓄率有显著的负向影响。诸多学者又利用时间序列数据、截面数据、面板数据及微观调查数据分别对生命周期假说进行了检验。Modigliani(1970)利用跨国数据也证实了莱夫的检验结果。Hayashi(1986、1989)利用时间序列数据对日本的情况进行检验,实证结果表明,人口抚养负担下降对储蓄率有显著的正向影响。Higgins & Williamsom(1997)对一些亚洲国家的研究结果也表现出了显著的人口老龄化的储蓄负担效应。Modigliani & Cao(2004)、Kuijs(2006)利用中国不同时间段的数据也验证了生命周期假说。Bosworth et al.(2007)研究表明亚洲国家显示出了更强的老龄化的储蓄负担效应。Koga(2006)、Katayama(2006)和 Horioka(2010)对日本储蓄率的研究结果以及 Campbell(2008)对美国的研究结果同样都支持人口老龄化是储蓄率下降的主要原因。

但是也有一些学者对生命周期假说提出了怀疑,许多学者对生命周期假说进行了拓展,他们认为预期寿命延长会使劳动者预先增加储蓄,因此,老龄化对储蓄率的影响方向是不确定的。David et al.(2003)将健康和寿命等要素纳入生命周期理论,并指出预期寿命的延长会导致每个年龄段的储蓄率增加,但是这种预期寿命效应只是暂时的,长期来看,老年人口增加导致的负储蓄状态会抵消这种预期寿命效应。Michael et al.(2008)认为抚养比对储蓄率的影响符合生命周期假说,但是当劳动者预期自己寿命延长而增加储蓄,当然也和收入有关;同时他们也支持老年人口增加导致的储蓄率降低会逐渐抵消预期寿命效应导致的储蓄率提高的看法。中国储蓄率一直偏高,这可能与中国人勤俭节约以及习惯于预防性储蓄相关,而近年来储蓄率持续下滑,或许与很多因素有关,如消费信贷增加、社会保障逐渐完善,但是人口老龄化很可能是其中的重要因素之一,也就是人口老龄化拉低储蓄率,进而使得投资减少,最终导致资本增速放缓。总之,人口年龄结构变化会通过影响储蓄和投资进而影响经济增长。

Kelley(1996)指出人口年龄结构转变通过改变消费和储蓄的分配比例而对经济增长产生影响。Otani & Villanueva(1990)以收入水平为分组标准,为 55 个发展中国家的长期经济增长的决定因素提供了实证证据,证据表明,将储蓄率、人力资本、人口增长等因素结合起来的模型可以很好地解释这些国家的增长。DeGregorio(1992)研究了 1950—1985 年 12 个拉丁美洲国家的增长决定因素,发现高储蓄率导致高经济增长率。Jappelli & Pagano(1994)运用横截面数据也得到了类似的结论。Krieckhaus(2002)对 32 个国家的统计数据和巴西的案例研究共同支持了高国民储蓄率导致高经济增长。钟水映等(2009)认为人口结构影响储蓄率是人口转变影响经济增长的重要渠道,抚养比的人口年龄结构通过提高储蓄率来促进经济增长。陆旸等(2014)指出随着人口抚养比的上升,储蓄率会下降,最终将影响潜在经济增长率。

第三节 研究设计

一、变量选择与计量模型

诸多文献检验了人口结构与储蓄率之间的关系。储蓄率除受人口结构的影响以外，还会受到收入增长率以及收入增长率与人口结构的交互项的影响(Kelley et al.,1996; Higgins et al., 1997)。收入增长率与人口结构的交互项刻画的增长率效应表示随着经济增长，人口结构变化对储蓄率的影响是否被放大；政府财政政策也会影响国民储蓄率，财政政策用政府消费表示(Masson et al.,1998)，政府的消费支出会影响政府财政状况，从而对储蓄产生影响。此外，本章参考 Leff(1969)、Kuijs(2006)、Loayza et al.(2000)、Bosworth et al.(2007)、汪伟等(2015)的研究，认为储蓄率还会受到预期寿命、失业率、死亡率、城市化率、人力资本水平、总和生育率的影响。个人会依据自己的预期寿命增加或减少储蓄；生育率与死亡率会通过影响人口结构而影响储蓄率；城市化率刻画的城乡二元结构变化也会对储蓄率产生影响；人力资本相当于对自身的投资，可以视作变相的储蓄。我们用可支配总收入用于最终消费后的余额表示总储蓄，各部门的总储蓄之和称为国民总储蓄，总储蓄率用总储蓄与 GDP 之比来表示；老年抚养比用 65 岁及以上年龄人口数量与劳动年龄人口数量之比来表示；少年抚养比以 0—14 岁人口数量与劳动年龄人口数量之比来表示；预期寿命表示新生儿预期寿命；失业率表示失业人口数量与总劳动力数量的比值；死亡率表示每 1 000 人中死亡人口的数量；城市化率表示城镇人口数量占总人口数量的比例；人力资本水平则由基于教育年限与教育回报计算出的人力资本水平指数来衡量；总和生育率表示一个妇女在生命周期内生孩子数量的总和。本章的解释变量以及预期符号如表 11-1 所示。

表 11-1 解释变量以及预期符号

解释变量	预期符号
老年抚养比	−
少年抚养比	−
预期寿命	+
失业率	−
死亡率	+

（续表）

解释变量	预期符号
城市化率	+
人力资本水平	−
总和生育率	−
人均 GDP 增长率	+
政府消费占 GDP 的比重	−
人均 GDP 增长率与老年抚养比的交互项	−
人均 GDP 增长率与少年抚养比的交互项	−

本章使用固定效应模型进行分析，计量模型设定如下：

$$\begin{aligned} \text{save}_{it} = & \beta_0 + \beta_1 \text{old}_{it} + \beta_2 \text{young}_{it} + \beta_3 \text{life}_{it} + \beta_4 \text{unem}_{it} \\ & + \beta_5 \text{death}_{it} + \beta_6 \text{city}_{it} + \beta_7 \text{human}_{it} + \beta_8 \text{fertility}_{it} \\ & + \beta_9 \text{gdp\_g}_{it} + \beta_{10} \text{gov}_{it} + \beta_{11} \text{gdp\_g}_{it} \cdot \text{old}_{it} \\ & + \beta_{12} \text{gdp\_g}_{it} \cdot \text{young}_{it} + a_i + a_t + u_{it} \end{aligned} \tag{11-2}$$

式(11-2)中：save 表示储蓄率；old 表示老年抚养比；young 表示少年抚养比；life 表示预期寿命；unem 表示失业率；death 表示死亡率；city 表示城市化率；human 表示人力资本水平；fertility 表示总和生育率；gdp_g 表示人均 GDP 增长率；gov 表示政府消费占 GDP 的比重；gdp_g · old 表示人均 GDP 增长率与老年抚养比的交互项；gdp_g · young 表示人均 GDP 增长率与少年抚养比的交互项；下标 i 表示国家；下标 t 表示时间；a_i 表示国家固定效应；a_t 表示时间固定效应；u_{it} 表示残差。

二、数据来源

本章的数据源于世界银行与佩恩表(Penn World Table，PWT)。变量中的人力资本水平、人均 GDP 增长率、政府消费的数据来源于 PWT；储蓄率、老年抚养比、少年抚养比、预期寿命、失业率、死亡率、城市化率、总和生育率的数据来源于世界银行。PWT 数据的起止时间是从 1950 年到 2017 年，世界银行数据的起止时间是从 1960 年到 2018 年，将世界银行与 PWT 的数据按照国别、时间匹配得到本章所需的样本数据，匹配之后数据的起止时间是从 1960 年到 2017 年。

三、变量描述性统计

将世界银行与 PWT 的数据按照国别、时间匹配，删除变量缺失的样本后共得到118个国家[①]的1 863个有效样本。各变量的描述性统计如表11-2所示。储蓄率(总储蓄/GDP)的均值为22.55%,中位数为21.71%;储蓄率(总储蓄/国民收入)的均值为22.91%,中位数为22.15%;老年抚养比的均值为15.07%,中位数为14.69%;少年抚养比的均值为42.56%,中位数为37.33%;预期寿命的均值为72.90岁,中位数为73.97岁;失业率的均值为7.92%,中位数为6.99%;死亡率的均值为8.25‰,中位数为7.80‰;城市化率的均值为64.02%,中位数为67.03%;人力资本水平的均值为2.64,中位数为2.70;总和生育率的均值为2.45,中位数为2.04;人均GDP增长率的均值为2.18%,中位数为2.26%;政府消费占GDP比重的均值为18.18%,中位数为17.57%。

表11-2 变量描述性统计

变量	样本数	均值	中位数	标准差	最小值	最大值
储蓄率(总储蓄/GDP)(%)	1 863	22.55	21.71	8.82	−38.33	60.33
储蓄率(总储蓄/国民收入)(%)	1 863	22.91	22.15	8.79	−42.65	65.26
老年抚养比(%)	1 863	15.07	14.69	7.73	1.20	43.91
少年抚养比(%)	1 863	42.56	37.33	18.84	15.52	106.31
预期寿命(岁)	1 863	72.90	73.97	6.55	44.68	83.98
失业率(%)	1 863	7.92	6.99	5.10	0.14	35.51
死亡率(‰)	1 863	8.25	7.80	2.77	1.49	20.11
城市化率(%)	1 863	64.02	67.03	19.01	6.27	100.00
人力资本水平	1 863	2.64	2.70	0.60	1.12	3.81
总和生育率	1 863	2.45	2.04	1.18	1.08	7.67
人均GDP增长率(%)	1 863	2.18	2.26	3.85	−15.22	23.94
政府消费占GDP的比重(%)	1 863	18.18	17.57	6.48	4.98	55.72

注:样本中包含118个国家,限于篇幅,读者如果需要分国家描述性统计可以向作者索取。

四、回归结果分析

主要回归结果如表11-3所示,结果表明老年抚养比上升1个单位会使得储蓄率下降0.481个单位,也就是说老年抚养比上升1个百分点会使储蓄率降低0.481个百分点;同理,少年抚养比上升1个百分点会使储蓄率降低0.119个百分点。已

① 这118个国家是:阿尔巴尼亚、阿尔及利亚、安哥拉、阿根廷、亚美尼亚、澳大利亚、奥地利、巴林、孟加拉国、巴巴多斯、比利时、伯利兹、贝宁、博茨瓦纳、巴西、文莱达鲁萨兰国、保加利亚、布基纳法索、布隆迪、柬埔寨、喀麦隆、加拿大、智利、中国、哥伦比亚、哥斯达黎加、克罗地亚、塞浦路斯、捷克、丹麦、多米尼加、厄瓜多尔、埃及、萨尔瓦多、爱沙尼亚、斯威士兰王国、芬兰、法国、德国、加纳、希腊、危地马拉、洪都拉斯、匈牙利、冰岛、印度、印度尼西亚、伊拉克、爱尔兰、以色列、意大利、牙买加、日本、约旦、哈萨克斯坦、肯尼亚、科威特、吉尔吉斯斯坦、拉脱维亚、莱索托、利比里亚、立陶宛、卢森堡、马达加斯加、马拉维、马来西亚、马里、马耳他、毛利塔尼亚、毛里求斯、墨西哥、蒙古、摩洛哥、莫桑比克、缅甸、纳米比亚、尼泊尔、荷兰、新西兰、尼加拉瓜、尼日尔、尼日利亚、挪威、巴基斯坦、巴拿马、巴拉圭、秘鲁、菲律宾、波兰、葡萄牙、卡塔尔、韩国、罗马尼亚、俄罗斯、卢旺达、沙特阿拉伯、塞内加尔、塞尔维亚、新加坡、斯洛文尼亚、南非、西班牙、斯里兰卡、苏丹、瑞典、瑞士、叙利亚、塔吉克斯坦、泰国、多哥、突尼斯、土耳其、乌干达、乌克兰、英国、美国、乌拉圭、津巴布韦。

有研究发现，老年抚养比上升 1 个百分点会使储蓄率降低 0.655 个百分点，少年抚养比上升 1 个百分点会使储蓄率降低 0.299 个百分点（Loayza et al.，2000）；也有研究认为，老年抚养比上升 1 个百分点会使储蓄率降低 0.54 个百分点，少年抚养比上升 1 个百分点会使储蓄率降低 0.19 个百分点（Bosworth et al.，2007）。

表 11-3 回归结果

变量	(1)	(2)	(3)	(4)
	储蓄率（总储蓄/GDP）			
老年抚养比	−0.449***	−0.481***	−0.412***	−0.454***
	(−3.90)	(−3.91)	(−3.57)	(−3.68)
少年抚养比	−0.120**	−0.119**	−0.106**	−0.104**
	(−2.41)	(−2.28)	(−2.11)	(−1.98)
预期寿命	0.821***	0.856***	0.828***	0.863***
	(4.51)	(4.56)	(4.56)	(4.60)
失业率	−0.364***	−0.346***	−0.374***	−0.356***
	(−9.44)	(−8.58)	(−9.67)	(−8.82)
死亡率	1.247***	1.242***	1.265***	1.272***
	(3.61)	(3.52)	(3.67)	(3.61)
城市化率	0.149***	0.141***	0.138***	0.128***
	(3.92)	(3.63)	(3.61)	(3.28)
人力资本水平	−8.530***	−8.925***	−8.610***	−9.200***
	(−6.94)	(−5.71)	(−7.02)	(−5.89)
总和生育率	0.760	0.911	0.578	0.726
	(1.38)	(1.57)	(1.05)	(1.25)
人均 GDP 增长率	0.239***	0.237***	0.880***	0.916***
	(7.75)	(6.93)	(4.34)	(4.36)
政府消费占 GDP 的比重	−0.3345***	−0.3254***	−0.3301***	−0.3211***
	(−12.56)	(−11.92)	(−12.35)	(−11.74)
人均 GDP 增长率·老年抚养比			−0.0205***	−0.0212***
			(−3.01)	(−3.04)
人均 GDP 增长率·少年抚养比			−0.00788***	−0.00842***
			(−3.06)	(−3.15)
截距项	−16.11	−17.19	−16.62	−16.91
	(−1.10)	(−1.09)	(−1.13)	(−1.07)
国别变量	控制	控制	控制	控制
时间变量		控制		控制
N	1 863	1 863	1 863	1 863

注：括号内为 t 统计量值；***、**、* 分别表示在 1%、5%和 10%的显著性水平上显著。

为了检验回归结果的稳健性，本章通过替换储蓄率的计算方式进行稳健性检验，将储蓄率的分母由 GDP 换为国民收入，稳健性检验结果见表 11-4，实证结果依然稳健。

表 11-4　稳健性检验结果

变量	(1)	(2)	(3)	(4)
	储蓄率(总储蓄/国民收入)			
老年抚养比	−0.402***	−0.419***	−0.371***	−0.397***
	(−3.61)	(−3.51)	(−3.31)	(−3.32)
少年抚养比	−0.141***	−0.144***	−0.128***	−0.130**
	(−2.92)	(−2.84)	(−2.64)	(−2.55)
预期寿命	0.778***	0.810***	0.785***	0.815***
	(4.41)	(4.45)	(4.46)	(4.48)
失业率	−0.356***	−0.343***	−0.364***	−0.351***
	(−9.52)	(−8.78)	(−9.72)	(−8.97)
死亡率	1.204***	1.182***	1.216***	1.206***
	(3.61)	(3.45)	(3.65)	(3.53)
城市化率	0.150***	0.145***	0.139***	0.133***
	(4.06)	(3.83)	(3.76)	(3.50)
人力资本水平	−8.858***	−8.967***	−8.927***	−9.241***
	(−7.44)	(−5.92)	(−7.51)	(−6.09)
总和生育率	0.878*	1.045*	0.713	0.872
	(1.65)	(1.86)	(1.34)	(1.55)
人均 GDP 增长率	0.251***	0.248***	0.808***	0.836***
	(8.41)	(7.47)	(4.11)	(4.10)
政府消费占 GDP 的比重	−0.320***	−0.313***	−0.315***	−0.308***
	(−12.42)	(−11.83)	(−12.18)	(−11.62)
人均 GDP 增长率 · 老年抚养比			−0.0168**	−0.0175**
			(−2.54)	(−2.57)
人均 GDP 增长率 · 少年抚养比			−0.00718***	−0.00759***
			(−2.87)	(−2.93)
截距项	−11.92	−13.99	−12.35	−13.51
	(−0.84)	(−0.91)	(−0.87)	(−0.88)
国别变量	控制	控制	控制	控制
时间变量		控制		控制
N	1863	1863	1863	1863

注：括号内为 t 统计量值；***、**、* 分别表示在 1%、5%和 10%的显著性水平上显著。

从经济含义角度而言，一国当期人口结构的变化会影响该国的储蓄率，但当期储蓄率并不会直接影响一国的人口结构，因为当期人口结构的现状在当期之前基本已经确定，所以不存在由于反向因果带来的内生性问题。考虑到人均GDP增长率与储蓄率之间可能存在互为因果的内生性问题，参考陈强(2014)，以滞后一期的人均GDP增长率作为当期人均GDP增长率的工具变量，其合理性在于滞后一期的人均GDP增长率与当期人均GDP增长率相关，但由于滞后一期的人均GDP增长率与当期扰动项的相关性较小，并且当期的储蓄率不会影响过去的人均GDP增长率，人均GDP增长率的滞后数值具有外生性，满足作为工具变量的要求。内生性检验结果见表11-5，主要回归结果依然稳健。

表11-5 内生性检验结果

变量	(1)	(2)	(3)	(4)
	储蓄率(总储蓄/GDP)			
老年抚养比	−0.471***	−0.448***	−0.338**	−0.299*
	(−3.48)	(−3.13)	(−2.26)	(−1.88)
少年抚养比	−0.143**	−0.140**	−0.108	−0.124*
	(−2.26)	(−2.17)	(−1.55)	(−1.72)
预期寿命	0.709***	0.648***	0.758***	0.773***
	(3.01)	(2.69)	(3.01)	(2.96)
失业率	−0.270***	−0.271***	−0.293***	−0.297***
	(−4.54)	(−4.70)	(−4.61)	(−4.71)
死亡率	0.985**	0.946**	1.180**	1.145**
	(2.29)	(2.18)	(2.58)	(2.45)
城市化率	0.151***	0.142***	0.129***	0.111**
	(3.31)	(3.06)	(2.58)	(2.14)
人力资本水平	−5.234***	−5.982***	−5.528***	−5.469**
	(−3.30)	(−3.01)	(−3.21)	(−2.44)
总和生育率	2.072***	2.084***	1.767**	2.132**
	(2.74)	(2.71)	(2.20)	(2.55)
政府消费占GDP的比重	−0.277***	−0.299***	−0.287***	−0.311***
	(−7.82)	(−8.89)	(−7.53)	(−8.52)
人均GDP增长率	0.715***	0.719***	2.889***	3.160***
	(4.84)	(4.93)	(3.71)	(3.95)
人均GDP增长率·老年抚养比			−0.0878***	−0.0977***
			(−3.52)	(−3.73)
人均GDP增长率·少年抚养比			−0.0186*	−0.0214**
			(−1.88)	(−2.11)

（续表）

变量	(1)	(2)	(3)	(4)
	储蓄率(总储蓄/GDP)			
截距项	−19.48	−11.78	−25.21	−25.57
	(−1.07)	(−0.60)	(−1.30)	(−1.19)
国别变量	控制	控制	控制	控制
时间变量		控制		控制
N	1 481	1 481	1 481	1 481

注：括号内为 t 统计量值；***、**、* 分别表示在 1%、5%和 10%的显著性水平上显著。

第四节　中国储蓄率走势预测

前述内容已经证实了国民储蓄率会受到人口结构变化的影响，并通过跨国面板数据实证估计了各国国民储蓄率与老年抚养比、少年抚养比、预期寿命、死亡率、总和生育率等人口变量以及失业率、城市化率、人力资本水平、人均 GDP 增长率、政府消费占 GDP 的比重、人均 GDP 增长率与老年抚养比的交互项、人均 GDP 增长率与少年抚养比的交互项等其他变量之间的线性方程。下文将根据前述内容聚焦于分析人口结构变化（老年抚养比、少年抚养比）对储蓄率的影响，基于中国老年抚养比、少年抚养比的预测数据，对中国 2020—2050 年的国民储蓄率走势进行预测。

参考 Heller & Symansky(1997)、汪伟等(2015)的研究，本节通过老年抚养比、少年抚养比对储蓄率的回归系数预测人口结构变化对于中国储蓄率的影响，实证结果显示老年抚养比、少年抚养比每上升 1 个单位(1 个百分点)，将会使储蓄率分别降低 0.481 个单位(0.481 个百分点)、0.119 个单位(0.119 个百分点)。

本节利用两种数据来源对中国国民储蓄率的走势进行预测，其一采用联合国的老年抚养比、少年抚养比预测数据进行预测（联合国预测数据包括高、中、低三种方案，本章以中方案为例），缺失年份数据通过内插法计算得到，2018 年中国老年抚养比、少年抚养比分别为 15.7%、24.8%，相比于 2018 年以及相比于上一年，由于人口结构的变化，2020—2050 年中国储蓄率的变化预测具体见表 11-6。[①]

① 由于联合国只提供了每隔五年的抚养比预测数据，中间缺失年份的数据采用内插法得出，也就是假设抚养比每五年之间以每年同样的变化速度而变化。

表 11-6　中国人口结构与储蓄率变化预测（基于联合国数据）

单位：%

年份	老年抚养比	少年抚养比	储蓄率变化（相比于 2018 年）	储蓄率变化（相比于上一年）
2020	17.33	24.82	−0.78	
2021	17.95	24.67	−1.06	−0.28
2022	18.58	24.51	−1.34	−0.28
2023	19.21	24.36	−1.63	−0.28
2024	19.83	24.21	−1.91	−0.28
2025	20.46	24.05	−2.19	−0.28
2026	21.42	23.80	−2.63	−0.43
2027	22.38	23.54	−3.06	−0.43
2028	23.34	23.28	−3.49	−0.43
2029	24.30	23.03	−3.92	−0.43
2030	25.26	22.77	−4.35	−0.43
2031	26.65	22.66	−5.01	−0.66
2032	28.05	22.55	−5.67	−0.66
2033	29.44	22.44	−6.32	−0.66
2034	30.84	22.33	−6.98	−0.66
2035	32.24	22.22	−7.64	−0.66
2036	33.45	22.25	−8.23	−0.59
2037	34.66	22.29	−8.82	−0.59
2038	35.88	22.32	−9.41	−0.59
2039	37.09	22.35	−9.99	−0.59
2040	38.31	22.39	−10.58	−0.59
2041	38.82	22.45	−10.84	−0.26
2042	39.34	22.52	−11.09	−0.26
2043	39.85	22.58	−11.35	−0.26
2044	40.37	22.65	−11.60	−0.26
2045	40.88	22.71	−11.86	−0.26
2046	41.51	22.85	−12.18	−0.32
2047	42.15	22.99	−12.50	−0.32
2048	42.78	23.13	−12.82	−0.32
2049	43.41	23.26	−13.14	−0.32
2050	44.04	23.40	−13.46	−0.32

从基于联合国的人口预测数据对中国储蓄率未来走势进行预测得出的结果可以看出，到 2020 年人口年龄结构变化将导致储蓄率降低 0.78 个百分点；到 2030 年人口年龄结构变化将导致储蓄率降低 4.35 个百分点；到 2040 年人口年龄

结构变化将导致储蓄率降低10.58个百分点；到2050年人口年龄结构变化将导致储蓄率降低13.46个百分点。

其二采用美国威斯康星大学研究员易富贤的人口数据进行预测①，其中基准年份2018年的中国老年抚养比、少年抚养比分别为16.72%、18.78%，基于2020—2050年的老年抚养比、少年抚养比的预测数据以及表11-3的回归结果分析得出，相比于2018年以及相比于上一年，由于人口结构的变化，2020—2050年中国储蓄率的变化预测具体见表11-7。

表11-7　中国人口结构与储蓄率变化预测(基于易富贤的人口数据)

单位：%

年份	老年抚养比	少年抚养比	储蓄率变化(相比于2018年)	储蓄率变化(相比于上一年)
2020	18.78	18.36	−0.94	
2021	19.68	18.11	−1.34	−0.40
2022	20.63	17.80	−1.76	−0.42
2023	21.65	17.47	−2.22	−0.46
2024	22.16	17.09	−2.41	−0.19
2025	22.66	16.68	−2.61	−0.20
2026	22.86	16.40	−2.67	−0.06
2027	23.54	16.09	−2.96	−0.29
2028	25.51	15.98	−3.89	−0.93
2029	27.29	15.82	−4.73	−0.84
2030	29.03	15.74	−5.56	−0.83
2031	30.86	15.55	−6.42	−0.86
2032	32.41	15.37	−7.14	−0.72
2033	34.26	15.37	−8.03	−0.89
2034	36.52	15.42	−9.12	−1.09
2035	38.71	15.47	−10.18	−1.06
2036	40.91	15.53	−11.25	−1.07
2037	42.92	15.59	−12.22	−0.97
2038	44.93	15.66	−13.19	−0.97
2039	46.79	15.74	−14.10	−0.91
2040	48.37	15.80	−14.87	−0.77
2041	49.75	15.86	−15.54	−0.67
2042	50.95	15.92	−16.12	−0.58

① 此处引用的易富贤的人口数据部分发表于易富贤和苏剑(2014)。

单位：%(续表)

年份	老年抚养比	少年抚养比	储蓄率变化（相比于2018年）	储蓄率变化（相比于上一年）
2043	52.05	15.99	−16.66	−0.54
2044	53.24	16.09	−17.25	−0.59
2045	54.42	16.20	−17.83	−0.58
2046	55.38	16.29	−18.30	−0.47
2047	57.14	16.48	−19.17	−0.87
2048	58.55	16.64	−19.86	−0.69
2049	59.73	16.78	−20.45	−0.59
2050	61.12	16.94	−21.14	−0.69

从基于易富贤的人口预测数据对中国储蓄率未来走势进行预测得出的结果可以看出，到2020年人口年龄结构变化将导致储蓄率降低0.94个百分点，相较于联合国数据预测结果的0.78个百分点差别不大；到2030年人口年龄结构变化将导致储蓄率降低5.56个百分点，相较于联合国数据预测结果的4.35个百分点降幅稍微有所增加；到2040年人口年龄结构变化将导致储蓄率降低14.87个百分点，相较于联合国数据预测结果的10.58个百分点降幅进一步拉大；到2050年人口年龄结构变化将导致储蓄率降低21.14个百分点，相较于联合国数据预测结果的13.46个百分点降幅差距明显。

第五节　结论与政策建议

本章回归结果表明，老年抚养比上升1%将使储蓄率降低0.481%；少年抚养比上升1%将使储蓄率降低0.119%。基于联合国老年抚养比、少年抚养比的预测数据以及本章的实证分析，预测在未来的几十年，人口老龄化将对中国的储蓄率产生巨大的影响，储蓄率的下降将对投资产生不利的影响，进而不利于潜在经济增长率的提高。基于易富贤的人口预测数据得到的储蓄率的走势预测结果更加严峻。虽然鼓励生育的政策在短期内可能会由于少年抚养比的提升而降低储蓄率，但随着时间的推移，老龄化问题会因为鼓励生育的政策而得到缓解，为此本章提出以下政策建议，以期缓解人口老龄化带来的不利影响，具体如下：

第一，制定合理的生育政策，从限制生育转向鼓励生育。中国限制生育的计划生育政策是在中华人民共和国成立初期经济基础薄弱的背景下产生的，那时的政府认为当时的人口数量与经济发展不匹配，计划生育政策是为了控制人口数量快速上涨。进入20世纪80年代后，中国执行了严格的计划生育政策。这些政策的确抑制了人口数量过快上涨，但同时带来了一系列的其他问题，包括人口老龄化、养老负担过重等诸多人口问题，而近年来施行的单独二孩及全面二孩政策也并没有从根本上解决这些问题，二孩政策在实施的初期由于积压的生育意愿集中释放而造成了短暂的生育意愿上升，之后的几年，生育率并没有显著上涨，全面二孩政策效果有限。因此，要解决由计划生育政策带来的负面效应，应该全面放开生育政策，从限制生育转向鼓励生育，逐步提高年轻人比例，为未来经济增长提供强有力的动力。

第二，提高退休年龄，补充劳动力。鼓励生育对改变人口结构的短期效果是不明显的，但是延迟退休年龄的效果是立竿见影的，中国是目前全球退休最早的国家，随着预期寿命的延长，各国已经陆续调整了退休年龄，而中国始终沿用改革开放初期对法定退休年龄的规定。因此，中国应该根据自身的实际情况适时适度地调整退休年龄，以期达到有效补充劳动力的目的。具体可以分阶段、分行业地进行，先对一部分高技术、低体力投入的工作种类实行试点尝试。一方面通过经济激励措施，以提高退休待遇的方式激励劳动者延迟退休；另一方面通过优化制度安排，采取弹性工作制，方便隔代照顾小孩以及丰富业余生活，这样既能让劳动者发挥余热又能兼顾家庭。

第三，更加重视人力资本的积累，增加教育投入。中国向来重视教育，近年来教育投入更是持续增加，但是相较于发达国家，中国的人均教育投入还远远不够。增加教育投入，一方面可以增加受教育人数，另一方面可以改善教育质量。增加教育投入、提高教育质量是促进改善全民素质的有效途径，同时也是增强自主创新能力、促进技术进步的手段。因此，中国应该更加重视人力资本的积累，形成高素质、高水平的劳动力市场，促进人力资本发挥在经济发展中的作用。

第四，提高资本投资效率。随着人口结构的变化，资本投资增速也在逐年下滑，为了适应中国的产业转型及结构升级，调整资本投资方向，提高资本投资效率对缓解资本增长速度下滑尤为重要。政府应该继续推进投融资体制改革，畅通投融资渠道，改善中小企业融资环境，增强其投资能力与投资意愿，促进储蓄转化为投资的效率，提高资源配置效率，最终实现提高资本投资效率的目的。

第五，增强自主创新能力。增强创新能力是增强国家实力的关键，也是在新一轮信息技术革命中抓住机遇的重要手段。一方面，加强以企业为主体的创新体系建设，促进产学研相结合，提高科技成果转化的效率；另一方面，大力培养创新型人才，为创新型国家建设提供人才保障，落实人才强国战略。以自主创新带动高技术行业的快速发展，为中国经济增长提供新动能，实现经济高质量发展。

第十二章　农业转移人口市民化的公共服务权益研究

加速农业转移人口市民化已是《国家新型城镇化规划（2014—2020年）》的首要目标与《2019年新型城镇化建设重点任务》中的重要内容。城镇化更主要的是“人”的城镇化，尚未市民化的大量农业转移人口是制约城市高质量发展的重要因素之一。市民化实现包括多层次或多阶段，就农民角度从表层的职业转换到深层的文化价值观转换，就政府角度提供农业转移人口均等化的基本公共服务到与迁入城市市民享有平等的城市公共服务，都是一个动态的历史过程。农业转移人口经历的以城市非农就业的“居民”身份认定到在就业城市具有归属感的“市民”身份认同，与其在城市获得公共服务权益变迁有重要关系，也是城市文明与发展质量的标志。

广义的公共服务基本上与经济学的“公共产品”内容相同，狭义概念侧重于非物质形态的公共产品界定，随着时代与技术的发展，满足公共需要的有形“产品”与无形“服务”很难厘清，如基础教育与医疗服务需要现代化教学与医疗设备、电子政务服务需要网络数据平台等。公共服务的显著特点是：① 满足公共需要，追求公共利益；② 只能由政府组织提供，市场不宜提供；③ 借助公共权力和公共资源。正是由于公共服务是各级政府的基本职能，也是当今“放管服”改革的重点，农业转移人口市民化过程就是其获得城市公共服务权益变迁的过程，农业转移人口在迁入城市的公共服务权益是城市发展的质量评价指标之一，也是贯彻共享发展理念的衡量标准。

第一节　农业转移人口实现公民权利的基本公共服务权益

基本公共服务是根据国家经济社会的发展阶段和总体水平，为了维持本国经济社会的稳定，保持基本的社会公平正义，对个人最基本的生存权和发展权实施保护，所必须提供的公共服务，它是建立在一定的社会共识基础之上，规定的是在一定阶段内公共服务应该覆盖的最小范围和边界。《中华人民共和国宪法》第二章第三十三条至第五十条对公民的基本权利做了详细的规定，农业转移人口无论其身份是农村农民、城乡居民还是城市市民，都是中国公民，“任何公民享有宪法和法律规定的权利”，这些权利实现所必需的公共服务理应均等化地提供给农业转移人口，并且他们具有实质性获得感才是真正意义上的享有基本公共服务权益。中共十九大报告中(从2020年到2035年)基本公共服务均等化基本实现的目标，是农业转移人口确实能公平可及地获得大致均等的基本公共服务。

一、农业转移人口基本公共服务权益的应然性与实然性差距显著

理论上，在全国范围内基本公共服务权益应该人人平等，即农村农民与城市市民享有相同的基本公共服务权益；但是基于国家、区域的经济发展与财政能力的约束，农业转移人口感知的基本公共服务权益存在显著差异。实践上，农业转移人口在迁入城市确实尚未获得与市民同等的基本公共服务。纵观国外政府对移民或国内政府对流动人口提供公共服务的实践操作，农业转移人口的实然性基本公共服务权益并不必然等于应然性权益；前者是指农业转移人口实际享有的或事实呈现的权益，后者是指农业转移人口应当享有按照人类的理想价值所呈现的基本公共服务权益；显然，两者相距甚远。目前，因为城市政府对基本公共服务配置实践仍旧依赖于户籍管理，即户籍依然承载着很多社会福利功能，越是民生性的基本公共服务，越是与户籍紧密挂钩，如基础教育、医疗卫生、社保就业等，所以使得职业已转换但户口未转换的农业转移人口与城市市民享有的基本公共服务权益之间的差距很大。如农业转移人口的子女义务教育入学难且面临高考回乡，他们的医疗保险停留在"新型农村合作医疗(新农合)"层面，社会保险明显低于城市市民最低水平甚至没有。尽管2014年国务院印发的《关于进一步推进户籍制度改革的意见》中提出"建立城乡统一的户口登记制度"，说明户籍管理只是一个具有人口登记功能的数据记载，但是，时至今日，户籍管理的福利安排仍旧成为农业转移人口获得与市民相同基本公共服务权益的主要鸿沟，呈现农业转移人口基本公共服务权益的城乡二元结构。

二、农业转移人口基本公共服务权益城乡二元结构的矛盾根源

表面上是户籍管理制度把城市市民与农业转移人口隔离在城市基本公共服务范围内外，众所周知，无论是在农村还是在城市，基本公共服务都与财政体制的基础性和制度性保障密不可分，这受制于财政实力，又取决于国家经济发展水平。中央一直努力并采取积极的态度保障农业转移人口的经济、社会和文化等方面的公共服务权益，但不能不受制于国家的财力，正如马克思所言，基本公共服务权益变迁"都只是表明和记载经济关系的要求而已"[①]。户籍管理制度背后隐藏了众多相关利益的分配制度，在中央尚未全面安排农业转移人口专项财政转移支付，而地方财政又无力承担因农业转移人口市民化带来的财政支出增加额的情况下，城市政府会为保障本市户籍居民甚至为竞争人才而进行策略选择。说到底，基本公

① 《马克思恩格斯全集(第四卷)》，北京：人民出版社1958年版，第121—122页。

共服务权益的实现永远不能超出当时社会的经济结构以及由经济结构所制约的权益实现的差序格局。要想消除农业转移人口市民化过程中基本公共服务应然性权益与实然性权益的差距，不仅仅是加快户籍制度改革，更重要的是加快发展经济。随着国家经济实力与财政能力的快速提升，农业转移人口市民化的基本公共服务权益变迁会实现由"量"向"质"的快速转变。

第二节　农业转移人口市民化过程中公共服务权益安排的差序格局①

一、农业转移人口基本公共服务权益时间维度的差序格局

基本公共服务权益的差序安排主要是就时间纵向维度而言，基于国家经济实力与财政能力的发展，基本公共服务的标准是动态变化的；在不同的经济发展阶段，基本公共服务的内容不断扩大、数量逐渐增多、质量有序提升。以农业转移人口的留守子女义务教育为例，自改革开放以来，中国农村义务教育经费来源经历了"乡村自给（1980—1999 年）""以县为主（2000—2005 年）""公共财政保障（2005—2016 年）"和"城乡一体化（2016 年至今）"四个阶段②，显然财政保障农村义务教育在质量与公平的标准方面在逐步提高；且农业转移人口的随迁子女义务教育政策也经历了"空白（1996 年前）—限制（1996—2000 年）—支持（2000 年后）"三个阶段③。与基础教育相关的公共政策先后经历了"政治权利""效率优先，兼顾

---

① 郝铁川，《权利实现的差序格局》，《中国社会科学》，2002 年第 5 期，第 112—124 页。

② 1980 年中共中央、国务院发布的《关于普及小学教育若干问题的决定》（中发〔1980〕84 号）与 1985 年中共中央发布的《关于教育体制改革的决定》，确立了基础教育由地方负责、分级管理的原则，并规定"乡财政收入应主要用于教育"。2001 年，国务院颁布《国务院关于基础教育改革与发展的决定》（国发〔2001〕21 号），提出农村义务教育"实行在国务院领导下，由地方政府负责、分级管理、以县为主的体制"。2002 年，国务院发布《国务院办公厅关于完善农村义务教育管理体制的通知》（国办发〔2002〕28 号）；2005 年 12 月，国务院发布《关于深化农村义务教育经费保障机制改革的通知》（国发〔2005〕43 号）；2016 年，国务院印发了《关于统筹推进县域内城乡义务教育一体化改革发展的若干意见》（国发〔2016〕40 号）。参见陈静漪、宗晓华，《农村义务教育财政体制改革与发展》，《教育经济评论》，2018 年第 6 期，第 43—61 页。

③ 原国家教委于 1996 年 4 月出台的《城镇流动人口中适龄儿童、少年就学办法（试行）》专门就流动儿童义务教育问题做出回应；原国家教委和公安部于 1998 年 3 月联合印发了《流动儿童少年就学暂行办法》（教基〔1998〕2 号）；2001 年 3 月发布的《国民经济和社会发展"十五"计划纲要》提出，打破城乡分割体制、改革户籍制度、取消对人口流动的不合理限制，同时，开始强调教育均衡发展的理念；在城乡统筹、教育均衡发展两种政策理念的共同作用下，2001 年 5 月出台的《国务院关于基础教育改革与发展的决定》（国发〔2001〕21 号）强调，"要重视解决流动人口子女接受义务教育的问题，以流入地区政府管理为主，以全日制公办中小学为主，采取多种形式，依法保障流动人口子女接受义务教育的权利"。这标志着"两为主"原则的正式形成，"两为主"明确了落实流动儿童受教育权利的责任主体，是政策发展的重要里程碑；2012 年，《国务院关于深入推进义务教育均衡发展的意见》（国发〔2012〕48 号）首次增加了政府向民办学校购买服务的规定，这是对公办学校不能充分容纳流动儿童现象的回应，表明政策的进一步细化。参见徐晓新、张秀兰，《将家庭视角纳入公共政策——基于流动儿童义务教育政策演进的分析》，《中国社会科学》，2016 年第 6 期，第 151—169 页。

公平”“规模效益”以及当前以人为本的“公平而有质量”四个取向阶段，在不同的发展阶段，驱动因素、价值取向、政策重心各有不同，同样与当时的经济条件密切相关。医疗卫生等其他基本公共服务权益安排同样如此。

二、农业转移人口城市公共服务权益空间维度的差序格局

城市公共服务主要是指在基本公共服务水平基础之上，各城市政府在辖区范围内提供的差异性的公共服务。农业转移人口市民化过程中差别化享有城市公共服务权益主要有两方面的约束：一方面是城市经济差异，高于基本公共服务标准的差异性城市公共服务，主要经费来源于城市政府地方财政收入（主要是地方级税收收入），分布在我国境内不同区域的地级以上城市就有 298 个（包括直辖市 4 个、副省级市 15 个），有 363 个县级市，还有逐渐升级成县级的城市，截至 2018 年年底，中国城市共计 661 个[①]；直辖市、省会城市、计划单列市、经济特区城市、县级市各类型城市的经济发展水平各不相同，城市财政实力差异较大，城市公共服务成本差距显著；一般情况下，尽管经济相对较发达的城市公共服务成本相对较高，但是其辖区内居民获得的公共服务质量也相对更高一些；2017 年主要城市公共服务满意度评价报告分区域来看，东部地区城市的公共服务满意度评价平均得分最高[②]；因此，农业转移人口在不同城市就业所享有的城市公共服务权益自然有差异，如公共卫生、城市环境、公共文化传媒等。另一方面是城市决策差异，城市高质量发展同样要遵循市场经济，各城市为竞争更有利的生产要素，使得决策者总是按照有利于本市经济发展的标准，优先保障对本市经济发展贡献更大的群体（如引进的人才）的公共服务权益，尤其是需要城市财政大量补贴、存在拥挤成本、容易采用排他技术管理（如户籍管理排他）的城市公共服务更是如此，如社保就业、保障性住房、基础教育等；各城市对尚未获得户籍转变的流动人口提供的城市公共服务权益保障设定一系列的门槛条件或积分落户等，如申请随迁子女义务教育需要一定时期（连续若干年或月）在本地缴纳社保的记录等指标，社会保险是农业转移人口的门槛；若采用积分落户方式则是农业转移人口更难达到的指标，如学历、创新创业等；因此，就同一城市某一具体公共服务权益，在不同流动人口群体中同样呈现出保障方面的显著差异性。

总之，城市治理强调“过程”，城市公共服务同等提供给农业转移人口更是一个过程。农业转移人口的基本公共服务权益无条件保障是公民权利，但是差异性城市公共服务权益有条件保障也是正当合理的，因为各城市的公共服务能力不

---

① 中华人民共和国国家统计局，《中国城市统计年鉴 2018》，北京：中国统计出版社 2019 年版，第 29—36 页。

② 钟君、刘志昌、吴正杲，《中国城市基本公共服务力评价（2017）》，北京：社会科学文献出版社 2018 年版，第 40 页。

同，且不同群体对城市公共服务权益的诉求不同，所以必然呈现出农业转移人口城市公共服务权益的差序格局。因此，实现农业转移人口城市公共服务的实然性权益与迁入城市市民平等，绝不是立法者可以主观决定的，而是随着城市经济发展与财政能力提升而动态变化的，任何国家与区域都无法超越。

第三节 农业转移人口市民化的公共服务供给模式创新安排

理论上政府公共服务最优供给条件是社会边际成本等于社会边际收益，税收可以被看成是社会成员为公共服务支付的价格，这也是基于社会契约论的税收实质；法律位阶最高的社会契约就是宪法，《中华人民共和国宪法》赋予公民权利的同时要求其承担纳税的义务。现有城市如北京新出台的积分落户，相应的户籍仍旧承载很多辖区内的经济社会功能，建议逐渐改革户籍管理制度，逐步剥离户口承载的公共服务配置职能，尤其是要把基本公共服务与其彻底脱节，将获得城市公共服务权益与公民的纳税义务联系起来。由于公民权利、税收非直接偿还性及公共服务的效用不可分割性，因而政府不应当也做不到对等地为农业转移人口提供相应的公共服务，为了更好地保障市民化过程中农业转移人口的公共服务权益，城市公共服务体系应予以分类并逐步升级，激励各区域城市公共服务模式的创新与质量提升。

一、农业转移人口市民化全过程中的全国统一标准的基本公共服务供给模式安排

依据国家与区域现有的经济水平与财政实力，测算全国范围内统一的基本公共服务标准，保障农业转移人口市民化过程中基本公共服务权益在城乡一体化背景下均等化实现。

首先，完善中央转移支付制度，引入基本公共服务购买机制。为保障经济发展水平相对较低的城市能够为农业转移人口提供达到标准的基本公共服务，应科学设计中央转移支付的规模与结构，必要时专设农业转移人口基本公共服务权益保障专项；在迁入城市公共部门能力有限时，应采取向私人部门购买基本公共服务的模式，如政府向私立（民办）学校购买学位保障农业转移人口随迁子女的义务教育，保障农业转移人口基本公共服务权益平等享有。

其次，加速提升城市基本公共服务供给能力，在财政约束下，要按照农业转移人口市民化的核心权益诉求逐步拓展基本公共服务的内容与级次。据调查结果表明，农业转移人口市民化不同阶段对基本公共服务的关注程度差异显著，公共需求梯次前五分别为：① 基础教育（义务教育、异地高考、学前教育等）；② 公共就业（就业培训、技能培训、就业扶持、继续教育等）；③ 社会保障（最低生活保障、医疗保险、养老保险、失业保险、工伤保险等）；④ 住房保障（廉租房、公租房、经济适

用房等)；⑤ 公共文化服务。[①] 按照循序渐进、保障基本的原则，推进各城市政府基本公共服务政策分阶段、分步骤地解决农业转移人口同等享有基本公共服务权益的问题。

最后，对农业转移人口的基本公共服务供给的智能化与个性化的质量提升安排。新公共服务理论强调"以政策接受性为目标的公民参与"[②]，这意味着在基本公共服务计划的实施过程中，只有农业转移人口积极参与，提供的才是"服务"；只有农业转移人口与城市市民平等地表达基本公共服务权益诉求，民主地参与基本公共服务供给系统，实质性地分享基本公共服务利益，才能实现农业转移人口市民化的基本公共服务权益的质变。新时代呼唤基本公共服务升级，采用现代信息技术等多手段，加速推进基本公共服务的智能化。在智能化的基础上，汇聚大数据，利用云计算等信息技术实现农业转移人口基本公共服务的个性化定制，也即农业转移人口介入基本公共服务的提供过程，将与其个人需求匹配的基本公共服务信息发送到公共部门，继而得到个人属性强烈的基本公共服务；如在农业转移人口的随迁子女义务教育方面，借鉴发达城市某些优质学校一个学生一个课表的做法，提供农业转移人口随迁子女适宜的学习课程、内容与进度。随着人工智能的发展，农业转移人口与城市市民享有完全相同的基础医疗、基本就业信息咨询等基本公共服务。

二、农业转移人口市民化阶段中的差异性城市公共服务供给模式安排

为实现城市的高质量发展，各区域政府竭力供给高质量的城市公共服务，提供高于基本标准的差异性城市公共服务也是争取人才的重要因素之一。城市公共服务差异性包括不同城市之间公共服务水平的差异与相同城市公共服务供给方式的差异，这与城市自身的财政实力、公共服务理念及特征有关。对农业转移人口的城市公共服务权益安排主要依据提供成本的供给模式创新：

第一类是边际成本为零且没必要采取排他措施的城市公共服务，主要包括：① 具有完全的非竞争性和非排他性，如智慧城市的信息平台、公共文化传媒等；② 没有超过拥挤临界点的且没必要采取排他措施的城市公共服务，如在容纳数量范围内的城市公共图书馆、城市公共健身设施等。此类公共服务权益应平等地赋予市民和农业转移人口，城市政府并没有增加供给成本，且因农业转移人口因享有这些权益而增进整个社会福利，无论在技术上排他可行与否，都没有必要把农业转移人口排除在受益范围之外。

---

① 范逢春、姜晓萍，《农业转移人口市民化政策转型的多源流分析：构成、耦合及建议》，《四川大学学报（哲学社会科学版）》，2015 年第 5 期，第 17—25 页。

② 珍妮特·登哈特、罗伯特·登哈特，《新公共服务：服务，而不是掌舵（第三版）》，北京：中国人民大学出版社 2016 年版，第 74—128 页。

第二类是为有效提供而有必要采取(行政收费等)排他措施的城市公共服务,主要包括:① 不存在拥挤临界点的城市有线电视、城市服务热线(咨询)等;② 有拥挤临界点的城市公共交通、城市公共浴场等。此类城市公共服务尽管其边际成本为零,但由于公共服务的效用不可分性,与城市市民一样,只要农业转移人口愿意支付相应的价格(或行政收费),尽管是明显低于供给价格,但其相当于承担了一部分成本,就应该赋予他们此类权益,这不仅是双赢,更是公平。

第三类是具有高度正外部性而政府(大量)补助,且具有个人消费特性很容易采取排他措施的城市公共服务,最典型的就是社会保障、公共教育、医疗卫生、保障性住房等;为了更好地提供此类城市公共服务,政府一般采取混合提供方式,鼓励私人部门投入到生产中,由此产生市场机制配置成分,同时政府对其生产和消费过程给予大量补助,包括补贴、政府贴息贷款、减免税费等。在中央与地方财政支出责任划分中,这类公共服务更多地由地方政府承担,高于基本公共服务标准的完全由城市自有财力承担。城市政府主要依据农业转移人口对城市地方财政收入的贡献,即地方本级税收收入的纳税记录(如纳税年限或纳税额度),相应地提供此类城市公共服务,这具有一定的正当性与合理性,也是推进农业转移人口市民化进程中市民身份内化与价值观转化的有效措施。具体差异性城市公共服务的供给模式依据城市具体实力与能力而定,当然,农业转移人口可“用脚投票”在满足自己意愿的城市就业。

就城市高质量发展与增进社会福利而言,在农业转移人口市民化过程中,“渐进有序、逐步趋同”的城市公共服务供给是可操作的理性策略。当农业转移人口对城市发展建设不可或缺时,城市政府必然会有计划、有组织、有动力、有激励地保障农业转移人口相应的城市公共服务权益;当国家经济实力与财政能力取得巨大进步之时,就是农业转移人口公共服务权益实现“质”的飞跃之际。

第五篇 区域经济

第十三章 中国省际制造业收敛与省际经济增长分异研究

——来自部门生产率增长与跨部门资源再分配的视角

第一节 引 言

新古典增长模型认为人均收入越低的地区经济增长速度越快，地区间的差异会逐渐缩小。已有实证研究表明，1900—2008 年，中国省际经济增长为有条件收敛，由于条件要素差异，中国省际人均 GDP 缺乏收敛性。同时，另外一支文献从构成经济整体的部门层面出发，分别探讨了农业、工业和服务业在省际呈收敛特征。连接这两支文献我们可以提出一个问题：为何省际部门劳动生产率的绝对收敛，没有导致整体经济的绝对收敛？图 13-1 为 1970—2018 年我国省际劳动 GDP 的 σ 收敛系数。

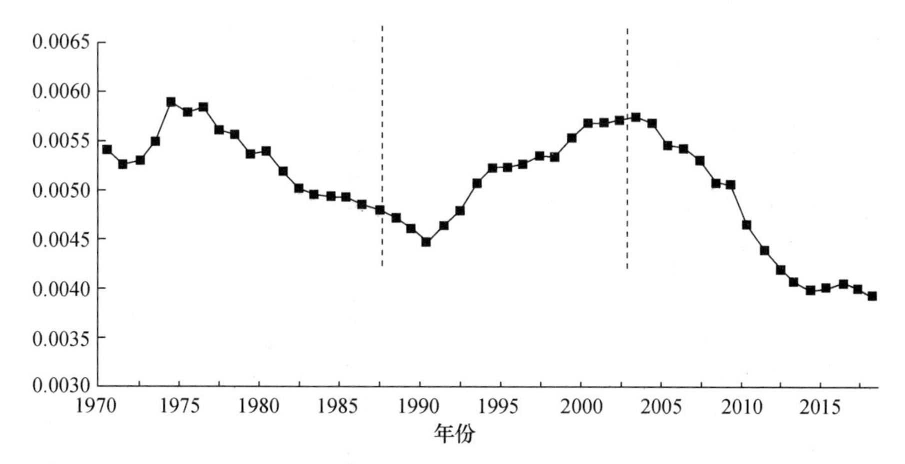

图 13-1 1970—2018 年我国省际劳均 GDP 的 σ 收敛系数

资料来源：《中国统计年鉴》(1970—2018)。

现有研究用产业结构来解释部门收敛不能导致整体经济收敛的原因。如 Duarte & Restuccia(2010)用29个国家1956—2004年的数据得出,农业和工业部门生产率的国别差距在不断缩小,而服务业部门生产率的国别差距在不断扩大,随着服务业部门在经济中的占比不断加大,服务业不收敛是导致经济整体不收敛的原因。Rodrik(2013)用118个国家1995—2005年的数据得出相似的结论,即工业劳动生产率在国别间无条件收敛,导致整体经济在国别间不收敛的部门是服务业。国内学者戴觅和茅锐(2015)、郑江淮和沈春苗(2016)分别用中国1998—2007年和1997—2013年的数据得出了完全相反的结论。戴觅、茅锐认为中国实践数据符合国际经验,非工业部门劳动生产率不收敛造成整体经济在省际不收敛。郑江淮、沈春苗认为中国部门生产率收敛与国际经验不同,中国工业部门劳动生产率不收敛而服务业部门劳动生产率是被动式收敛。

本章认为,用服务业部门在省际的不收敛来解释中国省际经济增长分异具有一定的合理性,随着中国产业结构从工业向服务业转型,服务业生产率的收敛成为导致后工业化国家和地区经济增长收敛的关键。但是,基于服务业的视角无法解释这样一个现象:中国经济从20世纪90年代后至2008年间,省际经济更加趋于发散。这段时期内,服务业占GDP的比重仅在22.7%~33.7%,直至2013年,中国服务业占GDP的比重才首次超过工业。而工业占GDP的比重从1980年的48%到2010年的46.4%,一直是占GDP比重最大的部门。因此,对省际整体经济的不收敛是由服务业的发散造成的结论应该重新探讨。

经济增长包括各部门的增长,也包括产业结构的变迁。现有研究很少从部门生产率增长和资源在产业间的重新配置相结合的角度去解释中国省际经济增长的分异现象。McMillan & Rodrik(2011)指出,工业化伴随着生产力增长和结构转型,在早期阶段,劳动力资源从农业和其他生产率低的传统部门转移到制造业和其他生产率高的现代活动,通过这种结构转型,即使部门内的生产率没有增长,提高配置效率也可以帮助经济增长。Dennis & Ican(2008)表明,在后工业化阶段,劳动力资源转向非制造业或服务业,这些行业的生产率可能高于制造业,也可能低于制造业,所以没有先验的结论确定结构转型会促进劳动生产率的增长。Baumol(1967)早在20世纪60年代就指出,随着制造业生产率的提高,劳动力从制造业向服务业转移,会导致总生产率增长的下降。成功的发展中经济体是那些在促进增长的结构转型方面取得成功的国家,这些国家成功地将资源重新分配到生产力普遍无条件趋同的制造业。由此可见,整体经济生产率的增长不仅受到构成经济的各部门内生产率增长的影响,还受到跨部门的劳动力资源配置的影响,产业结构变迁对中国省际经济增长的影响不可忽视。

本章将整体经济生产率的增长分解为部门内经济增长和部门间结构转型,进而解释中国省际经济增长分异的现实问题。本章从三个方面回答了为何省际制造业的绝对收敛没有导致省际经济增长的绝对收敛：① 农业部门、制造业部门在省际为无条件的β收敛，第二产业中的非制造业部门在省际无明显的收敛特征，而服务业部门的增长在省际呈发散趋势，随着服务业占经济整体比重的不断加大，服务业部门的发散是导致整体经济不收敛的关键原因。② 通过分解经济增长，发现部门内劳动生产率增长是整体劳动生产率增长的决定因素，其贡献值为86.1%，其中服务业10%、制造业15%、非制造业22%和农业40%。而跨部门的劳动力重新分配对整体劳动生产率的贡献为13.9%，其中劳动力从农业部门流出对总体劳动生产率增长的贡献为−114%，劳动力从制造业部门流出对总体劳动生产率增长的贡献为−44%，劳动力进入非制造业部门对总体劳动生产率增长的贡献为48%，劳动力进入服务业部门对总体劳动生产率增长的贡献为124%。尽管中国跨部门的劳动力重新配置变化幅度很大，但其正负相抵加总值较小。Kohsaka & Shinkai (2018)根据亚洲的数据对制造业结构变迁对整体经济增长贡献的分析得出了相似的结论。③ 中国18个制造业子行业中，有7个子行业在省际并未呈现无条件收敛的特征，在那些非收敛制造业子行业占比较大的地区，由于其制造业构成基本为非收敛特征的产业，因此其整体经济也会呈现出不收敛的特征。落后地区的特征之一是它们的收敛产业部门很小。

相比已有研究，本章的研究贡献主要有以下几点：① 已有研究以省际服务业不收敛来解释省际整体经济增长分异，这一视角无法解释中国自19世纪80、90年代服务业占比较小的阶段就存在的省际经济增长分异的现象。本章通过对产业内部和产业之间结构的层层分解，揭示了部门经济的结构转型和部门资源的重新配置才是造成中国省际经济增长分异的关键。本章为这个领域的研究拓展了一个视角。② 通过将整体经济增长进行分解，发现部门间劳动生产率增长差距较大，而中国从低生产率的农业部门流出的劳动力，并未按照边际收益原则进入生产率最高的制造业部门，而是进入了第二产业中的非制造部门和服务业部门，结构变迁过程中资源的错配是造成影响中国区域经济收敛的关键原因。③ 技术收敛是一种普遍现象，但是在不同行业间有所不同，由于各省份产业结构不同而造成区域经济收敛分异，制造业内部的结构差异也会导致省际经济增长的分异，如果忽略了产业结构内部的差异而强调总劳动生产率的收敛，可能会导致对区域经济增长过程的错误政策评估。

本章剩余部分安排如下：第二节为研究方法与数据说明；第三节为典型实证与论证；第四节为实证结果；第五节为制造业绝对收敛与省际经济收敛分异的解释；第六节为制造业份额、制造业结构对省际经济收敛的影响；第七节为结语。

第二节　研究方法与数据说明

一、研究方法

新古典增长模型已成为无条件和有条件收敛的理论基石，Mankiw et al.(1992)、Barro & Sala-i Martin(1992)、Sala-i Martin(1996a)、Islam(2003)、Islam(1995)等先后讨论了新古典增长模型的 β 收敛估计方法，基本的估计方程为：

$$\hat{y}_{ij} = -\beta \ln y_{ij} + D_i + D_j + \varepsilon_{ij} \tag{13-1}$$

式(13-1)假设每个行业的实际劳动生产率增长都符合新古典增长模型的假设，即每个行业的劳动生产率的增长率和基期劳动生产率负相关。式(13-1)的左侧 $\hat{y}_{ij}$ 为实际劳动生产率的增长率，i 为行业，j 为地区；$\ln y_{ij}$ 为基期 j 地区 i 行业劳动生产率的对数值。此外，根据新古典增长理论中的"条件收敛假说"，实际劳动生产率的增长率还受投资环境、开放程度、地理因素等地区特征因素的影响，因此，式(13-1)中控制了代表地区的特征变量 D_j 和代表行业的特征变量 D_i。其中，不控制 D_j 时的经济收敛称作"无条件收敛"，控制 D_j 时的经济收敛称作"有条件收敛"。β 为本章感兴趣的收敛系数，不控制 D_j 时，β 的负向显著系数意味着经济的无条件收敛特征，即无论各地区自身的特征如何不同，基期劳动生产率较低的省份都会有较高的劳动生产率增长率。

二、数据来源及处理

为了计算制造业各部门的劳动生产率，需要获取每个制造业子行业的就业人数和增加值数据，计算每个子行业每个工人的劳动生产率。中国从 2008 年开始，不再公布制造业分行业的增加值数据，因此，本章的研究期限截至 2007 年。此外，通过计算省际 σ 收敛系数，发现 1990—2007 年是中国省际经济增长分异的阶段，符合本章要研究的主题。本章收集了从 1980 年以来制造业分行业的增加值和就业人数数据，但是 1980—1990 年部分年份数据断档，因此，本章以 1991 年作为研究基期，最终形成了从 1991—2007 年覆盖全国 28 个地理单元和 18 个行业[①]的平衡面板数据集。

本章分省分行业数据来源于历年《中国工业经济统计年鉴》和《中国经济普查年鉴》(地区卷)。自 1998 年起，《中国工业经济统计年鉴》只公布 20 个产业分省区的数据，本章借鉴贺灿飞和谢秀珍(2006)的处理办法，利用《工业统计年报》《中华人民共和国 1995 年第三次全国工业普查资料汇编》(地区卷)、《中华人民共和国 1985 年工业普查资料》(地区卷)等资料扩充 1998 年以前的数据。其中，1989

---

① 不包括西藏、中国香港、中国澳门和中国台湾；个别年份缺失数据用前后两年取均值代替做相应补充。

年无统计数据,为了延长面板,本章用 1988 年和 1990 年两年数据的均值分别测度 1989 年的各省各行业的工业增加值和就业人数;2004 年各数据源没有"当年工业增加值"的统计,本章用 2003 年和 2005 年两年的均值测度 2004 年各省各行业的工业增加值。

本章面板数据涉及两次行业分类标准的调整:1993 年、2003 年统计年鉴的行业分类发生变化,为了保证行业分类的可比性,本章对行业分类做了调整,最终包含了 18 个行业。[①] 空间单元层面,西藏由于部分数据缺失而没有纳入面板。为了保持时间上统一的空间单元,本章将海南和重庆分别归入广东和四川。本章对 GDP 等数据进行消胀处理,价格指数和汇率主要来源于历年《中国统计年鉴》。为了消除异方差,本章对绝对值变量做了对数化处理。此外,我们构建了两套数据集,一套是截面数据,即计算了 1991—2007 年分省分行业各个指标的平均值,截面数据主要分析总体趋势;另一套是面板数据,主要分析变化特征和精确结果。在具体回归过程中,对于面板数据,我们将 1991 年的劳动生产率作为基期初始水平,控制了行业—时间固定效应,不控制地区固定效应的结果表示省际的"无条件收敛",控制了地区固定效应的结果表示省际的"有条件收敛"。对于横截面数据,行业—时间固定效应减为行业固定效应。

第三节　典型实证与论证

为了直观地反映以上问题,我们先从简单的图示开始观察。本章根据 1991—2007 年 28 个地理单元的 18 个制造业子行业的平衡面板数据,验证以下特征事实。

典型事实 1:中国省际劳动生产率在研究期内差距越来越大

借鉴林光平等(2006)的计算方法,计算 σ 收敛系数来反映中国省际人均 GDP 随时间的变异程度。如果 $\sigma_{t+1}<\sigma_t$,则说明省际经济增长存在 σ 收敛。为了看清长期趋势,本章用人均 GDP 取对数计算标准差,得到反映绝对差异变化的 σ 收敛系数。由图 13-2 可知,在本章研究的 1991—2007 年,中国的经济增长在省际并未呈现出 σ 收敛特征。图 13-3 展示了整体经济劳动生产率在 1991—2007 年的省际 β 收敛情况,横轴代表各省劳动生产率在 1991 年的基期值(取对数),纵轴为 1991—2007 年各省劳动生产率的年均增速。由图 13-3 我们发现,各省的劳动生

① 将"农副食品加工业"和"食品制造业"合并为"食品加工制造业(13)";将"棉纺织业"与"纺织业"合并为"纺织业(17)";将"通用设备制造业"和"专用设备制造业"合并为"设备制造业(34)";将"汽车制造业""铁路、船舶、航空航天和其他运输设备制造业"合并为"交通运输设备制造业(36)"。由于部分行业四分位层面存在较大的调整,因此删除了在细分门类调整比较大的行业类型,删除的行业有:皮革、毛皮、羽毛及其制品和制鞋业(19),木材加工和木、竹、藤、棕、草制品业(20),家具制造业(21),印刷和记录媒介复制业(23),文教、工美、体育和娱乐用品制造业(24),橡胶和塑料制品业(29)和有色金属冶炼(32)共 7 个行业。

产率没有明显的β收敛特征(其中,四川的值显得有点跳跃,是因为我们在处理研究单元时,为了数据在时间上的前后一致性,将四川和重庆的数据进行了合并)。综合σ收敛和β收敛系数,中国省际劳动生产率在研究期1991—2007年没有显著的收敛特征。

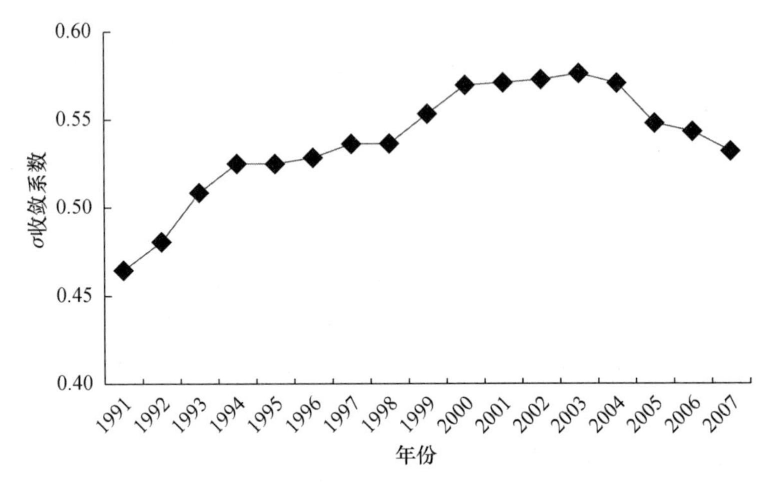

图 13-2 中国 1991—2007 年人均 GDP 的 σ 收敛特征

资料来源:《中国统计年鉴》和《中国工业经济统计年鉴》(下同)。

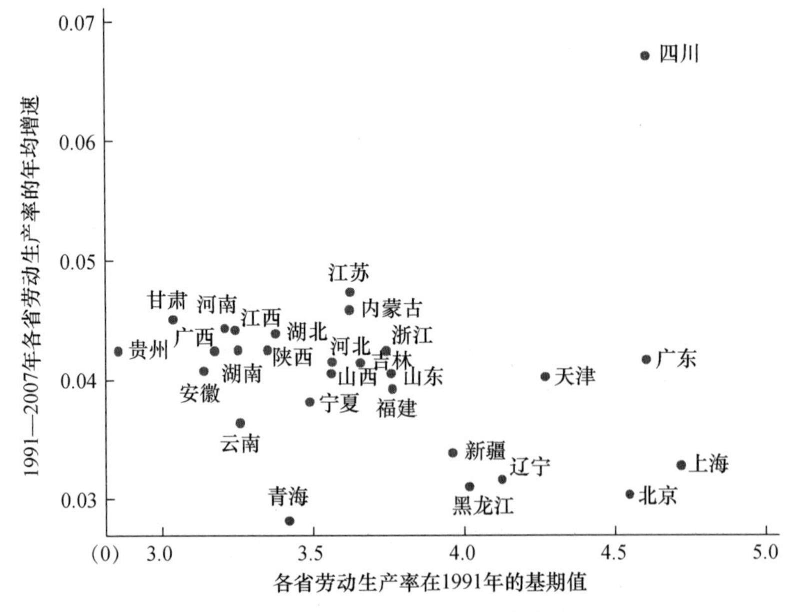

图 13-3 省际人均 GDP 的 β 收敛特征

典型事实 2:省际制造业部门呈无条件 β 收敛特征

图 13-4 反映了制造业子行业劳动生产率的 β 收敛特征。横轴代表制造业子行业在 1991 年的初始劳动生产率(取对数),纵轴为 1991—2007 年制造业子行业劳动生产率的年均增速。图上的每个点代表一个“省份—行业”样本点,没有对省份特征进行控制。由图 13-4 可知,1991—2007 年,初始劳动生产率较低的行业,其劳动生产率的增长速度更快,中国制造业子行业劳动生产率的增长表现出无条件收敛特征。图 13-5 横轴代表各省制造业整体在 1991 年的初始劳动生产率(取对数),纵轴为 1991—2007 年各省制造业整体劳动生产率的年均增速。图 13-5 同样也反映了中国省际制造业整体劳动生产率的 β 收敛特征,省际制造业整体劳动生产率的 β 收敛的斜率要高于各个子行业劳动生产率的 β 收敛的斜率。此外,图 13-5 中有比较明显的收敛“俱乐部”特征:云南与上海、北京的收敛特征相似,贵州、福建、浙江的收敛特征相似,而这些地区的整体制造业技术水平实际具有差异性。通过分析数据,我们发现,省际主导行业类型是造成这种“俱乐部”收敛现象的关键原因。比如,云南的烟草行业在其整个制造业中占比较大,而烟草行业的劳动生产率高于其他行业,因此烟草行业的劳动生产率收敛速度较慢,导致云南的经济收敛表现出与北京等主导行业劳动生产率较高地区相似的特征。此外,一些重工行业如石油冶炼等,也呈现出劳动生产率收敛速度较慢的特征。

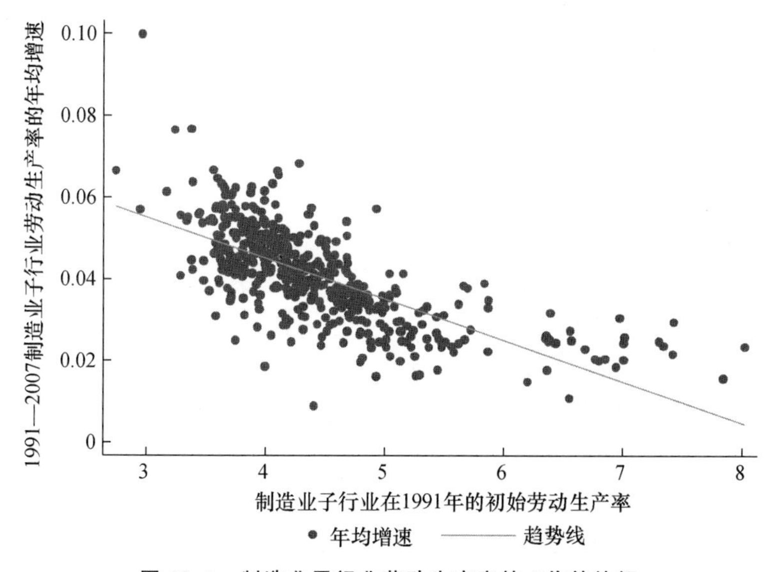

图 13-4　制造业子行业劳动生产率的 β 收敛特征

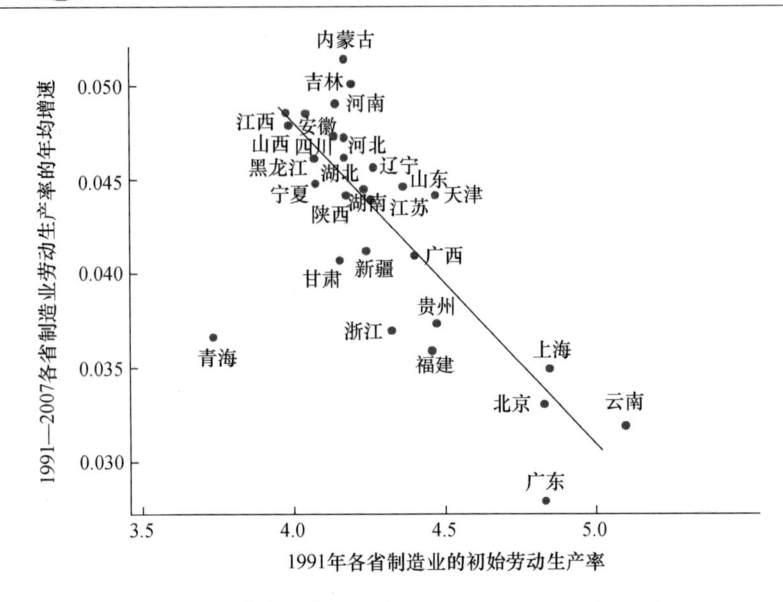

图 13-5 省际制造业整体劳动生产率的 β 收敛特征

注：由于地理单位统一，海南、重庆的数据归入广东和四川之中，西藏由于数据缺失而没有进入数据集。

典型事实 3：省际经济收敛速度与制造业的份额正相关

图 13-6 展示了各省劳动生产率增长速度与制造业份额的关系。横轴为一省制造业就业人数占全省总就业人数的份额，纵轴为 1991—2007 年各省劳动生产

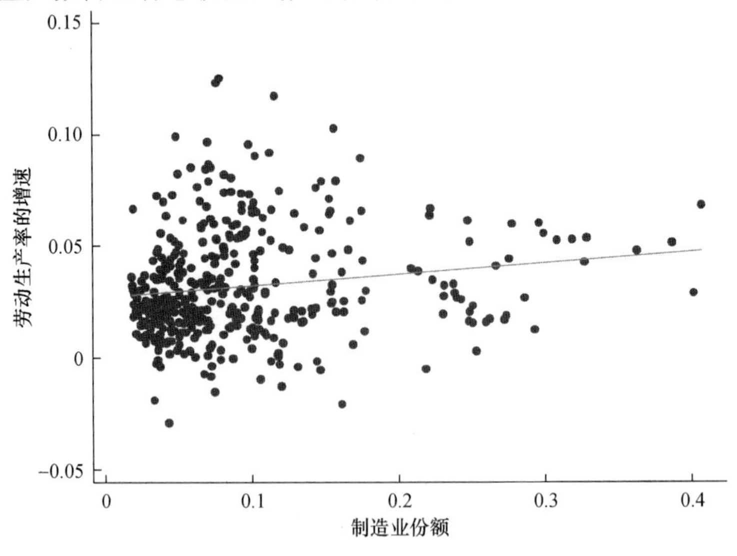

图 13-6 省际劳动生产率增长速度与制造业份额的关系

率的增速。由图 13-6 可知，各省劳动生产率的增长速度与其制造业份额呈正相关，即制造业就业人数占总就业人数比重越大的省份，其劳动生产率的增长速度也越快。制造业份额是影响省际经济收敛的一个条件变量。这个结论启示我们，制造业的相对份额对解释各省经济趋同方面有作用，需要深入产业内部结构来解释省际经济增长的收敛性问题。

第四节 实证结果

一、基准结果

本章对 1991—2007 年 28 个空间单元 18 个制造业子行业进行估计。结果如表 13-1 所示，中国省际制造业的劳动生产率具有显著的 β 收敛特征。表 13-1 中第(1)～(4)列为截面数据的回归结果，四列分别为不控制任何固定效应，控制了行业、年份固定效应，控制了行业、年份、行业—年份固定效应，控制了行业、年份、行业—年份、省份固定效应的结果。其中，不控制省份固定效应且基期劳动生产率为负向系数表明无条件收敛，而控制省份固定效应的相同估计表明有条件收敛。结果表明，中国省际制造业在 1991—2007 年存在显著的无条件收敛特征，收敛系数为－1.892。控制省份固定效应后，我们发现有条件收敛的系数比无条件收敛系数的绝对值更大，为－2.666，说明省际差异确实在一定程度上影响了制造业技术的收敛速度。

表 13-1 基准回归结果

	(1)	(2)	(3)	(4)	(5)	(6)	(7)	(8)
	截面数据				面板数据			
1991 年基期的劳动生产率	−0.543***	−1.892***	−1.892***	−2.666***	−0.00220***	−0.00526***	−0.00526***	−0.00521***
	(−25.72)	(−56.40)	(−55.47)	(−68.52)	(−6.63)	(−5.07)	(−5.32)	(−4.10)
常数项	6.151***	18.05***	18.06***	25.67***	0.0316***	0.0539***	0.0411***	0.0402***
	(32.25)	(58.87)	(46.88)	(60.16)	(10.50)	(5.69)	(3.71)	(2.91)
省份固定	不控制	不控制	不控制	控制	不控制	不控制	不控制	控制
行业固定	不控制	控制	控制	控制	不控制	控制	控制	控制
年份固定	不控制	控制	控制	控制	不控制	控制	控制	控制
行业—年份固定	不控制	不控制	控制	控制	不控制	不控制	控制	控制
N	7 808	7 808	7 808	7 808	7 455	7 455	7 455	7 455
adj. R^2	0.078	0.359	0.338	0.466	0.006	0.064	0.152	0.149

注：括号内为 t 统计量值；***、**、* 分别表示在 1%、5%和 10%的显著性水平上显著。

Islam(2003)提倡在收敛性估计中使用面板数据，他认为面板模型的使用有助于通过个体效应的形式捕获特定省份的特征来纠正遗漏变量偏差。表 13-1 中第(5)—(8)列为面板数据按照同样的控制设置回归的结果。与预期一致，面板数据与整体制造业得到的收敛系数更加稳定，在－0.005～－0.002。所有的回归系数均是1%的显著性水平，中国制造业子行业存在非常明显的无条件收敛特征，即基期人均劳动生产率较低的行业，其后期的增速较快。

二、稳健性检验

1. 制造业收敛的俱乐部特征

区域异质性分析惯常的办法是采用东中西的划分方法，但中国区域差异大，中国的经济正以城市群为依托形成若干经济圈。为了更细致地分析制造业技术收敛的区域异质性，本章用“经济圈”来划分中国的省份(不包括台湾)。目前，中国公认的经济圈有长三角经济圈、珠三角经济圈、京津冀经济圈。我们根据目前的三个经济圈和经济地理格局，将全国分为八大经济圈：① 环渤海经济圈：北京、天津、河北、山西、内蒙古；② 东北经济圈：黑龙江、吉林、辽宁；③ 泛长三角经济圈：上海、江苏和浙江；④ 华东经济圈：安徽、福建和江西；⑤ 中部经济圈：河南、湖北、湖南和山东；⑥ 泛珠三角经济圈：广东、海南和广西(除去香港和澳门)；⑦ 西南经济圈：重庆、四川、贵州、云南和西藏；⑧ 西北经济圈：甘肃、青海、陕西、宁夏和新疆。

从表13-2可以看出，八大经济圈制造业的技术收敛表现出明显的差异，其中：东北经济圈、泛长三角经济圈、华东经济圈和西南经济圈内的制造业没有显著的无条件收敛特征。具体来看，东北经济圈的黑龙江、吉林、辽宁三省，占比较大的为石油和天然气开采业，石油加工、炼焦及核燃料加工业，黑色金属矿选业，交通运输设备制造业，这些行业属于重工业部门，投资大且资金密集，行业的灵活性和开放性不足，向前沿技术趋近的速度较慢。与东北经济圈相似，西南经济圈的贵州、云南、四川和重庆四省市也存在制造业技术不收敛的特征。具体来看，在研究期内，云南和贵州都过于倚重于其主导行业，如云南的烟草制造业和贵州省的酒、饮料和精制茶制造业均占据了全省GDP的一半以上，这些主导行业均为国有控股，且其本身的劳动生产率处于全国最高水平，因此其收敛速度也较慢。泛长三角经济圈和华东经济圈是我国近代工业兴起最早的地区，这两大经济圈的制造业劳动生产率全国领先，本身就代表了前沿的技术，其基期值较高且与前沿技术的差距空间小，导致β收敛系数的绝对值较小。环渤海经济圈、中部经济圈、泛珠三角经济圈和西北经济圈的制造业均表现出显著的无条件收敛特征，其中，西北地区由于基期的劳动生产率低，其向前沿技术的赶超也更快，收敛系数的绝对值最大为−0.009，其余经济圈的收敛系数的绝对值较为稳定，在−0.007～−0.005。

表 13-2　区域异质性

	(1) 环渤海经济圈	(2) 东北经济圈	(3) 泛长三角经济圈	(4) 华东经济圈	(5) 中部经济圈	(6) 泛珠三角经济圈	(7) 西南经济圈	(8) 西北经济圈
1991 年的基期劳动生产率	−0.00472**	−0.00501	−0.00224	−0.00522	−0.00709**	−0.00710**	−0.00321	−0.00899**
	(−2.09)	(−0.93)	(−1.17)	(−1.63)	(−2.21)	(−2.07)	(−0.83)	(−2.12)
常数项	0.0428*	0.0323	0.0313	0.0361	0.0603**	0.0380	0.0120	0.0757*
	(1.71)	(0.64)	(1.62)	(1.15)	(1.98)	(1.03)	(0.29)	(1.73)
行业固定	控制	控制	控制	控制	控制	控制	控制	控制
时间固定	控制	控制	控制	控制	控制	控制	控制	控制
行业—时间固定	控制	控制	控制	控制	控制	控制	控制	控制
N	1 335	808	810	808	1 077	529	804	1 284
adj. R^2	0.158	0.213	0.488	0.341	0.354	0.522	0.210	0.212

注：括号内为 t 统计量值；***、**、* 分别表示在 1%、5%和 10%的显著性水平上显著。

2. 考察期异质性

本章考察研究期限的长短是否会影响结果。本章选择了 1991—1995 年、1996—2000 年、2001—2005 年三个时间段，从表 13-3 可以看出，中国制造业部门劳动生产率的收敛性高度稳健，无论研究期限如何变化，收敛系数均显著为负。同时，通过对比三个阶段收敛系数的绝对值，我们可以发现，中国省际制造业的技术收敛经过了先加快、再放缓的过程。1991—1995 年，中国省际制造业的技术收敛系数约为−0.0025；到 1996—2000 年，中国省际制造业的技术收敛系数绝对值有所增加，为−0.0073；2001—2005 年，中国省际制造业的技术收敛系数约为−0.0062，相比上一个五年，收敛系数的绝对值有所降低，这意味着中国省际制造业部门生产率的收敛速度有所放缓。

表 13-3　研究期异质性

	1991—1995 年		1996—2000 年		2001—2005 年	
	无条件收敛	条件收敛	无条件收敛	条件收敛	无条件收敛	条件收敛
1991 年的基期劳动生产率	−0.00245	−0.00649**	−0.00730***	−0.00910***	−0.00619***	−0.00537***
	(−1.22)	(−2.47)	(−3.90)	(−3.83)	(−4.11)	(−2.81)
常数项	0.0163	0.0533**	0.0998***	0.119***	0.0629***	0.0591***
	(0.85)	(2.07)	(5.59)	(5.06)	(4.31)	(3.10)
省份固定	不控制	控制	不控制	控制	不控制	控制
时间固定	控制	控制	控制	控制	控制	控制
行业—时间固定	控制	控制	控制	控制	控制	控制
N	2 005	2 005	3 995	3 995	6 959	6 959
adj. R^2	0.219	0.221	0.170	0.169	0.158	0.156

注：括号内为 t 统计量值；***、**、* 分别表示在 1%、5%和 10%的显著性水平上显著。

3. 行业异质性

Rodrik(2013)认为竞争加剧导致同一行业技术的扩散,制造业是无条件收敛的。在本章对中国制造业子行业的劳动生产率收敛性分析中,没有控制省份固定效应以得到无条件收敛的结果,控制了行业、年份和行业—年份固定效应,并采用面板数据进行估计,结果如表 13-4 所示。在本章研究的 18 个子行业中,所有行业的初始劳动生产率的系数均为负值,但有 7 个子行业的收敛系数并不显著。在具有显著收敛特征的行业中,仪器仪表及文化、办公用机械制造业(40)的收敛系数绝对值最大,为−0.0231, Rodrik(2013)用世界 118 个国家制造业子行业的数据估计仪器仪表及文化、办公用机械制造业(40)的收敛系数为−0.23,与本章完全相同,其余的子行业的收敛系数与本章也非常接近,只有纺织服装、鞋、帽制造业(18)的中国数据显示具有收敛特征,而世界各国的该行业并未表现出显著的无条件收敛特征。由于篇幅限制,其余各行业的收敛系数不再一一比较。

表 13-4 18 个子行业的技术收敛检验

行业类型	行业代码	初始劳动生产率	标准差	N	adj. R^2
食品加工制造业	13	−0.0175*	(−1.89)	420	0.472
酒、饮料和精制茶制造业	15	−0.0112**	(−2.47)	420	0.222
烟草制品业	16	−0.00192	(−0.61)	411	0.121
纺织业	17	−0.0141	(−1.12)	416	0.147
纺织服装、鞋、帽制造业	18	−0.0171*	(−1.71)	416	0.274
造纸和纸制品业	22	−0.00886	(−0.51)	417	0.185
石油加工、炼焦和核燃料加工业	25	−0.00994**	(−2.14)	409	0.160
化学原料和化学制品制造业	26	−0.0139***	(−2.77)	420	0.079
医药制造业	27	−0.0101	(−1.57)	420	0.144
化学纤维制造业	28	−0.0196	(−1.19)	369	0.055
非金属矿物制品业	30	−0.0148***	(−2.90)	420	0.565
黑色金属冶炼和压延加工业	31	−0.0206	(−1.52)	420	0.049
金属制品业	33	−0.0175*	(−1.90)	420	0.440
机械设备制造业	34	−0.0131**	(−2.00)	420	0.272
交通运输设备制造	36	−0.0124**	(−1.97)	420	0.098
电气机械和器材制造业	38	−0.0177	(−1.47)	420	0.098
计算机、通信和其他电子设备制造业	39	−0.0185**	(−2.29)	405	0.073
仪器仪表及文化、办公用机械制造业	40	−0.0231*	(−1.77)	412	0.015

注:括号内为 t 统计量值;***、**、* 分别表示在 1%、5%和 10%的显著性水平上显著。

第五节　制造业绝对收敛与省际经济收敛分异的解释

一、各部门的省际收敛特征

前文分析表明，制造业部门在省际有无条件收敛的特征，然而省际经济却没有绝对收敛的特征。为何省际制造业的绝对收敛没有导致省际经济增长的绝对收敛？为了回答这一问题，必须跳出制造业部门本身，从构成经济的全部门来分析。本节将整体经济分为农业部门、制造业部门、非制造业部门①和服务业部门，新增了 1991—2007 年 28 个地理单元的总 GDP、总就业人口以及各部门的 GDP 和就业人口数据，同样对 GDP 做了价格平减处理，分别计算了 1991—2007 年四个部门的劳动生产率收敛情况。

表 13-5 的第(1)和第(2)列显示农业部门、制造业部门在省际为无条件的 β 收敛；第(3)列的非制造业部门的收敛系数为负值但是收敛特征并不显著；第(4)列的服务业部门的收敛系数为正，说明基期服务业部门劳动生产率越低的地区，后期服务业的劳动生产率增长越慢，这与收敛经济的特征背道而驰；第(5)列的整体经济的收敛系数为负但收敛特征不显著，说明整体经济没有显著的 β 收敛特征。戴觅和茅锐(2013)的研究中提出，制造业部门的绝对收敛没有导致整体经济范围

表 13-5　分部门技术收敛检验

	(1)	(2)	(3)	(4)	(5)
	农业部门	制造业部门	非制造业部门	服务业部门	整体经济
1991 年农业劳动生产率	-0.0504^{***} (−3.56)				
1991 年制造业劳动生产率		-0.130^{***} (−6.94)			
1991 年非制造业劳动生产率			−0.00706 (−0.22)		
1991 年服务业劳动生产率				0.0509^{***} (4.97)	
1991 年整体经济劳动生产率					−0.0106 (−1.35)
常数项	0.476^{***} (4.54)	1.379^{***} (8.32)	0.167 (0.58)	-0.395^{***} (−4.00)	0.229^{***} (3.64)
N	28	28	28	28	28
adj. R^2	0.302	0.636	−0.037	0.467	0.029

注：括号内为 t 统计量值；***、**、* 分别表示在 1%、5%和 10%的显著性水平上显著。

① 非制造业部门包括建筑业、采掘业和公共工程、水电油气供应。

内人均 GDP 的收敛的原因在于，非工业部门的劳动生产率不存在收敛的特征。从本章的研究结论来看，农业部门在省际是绝对收敛的，第二产业中的非制造业部门在省际无明显的收敛特征，而服务业部门在省际呈发散趋势，随着服务业占经济整体比重的不断加大，服务业部门的发散增长可能是导致整体经济不收敛的关键原因。

二、各部门对整体经济劳动生产率增长的贡献分解

为了进一步得出制造业劳动生产率的增长对整体经济劳动生产率增长的精确贡献，必须分解出制造业对整体经济劳动生产率增长的贡献份额。部门本身劳动生产率的增长以及结构转型下资源的重新配置最终都会影响总劳动生产率的增长。本章将总劳动生产率的增长分解为部门内劳动生产率的增长和部门间劳动力的再分配。定义 i 部门的劳动生产率为：

$$y_{i,t} = \frac{Y_{i,t}}{L_{i,t}} \tag{13-2}$$

式(13-2)中，Y 和 L 分别为 i 行业的增加值和就业人数。设 θ_{it} 为行业就业份额，定义为：

$$\theta_{i,t} = \frac{L_{i,t}}{L_t}$$

t 时期的劳动生产率总和 y_t，为部门劳动生产率乘以部门的劳动份额的加总：

$$y_t = \sum \theta_{it} \times y_{it}$$

进一步，将总劳动生产率的变化分解为部门内劳动力生产率的增长和部门间劳动力的再分配；并在等式两边同时除以 y_{t-k} 时期的劳动生产率，得到以下表达式：

$$\frac{\Delta y_t}{y_{t-k}} = \sum \theta_{i,t-k} \times \frac{\Delta y_{i,t}}{y_{i,t-k}} \frac{y_{i,t-k}}{y_{t-k}} + \sum \Delta \theta_{i,t} \times \frac{y_{i,t}}{y_t} \frac{y_t}{y_{t-k}} \tag{13-3}$$

式(13-3)的右边第一项代表了部门内劳动生产率增长对总劳动生产率增长的贡献，第二项代表部门间劳动力的再分配对总劳动生产率增长的贡献。本章以 1991 年为研究基期，以 2007 年为期末，将整体经济分解为农业部门、制造业部门、非制造业部门和服务业部门。

1. 各部门劳动生产率与结构变化

图 13-7 展示了各部门劳动生产率相对于整体经济劳动生产率的大小，大于 0 表明部门的劳动生产率高于整体经济的劳动生产率。由图 13-7 可知，1991—2007 年，制造业部门的劳动生产率远高于其他产业，服务业部门的劳动生产率与整体经济的劳动生产率基本持平，非制造业部门的劳动生产率变动较大，而农业部门的劳动生产率远远低于整体经济的劳动生产率。图 13-8 为研究期内各部门就业

份额的变化,我们可以很清晰地看到劳动力资源从农业和制造业两个部门流出,进入了非制造业和服务业部门,而这两个部门与整体经济的劳动生产率接近。研究期内中国经历了较大的产业结构变迁过程,即有大量的劳动力资源流入和流出。中国劳动力资源进入的是与全国整体经济劳动生产率持平的服务业和非制造业部门,而不是劳动生产率更高的制造业部门,因此,这种大型的产业结构变迁对整体经济的实质拉动作用应该有限。制造业部门对整体经济的拉动作用因其劳动力资源的流出而大大减弱了。

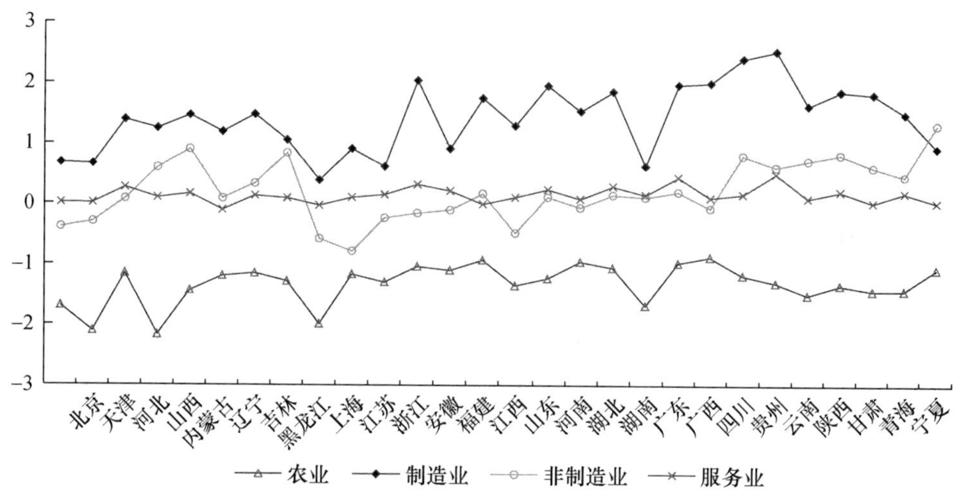

图 13-7　各部门劳动生产率相对于整体经济劳动生产率的大小

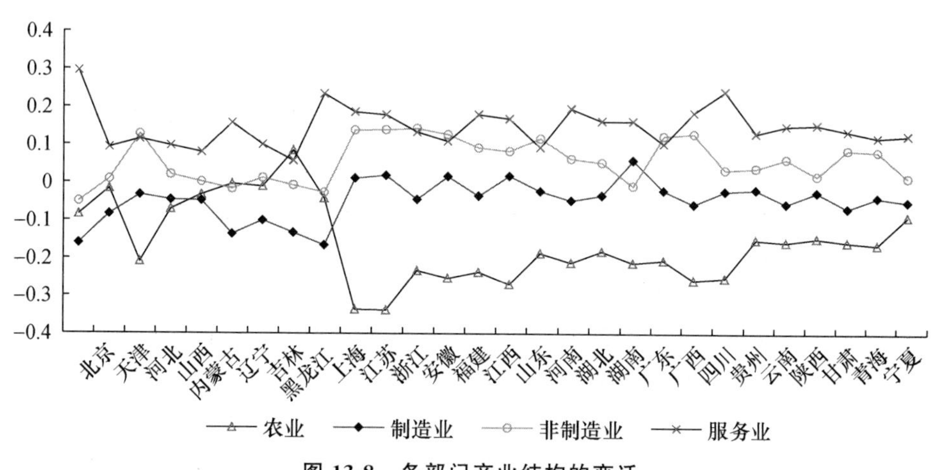

图 13-8　各部门产业结构的变迁

2. 整体经济劳动生产率的增长分解

本章将劳动生产率的增长分解为部门内劳动生产率的增长和部门间劳动力的再分配,结果如图 13-9 所示。1991—2007 年,部门内劳动生产率增长是整体经济劳动生产率增长的决定因素,贡献值为 86.1%,而部门间的劳动力重新分配也发挥了不可忽视的作用,其对整体经济劳动生产率的贡献为 13.9%。进一步细分各部门与产业结构对整体经济劳动生产率增长的贡献,由图 13-10 可知,在研究期内,中国跨部门的劳动力重新分配变化幅度很大,表现为劳动力从农业和制造业部门大量流出,大量进入非制造业和服务业部门,其中,劳动力从农业部门流出对总劳动生产率增长的贡献为 −114%;劳动力从制造业部门流出对总劳动生产率增长的贡献为 −44%;劳动力进入非制造业部门对总劳动生产率增长的贡献为 48%;劳动力进入服务业部门对总劳动生产率增长的贡献为 124%;加总后跨部门的劳动力重新分配对整体经济劳动生产率的贡献为 13.9%。各部门劳动生产率增长对整体经济劳动生产率增长的贡献值从小到大分别为:服务业 10%、制造业 15%、非制造业 22%和农业 40%,加总后各部门劳动生产率增长对整体经济劳动生产率的贡献为 86.1%。

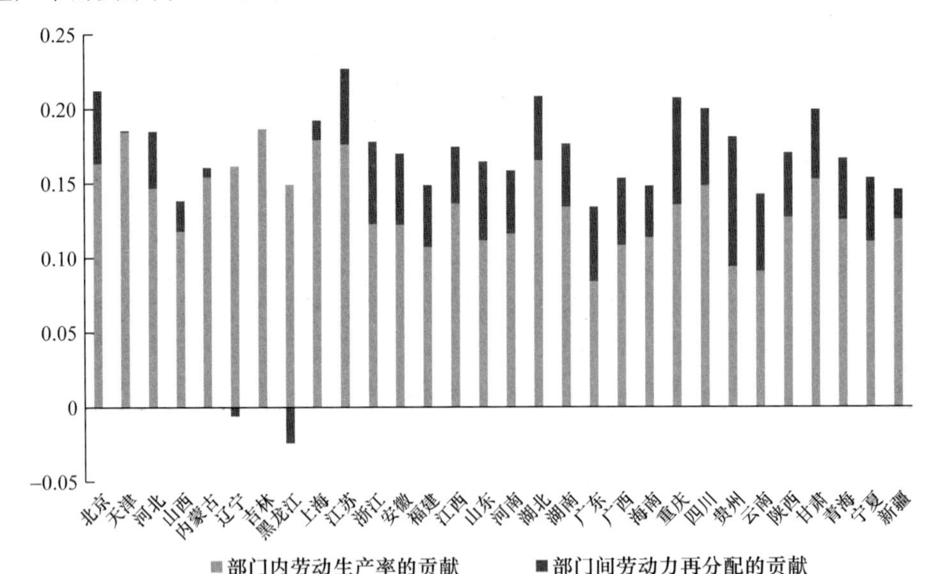

图 13-9　部门内劳动生产率增长与部门结构转型对整体经济劳动生产率增长的贡献

3. 各省份整体经济劳动生产率的增长分解

部门生产率增长由式(13-3)第一项计算可得,即部门劳动生产率的增长、部门就业份额和部门劳动生产率/总劳动生产率三者的乘积。部门劳动生产率增长率越高、就业份额越大、总劳动生产率增长越快,对总劳动生产率增长的贡献越大。图

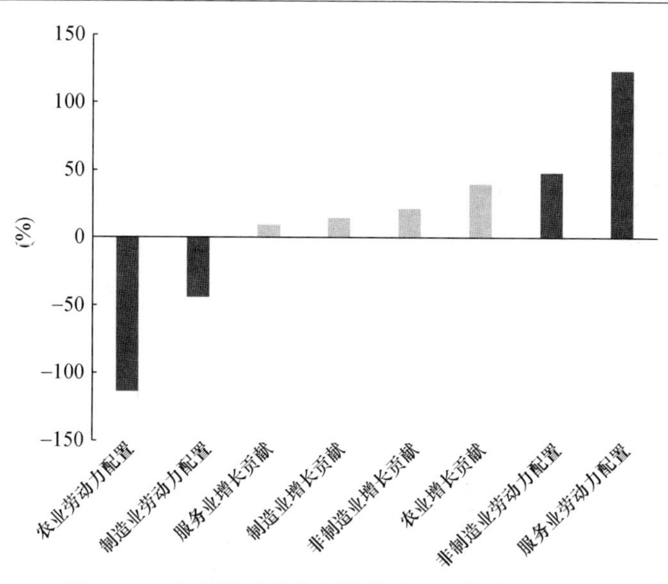

图 13-10　各部门对整体经济劳动生产率增长的贡献

13-11 展示了部门内劳动生产率增长对整体经济劳动生产率增长的贡献，农业是推动整体经济劳动生产率增长的最主要的部门。1991—2007 年，整体经济年均劳动力生产率增长率为 13.5%，其中农业劳动生产率水平较低，但由于其巨大的就业份额，农业部门劳动生产率增长占了总劳动生产率增长的 5.8%。其次为非制造业部门，其增长贡献为 3.1%。制造业部门对整体经济劳动生产率增长的贡献不大，仅为 2.2%，这是因为在 20 世纪 90 年代，中国制造业的就业份额相比其他部门较小。服务业部门由于其本身生产率的增长较慢，对整体经济劳动生产率的贡献为 1.4%。

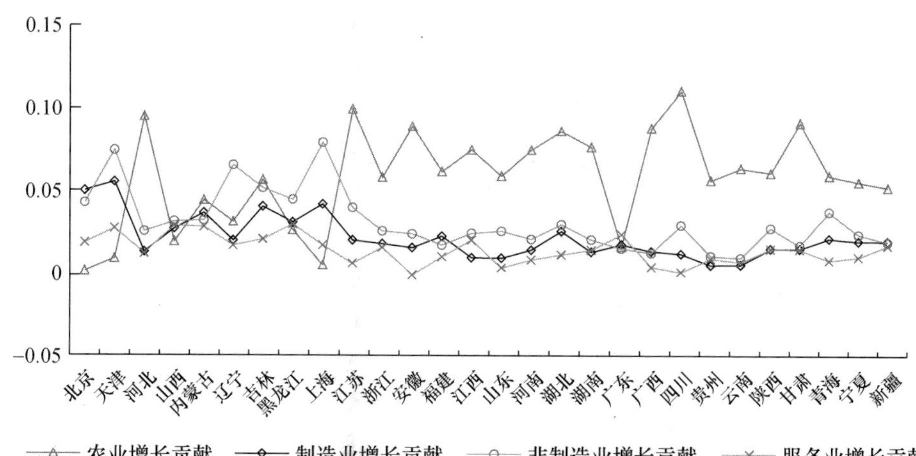

图 13-11　部门内劳动生产率增长对整体经济劳动生产率增长的贡献

中国劳动力从生产率较低的农业部门再分配出去，进入了服务业和非制造部门，这个结构变迁过程对整体经济劳动生产率增长的影响最大。劳动力资源的跨部门配置对整体经济劳动生产率的影响如图13-12所示。由图13-12可知，服务业部门和非制造业部门在结构变迁中吸纳了大量的劳动力资源，其结构变迁对整体经济的影响最大。此外，我们还观察到，从农业部门流出的劳动力，重新分配到生产率更高的制造业部门的规模不大，甚至生产率较高的制造业部门也面临着劳动力资源的流出。相比于制造业部门，非制造业部门的劳动生产率增长更快，且吸纳了从农业部门转出的劳动力，因此，结果几乎等同于制造业对劳动力的吸纳。

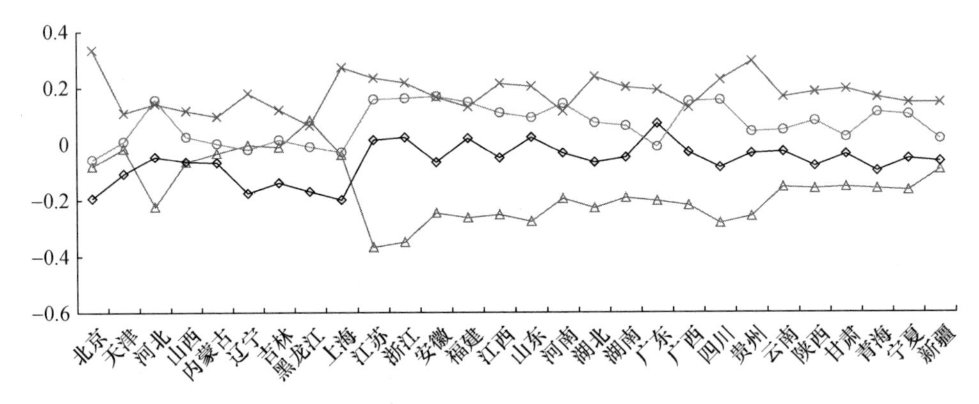

图13-12 部门结构变迁对整体经济劳动生产率增长的贡献

基于以上分析，本章将各部门的劳动生产率、增长贡献和结构变化进行梳理，并综合各部门本身增长及结构变化过程中对整体经济劳动生产率的影响，总结为表13-6。具体来看，农业部门的劳动生产率最低，但是在研究期内农业部门的就业份额大，其部门自身劳动生产率增长对整体经济增长的贡献大；且农业部门面临着劳动力的大量转出，劳动力从低劳动生产率的农业部门转出，有助于整体经济的增长。制造业部门的劳动生产率最高，但是在研究期内制造业部门劳动力存在转出现象，劳动力从高劳动生产率部门的流出对整体经济增长不太有利。非制造业部门的劳动生产率在省际变化较大，其部门内劳动生产率增长对整体经济增长的贡献较大；非制造业部门吸纳了从农业部门转出的部分劳动力，劳动力从低劳动生产率的农业部门转到较高劳动生产率的非制造业部门，有助于整体经济的增长。服务业部门的劳动生产率较高，但是其部门内劳动生产率增长较慢；服务业吸纳了部分从农业部门转出的劳动力，但是由于其本身较慢的增长速度，服务业部门的进一步壮大，对整体经济增长并不有利。

表 13-6　各部门劳动生产率增长及结构变化对整体经济增长的贡献

部门	部门劳动生产率		部门劳动生产率增长贡献		部门结构变化		对整体经济增长的贡献	
农业	最低	+	最高	++++	缩小	−	正常转出	−
制造业	最高	++++	较低	++	缩小	−	不足错配	−
非制造业	波动大	++	较高	+++	扩大	+	正常转入	+
服务业	较高	+++	最低	+	扩大	+	过量错配	+

注:"+"表示在原有基础上扩大;"−"表示在原有基础上缩小;符号数表示增加或缩小的强度。

第六节　制造业份额、制造业结构对省际经济收敛的影响

之前的分析已经表明,中国制造业部门整体在省际存在绝对收敛,但是 18 个子行业中有 7 个子行业在省际不存在绝对收敛的特征。各个省份的制造业内部结构不同,而不同的制造业结构会影响整体经济的收敛特征,在那些不收敛的子行业占制造业比重较大的省份,是否也会存在经济不收敛的特征呢?本节将重点考察制造业子行业的非收敛以及各省制造业内部结构对整体经济劳动生产率的影响。

为了分析制造业内部结构对省际经济收敛特征的影响,本节将制造业进一步划分为具有收敛特征的制造业部门和不具有收敛特征的制造业部门(根据第四节各子行业的收敛结果划分)。与第五节相同,我们将整体经济劳动生产率的增长率依旧分解为部门内劳动生产率的增长和部门间劳动力的再分配,只不过这一节,我们重点考虑制造业内部的结构,而将所有除制造业之外的部门统一为其他部门。整体经济的劳动生产率是按照收敛制造业部门(m)和非收敛制造业部门(f)以及其他部门(n)加权所得:

$$y = \alpha(\gamma y_m + (1-\gamma)y_f) + (1-\alpha)y_n \tag{13-4}$$

式(13-4)中,权重 α 是制造业部门就业人数占总就业人数的份额;γ 是收敛制造业部门就业人数占总制造业就业人数的份额。因此,整体经济劳动生产率的增长率可以表示为:

$$\begin{aligned}\hat{y} =& \alpha\gamma\theta_m\hat{y}_m + \alpha(1-\gamma)\theta_f\hat{y}_f + (1-a)\theta_n\hat{y}_n \\ &+ [\gamma\theta_m + (1-\gamma)\theta_f + (1-\alpha)\theta_n]\mathrm{d}\alpha + [a\theta_m + a(1-\gamma)\theta_f]\mathrm{d}\gamma\end{aligned} \tag{13-5}$$

式(13-5)中,$\hat{y}_m$、$\hat{y}_f$、$\hat{y}_n$ 分别为收敛制造业部门、非收敛制造业部门和非制造业部门的劳动生产率增速;$\theta_m = \frac{y_m}{y}$、$\theta_f = \frac{y_f}{y}$、$\theta_n = \frac{y_n}{y}$ 分别为收敛制造业部门、非收敛制造业部门和非制造业部门的劳动生产率与整体经济劳动生产率的比值。

如式(13-5)所示,我们将整体劳动生产率的增长率分解为五部分,其中前三部分分别为收敛制造业部门、非收敛制造业部门和其他部门劳动生产率增长对劳动

生产率增长的贡献。可以看出,行业劳动生产率增长对劳动生产率增长的贡献与这一行业的就业人数在总就业人数中所占的比重相关,行业的就业份额越大,同样的劳动生产率增长对劳动生产率增长的贡献就越大,这体现了行业内部结构在影响整个经济收敛性方面的作用。另外,值得我们关注的是,制造业部门就业人数占总就业人数的份额 α 与收敛制造业部门就业人数占总制造业就业人数的份额 γ 的变动也是影响劳动生产率收敛的重要因素,我们可以将其看成是劳动力资源在行业间的"再配置"或者是行业结构的再调整。并且由于 $0<\alpha<1$ 和 $0<\gamma<1$,我们预期 α 和 γ 对劳动生产率的影响方向为正向,即劳动力越向收敛制造业部门和非制造业部门配置,越减少向非收敛制造业部门的配置,经济的收敛速度越快。

本章进一步对式(13-5)进行化简,我们将非收敛制造业部门的劳动生产率增长率看成常数 g,等于平均的 GDP 增长率,将收敛制造业部门和其他部门的劳动生产率增长率看成是 $g+\beta(\ln y^{*}-\ln y_{m})$ 和 $g+\sigma(\ln y^{*}-\ln y_{n})$。其中,$\ln y^{*}$ 是收敛部门的劳动生产率前沿;$\ln y_{m}$ 和 $\ln y_{n}$ 是收敛制造业部门和其他部门的劳动生产率;β 为收敛制造业部门的收敛系数;σ 为其他部门的收敛系数。该表述反映了收敛部门与非收敛部门的不对称性,即随着收敛部门的经济越来越接近劳动生产率前沿,经济收敛速度将放缓。将以上式子代入式(13-5)中,得到:

$$\hat{y}=g+\beta\alpha\gamma\theta_{m}[\ln y^{*}-\ln y_{m}]+\sigma(1-a)\theta_{n}[\ln y^{*}-\ln y_{n}]$$
$$+[\gamma\theta_{m}+(1-\gamma)\theta_{f}+(1-\alpha)\theta_{n}]\mathrm{d}\alpha+[a\theta_{m}+a(1-\gamma)\theta_{f}]\mathrm{d}\gamma \quad (13\text{-}6)$$

式(13-6)有助于理解为何从制造业内部结构来看,制造业部门的绝对收敛不能转化为整体经济的绝对收敛。制造业内部部分子行业并不是收敛部门的,而在那些不收敛的子行业占比较大的省份内,其 y_{f} 并没有进入影响劳动生产率增长的方程式中。另外,我们看到制造业部门的就业份额 α 和收敛制造业部门的就业份额 γ 的作用,行业的增长对整个经济的影响是通过这两个变量来调节的。因此,即便是制造业占比较大的省份,由于其制造业构成基本为非收敛特征的行业,因此其整体经济也会呈现出不收敛的特征。

实际回归中,本节根据第四节的研究结论,将制造业内部划分为收敛制造业部门和非收敛制造业部门两大类,并计算了各省收敛制造业部门占总制造业的比例 γ 和非收敛制造业部门占总制造业的比例 $1-\gamma$。表 13-7 第(1)～(6)列的因变量都是各省劳动生产率的年增长率,表征省际经济的收敛速度。第(1)列是以收敛制造业部门基期(1991 年)的劳动生产率为自变量,结果呈显著的 β 收敛特征。第(2)列是控制了收敛制造业部门占总制造业就业份额 γ 和制造业就业份额 a 之后的结果,依然呈显著的 β 收敛特征。第(3)列是以非收敛制造业部门基期(1991 年)的劳动生产率为自变量,得出非收敛制造业部门的基期值越小,整体经济与基期值没有明显的正向或反向关系,即非收敛制造业部门的基期值越小确实不能使

得整体经济有 β 收敛的特征。这一结论与本节设计的假设预期完全符合。第(4)列控制了非收敛制造业部门占总制造业就业份额 $1-\gamma$ 和制造业就业份额占总就业份额 a 之后的结果,结果依然不显著,进一步证明了第(3)列得出结论的稳健和可靠。第(5)列自变量为收敛制造业部门基期的劳动生产率和非收敛制造业部门基期的劳动生产率,可以看到,收敛制造业部门的基期值越小,整体经济增长越快,而非收敛制造业部门的基期值越小,整体经济增长越慢(尽管系数不显著)。结合上一节我们得出的非制造业部门与整体经济呈现 β 收敛的关系,我们可以认为,造成整体经济不收敛的原因是部分制造业子行业的不收敛。在第(6)列中进一步控制了收敛制造业部门和非收敛制造业部门占制造业的份额,可以看到所有的系数都变得显著,收敛制造业部门的基期值与整体经济增速的系数为－0.02,而非收敛制造业部门与整体经济增速的系数为 0.00368,说明对于那些收敛制造业部门占比较大的省份,其基期的收敛制造业部门的劳动生产率越低,整体经济的增速越快;而对于那些非收敛制造业部门占比较大的省份,其基期的收敛制造业部门的劳动生产率越低,整体经济的增速反而越慢。结合制造业部门对整体经济具有显著的 β 收敛特征,我们可以得出另外一个补充结论:非收敛制造业部门的不收敛特征也是造成整体经济不绝对收敛的一个原因。

表 13-7 以收敛和非收敛为特征划分行业结构

	(1)	(2)	(3)	(4)	(5)	(6)
基期生产率(收敛制造业部门)	－0.0111***	－0.0158***			－0.0115***	－0.0200***
	(－3.67)	(－3.94)			(－3.55)	(－4.22)
收敛制造业部门就业份额占总制造业就业份额的比例:γ		0.00372				0.00568**
		(1.38)				(2.02)
基期生产率(非收敛制造业部门)			－0.00157	－0.000943	0.000600	0.00368*
			(－0.93)	(－0.55)	(0.34)	(1.84)
非收敛制造业部门就业份额占总制造业就业份额的比例:$1-\gamma$				0.00432		0.00559**
				(1.57)		(2.03)
制造业就业份额:a		0.0364**		－0.00815		0.0554***
		(2.15)		(－0.67)		(2.89)
常数项	0.0765***	0.0780***	0.0370***	0.0297***	0.0753***	0.0621***
	(5.84)	(4.54)	(4.46)	(2.96)	(5.57)	(3.36)
时间固定	控制	控制	控制	控制	控制	控制
N	414	406	414	406	414	406
adj. R^2	0.546	0.558	0.531	0.544	0.545	0.563

注:括号内为 t 统计量值;***、**、* 分别表示在 1%、5%和 10%的显著性水平上显著。

第七节 结 语

本章选择中国省际经济增长发散的1991—2007年为研究期，对这个阶段引起省际经济增长分异的解析，对我们今后努力缩小区域经济差异具有现实意义。尤其是现阶段随着服务业部门占经济比重的不断上升，若服务业部门劳动生产率在省际发散，以服务业的发散为主导的经济增长将会代替以制造业的收敛为主导的经济过程，很有可能会带动新一轮的省际经济不收敛的发展阶段。

本章的政策启示有：① 落后地区要实现赶超发展，一方面要调整产业结构，增加收敛性产业部门的就业比例；另一方面要进一步促进本地区已有的非收敛部门产业向收敛发展转化，比如说扩大竞争与开放、促进技术溢出等。② 地区发展中不仅要注重部门内劳动生产率的提高，对于部门间的资源配置也要高度重视，因为其“振幅”更大，若资源配置在劳动生产率较低的部门，对劳动生产率增长的负向影响将加剧地区间发展的差异性。③ 中国劳动力从劳动生产率较低的农业部门再分配出去，进入了服务业和非制造业部门。经济发展过程伴随着生产力增长和产业结构转型。在早期阶段，劳动力和其他资源从农业和其他劳动生产率低的传统部门转移到制造业和其他生产率高的部门，从而导致整体生产率和人均收入的增长。随着制造业劳动生产率的提高，劳动力从制造业向服务业转移，如果服务业的劳动生产率不能得到有效的提升，随着服务业占经济比重的不断增加，就有可能引发中国区域经济发展的新一轮发散。

第十四章　区域经济发展与企业家精神的配置研究

第一节　引　言

在经济持续下行的压力下，转轨经济寻求何种增长的动力因素变得十分重要。中国共产党第十九次全国代表大会（以下简称"十九大"）报告也指出"我国经济已由高速增长阶段转向高质量发展阶段，正处在转变发展方式、优化经济结构、转换增长动力的攻关期"。要深化供给侧改革，必须要有社会供给的主体——企业的参与配合，因此十九大提出要"激发和保护企业家精神，鼓励更多社会主体投身创新创业"，以提高供给体系质量，增强中国经济质量优势。这是企业家精神第一次出现在全国代表大会报告中，意味着企业家精神对中国经济发展具有深远的影响。早在1934年，熊彼特就曾把企业家置于一个经济转变的机制中，提出企业家创新能驱动经济发展，美国经济的下行就等同于企业家精神的退化（Klein，1979）。对于发展中国家而言，企业家精神的活跃度是市场经济发展的核心，企业家作为稀缺性资源，合理配置企业家精神资源是发展区域经济的关键因素。现有研究主要从三个方面研究企业家精神与区域经济绩效：一是企业家精神的差异化配置，认为企业家精神的生产性和非生产性配置是影响区域经济的重要因素，区域制度的不同将影响企业家精神的配置，生产性企业家精神会加大地区创新活跃度，创造出新的财富；非生产性企业家精神会增加企业家的寻租行为，重新分配地区财富，影响当地经济发展（Baumol，1996；周方召和刘文革，2013）。二是企业家精神对区域经济绩效的影响机制，如通过知识溢出、金融市场发展等对区域经济产生影响（杨勇和周勤，2013）。依据地理位置的区域划分，使得各个省份的企业家精神资源存在空间溢出效应，各省对经济绩效的发展战略存在模仿行为。三是探究外部环境对企业家精神和区域经济关系的影响，例如文化氛围、金融环境及市场竞争环境等影响企业家精神在不同情景下的报酬结构，进而影响区域经济发展（何轩等，2017；李伟等，2010）。

已有研究文献认识到，企业家精神资源配置的差异性会影响区域经济绩效的发展，但是却忽略了两个问题：第一，未深入分析在区域经济发展中如何合理化配置企业家精神资源，才能最大限度地激发创新创业的活力，未考虑创新创业人才的影响。第二,已有研究文献对区域的划分沿用了地理位置上的划分,忽略了创新驱动发展力度在省际的差异,以及驱动力度差异引起的企业家精神资源配置的差异。强势地将区域层面的企业家精神对经济绩效的作用赋予区域内各省份,会导致不合理的资源配置,从而阻碍各地区创新创业活力的提升。基于此,本章用创新精神对各省、直辖市、自治区[①](以下简称"各省")的经济绩效进行独立回归,得出创新精神对各省经济绩效在2005—2015年的驱动力度;依据驱动力度的大小,分为高创区域和低创区域,并探索企业家精神资源的合理化配置。

本章组织如下:第二节围绕企业家精神与经济增长的理论基础和文献回顾做简要论述,对企业家精神的研究不再片面地立足于企业家主体,而是立足于企业家与机会互动的结构化视角来研究企业家精神对区域经济绩效的影响,进而合理分配企业家精神资源;第三节对模型设定和研究设计进行描述;第四节是数据说明,简述本章的数据和研究变量;第五节是对回归结果的描述和分析;第六节是总结及展望。

第二节　理论分析与研究假设

一、企业家精神

最早将"企业家"一词引入经济学领域的是法国经济学家理查德·康提龙(Richard Cantillion),此后,Schumpeter(1934)、McClelland(1961)和Drucker(1985)等学者便将目光凝聚在推动企业家发挥作用的深层原因——企业家精神上,但是对企业家精神的理解只停留在不确切的概念上,尚没有统一的标准来定义企业家精神。熊彼特指出"企业家精神是一个过程,不是孤立的点、状态或特质",在这个过程中:创新是企业家精神的灵魂,创业是企业家精神的具体体现。本章在其基础上,提出企业家精神是一个实现符合规律发展的人、事、物从"低状态"(Low State)转变到"高状态"(High State)的过程;在经济发展中,这个过程以创新精神为先导,以创业精神为中介,以结构化的方式实现经济绩效的增长。例如,Holtz Eakin et al.(1994)和Quadrini(2000)均分析了流动性约束与储蓄对企业家精神的影响,基于本章对企业家精神的理解,认为流动性约束与储蓄能影响货币存储量的状态转变,进而影响企业家精神。类似地,Shane(2003)研究了机会识别对于企业家精神的重要性,机会识别将使需要此机会的事物的状态发生改变,能否识别机会将影响事物能否从"低状态"转变到"高状态"。

---

① 各省、直辖市、自治区包括22个省份(河北省、山西省、辽宁省、吉林省、黑龙江省、江苏省、浙江省、安徽省、福建省、江西省、山东省、河南省、湖北省、湖南省、广东省、海南省、四川省、贵州省、云南省、陕西省、甘肃省、青海省),4个直辖市(北京市、天津市、上海市、重庆市)和5个自治区(内蒙古自治区、广西壮族自治区、西藏自治区、宁夏回族自治区、新疆维吾尔自治区)。

从结构化的视角出发，可以将创新精神与创业精神归纳为衡量企业家精神的两个层次，即以创新为先导、以创业为具体实施路径的结构化变量。企业家精神作为一个实现由“低状态”向“高状态”转变的过程，离不开企业家与机会的互动（邵传林和王丽萍，2017）。企业家作为行为主体和能动主体通过对机会的识别，形成了以专利为外显的企业家创新精神；专利的融入促进了新时代的创业，随着新企业的增多，表现为个体和私营企业的数量增多，以及随之而来的就业人数增加。这也正是 Drucker（1985）提出的专利代表了创新活动获得的回报。所以，越来越多的学者使用“专利申请数”“自我雇佣率”“企业进入率”及“私营企业比率”等指标来衡量创新精神和创业精神（李万明和王永亮，2014；李巍和丁超，2016）；也有学者使用跨国企业研究机构的数量来衡量企业家精神（Beck et al.，2004）。但本章将以专利授权数来衡量创新精神，它既体现了各省份的创新精神发展，也反映出政府基于知识产权保护形成的文化环境；对创业精神则用个体和私营企业就业人数占总就业人数的比值来衡量。企业家在与市场环境的互动过程中会促使专利成果市场化，并探索新的市场机会，对潜在的机会进行再探索和评估，促进新一轮创新，在相互转变中体现企业家精神的内涵和实现方式。因而，本章基于对企业家精神过程的理解，并考虑到企业家精神内涵的相对重要性和数据可得性，选择创新精神和创业精神作为衡量企业家精神的“结构性”变量，只有当创新精神通过创业精神影响经济发展时，才认为存在企业家精神过程。基于此，本章做出如下假设：

假设 1：企业家创新精神能通过促进新创企业的发展正向影响创业精神，即专利授权数越多，相应的个体和私营企业就越多，就业人数占比就越大。

二、企业家精神的资源配置与经济绩效

企业家与分配过程有一种双向关系，人力资本理论将人力资本作为生产要素之一（Schultz，1961），即人力资本也被视为企业家精神资源的一种。因此，一方面，企业家扮演资源分配者的角色；另一方面，企业家精神和其他任何投入一样，可以通过改变相对利润前景来从一项任务重新分配到另一项任务中。它是实现企业经营目标的重要因素，资源配置不合理将影响企业的成长和经济发展。但在过去的企业经营者和研究者中，大部分对企业家精神的认识只停留在“企业家性格特征”对经济发展的影响上（陈忠卫和郝喜玲，2008；蒋春燕，2011），立足于企业家主体，忽略了企业家与机会互动的过程，而未将企业家精神作为一种资源融入明确的政策和实务。随着经济的发展，政府提出“大众创业，万众创新”，将企业家精神融合到政策中、落实到实际发展中，重视企业家精神作为资源的价值所在。因此，本章将创新创业作为企业家精神资源的主要表现形式，探索其对经济发展的重要影响。创新创业和经济绩效随着时间的变化呈现出相同的变化趋势，如图

14-1 所示。

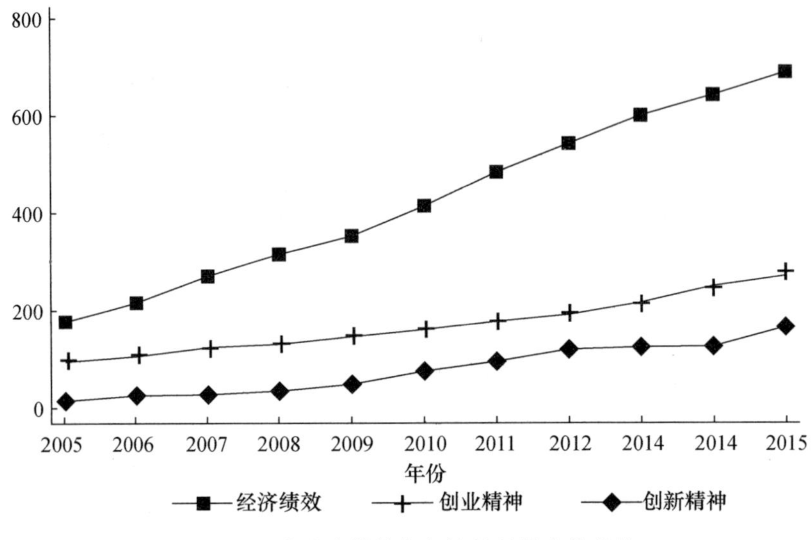

图 14-1　企业家精神与经济绩效的变化趋势

在现有文献中,已有大量的学者对企业家精神与经济绩效的关系进行了探索(Davidsson & Honig,2003;Lee & Hallak,2016;李宏彬等,2009;李万明和王永亮,2014),对经济发展的衡量较多采用实际人均 GDP 或人均 GDP 的自然对数值。为进一步研究不同区域企业家精神对经济增长的影响,尹宗成和李向军(2012)等开始研究企业家精神对区域经济的影响作用。但是,这些研究对各区域的划分仅依据地理位置的分布,没有深入考虑每个区域内不同省份的企业家精神对经济发展的影响差异,以及该差异性对企业家精神配置的影响。十九大报告提出"建立更加有效的区域协调发展新机制",首先就要明确各区域间的差异性以协调发展,如果不存在差异性就不需要协调,而在已有的研究区域内,存在某些省份的企业家精神对经济绩效的影响并不显著,但由于区域整体的企业家精神对经济绩效的影响显著,所以不加区分地认为在该区域内所有省份的企业家精神对经济绩效的影响都是显著的,而忽略了各区域的差异性。如果政府主导的市场力量和企业家以此配置企业家精神,将造成对企业家精神资源的不合理分配,阻碍区域协调发展。

在本章的研究中,通过逐个检验各省份的企业家创新精神对经济绩效的影响系数,将影响系数进行高低划分,并由此得出一个新分布区域。在新划分的创新区域中(低创区域、高创区域)探索创新能否通过创业影响经济绩效,即在两种区域中创业精神在创新精神与经济绩效之间是否存在中介效应。进一步比较在两种区域中企业家精神对经济发展的作用差异,并根据这种差异合理配置企业家精神资源,提升创新力度,促使低创区域向高创区域转变。

因此,本章提出如下假设:

假设 2:在企业家对机会识别的过程中,企业家创新精神能对经济绩效产生显著的正向影响。

假设 3:企业是实现经济发展的微观主体,个体和私营企业越多,越能促进经济发展。因此,创业精神能正向影响经济发展。

假设 4:创业精神在创新精神与经济绩效之间存在中介效应。

第三节　变量和模型设定

本节旨在通过实证检验企业家精神与经济绩效之间的关系,因此本节的变量选择和实证模型如下。

一、变量设定

(1) 自变量——企业家创新精神,用各个省份的专利授权数(Patent)的对数值作为衡量指标,既能衡量各省份创新精神的发展,也能反映政府基于知识产权保护形成的文化氛围。

(2) 因变量——经济绩效,用人均 GDP 的对数值($\ln y_{ij}$)进行衡量。

(3) 中介变量——创业精神,立足于企业家与机会互动的过程,创业精神由创新精神激发和促进,并作为企业家精神的具体实现途径,所以本章选用个体企业和私营企业就业人数与总就业人数的比值来衡量创业精神。

(4) 控制变量——每个省份的人口出生率、老年抚养比、政府财政支出和固定资产投资占地方 GDP 的比重。

二、模型设定

基于前文的论述和相关理论分析,构建如下实证模型:

$$ES_{ij} = \beta_0 + \beta_1 \mathrm{lnpatent}_{ij} + \beta_2 \mathrm{birth}_{ij} + \beta_3 \mathrm{dep}_{ij} + \beta_4 \mathrm{GOV}_{ij} + \beta_5 \mathrm{INV}_{ij} + T_i + \mu_{ij} \tag{14-1}$$

$$\ln y_{ij} = \beta_0 + \beta_1 \mathrm{lnpatent}_{ij} + \beta_2 \mathrm{birth}_{ij} + \beta_3 \mathrm{dep}_{ij} + \beta_4 \mathrm{GOV}_{ij} + \beta_5 \mathrm{INV}_{ij} + T_i + \mu_{ij} \tag{14-2}$$

$$\ln y_{ij} = \beta_0 + \beta_1 \mathrm{lnpatent}_{ij} + ES_{ij} + \beta_2 \mathrm{birth}_{ij} + \beta_3 \mathrm{dep}_{ij} + \beta_4 \mathrm{GOV}_{ij} + \beta_5 \mathrm{INV}_{ij} + T_i + \mu_{ij} \tag{14-3}$$

式(14-2)中,因变量 $\ln y_{ij}$ 为第 i 期第 j 个省份的人均 GDP 的自然对数值;自变量 $\mathrm{lnpatent}_{ij}$ 为企业家创新精神的代理变量,是专利授权数的自然对数值;birth_{ij} 表示人口出生率;dep_{ij} 表示老年抚养比;GOV_{ij} 表示政府财政支出占地方 GDP 的比重;INV_{ij} 表示固定资产投资占地方 GDP 的比重;T_i 表示时间固定效应;μ_{ij} 表示扰动项；下标 i 和 j 分别表示年份和省份，由于本章考虑每一个省份的影响力度，故模型中没有地方固定效应。

第四节 数据说明

本章使用的数据来源于历年《中国统计年鉴》、国泰安数据库和 Wind 数据库，数据涉及 2005—2015 年各省份的人口和经济变量。经济绩效利用人均 GDP 的自然对数值来衡量，企业家创新精神变量的测量指标是各省份专利授权数的自然对数值，由于专利对经济发展的影响具有滞后性，因此对专利数量的选取比其他数据提前一年。各个变量的定义说明和描述性统计如表 14-1 所示，可以发现企业家创新精神的均值为 9.28，标准差为 1.73，分布较均匀，较李宏彬等(2009)在其研究中得出的结果有所增长；而人口出生率与之相比有所下降，但老年抚养比与之相比却有较大上升，这与近几年中国人口变化趋势相吻合；固定资产投资占地方 GDP 的比重较大，平均值为 0.66，超过 50%，最大值超过了 100%，即固定资产投资超过了地方 GDP，地方 GDP 表现出对固定资产投资的过度依赖性。

表 14-1 主要变量的描述性统计

变量名	变量名解释	观测值	均值	标准差	最小值	最大值
lny	经济绩效：人均 GDP 的自然对数值	341	10.26	0.62	8.53	11.59
IE	企业家创新精神：专利授权数的自然对数值	341	9.28	1.73	4.17	13.13
ES	企业家创业精神：个体和私营企业就业人数占总就业人数的比重	341	2.37	1.31	0.19	9.53
ES2	企业家创业精神：个体就业人数的自然对数值	341	5.10	0.98	2.44	7.05
birth	人口出生率	341	11.37	2.71	5.36	17.94
dep	老年抚养比	341	12.51	2.48	6.71	20.04
GOV	政府财政支出占地方 GDP 的比重	341	2.36	1.83	0.33	13.47
INV	固定资产投资占地方 GDP 的比重	341	0.66	0.22	0.16	1.33

经过 LSDV 检验和豪斯曼检验后，确定使用固定效应模型对本章假设进行检验。通过对各个省份的企业家创新精神与经济绩效之间的相互关系进行回归检验，根据检验结果划分研究区域(高创区域和低创区域)。在划分的新区域中，检验本章的假设。

第五节　回归结果分析

一、区域划分

创新驱动发展是针对每一个省份提出的发展战略，各省影响因子的均值为 0.391。[①] 低于平均值的省份划分为低创区域，高于平均值的省份即高创区域。与传统区域分析的研究结果相比[②]，东部地区的影响系数最大(0.384)，与各省份影响系数平均值相差不大。重新划分后，低创区域包含东部地区的省份；如果仅仅采用传统区域分析，研究结果将显示这些省份的影响因子较高，造成研究结果的偏差，导致企业家精神资源的错配和浪费，阻碍创新创业活力的激发，不利于培养创新创业人才，甚至对某些根本不能以创新主导经济发展的省份造成路径误导，影响经济绩效的发展。

二、假设检验

我们分别在低创区域和高创区域内检验企业家精神对经济绩效的影响，检验结果如表 14-2 所示。高创区域的企业家创新精神对经济绩效的影响力度(模型 4)大于低创区域(模型 1)，作用系数分别为 $\beta=0.599$ 和 $\beta=0.339$，均在 1%的水平上显著($P=0.000$)，假设 2 成立。企业家创新精神对创业精神的影响力度在两个区域内的区别较小($\beta=0.484$ 和 $\beta=0.482$，$P=0.000$)，即在高创区域和低创区域，企业家创新精神都能促进创业精神的形成和发挥，假设 1 成立。在两个区域中，创业精神对经济绩效都具有显著的正向影响。但是，在高创区域的创业精神对经济绩效的影响($\beta=0.104$，$t=3.85$)大于在低创区域的影响($\beta=0.051$，$t=2.06$)。创新精神对经济绩效的驱动力度较大的区域，创新成果能较容易地实现市场化，因而企业家的生产性行为更多，企业家精神资源应更多地配置在高创区域，保持创新创业活跃度，激发潜在创新创业人才的活力。在低创区域，创新精神不足，市场活跃度较低，企业家的非生产性行为较多，若企业家精神资源配置过度，将会使得企业家重新分配社会资源和财富，造成企业家精神资源的浪费。

另外，在低创区域的模型 3 中，我们可以看出，创业精神对经济绩效的影响系数($\beta=0.051$)小于政府财政支出占比($\beta=0.104$，$t=5.58$)和固定资产投资占比($\beta=0.494$，$t=4.83$)。但在高创区域，政府财政支出占比和固定资产投资占比对经济绩效的影响却不显著。分析其原因，研究者认为在低创区域，经济发展主要

---

① 此数值是通过对每个省份的创新精神与经济绩效间的关系进行回归分析，将回归系数进行加权平均而得。

② 由于篇幅限制，传统区域研究结果不在文中报告，若对结果感兴趣的可联系作者。

靠政府财政补贴和固定资产投资，以要素驱动和投资驱动拉动经济发展。在高创区域，经济发展主要靠创新驱动，弱化了对财政补贴及固定资产投资的依赖。因此，如果不合理配置企业家精神资源，不仅会阻碍创新创业精神的激发，更会造成资源的错配和浪费，阻碍地区经济发展。综上所述，企业家精神对经济绩效具有显著的正向影响，但在两个区域内的影响力度有所差异，应根据差异合理配置企业家精神资源，促进低创区域向高创区域转变。

表 14-2 实证研究结果

变量	低创区域			高创区域		
	lny(1)	ES(2)	lny(3)	lny(4)	ES(5)	lny(6)
lnpatent	0.339***	0.484***	0.314***	0.599***	0.482***	0.549***
	(16.51)	(6.66)	(13.31)	(15.95)	(4.09)	(14.46)
ES			0.051*			0.104***
			(2.06)			(3.85)
birth	0.0672***	−0.028	0.068***	−0.102***	−0.249**	−0.076**
	(3.47)	(−0.42)	(3.59)	(−4.52)	(−3.54)	(−3.38)
dep	−0.008	−0.107*	−0.002	−0.004	0.090*	−0.137***
	(−0.66)	(−2.46)	(−0.21)	(−0.32)	(2.09)	(−1.03)
GOV	0.107***	0.0468	0.104***	0.066	−0.031	0.069
	(5.64)	(0.7)	(5.58)	(1.45)	(−0.22)	(1.60)
INV	0.494***	−0.008	0.494***	−0.081	0.588	−0.142
	(4.77)	(−0.02)	(4.83)	(−0.49)	(1.15)	(−0.912)
T_i	控制	控制	控制	控制	控制	控制
R^2	0.44	0.51	0.47	0.26	0.09	0.32
F	300.9***	27.46***	257.98***	268***	33.55***	250***
N	143	143	143	198	198	198

注：表中所列为标准化回归系数，括号内为该系数的 t 检验值，* 表示 $p<0.1$；** 表示 $p<0.05$；*** 表示 $p<0.01$。低创区域包含新疆维吾尔自治区、陕西省、云南省、四川省、海南省、广东省、河南省、山东省、江西省、山西省、内蒙古自治区、吉林省和辽宁省；高创区域包含西藏自治区、甘肃省、青海省、宁夏回族自治区、贵州省、重庆市、广西壮族自治区、湖南省、福建省、上海市、湖北省、安徽省、浙江省、江苏省、黑龙江省、北京市、天津市、河北省。

为检验新区域分析得出的结果不具偶然性，本部分仅利用各省份的个体企业就业人数衡量创业精神。检验结果（见表 14-3）显示在利用个体企业就业人数对数值作为衡量企业家创新精神的回归分析中，创业精神在创新精神与经济绩效之间仍存在显著的中介效应，且在低创区域的中介效应仍小于在高创区域的中介效应，研究结果具有较好的一致性。

表 14-3 稳健性检验

变量	低创区域			高创区域		
	lny(1)	ES2(2)	lny(3)	lny(4)	ES2(5)	lny(6)
lnpatent	0.339***	0.151***	0.298***	0.599***	0.395***	0.449***
	(16.51)	(6.48)	(13.15)	(15.95)	(8.8)	(10.51)
ES2			0.268***			0.378***
			(3.58)			(5.64)
birth	0.0672***	0.008	0.068**	−0.102***	−0.124***	−0.054*
	(3.47)	(0.4)	(3.5)	(−4.52)	(−4.62)	(−2.51)
dep	−0.008	−0.024*	−0.0017	−0.004	0.019	−0.0116
	(−0.66)	(−1.72)	(−014)	(−0.32)	(1.16)	(−0.094)
GOV	0.107***	0.049*	0.096***	0.066	−0.047	0.084*
	(5.64)	(1.89)	(5.22)	(1.45)	(−0.88)	(2.05)
INV	0.494***	0.702***	0.305***	−0.081	0.099	−0.118
	(4.77)	(5.95)	(2.72)	(−0.49)	(0.51)	(−0.81)
T_i	是	是	是	是	是	是
R^2	0.44	0.17	0.30	0.26	0.75	0.26
F	300.9***	96.17***	276.54***	268***	87.94***	283.77***
N	143	143	143	143	143	143

第六节 总结及展望

一、研究总结

首先，本章提出的四个假设均通过检验。即在企业家与机会互动的过程中，企业家创新精神对经济绩效具有显著的正向影响。专利授权数越多，越能促使新企业的成立，就业人数占比就越大，即创新精神能促进创新成果市场化和新创企业的发展，正向影响创业活动。企业是实现经济发展的微观主体，个体和私营企业数量的增加会促进区域经济发展，进而创业精神对经济发展具有正向影响。综上，创业精神在创新精神与经济绩效之间具有中介作用。在企业家与机会互动的过程中，通过企业家对机会的识别、评估和探索，以及机会对企业家活动施加限制和约束，形成了以创新精神为先导、创业精神为具体实施路径的企业家精神过程，这样的企业家精神过程使得区域经济从“低状态”向“高状态”发展。本章从结构化的视角研究企业家精神，将企业家精神立体化、过程化和结构化。只有创业精神在创新精神与经济绩效之间具有中介效应的条件下，才能形成企业家精神的“结构性”变量，企业家精神作为创新创业的整体体现，对经济绩效具有显著的正向影响。

此外，根据创新精神对经济绩效的影响，重新划分了研究区域。将传统的东中西部地区和新划分的高低创区域进行简略对比发现，低创区域内包含东部地区中的部分省份，高创区域内含有西部地区的省份；而依据传统区域分析，东部地区的创新水平高于西部地区的创新水平，最终将以地区水平作为地区内各个省份的创新水平进行企业家精神资源配置，造成企业家精神资源的错配，影响经济绩效的发展。创业精神的中介作用在高创区域明显高于低创区域，但在两个区域内，以创新精神为先导、创业精神为具体实施路径的企业家精神对经济绩效都具有显著的促进作用，研究结果通过了稳健性检验。

二、政策建议

研究发现，在驱动力度较大的区域，创新成果能较容易地实现市场化并获取利益，更容易发生企业家的生产性行为。低创区域创新精神不足，市场活跃度较低，资源的非均衡分配将会增加企业家的非生产性行为，破坏企业经营结构与当期发展战略体系，使企业在市场中失去竞争优势。因此，若低创区域的企业家精神资源配置过度，有利可图的套利机会将会使得企业家重新分配社会资源和财富，从经济学角度来看就是将宝贵的资源用于无用的追求，造成企业家精神资源的浪费，甚至迫使企业将其活动转向非生产性的方向，以达到企业家自我防卫的目的，导致更多的非生产性行为，阻碍创新创业精神的形成。所以，寻找措施来阻止创业人才投身于非生产性活动是推行与企业家有关的理性政策的关键之一，也是促进区域经济发展的重点所在。

政府应鼓励将资本和企业家精神重新分配到最具有增长前景的领域。但是，以政府力量为主导的市场环境和制度环境的变化会使企业家精神资源配置出现新的问题，例如法律条文的变更会大大增加企业家在生产活动中所面临的风险，这可能会促使他们将精力转向诸如土地积累和政府官僚主义等活动。这不仅可能导致企业改变经济生产的方向，还可能减少产出，阻碍经济增长，而相对回报的变化又会使得企业家精神资源重新分配。十九大报告提出要“构建亲清新型政商关系”，因此，从政府层面来看，转变政府职能是关键：政府应实现从管理者角色向服务者角色的转变，以主导转变为辅导，放松市场管理机制，强化市场功能，弱化企业家的非生产性行为；为潜在的创新人才和新创企业营造透明、规范、公平和法制的市场环境与社会文化氛围，为创业者提供多方面的支持；建立相对完善的企业家市场，让企业家之间彼此监督和考核，对企业家行为形成约束，强化企业家的生产性行为；鼓励企业将自身发展融入国家发展战略，培养具有全球发展战略眼光的优秀企业家，弘扬优秀企业家精神。

另外，低创区域内政府财政支出和固定资产投资占比对经济绩效的影响远大于企业家精神对经济绩效的影响。针对低创区域，既要在规模驱动和投资驱动转变为创新驱动的战略中，权衡驱动战略带来的影响，缩减企业家精神资源的投入，以投资驱动带动创新驱动，又要增加创新人才投入，以人才带动创新创业活跃度。而在高创区域，一方面应优化企业家精神资源的配置，增加创新创业投入，营造有利于激发创新创业精神的环境，增强地方知识产权的保护，建立容错帮扶机制，降低创业风险，发掘潜在的创新创业人才；另一方面应减少政府干预和固定资产投资等规模驱动战略，放宽政策，完善制度，保持创新创业活跃度。

制度和文化是影响企业家精神作用的重要方面，中国特有情境下形成的集体主义价值观不同于别国的价值观，企业创新需要社会的认可、支持和尊重。创新创业本质上是危险的，失败在所难免；当人们认为创新失败不会遭到嘲笑和指责时，企业的创新能力和潜力都会增强。企业可以尝试建立错误管理文化，让人们认识到错误带来的积极作用，思考错误的原因，主动寻求新的解决方案。积极的错误文化管理将增强企业创新能力，给企业带来更高的利润。另外，很多企业家都是一把手，其思想通过企业文化和环境不断影响着企业员工的行为，更影响着企业发展；若想基业长青，企业家就要提高自我修养，培养企业家精神，将企业家精神渗入企业文化和企业社会责任，激发企业的创新意愿和意识，不断增强企业的创新能力。

三、展望

本章以省级面板数据为研究样本，将企业家精神的衡量指标组建为结构性变量，即以创新精神为因变量，以创业精神为中介变量，只有创新精神能通过创业精神影响区域经济绩效时，企业家精神对经济绩效的影响才成立，这是对企业家精神理论使用的边界条件。企业家精神是实现由“低状态”向“高状态”转变的过程，在这个过程中，以创新精神为先导、创业精神为具体实施路径，共同作用于经济发展。在未来的研究中，希望能进一步构建企业家精神理论，引入制度和文化环境等因素，形成具有中国特色的企业家精神理论。另外，本章的研究区域划分方式有别于传统的区域划分，在研究细节上仍存在很多问题，希望在接下来的研究中，能构建更加合理的指标来衡量各个省份的创新驱动力度。

第十五章　关于中国对外直接投资区位选择存在制度风险偏好的一种解释

第一节　引言与文献述评

在经济全球化的大背景下，对外直接投资（Outward Foreign Direct Investment，OFDI）作为当今国际经济合作的主要形式，是一国主动融入世界经济一体化，实现同东道国互利共赢、共同发展的重要方式。自改革开放以来，中国凭借“入世”契机、“走出去”发展战略和“一带一路”倡议等有利的内外部条件，OFDI资发展迅速。据数据资料显示，自2003年以来，中国OFDI的平均年增长率高达35%左右，从2015年开始超越实际利用外资成为一个资本净输出的国家，2017年则以1201亿美元的投资规模成为位居世界第三的对外投资大国。然而，伴随着2008年全球金融危机的爆发，加之地缘政治经济风险的扩散，全球OFDI的发展受到了严峻的挑战，世界OFDI从2007年的最高点暴跌60%至2009年的最低点，之后便一直处于增长乏力阶段。面对复杂的外部环境，未来中国如何更好地布局OFDI值得进一步思考。

OFDI是企业的自我选择行为，而制度因素扮演着重要的作用。大量研究表明，较高的制度质量能够有效地促进东道国吸引外商直接投资的流入，而较低的制度质量会提升对外投资风险，降低投资收益率，例如契约执行效率低会导致未来收益的不确定性增加等。若从母国的视角出发，对制度环境相似的东道国进行投资，有利于企业降低对东道国制度环境的适应成本，包括生产和销售过程中的管理、交易、沟通等成本，而且两国制度环境的相似性也减少了企业在生产经营活动中的外部不确定性，即“制度接近论”。因此，制度距离对企业OFDI具有负向影响作用，而且从管制性距离或规范性制度距离、经济距离、综合制度距离等不同维度的制度距离特征中也得到了相应的验证。

但是，众多研究表明中国的OFDI区位选择具有制度风险偏好的特征，即中国更倾向于向制度风险较高的国家进行OFDI。由此，学者们主要从三个方面解释了造成中国OFDI区位选择存在制度风险偏好的潜在原因。其一是由中国的特殊经济背景特征决定的，中国的大部分OFDI是由政府主导的国有企业进行的，特殊的国企性质导致OFDI过程中可能存在除利润之外的其他意图，而私有企业并不存在制度风险偏好；其二是因为中国的 OFDI 具有显著的战略资源寻求动机，若对 OFDI 进行行业分类，只有投资资源行业的 OFDI 存在制度风险偏好，即表明中国的 OFDI 更多地流向自然资源较为丰富而经济发展水平较低的国家或区域；其三是由于中国本身的制度建设并不完善，导致同这些东道国的制度距离较小，从而能够有效降低企业的适应成本，吸引中国企业的 OFDI。根据上述已有文献对中国 OFDI 制度风险偏好的解读，前两点间接地体现了中国 OFDI 具有较强的投资动机，如国企 OFDI 除利润之外还有其他意图、自然资源较为丰富而经济发展水平较低的国家或区域吸引了大量中国的 OFDI，从而导致制度因素被边缘化，不能真实反映其影响作用，所以需要针对中国 OFDI 的现实背景改变研究策略。例如，杨娇辉等(2016)通过使用相对制度质量指标并且控制东道国资本密集度与自然资源丰富程度解释了制度风险偏好之谜。

然而，本章则采用间接影响的研究路径发掘制度因素在中国 OFDI 中的真实影响，因为既然中国 OFDI 具有很强的投资动机，那么制度因素也可能通过影响中国企业的投资动机进而影响其 OFDI。这是因为企业 OFDI 多由投资动机所驱使，包括资源寻求型、战略资源寻求型、市场寻求型以及效率寻求型四种动机。就以中国企业的 OFDI 为例，企业参与 OFDI 具有显著的战略资源寻求型动机，如对高技术水平国家具有技术寻求型动机，对发展中国家具有自然资源寻求型动机。从心理学上来讲，动机一般涉及行为的发端、方向、强度和持续性，是由特定需要引起的，欲满足各种需要的特殊心理状态和意愿。所以，投资动机是企业选择 OFDI 这一行为的始发因素。由此表明，制度作为外部因素对企业 OFDI 的影响也可能通过对投资动机的影响来实现。

例如，中国企业对苏丹的直接投资具有较强的资源寻求动机，投资规模增长迅速，但随着 2011 年苏丹政权的分裂，中国企业在苏丹的石油利益遭受了严重损害，引发后续企业投资规模的锐减，因为尽管企业对苏丹仍具有资源寻求投资动机，但考虑到制度环境的嬗变，投资动机受到了削弱，不得不减少或停止投资，所以制度因素对企业投资动机产生了影响。此外，冯飞等(2018)同样认为东道国政治风险影响了企业国际化战略的选择及其在东道国的长足发展，已经成为影响跨国公司投资决策的关键因素之一。因此，对于制度因素在中国 OFDI 中发挥的真实影响，本章从制度距离影响投资动机进而影响 OFDI 的研究路径分别进行了理论验证和实证检验，以期对中国 OFDI 的制度风险偏好之谜提出新的解释。

鉴于此，本章将制度距离、OFDI 动机和 OFDI 纳入同一研究框架，首先在 Helpman et al. (2004)的异质性企业框架下扩展 Cezar & Escobar(2015)理论模型，通过数理模型推导制度距离通过投资动机进而影响 OFDI 的理论机制，然后基于 2003—2015 年中国对 140 个国家和地区的 OFDI 及相关数据，选择代表性的市场寻求动机和战略资源寻求动机，同时考虑到OFDI存在显著的“第三国效应”，采用空间杜宾模型(Spatial Dubin Model，SDM)进行实证检验，第一步实证检验制度距离如何通过市场寻求动机影响OFDI，第二步实证检验制度距离如何通过战略资源寻求动机影响OFDI，最后对研究结论进行总结并提出相应的政策建议。

第二节　理论模型

自Helpman et al. (2004)在异质性企业框架下研究了跨国企业的出口与FDI选择行为之后，企业异质性成为当前研究跨国企业OFDI动机的全新理论视角。后续众多研究在Helpman et al. (2004)模型(以下简称“HMY”)的基础上进行了扩展，例如Matsuura & Hayakawa(2012)扩展了企业垂直FDI的选择行为，而Aw & Lee(2008)、高越和李荣林(2009)、Katayama et al. (2011)则进一步扩展了企业对水平FDI和垂直FDI的共同选择行为。鉴于此，为了将制度距离、OFDI动机以及OFDI区位选择融入同一研究框架，本章在Cezar & Escobar(2015)[①]的理论模型中融入HYM的企业动机选择行为进行扩展[②]，推导制度距离通过投资动机进而影响OFDI的理论机制。

一、理论模型基础假设

在一个具有H个国家，每个国家有N家企业的垄断竞争市场环境下，每家企业均生产一种异质性商品ω进行销售。为了简化分析，假设劳动是所有企业生产异质性商品的唯一生产要素，并令其价格为w_i。

对于消费者，假设各国的消费者偏好是相同的，函数形式为CES，即

$$U=\left(\int_{\omega\in V_i} q_i(\omega)^{\frac{\varepsilon-1}{\varepsilon}}\mathrm{d}\omega\right)^{\varepsilon/(\varepsilon-1)} \tag{15-1}$$

式(15-1)中：ε是商品间不变的替代弹性，$\varepsilon>1$；V_i表示在i国市场上销售的商品集合；$q_i(\omega)$表示i国消费者对异质性商品ω的需求。

最大化效用函数可得到i国消费者的需求函数为：

$$q_i^d(\omega)=\frac{p_i(\omega)^{-\varepsilon}}{P_i^{1-\varepsilon}}Y_i \tag{15-2}$$

式(15-2)中：P_i是i国的价格指数；Y_i是i国的总收入；$p_i(\omega)$是i国市场上销售的商品ω的价格，具体表达式为$p_i(\omega)=\frac{1}{\alpha}m$，其中$\alpha=\frac{\varepsilon-1}{\varepsilon}$表示消费者对商品的

---

① Cezar & Escobar(2015)的理论模型仅仅探讨了制度距离与OFDI，并没有考虑企业OFDI的动机选择。

② 为了简化分析而不影响最终结论，本章假设企业OFDI的动机为市场寻求动机和战略资源寻求动机两种。

多样性偏好，m 是生产异质性商品 ω 的边际成本。

对于生产者，假设生产者有四种途径向消费者提供商品：第一类企业只在国内生产、国内销售，既不出口也不进行 OFDI；第二类企业在国内生产、国内外销售，不进行 OFDI；第三类企业为市场寻求型，该类企业不进行出口，选择在国外市场进行直接投资，以开辟新的市场；第四类企业为战略资源寻求型，该类企业选择在国外市场进行直接投资，但不完全在东道国销售产品，而是把部分产品销往第三国。那么，针对四种不同的商品销售途径，对应的企业生产成本可以分别表示为：

$$C_i^D(q) = q\left(\frac{w_i}{\varphi}\right) + f_i^D$$

$$C_{ij}^X(q) = q\left(\frac{\tau_{ij} w_i}{\varphi}\right) + f_{ij}$$

$$C_{ij}^M(q) = q\left(\frac{T_{ij} w_j}{\varphi}\right) + F_{ij}^M$$

$$C_{ij}^S(q) = q\left(\frac{w_j}{(s\tau_{jk} w_j/\varphi + (1-s) T_{ij} w_j/\varphi)^{-1} \varphi}\right) + F_{ij}^S$$

其中，$C_i^D(q)$、$C_{ij}^X(q)$、$C_{ij}^M(q)$、$C_{ij}^S(q)$ 分别表示"国内生产、国内销售"企业、"国内生产、国内外销售"企业、市场寻求型 OFDI 企业、战略资源寻求型 OFDI 企业的生产成本；f_i^D、f_{ij}、F_{ij}^M、F_{ij}^S 分别表示四类企业的固定成本；φ 是企业的劳动生产率，其累计分布函数为 $\mu(\varphi)$，并假定存在一个上下限，即$[\varphi_B, \varphi_H]$，且 $0<\varphi_B<\varphi_H$；φ_B 和 φ_H 分别代表 i 国企业的最低劳动生产率和最高劳动生产率；τ_{ij}（$\tau_{ij}>1$）是企业的冰山运输成本；T_{ij}（$T_{ij}>1$）表示企业为适应东道国市场环境而付出的额外成本。

最后，借鉴 Helpman et al.（2004）和 Cezar & Escobar（2015）的研究方法，将上述不同类型企业对应的成本假定如下：

$$\tau_{ij} w_i > T_{ij} w_j > s\tau_{jk} w_j + (1-s) T_{ij} w_j$$

$$F_{ij}^S > F_{ij}^M > f_{ij} > f_i^D$$

二、国别制度距离的引入

根据消费者的需求函数和商品的价格函数，可以得到仅在 i 国国内生产和销售的企业收入为：

$$r_i^d(\varphi) = (\alpha P_i)^{\varepsilon-1} Y_i m(\varphi)^{1-\varepsilon}$$

进一步可推出可变销售收入为：

$$R_i^d(\varphi) = r_i^d(\varphi) - q\left(\frac{w_i}{\varphi}\right) = \frac{r_i^d(\varphi)}{\varepsilon} = \delta_i m(\varphi)^{1-\varepsilon}$$

其中，$\delta_i = \frac{(\alpha P_i)^{\varepsilon-1}}{\varepsilon} Y_i$ 衡量了替代弹性的需求调整。

从而，可以得出四类企业的利润函数分别为：

$$\pi_i^d(\varphi) = \delta_i w_i^{1-\varepsilon} \varphi^{\varepsilon-1} - f_i^D$$

$$\pi_{ij}^X(\varphi) = \delta_j (\tau_{ij} w_i)^{1-\varepsilon} \varphi^{\varepsilon-1} - f_{ij}$$

$$\pi_{ij}^M(\varphi) = \delta_j (T_{ij} w_j)^{1-\varepsilon} \varphi^{\varepsilon-1} - F_{ij}^M$$

$$\pi_{ij}^S(\varphi) = \delta_j (s\tau_{jk} w_j + (1-s) T_{ij} w_j)^{1-\varepsilon} \varphi^{\varepsilon-1} - F_{ij}^S$$

企业在进行 OFDI 时会考虑两种类型的成本，分别是在东道国新建厂房、购买设备的固定成本和适应东道国市场制度环境的成本。针对第一种成本，借鉴 Cezar & Escobar(2015)的设置方法，将该类固定成本设置为该企业在东道国投资预期利润的函数，从简化问题分析来考虑，假定函数性质是线性单调的，由此可知两种类型 OFDI 的厂房新建和设备购买成本分别是 $w_j\theta\pi_{ij}^M(\varphi)$ 和 $w_j\theta\pi_{ij}^S(\varphi)$，且表达式中的 $0<\theta<1$。针对第二种成本，考虑到母国的企业应该适应了本国的市场制度环境，那么若东道国与母国之间的制度距离较大，企业则需要支付较大的成本来适应；反之，企业则能较快地适应东道国的市场制度环境，适应成本较小。由此可知，企业 OFDI 适应东道国市场制度环境的成本与两国间的制度距离呈现单调递增的函数关系。

因此，假定 l_i 代表国家 i 的综合性制度水平，包括法律制度、政治制度、经济制度等各类制度水平。那么，定义企业的制度适应成本函数表述为 $w_i c(|l_i - l_j|)$，进而可知两种 OFDI 的固定成本分别为：

$$F_{ij}^M = w_j\theta\pi_{ij}^M(\varphi) + w_i c(|l_i - l_j|)$$

$$F_{ij}^S = w_j\theta\pi_{ij}^S(\varphi) + w_i c(|l_i - l_j|)$$

三、国别制度距离对 OFDI 区位选择的影响分析

首先，定义 i 国企业向 j 国进行对外直接投资的平均生产率为：

$$V_{ij} = \begin{cases} \int_{\varphi_{ij}^M}^{\varphi_H} \varphi^{\varepsilon-1} \mathrm{d}\mu(\varphi) & \text{if} \quad \varphi_{ij}^M < \varphi_H \\ 0 & \text{if} \quad \varphi_{ij}^M > \varphi_H \end{cases} \tag{15-3}$$

式(15-3)中，φ_{ij}^M 是 i 国企业向 j 国对外直接投资的最低劳动生产率水平，所以若 i 国的最高劳动生产率水平 φ_H 小于该临界劳动生产率，就没有企业有能力进行 OFDI，即表明平均劳动生产率为 0。

那么，i 国企业向 j 国进行市场寻求型和战略资源寻求型 OFDI 的平均劳动生产率分别为：

$$V_{ij}^M = \begin{cases} \int_{\varphi_{ij}^M}^{\varphi_{ij}^S} \varphi^{\varepsilon-1} \mathrm{d}\mu(\varphi) & \text{if} \quad \varphi_{ij}^M < \varphi_{ij}^S < \varphi_H \\ 0 & \text{if} \quad \varphi_{ij}^M > \varphi_H \end{cases}$$

$$V_{ij}^{S}=\begin{cases}\int_{\varphi_{ij}^{S}}^{\varphi_{H}}\varphi^{\varepsilon-1}\mathrm{d}\mu(\varphi) & \text{if}\quad \varphi_{ij}^{S}<\varphi_{H}\\ 0 & \text{if}\quad \varphi_{ij}^{S}>\varphi_{H}\end{cases}\tag{15-4}$$

式(15-4)中,φ_{ij}^{S}是 i 国企业向 j 国进行战略资源型 OFDI 所需的最低劳动生产率水平,所以若 i 国的最高劳动生产率水平 φ_H 小于该临界劳动生产率,就没有企业有能力进行战略资源型 OFDI,但存在市场寻求型 OFDI 的可能。

因此,在已知各类 OFDI 企业平均劳动生产率的条件下,可以推导出 i 国对 j 国的 OFDI 总量为:

$$\begin{aligned}\mathrm{OFDI}_{ij}&=w_j\theta\pi_{ij}(\varphi)V_{ij}N_i\\&=\left(\frac{(1-w_j\theta)w_j\theta}{1-(w_j\theta)^2}\right)\{\delta_j[(T_{ij}w_j)^{1-\varepsilon}V_{ij}^{M}+(s\tau_{jk}w_j+(1-s)T_{ij}w_j)^{1-\varepsilon}V_{ij}^{S}]\varphi^{\varepsilon-1}\\&\quad-2w_ic(\mid l_i-l_j\mid)(V_{ij}^{M}+V_{ij}^{S})\}N_i\end{aligned}\tag{15-5}$$

式(15-5)对制度距离$|l_i-l_j|$求导,结果发现:$\frac{\partial(\mathrm{OFDI}_{ij})}{\partial(|l_i-l_j|)}<0$,表明随着国家 i 和国家 j 之间制度距离的缩小,国家 i 向国家 j 的对外直接投资会增加;反之则会减少。

进一步对 OFDI 总量方程进行分解,得出市场寻求型 OFDI 和战略资源寻求型 OFDI 的表达式,其中,市场寻求型 OFDI 为:

$$\begin{aligned}\mathrm{OFDI}_{ij}^{M}&=w_j\theta\pi_{ij}^{M}(\varphi)V_{ij}^{M}N_i\\&=\left(\frac{(1-w_j\theta)w_j\theta}{1-(w_j\theta)^2}\right)[\delta_j(T_{ij}w_j)^{1-\varepsilon}\varphi^{\varepsilon-1}\\&\quad-w_ic(\mid l_i-l_j\mid)]V_{ij}^{M}N_i\end{aligned}\tag{15-6}$$

式(15-6)对制度距离$|l_i-l_j|$求导,结果发现:$\frac{\partial(\mathrm{OFDI}_{ij}^{M})}{\partial(|l_i-l_j|)}<0$,表明随着国家 i 和国家 j 之间制度距离的缩小,国家 i 向国家 j 的市场寻求型 OFDI 会增加,即市场寻求动机增强,而市场寻求型 OFDI 是 i 国向 j 国对外直接投资的一部分,进而促进 OFDI 总量的增加;反之则会减少。

战略资源寻求型 OFDI 为:

$$\begin{aligned}\mathrm{OFDI}_{ij}^{S}&=w_j\theta\pi_{ij}^{S}(\varphi)V_{ij}^{S}N_i\\&=\left(\frac{(1-w_j\theta)w_j\theta}{1-(w_j\theta)^2}\right)\{\delta_j[s\tau_{jk}w_j+(1-s)T_{ij}w_j]^{1-\varepsilon}\varphi^{\varepsilon-1}\\&\quad-w_ic(\mid l_i-l_j\mid)\}V_{ij}^{S}N_i\end{aligned}\tag{15-7}$$

式(15-7)对制度距离$|l_i-l_j|$求导,结果发现:$\frac{\partial(\mathrm{OFDI}_{ij}^{S})}{\partial(|l_i-l_j|)}<0$,表明随着国家 i

和国家 j 之间制度距离的缩小，国家 i 向国家 j 的战略资源寻求型 OFDI 会增加，即战略资源寻求动机增强，而战略资源寻求型 OFDI 也是 i 国向 j 国对外直接投资的一部分，进而促进 OFDI 总量的增加；反之则会减少。

因此，制度距离会抑制投资动机，如市场寻求动机和战略资源寻求动机，进而对 OFDI 总量产生负向作用。接下来，本章通过实证计量的方法进行检验。

第三节　变量定义、模型设定及数据来源

一、变量定义

1. 因变量

本章的因变量采用中国对东道国的 OFDI 存量数据，主要是考虑到中国 OFDI 流量数据是按境内投资者投资的首个目的地国家或地区进行统计的，但首个目的地并不能完全反映中国 OFDI 的投资动机，而且 Filippaios(2003)等均认为存量数据相对于流量数据研究 OFDI 较优。

2. 自变量

(1) 国别制度距离变量($INSD_{it}$)。为了克服单一指标在反映制度距离时存在相对片面的缺陷，本章从法律制度距离、宏观经济制度距离、微观经济制度距离与政治制度距离四个维度构建综合性国别制度距离代理变量。同时，综合考虑当前主流的三种距离测算方法，即 Kogut and Singh 指数法、绝对值法和欧氏距离法。由于欧氏距离法未考虑各子距离指标之间的相关性，容易高估相关性较高的子距离指标对整体制度距离变量的影响，予以排除；另外两种常用的方法中，考虑到本章选取的子制度距离指标均为得分性指标，用绝对值法更能直接反映中国同各东道国之间的制度距离，故而决定采用绝对值法对四个维度的制度距离进行测算。

其中，法律制度维度包含法治水平(RL)。法治体现了代理人对信任和遵守社会规则的程度的认识，特别是合同执行、财产权、警察和法院的质量以及犯罪和暴力的可能性。

宏观经济制度维度包含财政自由度指数(FD)、货币自由度指数(MF)。财政自由度指数指标通过三项中类指标衡量，分别为税收占 GDP 的比重、最高企业所得税税率、最高个人所得税税率。较高的取值代表该国具有较低的税赋。货币自由度指数指标包括近三年的加权平均通货膨胀率和价格调控两项中类指标。

微观经济制度维度包含企业运营自由度指标(BF)。该指标通过十项中类指标衡量，具体包括：新成立一家企业须办理的手续数目及所需的时间、费用、最低资金，企业获得许可证须办理的手续及需要花费的时间、费用，以及企业关闭需要

的时间、费用、恢复率。其较高的取值代表一国企业的设立和关闭比较容易，成本较低，耗费的时间少。

政治制度维度包含廉洁程度(COR)、腐败控制(CCOR)、政府效率(GE)。廉洁程度指标表示一国政府的清廉程度，在世界经济自由度指标的十大类指标中，未明确列出廉洁程度所包含的中类指标。腐败控制反映一国政府的权力被用来谋取个人私利的程度，其中包括各种形式的腐败和该国政府为精英或私人利益所操纵的程度。政府效率表明对公共服务质量、公务员质量和独立于政治压力的程度、政策制定和执行的质量以及政府对这些政策的执行效率的认识。

根据以上四个维度的指标，中国与东道国的制度距离可表示为：

$$\mathrm{INSD}_{it} = \sum_{j=1}^{7} abs(I_{jit} - I_{jut})/7 \tag{15-8}$$

式(15-8)中，INSD_{it} 表示中国与东道国 i 的制度距离；I_{jit} 表示 i 国第 t 年在第 j 个维度上的得分；I_{jut} 表示中国第 t 年在第 j 个维度上的得分。

(2) OFDI 动机变量。本章把 OFDI 动机分为市场寻求型动机(GDPP)和战略资源寻求型动机(STRAT)。其中，市场寻求动机采用经 GDP 平减指数平减后的东道国人均 GDP，优势在于去除了人口因素对回归结果造成的影响。

对于战略资源寻求型动机①，本章利用因子分析法提取包括东道国创新水平，包括高科技产品出口占制成品出口的比例(VAR1)；东道国基础设施，包括固定宽带用户(每 100 人)(VAR2)，固定电话订阅(每 100 人)(VAR3)，互联网服务器(每 100 人)(VAR4)，移动手机订阅(每 100 人)(VAR5)，以及互联网用户(每 100 人)(VAR6)；东道国资源禀赋，包括燃料出口占商品出口的比例(VAR7)，矿石和金属出口占商品出口的比例(VAR8)等方面的主因子，并计算每个东道国的综合得分作为东道国战略资源的代理变量②。

3. 控制变量

为严格控制其他因素对 OFDI 的影响，本章分别采用东道国最终消费(CONSE)、东道国通货膨胀率(INFR)、东道国汇率(EXCH)、东道国税赋(TAX)、中国和东道国间的地理距离(DIS)这 5 个控制变量，以使本章研究更具准确性及科学性。

---

① 本章对战略资源寻求动机进行了重新定义，是通过因子分析法综合多种因素，尤其是自然资源因素进行构建的，不同于 Dunning(1998)提出的战略资源寻求型动机，目的在于能够综合反映中国 OFDI 的投资动机。

② 限于篇幅，本章未放入 Kaiser-Meyer-Olkin 检验统计量检验结果、旋转后的方差解释表和因子载荷矩阵，有兴趣的读者可以向作者索取。

二、数据来源说明

本章采用的数据主要来自《中国对外直接投资统计公报》、世界银行发展指标以及 CEPII 数据库。其中，因变量数据取自《中国对外直接投资统计公报》，包含中国对 140 个国家和地区[①] 2003—2015 年的 OFDI 数据；核心自变量国别制度距离的数据来自世界银行治理指标 WGI 以及美国传统基金会的世界经济自由度指标；中国和东道国间的地理距离数据取自 CEPII 数据库，剩余各变量数据取自世界银行数据库。

三、模型设定与估计方法

考虑到 OFDI 存在显著的"第三国效应"，一国在 OFDI 区位选择时会同时考虑东道国和其他相关国家的特征情况，本章认为采用空间计量模型对国别制度距离以及 OFDI 动机在 OFDI 区位选择过程中的作用机制进行实证分析具有一定的优势，可以有效提升研究结论的准确性和可靠性。参照 Elhorst(2010)总结的九种空间计量模型关系谱系图发现，不同的空间计量模型在考察自变量的直接效应和间接效应上存在明显差异，但是，考虑到 SDM 相对于空间自回归(Spatial Autoregression, SAR)模型能进一步考察自变量存在的空间相关问题，而且对于真实数据是否为 SAR 或者空间误差模型(Spatial Errors Model, SEM)生成的均能实现无偏估计，因此，本章将采用 SDM 进行回归分析。

第一步，基础回归，分别验证 OFDI 动机，即 GDPP 和 STRAT 对 OFDI 区位选择的影响，因为投资动机是 OFDI 的始发因素，故而 SDM 构建如下：

$$\begin{aligned}\ln \mathrm{OFDI}_{it} =& \rho d_i' \ln \mathrm{OFDI}_{it} + \alpha_1 \ln \mathrm{GDPP}_{it} + \beta_1 \ln \mathrm{CONSE}_{it} \\ &+ \beta_2 \mathrm{INFR}_{it} + \beta_3 \mathrm{EXCH}_{it} + \beta_4 \mathrm{TAX}_{it} \\ &+ \beta_5 \ln\mathrm{DIS}_i + d_i' X_t \delta + \mu_i + \gamma_t + \varepsilon_{it}\end{aligned} \quad \text{模型(1)}$$

$$\begin{aligned}\ln \mathrm{OFDI}_{it} =& \rho d_i' \ln \mathrm{OFDI}_{it} + \alpha_1 \ln \mathrm{STRAT}_{it} + \beta_1 \ln \mathrm{CONSE}_{it} \\ &+ \beta_2 \mathrm{INFR}_{it} + \beta_3 \mathrm{EXCH}_{it} + \beta_4 \mathrm{TAX}_{it} \\ &+ \beta_5 \ln\mathrm{DIS}_i + d_i' X_t \delta + \mu_i + \gamma_t + \varepsilon_{it}\end{aligned} \quad \text{模型(2)}$$

第二步，基于第一步的结果引入国别制度距离，检验其是否会通过影响投资动机进而对 OFDI 总量产生影响，故而 SDM 构建如下：

$$\begin{aligned}\ln \mathrm{OFDI}_{it} =& \rho d_i' \ln \mathrm{OFDI}_{it} + \alpha_1 \ln \mathrm{GDPP}_{it} + \alpha_2 \mathrm{INSD}_{it} \cdot \ln \mathrm{GDPP}_{it} \\ &+ \beta_1 \ln \mathrm{CONSE}_{it} + \beta_2 \mathrm{INFR}_i t + \beta_3 \mathrm{EXCH}_{it} + \beta_4 \mathrm{TAX}_{it}\end{aligned}$$

① 剔除卢森堡、塞浦路斯、开曼群岛、英属维尔京群岛和中国香港等避税港及金融自由港。

$$+\beta_5 \ln \mathrm{DIS}_i + d_i' X_t \delta + \mu_i + \gamma_t + \varepsilon_{it} \qquad \text{模型(3)}$$

$$\begin{aligned}\ln \mathrm{OFDI}_{it} = &\rho d_i' \ln \mathrm{OFDI}_{it} + \alpha_1 \ln \mathrm{STRAT}_{it} + \alpha_2 \mathrm{INSD}_{it} \cdot \ln \mathrm{STRAT}_{it} \\ &+ \beta_1 \ln \mathrm{CONSE}_{it} + \beta_2 \mathrm{INFR}_{it} + \beta_3 \mathrm{EXCH}_{it} + \beta_4 \mathrm{TAX}_{it} \\ &+ \beta_5 \ln \mathrm{DIS}_i + d_i' X_t \delta + \mu_i + \gamma_t + \varepsilon_{it}\end{aligned} \qquad \text{模型(4)}$$

模型(3)中，$\mathrm{INSD}_{it} \cdot \ln \mathrm{GDPP}_{it}$ 是国别制度距离和市场寻求型动机的交互项，用于探究国别制度距离是否会通过市场寻求型动机影响 OFDI 区位选择；模型(4)中，$\mathrm{INSD}_{it} \cdot \ln \mathrm{STRAT}_{it}$ 是国别制度距离和战略资源寻求型动机的交互项，用于探究国别制度距离是否会通过战略资源寻求型动机影响 OFDI 区位选择；μ_i 和 γ_t 分别表示个体固定效应和时间效应。

此外，根据 Anselin et al.（2006）的研究观点，考虑到因变量空间滞后效应 $d_i' \ln \mathrm{OFDI}_{it}$ 可能导致的内生性问题，以及同一时间每个空间点的不同观测值可能在进行空间固定效应估计时因相互之间的空间依赖性影响最终估计结果，可采用极大似然估计量。本章即采用极大似然估计（MLE）方法进行估计。

四、空间权重矩阵选择

构建空间权重矩阵是进行空间计量模型估计时的关键环节，现有研究中通常采用二元相邻矩阵、地理距离空间权重矩阵和经济距离空间权重矩阵。考虑到估计结果的稳健性，本章先后构建经济距离空间权重矩阵和地理距离空间权重矩阵，并将后者作为稳健性检验使用。其中，经济距离空间权重矩阵设定如下：

$$W_{ij} = \begin{cases} \dfrac{1}{|Y_i - Y_j|} & (\text{若 } i \neq j) \\ 0 & (\text{若 } i = j) \end{cases} \tag{15-9}$$

式(15-9)中，W_{ij} 表示空间权重矩阵 W 第 i 行第 j 列的元素；

$$Y_i = \sum_{t=T_0}^{T} Y_{it} / (T - T_0 + 1) \tag{15-10}$$

式(15-10)中，Y_i 表示国家 i 在样本期间的人均 GDP 均值①；Y_{it} 表示国家 i 在第 t 年的人均 GDP。

之后，基于上述设定的经济距离空间权重矩阵，本章采用拉格朗日乘数（LM）检验对 OFDI 是否存在空间交互效应进行空间相关性检验。此外，考虑到检验结果的稳健性，分别进行空间固定效应和空间随机效应的 LM 检验，检验结果如表 15-1 所示。

① 由于空间矩阵元素必须为正值，本章采用绝对值的形式。此外，以人均 GDP 均值形式设置空间权重矩阵，一定程度上可避免内生性问题。

表 15-1　基于经济距离空间权重矩阵的 LM 检验

模型	lnOFDI	
	空间固定效应	空间随机效应
LM 滞后	24.57***	29.66***
稳健的 LM 滞后	27.61***	34.52***
LM 误差	10.98***	75.91***
稳健的 LM 误差	3.34*	37.69***
观测值	1820	1820

资料来源：经作者计算。

注：本表未列出变量的系数估计结果；***、**、* 分别表示在 1%、5% 和 10% 的显著性水平上显著。

从表 15-1 中的检验结果可以发现，无论是空间固定效应还是空间随机效应均拒绝原假设，表明 OFDI 确实存在空间滞后效应，从而意味着在实证分析中需要考虑变量的空间滞后效应。

第四节　SDM 估计结果分析

一、OFDI 动机与 OFDI 区位选择

本节对 OFDI 的市场寻求型动机和战略资源寻求型动机的存在性进行验证。考虑到研究结果的稳健性，本节分别采用空间固定效应模型和空间随机效应模型对计量模型进行估计，然后利用豪斯曼检验对两种估计结果进行择优。计量模型(1)和模型(2)的回归结果分别见表 15-2 和表 15-3。从豪斯曼检验的结果可以得知，对于模型(1)需要采用空间固定效应进行估计，而对于模型(2)则需要采用空间随机效应模型进行估计。

首先对 OFDI 的市场寻求型动机的存在性进行验证，从表 15-2 可以发现，市场寻求动机的估计系数显著为正，表明中国在进行 OFDI 时确实存在市场寻求型动机。与此同时，还可以发现其空间滞后项的估计系数显著为正，意味着中国的市场寻求型 OFDI 具有互补效应。该互补效应从其间接效应估计结果中也可发现，市场寻求型动机的间接效应为正且显著，意味着某一东道国较大的市场潜力也会吸引中国向其周边国家进行市场寻求型 OFDI。此外，直接效应估计结果也显著为正，经计算其反馈效应为 1.5345，这再次说明中国的市场寻求型 OFDI 确实存在互补效应。

表 15-2　OFDI 动机的估计结果

	模型(1)		模型(2)	
	空间固定效应	空间随机效应	空间固定效应	空间随机效应
市场寻求型动机	7.9215***	2.9337***		
	(2.1063)	(0.9156)		
战略资源寻求型动机			1.2907***	1.2308***
			(0.1336)	(0.1278)
东道国最终消费	0.0195	0.0280**	0.0062	0.0082
	(0.0166)	(0.0132)	(0.0098)	(0.0094)
东道国通货膨胀率	−0.0309***	−0.0302***	−0.0138***	−0.0136***
	(0.0059)	(0.0056)	(0.0035)	(0.0035)
东道国汇率	−0.0131	0.0823	−0.0748	0.0081
	(0.0499)	(0.0833)	(0.0560)	(0.0464)
东道国税赋	−0.0275**	−0.0301***	−0.0180*	−0.0165
	(0.0119)	(0.0116)	(0.0109)	(0.0104)
地理距离		−0.6399*		−0.7574**
		(0.3781)		(0.3475)
常数项		5.7997		5.0332
		(3.8137)		(3.2389)
W·对外直接投资	0.3073***	0.3159***	0.0066***	0.0192***
	(0.0775)	(0.0639)	(0.0464)	(0.0433)
W·市场寻求型动机	35.7078**	30.9296**		
	(16.5119)	(12.6971)		
W·战略资源寻求型动机			−0.2314	−0.1964
			(0.1509)	(0.1431)
W·东道国最终消费	0.0184	0.0246	−0.0007	0.0013
	(0.0288)	(0.0291)	(0.0194)	(0.0185)
W·东道国通货膨胀率	−0.0001	−0.0062	−0.0046	−0.0063
	(0.0117)	(0.0145)	(0.0031)	(0.0043)
W·东道国汇率	0.0366***	0.0241**	−0.0073	−0.0064
	(0.0098)	(0.0113)	(0.0140)	(0.0138)
W·东道国税赋	0.0174**	0.0090	−0.0111	−0.0132
	(0.0072)	(0.0077)	(0.0142)	(0.0146)
W·地理距离		−0.2024		0.3414***
		(0.1442)		(0.0862)
sigma2_e	1.3959***	1.5895***	0.9947***	1.0814***
	(0.1585)	(0.1824)	(0.1054)	(0.1151)

（续表）

	模型(1)		模型(2)	
	空间固定效应	空间随机效应	空间固定效应	空间随机效应
N	1820	1820	1820	1820
固定效应	控制	控制	控制	控制
时间效应	控制	控制	控制	控制
R^2	0.2309	0.1815	0.4734	0.4721
豪斯曼检验	186.32***		6.75	

注：***、**、*分别表示在1%、5%和10%的显著性水平上显著；括号中为标准误。

接下来对OFDI的战略资源寻求型动机的存在性进行验证。战略资源寻求动机的估计系数显著为正，表明中国在进行OFDI时确实存在战略资源寻求型动机。与此同时，还可以发现其空间滞后项和间接效应的系数均为负，但不显著，意味着中国的战略资源寻求型OFDI可能具有挤出效应，因为其他国家的战略资源在吸引外资时可能产生竞争效应，从而抑制中国对某一东道国的OFDI，但是这种挤出效应并不明显。从战略资源寻求动机的直接效应来看，估计结果为正且显著，且经计算其反馈效应为−0.004，表明中国过去进行战略资源寻求型OFDI确实存在竞争效应。

表15-3 OFDI动机的效应分析

	模型(1)		模型(2)	
	空间固定效应	空间随机效应	空间固定效应	空间随机效应
直接效应				
市场寻求型动机	9.4560***	4.2833***		
	(2.1788)	(1.1725)		
战略资源寻求型动机			1.2868***	1.2268***
			(0.1319)	(0.1259)
东道国最终消费	0.0201	0.0293**	0.0062	0.0082
	(0.0172)	(0.0137)	(0.0099)	(0.0095)
东道国通货膨胀率	−0.0315***	−0.0310***	−0.0138***	−0.0136***
	(0.0069)	(0.0055)	(0.0034)	(0.0033)
东道国汇率	−0.0127	0.0821	−0.0764	0.0068
	(0.0507)	(0.0848)	(0.0556)	(0.0455)
东道国税赋	−0.0269**	−0.0297**	−0.0177	−0.0162
	(0.0120)	(0.0117)	(0.0108)	(0.0103)

（续表）

	模型(1)		模型(2)	
	空间固定效应	空间随机效应	空间固定效应	空间随机效应
地理距离	−0.0004	−0.6652*	0.0000	−0.7592**
	(0.0325)	(0.3864)	(0.0003)	(0.3481)
间接效应				
市场寻求型动机	11.5478***	9.3688***		
	(4.4605)	(3.2621)		
战略资源寻求型动机			−0.0514	−0.0421
			(0.0334)	(0.0328)
东道国最终消费	0.0066	0.0092	−0.0004	0.0005
	(0.0125)	(0.0079)	(0.0045)	(0.0044)
东道国通货膨胀率	−0.0034	−0.0052	−0.0011	−0.0016
	(0.0088)	(0.0048)	(0.0007)	(0.0010)
东道国汇率	0.0112	0.0164	−0.0016	−0.0015
	(0.0117)	(0.0130)	(0.0035)	(0.0033)
东道国税赋	0.0026	−0.0002	−0.0026	−0.0033
	(0.0034)	(0.0025)	(0.0036)	(0.0035)
地理距离	−0.0003	−0.1218**	−0.0001	0.0765***
	(0.0114)	(0.0554)	(0.0074)	(0.0232)

注：***、**、* 分别表示在 1%、5%和 10%的显著性水平上显著；括号中为标准误。

二、制度距离、OFDI 动机与 OFDI 区位选择

本节对国别制度距离通过市场寻求型动机和战略资源寻求型动机对 OFDI 的影响进行实证检验，以综合考察国别制度距离、OFDI 动机在 OFDI 区位选择过程中的作用机制。计量模型(3)和模型(4)的回归结果分别见表 15-4 和表 15-5。从豪斯曼检验的结果可以得知，模型(3)和模型(4)均支持空间随机效应模型。

首先考察国别制度距离是否会通过对市场寻求型动机的负向影响对 OFDI 产生负向作用。从表 15-4 的回归结果可以发现，国别制度距离和市场寻求型动机的交互项系数为负且显著，意味着较大的国别制度距离会抑制中国对某一东道国的市场寻求型 OFDI，中国在进行市场寻求型 OFDI 时更倾向于选择与本国制度距离较小的国家，表明国别制度距离确实会通过对市场寻求型动机的负向影响，进而对 OFDI 产生负向作用。同时可发现，在模型(3)中引入国别制度距离和市场寻求动机的交互项之后，市场寻求型动机的系数仍为正且显著，表明了在考虑国别制度距离之后，中国 OFDI 的市场寻求动机依然显著存在。此外，空间滞后项($W \cdot \ln GDPP$)系数显著为正，表明在模型(3)中引入国别制度距离和市场寻求动

机的交互项之后，中国的市场寻求型 OFDI 具有的互补效应依然显著存在。但是，参考显著为负的空间滞后项（W · INSD · lnGDPP）系数可以发现，这种互补效应会因中国同其他国家的较大制度距离而受到削弱。此外，表 15-4 中交互项的直接效应和间接效应均为负且不显著，前者表明中国与某一东道国的制度距离对中国市场寻求型动机的影响不存在显著的反馈效应，后者表明中国同某一东道国之间的制度距离通过市场寻求型动机对中国向该国的 OFDI 产生的间接影响，并不会显著地影响中国对其他国家的 OFDI。

表 15-4　国别制度距离对 OFDI 的间接影响

	模型(3)		模型(4)	
	空间固定效应	空间随机效应	空间固定效应	空间随机效应
市场寻求型动机	7.8099***	4.1117***		
	(1.9086)	(0.8063)		
制度距离 · 市场寻求型动机	−0.0881***	−0.0884***		
	(0.0135)	(0.0134)		
战略资源寻求型动机			1.3590***	1.3099***
			(0.1306)	(0.1255)
制度距离 · 战略资源寻求型动机			−0.0135***	−0.0137***
			(0.0025)	(0.0023)
东道国最终消费	0.0234	0.0312**	0.0075	0.0100
	(0.0152)	(0.0125)	(0.0100)	(0.0095)
东道国通货膨胀率	−0.0268***	−0.0253***	−0.0127***	−0.0125***
	(0.0056)	(0.0055)	(0.0035)	(0.0034)
东道国汇率	−0.0230	0.0545	−0.0782	−0.0080
	(0.0437)	(0.0686)	(0.0541)	(0.0415)
东道国税赋	−0.0231**	−0.0243**	−0.0154	−0.0143
	(0.0115)	(0.0112)	(0.0107)	(0.0103)
地理距离		−0.7043**		−0.8138**
		(0.3519)		(0.3264)
常数项		6.6113*		5.9285*
		(3.4552)		(3.0595)
W · 对外直接投资	0.3133***	0.3172***	0.0136***	0.0262***
	(0.0742)	(0.0622)	(0.0450)	(0.0413)
W · 市场寻求型动机	42.6276***	41.3290***		
	(15.0686)	(11.5770)		
W · 制度距离 · 市场寻求型动机	−1.3512***	−1.8446***		
	(0.4979)	(0.5329)		

（续表）

	模型(3)		模型(4)	
	空间固定效应	空间随机效应	空间固定效应	空间随机效应
W・战略资源寻求型动机			−0.2357	−0.1907
			(0.1816)	(0.1712)
W・制度距离・战略资源寻求型动机			0.0035	0.0016
			(0.0074)	(0.0075)
W・东道国最终消费	0.0286	0.0373	0.0018	0.0045
	(0.0263)	(0.0270)	(0.0198)	(0.0192)
W・东道国通货膨胀率	0.0077	0.0052	−0.0035	−0.0044
	(0.0099)	(0.0119)	(0.0032)	(0.0038)
W・东道国汇率	0.0353***	0.0232**	−0.0065	−0.0050
	(0.0090)	(0.0114)	(0.0131)	(0.0131)
W・东道国税赋	0.0283***	0.0250**	−0.0094	−0.0100
	(0.0085)	(0.0102)	(0.0131)	(0.0132)
W・地理距离		−0.1965		0.2891***
		(0.1247)		(0.0804)
sigma2_e	1.2803***	1.4301***	0.9597***	1.0424***
	(0.1539)	(0.1738)	(0.1065)	(0.1161)
lgt_theta		−1.7426***		−1.9016***
		(0.1400)		(0.0839)
N	1 820	1 820	1 820	1 820
固定效应	控制	控制	控制	控制
时间效应	控制	控制	控制	控制
R^2	0.2816	0.2419	0.4920	0.4909
LogL	−2 818.08	−3 185.63	−2 545.06	−2 906.05
豪斯曼检验	3.19		3.37	

注：***、**、* 分别表示在 1%、5%和 10%的显著性水平上显著；括号中为标准误。

接下来考察国别制度距离是否会通过对战略资源寻求型动机的负向影响对 OFDI 产生负向作用。从表 15-4 的回归结果可以发现，国别制度距离和战略资源寻求型动机的交互项系数显著为负，意味着国别制度距离会抑制中国对某一东道国的战略资源寻求型 OFDI，即中国在进行战略资源寻求型 OFDI 时更倾向于选择与本国制度距离较小的国家，表明国别制度距离确实会通过对战略资源寻求型动机的负向影响，进而对 OFDI 产生负向作用。同时还可以发现，在模型(4)中引入国别制度距离和战略资源寻求型动机的交互项之后，战略资源寻求型动机的系数仍为正且显著，表明了在同时考虑国别制度距离的情况下，中国 OFDI 的战略资源寻求型动机依然显著存在。此外，战略资源寻求型动机的空间滞后项系数为负但不显著，交互项的空间滞后项为正也不显著，共同表明国别制度距离可能对中国战略资源寻求型OFDI的竞争效应具有一定的缓解作用，这可能是由于国别制度距离在某种程度上会弱化这种竞争效应。从表15-5效应分析的结果看，交互项的直接效应系数显著为负，经计算其反馈效应为－0.0001，表明中国进行OFDI时，国别制度距离通过战略资源寻求型动机影响OFDI区位选择存在微弱的负反馈效应。但是从交互项的间接效应系数来看，该系数为正但不显著，意味着中国OFDI时，国别制度距离通过战略资源寻求型动机影响OFDI区位选择产生的间接影响，并不会显著地影响中国对其他国家的OFDI。

表15-5　国别制度距离对OFDI间接影响的效应分析

	模型(3)		模型(4)	
	空间固定效应	空间随机效应	空间固定效应	空间随机效应
直接效应				
市场寻求型动机	9.8050***	6.4644		
	(2.5847)	(8.2282)		
制度距离·市场寻求型动机	－0.1527	－0.2157		
	(0.1822)	(0.7612)		
战略资源寻求型动机			1.3549***	1.3060***
			(0.1286)	(0.1233)
制度距离·战略资源寻求型动机			－0.0135***	－0.0138***
			(0.0024)	(0.0023)
东道国最终消费	0.0254	0.0329*	0.0078	0.0103
	(0.0168)	(0.0184)	(0.0093)	(0.0089)
东道国通货膨胀率	－0.0271***	－0.0263**	－0.0128***	－0.0126***
	(0.0066)	(0.0122)	(0.0035)	(0.0034)
东道国汇率	－0.0201	0.0632	－0.0761	－0.0066
	(0.0458)	(0.1071)	(0.0551)	(0.0423)
东道国税赋	－0.0223*	－0.0232*	－0.0156	－0.0144
	(0.0118)	(0.0141)	(0.0109)	(0.0105)
地理距离	0.0009	－0.7246	0.0012	－0.8003**
	(0.0321)	(0.4451)	(0.0311)	(0.3214)
间接效应				
市场寻求型动机	13.5996**	14.0063		
	(5.4371)	(17.8587)		

（续表）

	模型(3)		模型(4)	
	空间固定效应	空间随机效应	空间固定效应	空间随机效应
制度距离·市场寻求型动机	−0.4236	−0.6607		
	(0.4142)	(1.6567)		
战略资源寻求型动机			−0.0525	−0.0364
			(0.0422)	(0.0395)
制度距离·战略资源寻求型动机			0.0008	0.0003
			(0.0017)	(0.0018)
东道国最终消费	0.0105	0.0127	0.0006	0.0012
	(0.0183)	(0.0328)	(0.0045)	(0.0043)
东道国通货膨胀率	−0.0004	−0.0020	−0.0009	−0.0011
	(0.0079)	(0.0240)	(0.0008)	(0.0009)
东道国汇率	0.0094	0.0216	−0.0018	−0.0011
	(0.0118)	(0.1647)	(0.0033)	(0.0032)
东道国税赋	0.0064	0.0061	−0.0024	−0.0027
	(0.0051)	(0.0176)	(0.0032)	(0.0031)
地理距离	−0.0013	−0.1564	0.0000	0.0626***
	(0.0153)	(0.5848)	(0.0004)	(0.0229)

注：***、**、*分别表示在1%、5%和10%的显著性水平上显著；括号中为标准误。

第五节　研究结论与政策建议

本章首先在Cezar & Escobar(2015)的理论模型中融入HYM的企业动机选择行为，将制度距离、OFDI动机及OFDI区位选择融入同一研究框架，对国别制度距离以及OFDI动机在OFDI区位选择过程中的作用机制进行理论探讨，结果表明国别制度距离对市场寻求型动机和战略资源寻求型动机具有负向作用，进而对OFDI产生负面影响。然后，本章采用2003—2015年中国对140个国家和地区的OFDI及相关数据，构建SDM对理论结果进行验证，结果表明理论与实证相符，即制度距离的确会通过负向作用于OFDI动机进而对OFDI区位选择产生影响。相比较于以往文献采用制度距离对OFDI区位选择的直接影响研究，本章从间接影响路径展开研究的结论并不存在中国OFDI的制度风险偏好特征，这在一定程度上解开了中国OFDI的制度风险偏好之谜。

除此之外，本章采用空间计量模型还发现了关于中国OFDI的两大特征：

第一，中国的市场寻求型OFDI具有互补效应，一国较大的市场潜力不但会吸引中国向该国直接投资，还会影响中国向其周边国家进行直接投资。但是，这种互补效应会随着国别制度距离的增加而削弱。

第二，某一东道国较强的战略资源会负向影响中国对第三方国家的 OFDI。同时，其他国家的战略资源会负向影响中国对某一东道国的 OFDI。简言之，中国的战略资源寻求型 OFDI 存在竞争效应，即较强的东道国战略资源会抑制中国对其他国家的 OFDI。此外，竞争效应同样会因国别制度距离的增加而减弱。

因此，为助力中国"走出去"战略和"一带一路"倡议不断深入与推进，本章提出如下政策建议：

第一，大力推进国内制度质量的提升，缩小同发达国家之间的制度质量差异，一方面可以促进国内企业向发达国家对外直接投资，获取先进的技术、管理等战略性资源，另一方面制度质量的提升有利于释放国内经济活力，促进经济的增长。

第二，采取措施提高国内企业进行 OFDI 选择的有效性，在投资选择中应有效地对市场寻求、战略资源寻求等动机带来的收益与较大国别制度距离带来的制度风险引致的损失进行权衡。

第三，整合国内优势企业资源，为其提供甄别通过市场寻求型动机和战略资源寻求型动机进行 OFDI 时的最优东道国选择策略。前者可有效地促进中国更多的企业"走出去"，扩大国际市场；后者可最大限度地减少中国的战略资源寻求型 OFDI 所存在的竞争效应带来的 OFDI 效益下降，可提高国内企业战略资源寻求效率，进而更高效地助力国内企业劳动生产率的提升。

第四，国内可以凭借自身特有的制度性优势，为企业的不同 OFDI 动机提供对应的制度优势，例如市场指导和政府支持等，弥补同东道国的制度距离，增强互补效应，减弱竞争效应，优化国内企业的 OFDI 结构。

第五，积极参与双边或多边国际投资规则的协商与制定，加强区域经济合作，建立多双边联系机制，签订双边投资保护协定，尤其是对制度环境较差的国家，一定程度上可弥补因制度距离较大产生的不利影响。

第十六章　绿色发展水平省际比较分析

第一节　绿色发展的内涵

党的十九大报告提出“我国经济已由高速增长阶段转向高质量发展阶段，正处在转变发展方式、优化经济结构、转换增长动力的攻关期”。中国过去的发展注重经济增长速度，对发展质量不够重视，造成了环境的污染。《2018中国生态环境状况公报》显示，2018年全国338个地级及以上城市中，217个城市空气质量超标，占比为64.2%；黄河、松花江、淮河等流域呈现出水质污染的情况；全国生态环境质量优和良的县域面积仅占国土面积的44.7%；全国能源消费总量为46.4亿吨标准煤，煤炭消费量占能源消费总量的59.0%。[①] 从中我们可以看出，中国的生态环境状况并未达到优良的状态，需要进一步调整能源结构，改善生态环境。党的十八届五中全会提出“必须牢固树立并切实贯彻创新、协调、绿色、开放、共享的发展理念”。贯彻落实五大发展理念明确了中国经济发展方式的重点和方向，其中绿色发展是经济社会发展的重要支点。绿色发展着力解决经济发展与环境污染之间的问题。中国经济发展正经历着从高速发展到高质量发展的转变过程，必须处理好“发展”和“绿色”之间的关系。在环境问题日益突出、经济转型日益迫切的情况下，绿色发展是中国经济高质量发展的必然要求。

在关于绿色发展的研究中，存在泛化绿色发展概念的普遍现象，把绿色发展当成一个“筐”，什么都往里装。许多观点从经济、社会和自然三者协调发展的广义层面理解绿色发展，容易泛化绿色发展。

我们认为经济高质量发展是多维度的，党的十八届五中全会提出的“创新、协调、绿色、开放、共享”五大新发展理念也说明了这一点。五大发展理念各有其侧重点。创新发展侧重经济发展动力问题，强调提高TFP；协调发展侧重发展不平衡问题，强调发展的整体性；开放发展侧重内外联动问题；共享发展侧重社会公平正义问题，使发展成果的分配更加公平。而绿色发展侧重于生态环境问题，旨在减少经济发展对资源的消耗和环境的污染，实现经济发展与生态环境的有机统

---

① 中华人民共和国生态环境部，《2018中国生态环境状况公报》，详见 http://www.mee.gov.cn/xxgk2018/xxgk/xxgk15/201912/t20191231_754139.html，访问时间：2020年5月。

一。联合国主张“人类绿色发展”，要求经济增长的资源节约与环境友好。李晓西等（2014）认为人类绿色发展包含社会经济的可持续发展和资源环境的可持续发展两大维度。绿色发展是经济与环境和谐的发展方式，是以维护人类生存环境、合理保护资源与能源、有益于人体健康为特征的发展方式。绿色发展是“经济”与“绿色”的结合，强调的是经济发展和生态环境的有机统一。要更准确地理解绿色发展的科学内涵，需要从狭义层面理解其含义，从“创新、协调、绿色、开放、共享”的五大发展理念出发，严格界定绿色发展理念的基本边界。绿色发展侧重于资源环境问题，旨在减少经济发展对资源的消耗和环境的污染，实现人与自然可持续发展。所谓的绿色发展就是指实现经济发展无须依赖大量的资源消耗，同时对生态环境的破坏程度也较低，是一种资源节约型和环境友好型的可持续发展模式。判断一个地区是否绿色发展，主要应看该地区在经济发展过程中不可再生资源的消耗情况和环境污染物的排放情况。

绿色发展是绿色和发展的有机统一，理论上存在四种可能的形态：既绿色又发展，既有绿水青山，又有金山银山；既不绿色也不发展，既没有绿水青山，也没有金山银山；绿色但不发展，有绿水青山，但没有金山银山；发展但不绿色，有金山银山，但没有绿水青山。如果一个地区在经济获得良好发展的同时，对资源的依赖程度和对环境的污染程度很轻，则该地区的发展就是绿色发展；但是如果一个地区的经济良好发展是建立在消耗大量的资源并造成严重的环境污染的基础上的，对生态环境造成了破坏，制约了地区的可持续发展，则该地区是发展但不绿色的；另外，如果一个地区在环境污染程度很低的情况下未能实现经济发展，未能充分利用当地的资源禀赋，也即未能达到经济学上的效率，则这种情况称为绿色不发展；还存在既不发展也不绿色的情况，即对环境造成污染的同时还未能使经济获得发展。面对这种情况，亟须转变经济发展方式，通过保护好生态环境来实现绿色发展。

第二节 绿色发展水平的评估

根据前面对绿色发展内涵的界定，一个地区的绿色发展水平是其经济发展水平和绿色程度的综合体现。对于代表“发展”的发展水平而言，通常采用人均 GDP 作为衡量指标。对于代表“绿色”的绿色程度而言，则从资源环境角度入手，依据各地区样本数据，运用扩展了的 DEA 模型——超效率非径向模型（Super SBM Model）[①]，测度出反映各地区绿色程度的“绿色指数”（Green Index）。测度各地区

① 具体模型推导过程参见林卫斌、苏剑、张琪惠，《绿色发展水平测度研究——绿色发展指数的一种构建》，《学习与探索》，2019 年第 11 期。

发展水平和绿色程度后，可以构建同时反映"发展"和"绿色"的综合指标"绿色发展指数"，成为合理有效分析各地区绿色发展水平的关键指标。具体构建方法为：运用代表绿色程度的绿色指数对代表发展水平的人均 GDP 进行平减，即用绿色指数与人均 GDP 的乘积构造"绿色人均 GDP"，作为绿色发展指标。进一步，对绿色人均 GDP 进行无量纲、标准化处理，构造出综合反映地区绿色发展水平的"绿色发展指数"(Green Development Index，GDI)。

一、指标选取和数据说明

1. 发展水平指标

根据绿色发展的内涵，绿色发展紧紧依靠并落脚于经济发展。因此，选取合适的发展水平指标对测度绿色发展水平尤为重要。相较于 GDP，人均 GDP[①]更能体现"发展"的内涵，因此本章选取人均 GDP 衡量经济发展水平。

2. 资源消耗指标

"十三五"规划建议指出，实现高效利用资源应当"实行能源和水资源消耗、建设用地等总量和强度双控行动"。因此，本章从能源、水资源、土地资源三个维度构建资源消耗指标，以"人均资源消费量"衡量能源维度；以"人均用水量"衡量水资源维度，以"人均土地资源利用量"衡量土地资源维度。

3. 环境污染指标

"十三五"规划建议指出，应当"深入实施大气、水、土壤污染防治"。因此本章分别选择"人均氮氧化物排放量""人均二氧化硫排放量""人均烟(粉)尘排放量"作为废气污染指标；选择"人均氨氮排放量""人均化学需氧量"作为废水污染指标；选择"人均固体废物产生量"作为土壤污染指标。囿于相关统计数据缺失，本章无法使用更能合理体现区域特质的污染物相对排放量，因此本章选用绝对排放量进行测度。

考虑到数据的可获得性和完整性，本章选取 30 个省(直辖市、自治区)(除港澳台地区和西藏外)2017 年、2018 年的数据指标测度绿色发展指数。对于 2017 年的数据，鉴于西藏自治区的数据缺失严重，故将其略去。对于 2018 年的数据，由于各指标数据披露滞后严重，故资源消耗指标将人均土地资源利用量略去[②]，污染物指标仅保留人均化学需氧量和人均二氧化硫排放量。原始数据来源于《中国统计年鉴》《中国资源统计年鉴》及各省市、地区统计年鉴和各地区主管部门官方网站。

---

① 人口数据为当年年中人口数量。

② 由于 2017 年 11 月 1 日新版《土地利用现状分类》(GB/T 21010-2017)实施，因此 2018 年土地资源利用量数据缺失严重。

二、各地区绿色程度的测度及分析

运用上述数据及构造思路，测算出2017年、2018年各地区的绿色指数。鉴于2018年数据缺失情况，本章重点分析2017年的测算结果。为直观反映2017年各地区的绿色程度及空间分布情况，绘制2017年绿色指数直方图（见图16-1），同时依据东、中、西部的顺序附以深、中、浅灰底色，以反映各地区的空间特性。

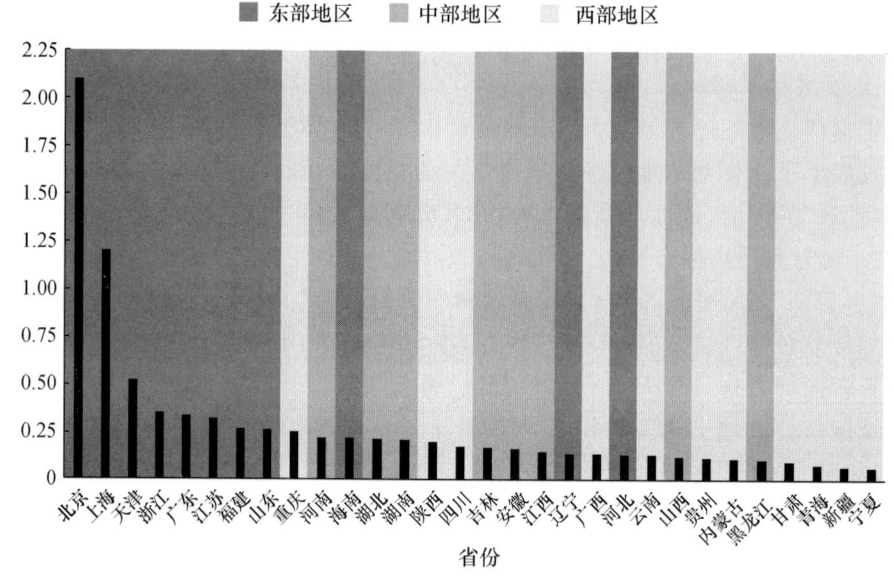

图16-1 各地区绿色指数直方图（2017年）

总体来看，东、中、西部地区绿色指数排名均有一定程度的集聚。东、中、西部地区分别集中在排名高、中、低三个区段。东部地区主要集中于绿色指数排名的头部，除海南、辽宁、河北外，其余地区的绿色指数均大于0.25，绿色程度相对较高。中部地区主要集中于绿色指数排名的中段，较为特殊的是山西、黑龙江2个省份，其绿色指数低于0.15，处于绿色指数排名后10名的区段，绿色程度较低。西部地区中，重庆的绿色指数为0.255，绿色程度相对较高。其余省份除陕西和四川外，绿色指数排名均集聚于排名末段，绿色程度相对较低。

三、各省份绿色发展水平的测度及分析

为得到绿色发展指数，首先运用代表绿色程度的绿色指数对代表发展水平的各省份人均GDP进行平减，得到绿色人均GDP绝对值。由于绿色指数与人均GDP的量纲不同，因此对绿色人均GDP做无量纲处理。具体方法为：对各省份绿色人均GDP取自然对数，并将各省份绿色人均GDP的自然对数值与排名第一地区的自然对数值进行比较。最后，为直观体现各省份的绿色发展水平，将无量纲

化后的绿色人均 GDP 转化为百分制，构建出绿色发展指数 GDI。处理方法是，通过与发达国家地区相比较，对排名第一的北京的绿色发展水平赋值 80，其余省份的 GDI 由其无量纲绿色人均 GDP 与 80 相乘得出(见表 16-1)。

表 16-1 各省份的绿色发展指数

省份	绿色指数		人均 GDP(万元)		GDI	
	2017 年	2018 年	2017 年	2018 年	2017 年	2018 年
北京	2.10	1.81	12.898	14.021	80.0	80.0
上海	1.20	1.06	12.663	13.499	76.3	76.3
天津	0.52	0.49	11.894	12.069	70.6	70.6
江苏	0.32	0.31	10.715	11.517	66.8	67.5
浙江	0.35	0.32	9.206	9.864	66.4	66.6
广东	0.34	0.34	8.093	8.641	65.3	66.1
福建	0.27	0.29	8.268	9.120	64.0	65.5
山东	0.27	0.26	7.281	7.627	63.2	63.6
重庆	0.25	0.26	6.345	6.593	62.0	62.6
湖北	0.22	0.24	6.020	6.662	60.6	62.1
陕西	0.21	0.23	5.727	6.348	60.0	61.6
海南	0.22	0.20	4.843	5.196	59.4	59.6
河南	0.23	0.27	4.667	5.015	59.3	61.0
湖南	0.21	0.22	4.956	5.295	59.3	60.1
吉林	0.17	0.20	5.484	5.562	58.6	60.0
四川	0.18	0.20	4.465	4.888	57.5	59.1
辽宁	0.14	—	5.353	5.801	57.2	—
内蒙古	0.12	0.14	6.376	6.830	57.0	59.1
安徽	0.17	—	4.340	4.771	56.9	—
江西	0.15	0.20	4.343	4.743	56.3	59.0
河北	0.14	0.18	4.539	4.777	55.9	58.2
广西	0.14	0.17	3.810	4.149	55.0	57.1
山西	0.12	0.15	4.206	4.533	54.7	56.6
黑龙江	0.11	—	4.192	4.327	54.0	—
云南	0.13	0.16	3.713	3.713	53.9	55.9
贵州	0.12	0.16	3.796	4.124	53.9	56.3
青海	0.08	0.09	4.408	4.771	52.4	54.0
宁夏	0.07	0.07	5.075	5.409	52.3	53.0
新疆	0.07	—	4.494	4.947	51.9	—
甘肃	0.10	0.12	2.849	3.134	50.7	53.0

与绿色指数分析方法相似，绘制 2017 年各地区绿色发展指数直方图（见图 16-2）。对比来看，绿色发展水平与绿色程度的空间分布较为相似，整体均呈现出东、中、西部地区排名依次递减的态势。就绿色发展水平而言，东部地区有 8 个省份处于排名前 10，绿色发展水平相对较高。脱离头部集聚的地区与绿色程度的空间分布相似，分别为海南、辽宁、河北。中部地区中，湖北排名第 10，绿色发展水平相对较高；而黑龙江、山西处于绿色发展指数排名后 10 位，绿色发展水平相对较低。西部的 11 个省份，在绿色发展指数排名后 10 位中占据了 7 席，仅重庆排名相对靠前，西部地区的整体绿色发展水平较低。

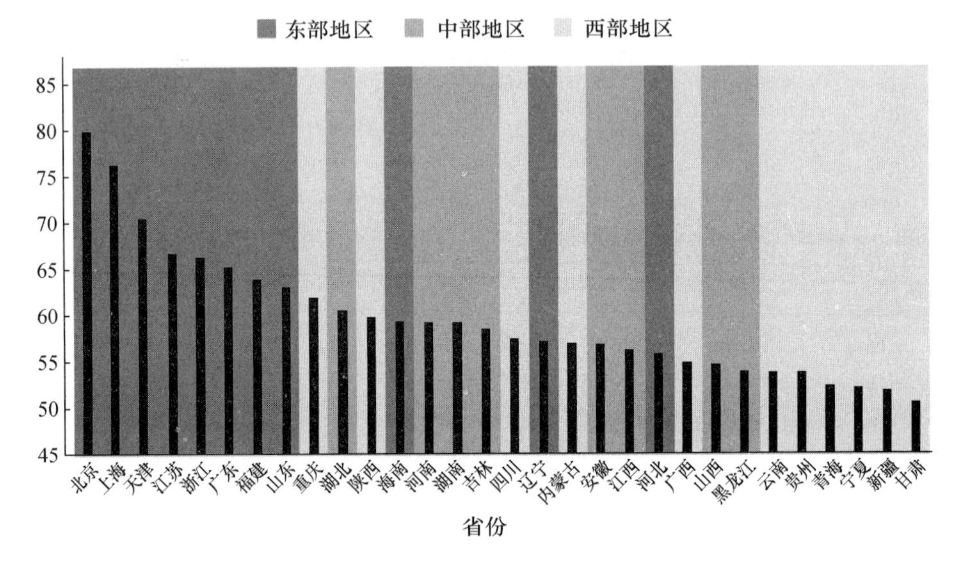

图 16-2　各地区绿色发展指数直方图（2017 年）

第三节　绿色发展水平省际差异分析

如表 16-1 所示，30 个省份的绿色发展指数参差不齐，从 2017 年的情况来看，GDI 最大值为 80，最小值仅为 50.7，分差达 29.3，不同省份的绿色发展水平存在显著差异。由于本章将绿色发展的概念边界严格界定在资源环境层面上，衡量一个地区的绿色发展水平，既要看该地区的经济发展水平，又要看该地区经济发展的绿色程度。因此，不同地区的绿色发展水平差异源于两个方面的差异：一是经济发展水平；二是经济发展的绿色程度，即绿色指数。

为具体分析经济发展水平和绿色指数差异对绿色发展水平差异的影响，将人均 GDP、绿色指数和绿色发展指数放在同一折线图中，如图 16-3 所示。[①] 经济发展水平与绿色发展水平整体上呈正相关，北京、上海等经济发展水平高的省份绿色发展水平也高，而云南、贵州等经济发展水平低的省份其绿色发展水平也低。经测算，经济发展水平与绿色发展水平间的相关系数达 0.95，所以经济发展水平可视为绿色发展水平的决定因素，省际经济发展水平差异决定了绿色发展水平差异。

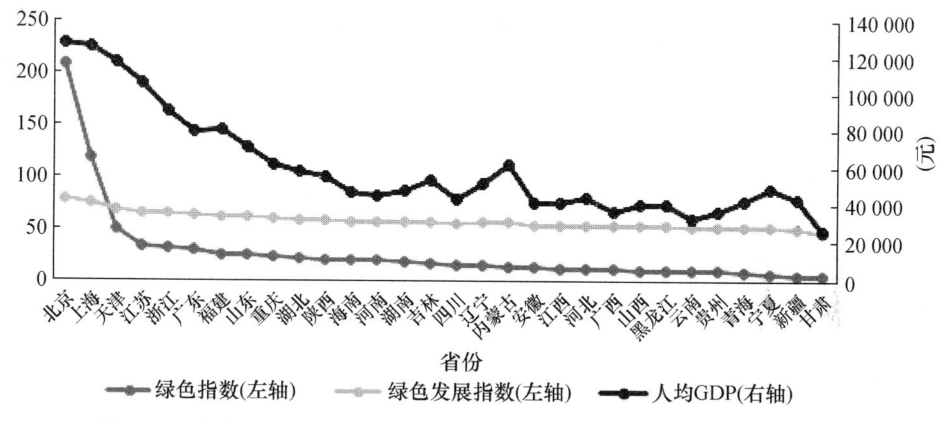

图 16-3　各省份经济发展水平、绿色指数与绿色发展水平关系图(2017 年)

不同省份的绿色发展水平差异也受到绿色指数差异的影响。绿色指数高的地区，其经济发展数据受到的“绿色调整”较小；而绿色指数低的省份，其经济发展数据受到的“绿色调整”较大。比如，内蒙古和宁夏的经济发展水平相对较高，但由于其绿色指数较小，经济发展数据受到了较大的“绿色调整”，致使其绿色发展水平低于同等经济发展水平的省份；而海南和河南的经济发展水平相对较低，但由于其绿色指数较大，经济发展数据受到了较小的“绿色调整”，致使其绿色发展水平高于同等经济发展水平的省份。由此，绿色指数影响绿色发展水平，省际绿色指数差异影响其绿色发展水平差异。

综上，绿色发展水平是由经济发展水平和绿色指数共同决定的。有些省份的两个指标都相对较高，比如北京、上海、江苏等东部沿海省份；有些省份则两个指标都相对较低，比如甘肃、云南、贵州等西部省份；而有些省份则表现为“一高一低”，比如海南，其经济发展水平相对较低，但绿色指数相对较高；再如内蒙古，其经济发展水平较高，但绿色指数相对较低(见图 16-4)。

不同省份的绿色指数存在差异，从直观上讲是由于各省份生产单位 GDP 的

① 为清晰显示地区间绿色指数差异，此处将绿色指数扩大 100 倍放入折线图中。人均 GDP 对应右侧坐标轴，绿色指数和绿色发展指数对应左侧坐标轴。

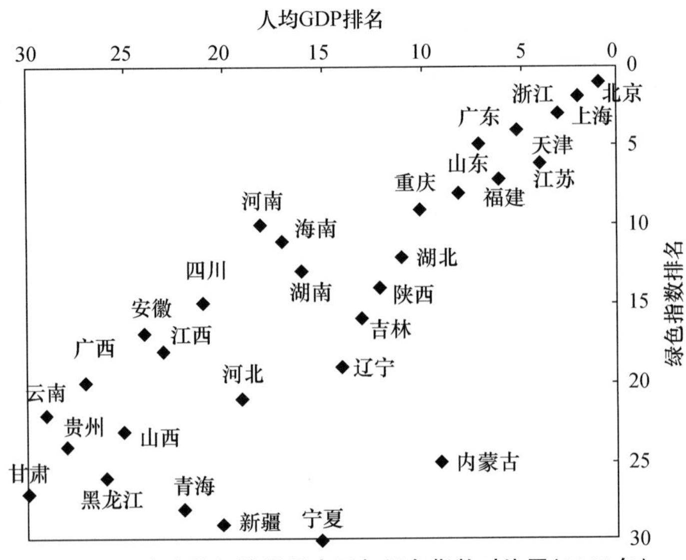

图 16-4 各省份经济发展水平与绿色指数对比图(2017 年)

资源消耗量和污染物排放量不同。如图 16-5、图 16-6① 所示,不同省份生产单位

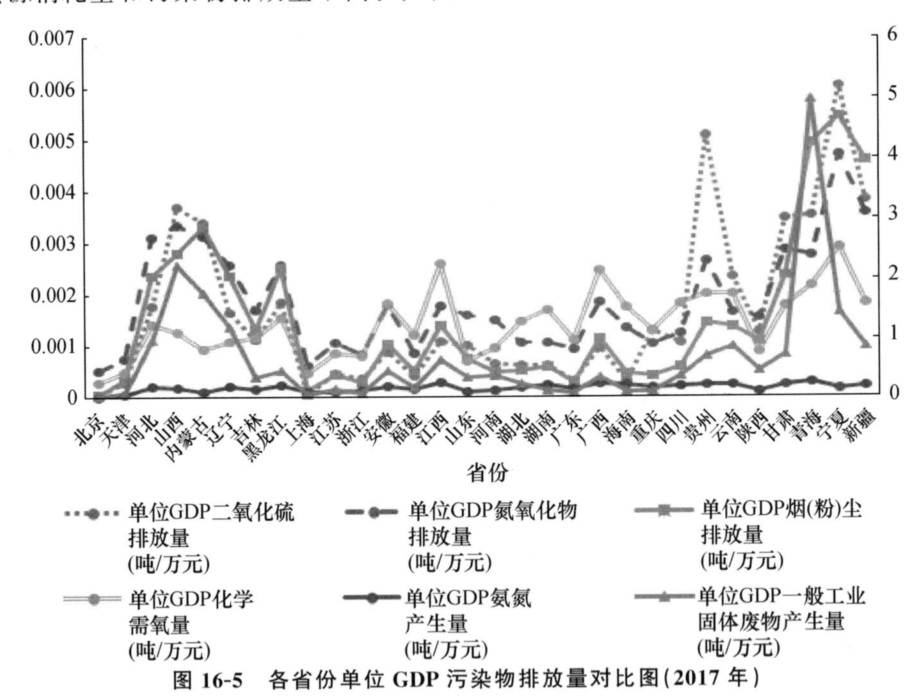

图 16-5 各省份单位 GDP 污染物排放量对比图(2017 年)

① 图 16-5 的单位 GDP 一般工业固体废物产生量对应右侧坐标轴,其他五个指标对应左侧坐标轴;图 16-6 的单位 GDP 用水量对应右侧坐标轴,其他两个指标对应左侧坐标轴。

GDP 的污染物排放量和资源消耗量存在显著差异。北京、上海等东部经济发展水平较高的省份,处在较高的发展阶段,产业更新升级相对较快,第三产业等配套服务业发展较为完善,生产单位 GDP 的污染物排放量和资源消耗量都较低,绿色指数高。而内蒙古经济发展水平虽然也相对较高,但其经济发展主要依赖采矿类、能源和重化工业类等传统工业,而这种传统工业类产业资源消耗大、污染大,致使其生产单位 GDP 的污染物排放量和资源消耗量都较高,绿色指数较低。海南长期以来坚持“生态立省”的战略方针,宁愿牺牲经济发展速度也不牺牲环境,而且对环境污染程度低、能耗强度低的旅游业已成为其支柱产业,其生产单位 GDP 的污染物排放量和资源消耗量较低,绿色指数较高。经济发展水平相对较低的山西自然资源丰富,经济发展过分依赖煤炭等高耗能、高排放产业,生产单位 GDP 的污染物排放量和资源消耗量都较大,绿色指数低。

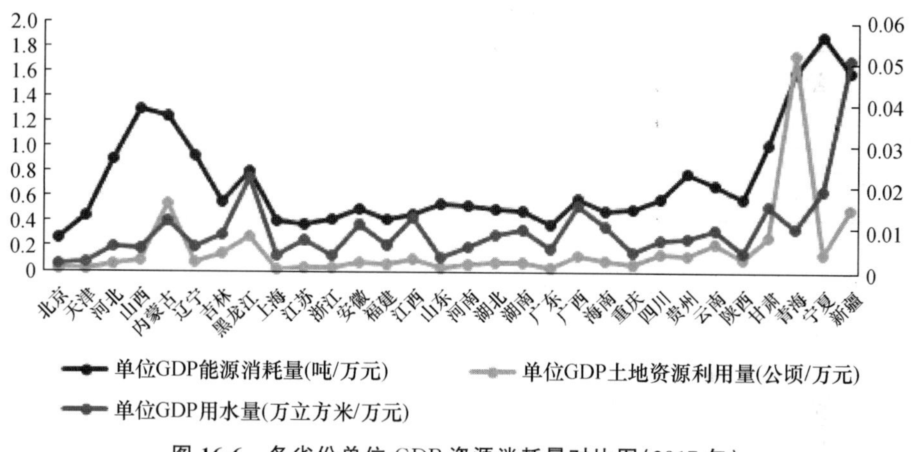

图 16-6 各省份单位 GDP 资源消耗量对比图(2017 年)

第十七章　中国国内市场分割程度的测度与分析

第一节　引　　言

中国国内市场到底是否存在分割，已有不少学者采用不同的方法对此进行了测算。Young (2000)最早从区域经济结构的角度测算了中国在1978—1997年的市场分割程度情况，结果发现中国国内市场分割程度在逐渐上升。但Young (2000)的结论受到了Park & Du (2003)和Holz (2009)的否定，他们均认为Young (2000)在计算过程中存在问题，同时采用一样的方法计算发现中国国内市场分割程度其实是在下降的。此后，多数学者采用不同的方法计算均得出中国国内市场分割程度下降的结果(Naughton, 2003; 桂琦寒等, 2006)。

目前，对于测算市场分割程度的方法，主要有相对价格法(桂琦寒等, 2006; Parsley & Wei, 1996、2001a; 陆铭和陈钊, 2009; 赵奇伟和熊性美, 2009; 刘瑞明, 2012; 徐保昌和谢建国, 2016)；产业结构法(Young, 2000; 郑毓盛和李崇高, 2003)；贸易流法(Naughton, 2003; Poncet, 2003)；经济周期法(Xu, 2002; Mody & Wang, 1997)；问卷调查法(李善同等, 2004)。其中，相对价格法不仅理论严格，而且方法相对客观，得到了大部分学者的认可(徐保昌和谢建国, 2016)。鉴于此，本章采用较新的2004—2018年的数据基于相对价格法测算中国国内市场分割程度，从全国整体情况逐步深入至东中西部三大地区进而延伸至各省份，系统地描述中国当前国内市场分割的整体情况。

第二节　国内市场分割整体情况

国内市场分割整体情况如图17-1所示，其中实线是国内市场分割的走势，虚线代表国内市场分割走势的趋势线。从2004年到2018年，国内市场分割程度呈现周期性的走势，首先在2007年达到第一个低谷，随后在2009年升至最高点，之后便进入较长时期的下降期，直到2015年再次到达低谷，之后又开始回升。若从整体趋势来看，中国国内市场分割程度仍是下降的，意味着中国国内市场一体化的进程仍在逐步推进，这同当前多数学者的结论保持一致。从国内市场分割的整体变动幅度来看，指数从2004年的0.00036降至2018年的0.00025，降幅达

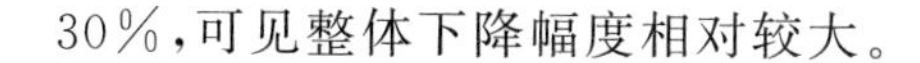
30%,可见整体下降幅度相对较大。

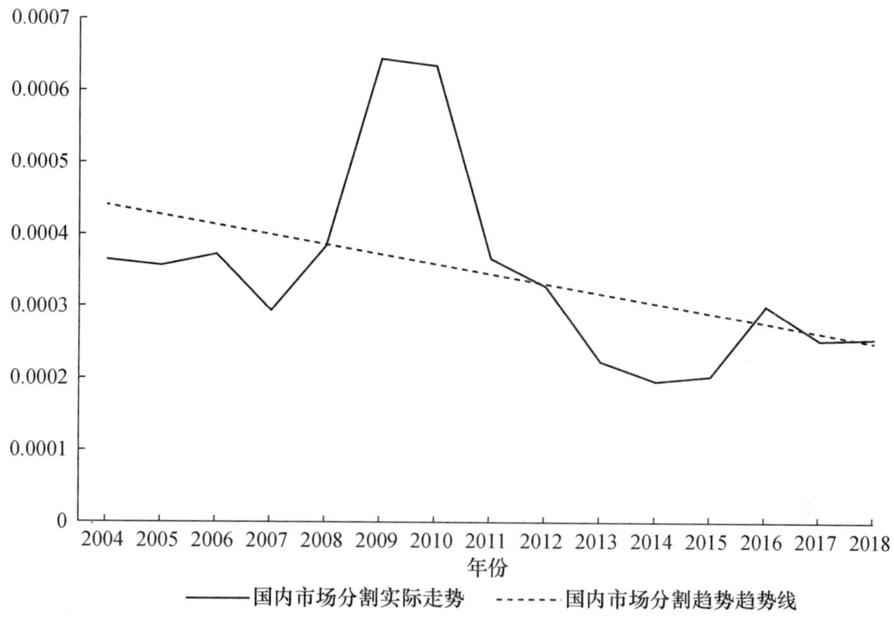

图 17-1　2004—2018 年中国国内市场分割整体情况

资料来源:作者计算并绘制。

此外,从图 17-1 中可以发现一个特殊现象,即 2009 年中国国内市场分割程度出现异常的飙升,环比涨幅达到了 80.89%。2009 年正值 2008 年全球金融危机之后的第一年,各省市深受金融危机的影响,在中央 4 万亿元经济刺激政策的背景下,地方政府必然优先扶持本地企业,优先发展本地经济,因为这直接关系到中央政府对地方政府的考核要求,从而导致市场分割程度的加深,这也是"诸侯经济"(沈立人, 1999)的必然结果。经过 2009 年和 2010 年两年的经济政策刺激,中国及地方经济抵挡住了金融危机的冲击,经济发展开始步入正轨,地方市场分割程度也急剧下降,2011 年环比降幅为 42.18%,此后便步入长期下降阶段,国内市场一体化得到提升。

可见,2009 年和 2010 年市场分割程度的异常高企现象正好印证了中国经济体系的"诸侯经济"特性,地方政府在应对危机时通常会提升市场分割程度来尽可能地维护本地利益,例如广西、安徽、浙江、江苏和广东等地都出台了一系列"促销"本地产品的措施,鼓励、引导甚至要求本地消费者优先购买本地企业生产的产品(孙小林,2009),但在经济正常发展的阶段,地方政府具有放宽市场分割的倾向。

第三节 三大地区市场分割整体情况

进一步将中国整体分为东部地区①、中部地区②和西部地区③进行观察，市场分割的情况见图 17-2。从图 17-2 显示的市场分割情况可以发现：第一，三大地区的市场分割程度由低到高的排序分别是中部地区、东部地区、西部地区，即中部地区的市场分割程度最低，西部地区的市场分割程度最高。其中，东部地区市场分割程度较高的原因在于东部沿海地区利用对外开放将国际贸易替代国内贸易，较高的对外开放水平促进地区市场分割程度上升（陆铭和陈钊，2009）。第二，从趋势线来看，三大地区均呈现市场分割程度下降的趋势，其中西部地区的市场分割程度下降得最明显，其次是中部地区，最后是东部地区。第三，从累计降幅来看，即 2018 年数据减去 2004 年数据，西部地区降幅最大，达 49.28%；中部地区次之，降幅达 34.17%；东部地区则几乎未显著下降，降幅仅为 0.28%。

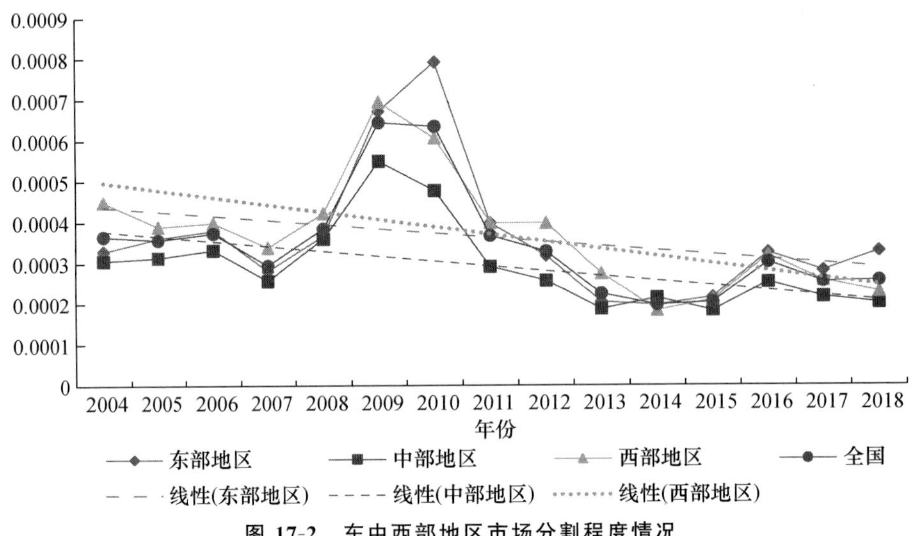

图 17-2 东中西部地区市场分割程度情况

资料来源：作者计算并绘制。

此外，观察图 17-2 中的特殊时间点，可以发现中部地区和西部地区在 2009 年之后市场分割程度便进入下降趋势，而东部地区在 2010 年仍进一步上涨，之后才开始下降。可见，在应对金融危机的冲击时，东部地区应对的时间相对更久，这可能是东部地区受到的金融危机的影响较大，需要更久的时间来加以应对。除了应

① 东部地区包括北京、福建、广东、海南、河北、江苏、辽宁、山东、上海、天津、浙江。

② 中部地区包括安徽、河南、黑龙江、湖北、湖南、吉林、江西、内蒙古、山西。

③ 西部地区包括甘肃、广西、贵州、宁夏、青海、陕西、四川、西藏、新疆、云南、重庆。

对时间上较中部和西部地区长一点，东部地区市场分割程度的涨幅也是最大的，从 2007 年的 0.00028 涨至 2010 年的 0.00079，涨幅达 181.99%，而中部地区和西部地区分别为 114.27%、105.49%。除此之外，东部地区在 2013 年之后超越西部地区成为市场分割程度最高的地区。

第四节 三大地区各省份市场分割情况

通过以上对中国整体市场分割程度和东中西部三大地区市场分割程度的现状描述，接下来进一步将观察对象缩小至具体省份，各省份仍按照东部、中部和西部地区来划分，具体详见图 17-3、图 17-4、图 17-5。

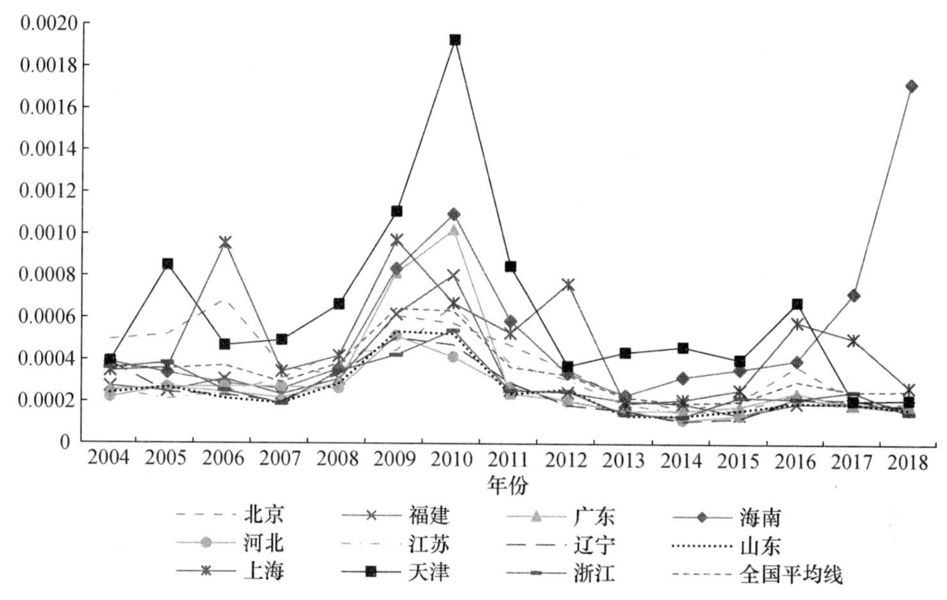

图 17-3 东部地区各省份市场分割程度情况

资料来源：作者计算并绘制。

一、东部地区各省份

从图 17-3 显示的东部地区各省份市场分割情况来看，多数省份的市场分割程度低于全国均值，但北京、上海和天津在 2004—2018 年几乎都是高于全国均值，意味着北京、上海和天津三个直辖市的市场分割程度普遍较高。通过计算发现，北京的市场分割程度平均高出全国均值 11.51%，上海的市场分割程度平均高出全国均值 42.62%，天津的市场分割程度平均高出全国均值达 84.13%。此外，在东部 11 个省份中，有 6 个是在 2010 年之后才出现市场分割程度下降，包括福建、广东、海南、江苏、天津和浙江，这些省份的民营经济较为发达，可能受金融危机的影响较为强烈，地方保护的力度和持续时间也较为持久。若进一步对比金融危机期间地方政府对本地的保护力度，可以发现天津实施地方保护的力度最大，高出全国均值的2倍，其次是海南和广东，分别高出全国均值72.81%和60.98%。

在图17-3中有两个省份的表现特别异常，其一是天津，不仅整体市场分割程度始终高于全国均值，而且波动也较大，这可能是由直辖市的特殊身份导致的（陈敏等，2008）；其二则是海南，它在2016年之后同其他省份市场分割程度下降正好相反，其市场分割程度出现大幅的上升，仅2018年就环比上升了139.25%。对于海南在2016年之后的异常走高，一个可能的解释是海南开始部署自由贸易试验区和中国特色自由贸易港，专注于国外商品的引进，对国内商品提高了门槛。

二、中部地区各省份

从图17-4显示的中部地区各省份市场分割情况来看，除了黑龙江，其余省份的市场分割程度均低于全国平均水平，表明中部地区在地方保护力度上相对较弱。虽然黑龙江是中部地区唯一高于全国平均水平的省份，但也仅高出7.64%。进一步从金融危机的时期来看，除安徽、河南和内蒙古之外，中部区地区普遍在2009年之后便开始出现市场分割程度的下降，其中仅湖南在2009年的市场分割程度超过全国均值，高出45.65%，其余省份均低于全国平均水平。这可能是因为中部地区受到的金融危机冲击弱于东部地区，地方政府采取地方保护行为的动机也就相对较弱。此外，值得注意的是，黑龙江在2014年的市场分割程度突然上升，高出其全国平均水平117.25%。

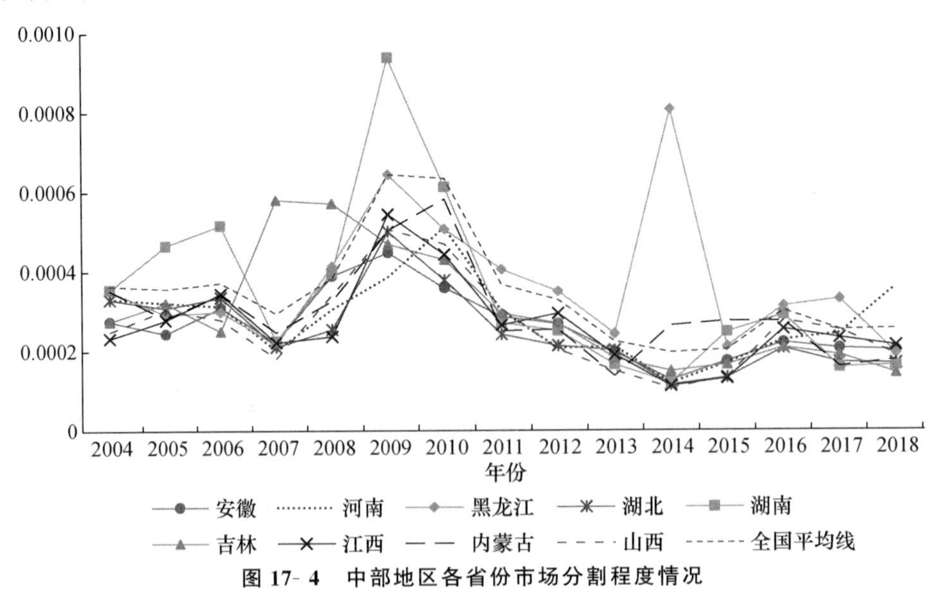

图17-4 中部地区各省份市场分割程度情况

资料来源：作者计算并绘制。

三、西部地区各省份

从图 17-5 显示的西部地区各省份市场分割情况来看，整体波动较为显著，多数省份并未表现出一致的走势，但在 2014 年之后，除了青海，其余省市的市场分割程度变化趋于一致。相对于东部地区和中部地区，西部地区市场分割程度的变化波动较大，且多数省市的数据高于全国平均水平，这意味着西部地区存在突出的地方保护现象。从各省份的平均水平来看，西藏的市场分割程度最高，高出全国平均水平 49.63%；其次是重庆，高出全国平均水平 30.41%。在金融危机时期，重庆在 2008 年的市场分割程度便达到了最高，是西部地区所有省份中反应最快的一个；而宁夏在 2011 年市场分割程度才达到最高，是西部地区所有省份中反应最滞后的一个。

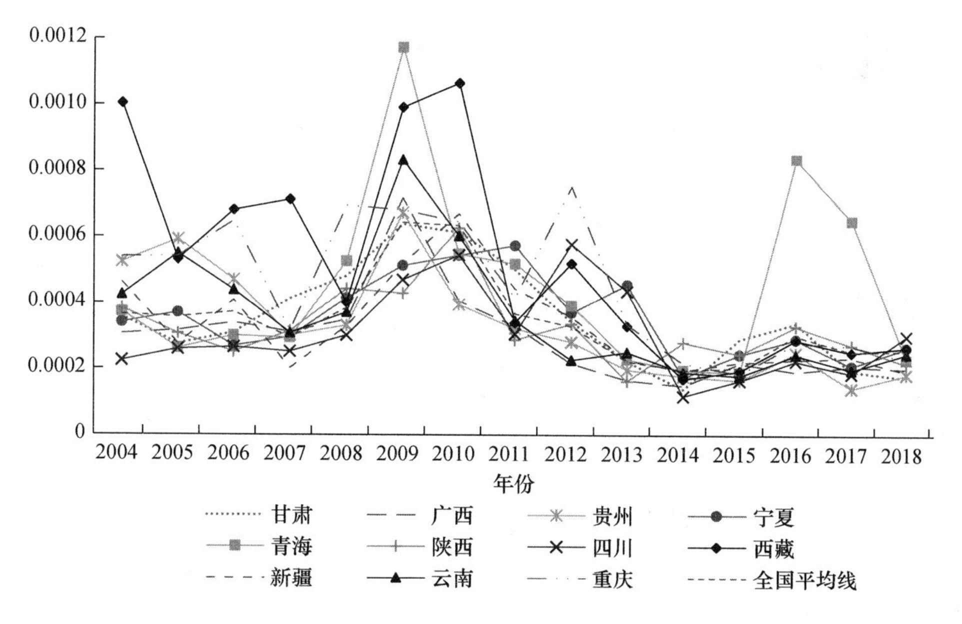

图 17-5 西部地区各省市市场分割程度情况

资料来源：作者计算并绘制。

四、全国各省份比较

为了进一步比较各省份之间市场分割程度的差异及变化，本章选取 2004 年和 2018 年两个年份全国 31 个省份的市场分割数据进行比较分析，具体数据如表 17-1 所示。

表 17-1　2004 年和 2018 年各省份市场分割指数

省份	2004 年	2018 年	省份	2004 年	2018 年
北京	0.496	0.178	吉林	0.275	0.144
福建	0.274	0.187	江西	0.233	0.213
广东	0.256	0.176	内蒙古	0.352	0.177
海南	0.387	1.725	山西	0.249	0.190
河北	0.220	0.164	甘肃	0.357	0.174
江苏	0.257	0.196	广西	0.306	0.201
辽宁	0.386	0.175	贵州	0.524	0.184
山东	0.241	0.168	宁夏	0.340	0.265
上海	0.346	0.273	青海	0.372	0.229
天津	0.392	0.214	陕西	0.383	0.216
浙江	0.360	0.149	四川	0.224	0.300
安徽	0.275	0.202	西藏	1.004	0.266
河南	0.331	0.361	新疆	0.462	0.192
黑龙江	0.351	0.193	云南	0.425	0.247
湖北	0.330	0.168	重庆	0.540	0.230
湖南	0.355	0.163			

资料来源：作者计算得到。

注：便于阅读，市场分割指数均已乘以 1 000，统计分布特征不变。

从表 17-1 显示的结果来看，2004 年山东、河北、江西、广东及四川是市场分割程度最低的省份，包括 3 个东部省份、1 个中部省份、1 个西部省份。从指数最高的省份来看，除了西部地区的大部分省份，如西藏、新疆、云南、贵州及重庆，还有东部地区的北京、天津和海南。可见，中国国内市场分割程度基本上满足自东向西逐渐上升的趋势。

将 2004 年的数值和 2018 年相比较来看，个别省份的指数发生了显著变化。其中最显著的是四川，其在 2004 年的时候指数较小，但到了 2018 年，其指数相对于其他省份就不再是较小了，表明在国内市场分割程度都在下降的时候，四川下降得并不显著。此外，浙江 2018 年的市场分割程度较 2004 年有所下降。

当然，也有部分省份一直处于市场分割程度较高的地位，例如海南、云南、西藏等，其中，北京、天津和重庆也同样一直位于国内市场分割程度较高的位置。

第五节 结　　语

基于以上对中国国内市场分割情况的整体描述,可以发现国内市场分割程度整体呈现下降的趋势,意味着中国国内市场一体化的进程仍在逐步推进,但其间仍出现短期的加剧现象,例如 2008 年全球金融危机期间,市场分割程度得到了显著的提升,而这也正好体现了地方政府应对不利冲击时采取的有效措施。由此可见,当经济发展较为稳定时,市场分割程度具有下降的倾向;但当经济发展遇到不利冲击影响时,地方政府出于某种考虑具有加强地方保护的动机。进一步从三大地区的情况来看,中部地区的市场分割程度最低,西部地区的市场分割程度最高,东部地区则介于两者之间。若从整个样本期来看,西部地区的市场分割程度下降得最明显,其次是中部地区,最后是东部地区。最后,从三大地区具体的省份情况来看,直辖市的市场分割程度普遍较高,其中:北京的市场分割程度平均高出全国均值 11.51%,上海的市场分割程度平均高出全国均值 42.62%,天津的市场分割程度平均高出全国均值 84.13%,重庆的市场分割程度平均高出全国均值 30.41%。此外,西部地区各省份市场分割程度的走势波动较大,而东部地区和中部地区的变化走势较为一致,这意味着西部地区地方政府为应对经济波动采取保护措施的反应较为敏感。

第六篇
行业与企业发展

第十八章　贯彻新发展理念 实现高质量发展

——疫情下迈向"十四五"的中国企业走势前瞻

第一节　"十三五"时期中国经济转型取得显著成效

"十三五"时期，中国经济在处于复杂严峻的国际形势与面临巨大下行压力的环境下，持续推进结构调整与转型升级，经济运行总体保持平稳、稳中有进，又迈上新的台阶。以"十三五"规划后期之年2019年的情况来看，中国经济总量达到990 865亿元（按年平均汇率为14.4万亿美元），接近100万亿元，与日本、德国、英国、法国四国GDP之和大体相当，稳居世界第二位；GDP比2018年增长6.1%，明显高于全球经济增速，在世界主要经济体中名列前茅；分季度来看，4个季度分别增长6.4%、6.2%、6.0%和6.0%，连续18个季度保持在6.0%—7.0%，发展韧性持续显现；人均GDP为70 892元，首次突破1万美元大关；从物价水平来看，全年CPI比上年上涨2.9%（主要是以猪肉为首的畜肉类价格上涨拉动的），符合3%左右的预期目标。与此同时，中国经济转型升级态势持续，新旧动能不断转化。根据国家统计局公布的数据，一是从产业结构来看，服务业继续保持较快增长，2019年第三产业增加值为534 233亿元，比上年增长6.9%，占GDP的比重达到53.9%，比上年提高0.6个百分点，高于第二产业14.9个百分点，对GDP增长的贡献率为59.4%，表明服务业对经济增长的主导作用进一步增强。再从服务业增长的结构来看，现代服务业增势良好。信息传输、软件和信息技术服务业，租赁和商务服务业，金融业，交通运输、仓储和邮政业增加值分别增长18.7%、8.7%、7.2%和7.1%，增速分别高于第三产业11.8个、1.8个、0.3个和0.2个百分点。2019年1—11月，规模以上服务业企业营业收入同比增长9.4%，其中，战略性新兴服务业、科技服务业和高技术服务业企业营业收入分别增长12.4%、12.0%和12.0%，增速分别高于全部规模以上服务业3.0、2.6和2.6个百分点；规模以上服务业企业营业利润增长3.5%。二是工业继续向中高端迈进，新产业加快增长。规模以上工业增加值比上年增长5.7%，其中，高技术制造业和战略性新兴产业增加值分别比上年增长8.8%和8.4%，增速分别比规模以上工业高3.1个和2.7个百分点。高技术产业投资增长 17.3%，高出全部投资 11.9 个百分点，其中，高技术制造业和高技术服务业投资分别增长 17.7%和 16.5%。三是中国已成为全球最具成长性的消费市场。2019 年，最终消费支出对经济增长的贡献率为 57.8%，比资本形成总额高 26.6 个百分点。消费发展进入新阶段，消费升级态势更加明显，中高端消费需求不断释放，服务消费较为活跃。四是就业形势保持稳定。全年城镇新增就业1 352万人，连续 7 年保持在 1 300 万人以上，明显高于 1 100 万人以上的预期目标，完成全年目标的 122.9%。各月全国城镇调查失业率保持在 5.0%～5.3%，实现了低于 5.5%的预期目标。2019 年，新登记市场主体 2 377 万户，创业带动就业倍增的效应持续显现，年末市场主体总数达 1.2 亿户。

从企业和产业层面来看，在经济增长稳中有进与结构转型不断优化的背景下，“十三五”以来，中国企业经营主要呈现三大特征。

第一，企业利润先升后降。据国家统计局发布的数据显示，规模以上工业企业的利润总额在 2017 年与 2018 年的增幅均为 10%以上，与以往年份企业利润的增长态势相比，2019 年，规模以上工业企业实现利润总额 61 995.5 亿元，比上年下降 3.3%（1—11 月，同比下降 2.1%，12 月降幅继续扩大），工业企业利润在 2019 年的下降反映了“十三五”时期经济持续下行的严峻事实。进一步分析，工业企业利润下降，主要受以下因素影响：一是工业产品销售增速回落，二是成本上升挤压利润空间，三是钢铁、石化、汽车等重点行业利润下降拉动作用明显，四是个别行业及企业大幅计提资产减值损失。另外，按照国家统计局的说法，此次利润按指标的统计受到了统计制度规定的口径调整、统计执法增强、剔除重复数据、企业改革剥离、四经普（第四次全国经济普查）单位清查等因素的影响。

尽管 2019 年工业企业利润总体有所下降，但效益状况呈现结构性改善，反映出“十三五”以来中国产业结构不断优化的状况。主要表现为：① 高技术制造业和战略性新兴产业的利润保持增长。2019 年，高技术制造业和战略性新兴产业利润比上年分别增长 4.8%和 3.0%，明显好于规模以上工业企业的平均水平。② 私营企业和小型企业的利润分别比上年增长 2.2%和 5.0%，呈现稳定增长态势。③ 利润保持增长的行业较多。在 41 个工业大类行业中，28 个行业利润比上年有所增加（13 个行业减少），占比超过六成。其中，9 个行业利润的增速超过两位数。

第二，化解过剩产能取得重要进展。继 2018 年钢铁行业去产能基本完成“十三五”期间压减粗钢产能 1.5 亿吨的上限目标任务后，2019 年去产能继续按照国家有关政策规划在主要行业取得重要进展：① 产能利用率达历史新高。2019 年，全国工业产能利用率为 76.6%，比上年提高 0.1 个百分点。分行业来看，2019 年，石油和天然气开采业、黑色金属冶炼和压延加工业产能利用率分别为 91.2%和 80.0%，分别比上年提高 2.9 个和 2.0 个百分点。② 企业资产负债率下降。2019

年11月末，规模以上工业企业资产负债率为56.9%，同比下降0.3个百分点。

第三，融资难、融资贵问题有所缓解，但未能达到治本之效，企业经营压力依然存在。“十三五”以来，从中央到地方接连出台一系列相关政策，企业特别是中小企业融资难、融资贵的问题已经有所缓解。2019年4月，国家统计局苏州调查队开展的关于民营企业发展政策落实情况的问卷调查显示，50.9%的民营企业反映融资环境较以往有明显改善或有所改善。截至2019年4月，苏州普惠型小微企业贷款余额为2 052.46亿元，比年初增加191.48亿元，增幅达10.3%；普惠型小微企业贷款户数为23.96万户，比年初增加3.05万户。从全国情况来看，截至2019年10月末，普惠型小微企业贷款余额同比增长23.3%，比全部贷款增速高近11个百分点，利率下降0.64个百分点，为历史最低点。五家国有大型银行小微企业贷款余额都超额完成全年目标。但上述成果只是初步的，还未能达到治本之效，企业融资成本依然位居高位。企业在利息成本之外，往往还会面临各种“隐性成本”：① 企业实际债务成本中，除正常贷款利息支出外，还包含担保、保险、审计等费用，通常会推高融资成本1～2个百分点。② 转贷成本。不少企业转贷时不得不求助于民间资金来周转，从而抬升了企业整体融资成本。相关调查显示，“融资贵”主要在于小贷公司、网络借贷、融资性理财产品等新机构、新业态的贷款利率较高。据温州市金融办监测显示，2019年3月末民间借贷利率为15.29%，比银行平均贷款利率高了近10个百分点。

第二节 迈向“十四五”时期的中国企业走势前瞻

2020年是全面建成小康社会的决胜之年和“十三五”规划收官之年。2021年中国经济将进入“十四五”规划的新时期。2019年12月召开的中央经济工作会议对未来的经济发展趋势与宏观政策导向做出了明确阐述，即中国正处在转变发展方式、优化经济结构、转换增长动力的攻关期。中国经济稳中向好、长期向好的基本趋势没有改变。做好经济工作要坚持以供给侧结构性改革为主线，坚持以改革开放为动力，统筹推进稳增长、促改革、调结构、惠民生、防风险、保稳定，保持经济运行在合理区间。

2020年年初突然暴发的新冠肺炎疫情对中国经济产生了较大冲击，但疫情的影响是暂时的，疫情之后经济会必将出现反弹。2020年3月27日，中央政治局召开会议强调：加大宏观政策对冲力度，有效扩大内需，全面做好“六稳”工作，动态优化完善复工复产疫情防控措施指南，力争把疫情造成的损失降到最低限度，努力完成全年经济社会发展目标任务。从实际情况来看，中国经济已经在2020年2月触底，3月之后陆续复工。加上大量的投资、消费计划，2020年中国经济仍然有足够的支撑继续运行在这个阶段的合理区间。2020年5月的“两会”上，《政府工作报告》罕见地未提 GDP 增长的具体数字目标，而是提出引导各方面集中精力抓好“六稳”“六保”，以稳住经济基本盘，以保促稳、稳中求进，为全面建成小康社会夯实基础。从国际形势来看，疫情在全球的暴发蔓延已重创世界经济，引发全球经济出现前所未有的衰退，全球经济增长的动荡源和风险点增多以及各种“逆全球化”的动向，都会给中国经济运行带来更大的不确定性。从国内环境来看，中国经济在“十四五”时期仍将处于经济结构深度调整与优化的转型期，经济体系中的结构性、体制性、周期性问题相互交织，“三期叠加”（经济增长速度换挡期、结构调整阵痛期、前期刺激政策消化期）影响持续深化。随着供给侧结构性改革的不断深化，去产能、去杠杆、去库存、降成本、补短板五大任务的继续稳步推进，经济发展结构将不断改善，新技术对旧动能相关领域的改造与提升会日益加快，创新驱动对经济增长与结构转换的作用将更加突出，进而为新经济的扩张提供条件，实现经济的高质量发展。

对企业来说，考虑到疫情的影响，经济新常态下的中国企业经营所面临的各种环境因素基本上具有连续性。总的来看，强化管理、控制成本、加大创新驱动力度、优化调整结构、持续转型升级仍然是中国企业首要的战略选择。企业在“十四五”时期的经营走势、产业结构的变动与宏观经济环境及政策层面会表现出以下六个特征。

一、经营状况更加追求稳中求进

“十四五”时期，企业经营走势基本上具有前后的连续性，且与宏观经济走势密切相关。从宏观经济层面来看，中国经济运行已由高速增长换挡为中高速增长，而且这种增速转换是趋势性下行，而并非周期性下行。为此，企业需要及时调整发展战略，告别以前那种经济高增长环境下的粗放式发展模式，走高质量发展之路。当前疫情对企业经营的影响不可忽视，扛过疫情“活下去”是企业的当务之急；疫情之后，“稳中求进”将成为“十四五”时期企业发展的主旋律。具体来看：

一是在经济增速放缓导致市场竞争更加激烈、市场需求更加多变的情况下，企业将更加重视风险防范，将“控风险”列入战略主题，密切关注政策动态，未雨绸缪；保持战略决策的弹性，尽量滞后重要的战略决策点，控制大规模的重资产产业投资；努力降低财务杠杆和费用支出，蓄积现金池；抱团取暖，选择合作而不是孤军奋战。

二是把务实稳健经营定位成企业发展的主基调，企业战略将回归本质，围绕核心能力展开，专注聚焦是首选，谨慎多元化；回归产品，重寻“工匠精神”；资本运作回归价值原点，贯彻“价值管理”逻辑，切实从经济利润获取的源头开展务实经营；企业在经营中会先让自己立于不败之地，稳扎稳打，步步为营。

三是企业会调整和重塑发展战略。首先，从产业链延伸逻辑回归产业环节聚焦。之前很多行业的不同企业都在奋力延伸产业链,走向战略同质化的困境,比如建筑业。其次,从圈占市场走向更加关注消费者,满足消费升级的需要。以房地产行业为例,它正在从"高周转、标准化"阶段走向以消费者为本的重视产品与功能本质阶段,进而朝提供场景与服务的目标迈进。最后,从资本运作走向产业、资本、科技、管理的平衡。企业与企业家都已经度过了热衷于资本运作的时期。

二、企业转型与产业升级进一步深化定型

《"十三五"规划纲要》提出,培育壮大新兴产业,改造提升传统产业,加快构建创新能力强、品质服务优、协作紧密、环境友好的现代产业新体系。"十三五"时期,中国经济结构不断优化,转型升级持续加快推进。在新冠肺炎疫情防控中,以大数据、人工智能、云计算、移动互联网为代表的数字科技在疫情防控中发挥了重要作用,越来越多的企业开始"云办公""线上经营""智能化制造""无接触生产"。数字化、智能化的运用在疫情监测分析、病毒溯源、防控纠治、物资调配、居民生活保障、企业复工复产等多个方面发挥了重要的支撑作用。例如,中央企业充分运用数字化、智能化技术快速发现密接人员,开展疫情防控监测预警,调度医疗物资生产,显著提升了防控效率。疫情的发生与防控无疑客观上加快了业已开启的企业转型与产业升级的步伐。"十四五"时期,企业转型与产业升级将进一步深化定型。

从企业层面来看,向数字化、智能化发展无疑是企业转型的正确技术路径方向。这次疫情客观上更加倒逼企业加快向数字化、智能化转型。当前,企业数字化转型要着力推动关键核心技术攻关,坚持应用牵引、体系推进,紧紧牵住关键核心技术自主创新的"牛鼻子",聚焦核心元器件及关键应用软件等短板,尽快在工具、系统等方面取得突破。企业要区分产业类型特点和产业层次,重点围绕基础端、平台端、应用端三个维度展开:着力构建新基础设施,促进互联互通;强化平台功能,实现网络协同;提高应用水平,打造数字化新场景。

从产业层面来看,中国经济产业结构的调整已经取得了实质性成效,新旧增长动能转换已经形成,战略性新兴产业业已成为拉动经济增长的新引擎。在很大程度上正是战略性新兴产业的高速增长维持了整个经济与工业的增长速度仍在高速区间。这种趋势在"十三五"后期及"十四五"时期预计仍会延续。从这次疫情来看,"新基建"将成为经济结构调整的着力点。从产业方向来看,"新基建"与战略性新兴产业相互交织、重合。作为中国经济增长的新引擎,"新基建"一头连着巨大的投资与需求,另一头牵着不断升级的强大消费市场,"新基建"的实施必将极大地加速战略性新兴产业的成长。

目前,国内不少企业开始布局发力"新基建"。企业自身应该认清产业发展趋势,依据自身的比较优势产业,朝新兴产业方向与相关多元化发展转型,更好地服

务于高质量工业化、高质量城镇化，促进供给侧结构性改革。政府则应加快市场化改革，逐步减少对于落后企业的保护措施，以健全市场机制进而加速市场出清，从而为传统产业企业发展创造一个更为良好的竞争环境。

三、国有企业改革将进入最后的攻坚收官期

长期以来，国有企业一直发挥着国民经济“稳定器”与“压舱石”的作用，而国有企业改革则确保了国有企业的高质量发展。“十三五”以来，国有企业改革不断取得新的进展。从截至2019年年底的最新情况来看，国有企业改革取得了如下进展：

第一，混合所有制改革有序推进、范围稳步扩大。全年中央企业新增混合所有制企业超过1 000户，通过资本市场、产权市场引入社会资本超过1 500亿元。已有2/3的中央企业引进了各类社会资本，半数以上的国有资本集中在上市公司，各省区市混合所有制企业占比达到49%。2013—2018年实施混合所有制改革的中央企业子企业中，实现利润增长的企业超过七成。

第二，积极探索中长期激励机制。如全国已有181户企业开展国有控股混合所有制企业员工持股试点，中央企业层面有10户试点子企业已全部完成出资入股。国有控股上市公司股权激励也在稳步实施，已有45家中央企业控股的95户上市公司实施了股权激励计划，约占中央企业控股境内外上市公司的23%。国资委于2019年年初出台了《中央企业工资总额管理办法》，着力增加企业的自主权与分配灵活性。

第三，优化国资监管方式，实行清单管理，从“管企业”转向“管资本”。2019年6月，《国务院国资委授权放权清单（2019年版）》发布，重点选取了规划投资与主业、产权、选人用人、薪酬激励、重大财务事项等5大类、35项授权放权事项。国有企业改革红利也在逐步释放，2019年中央企业实现营业收入、净利润分别为30.8万亿元、1.3万亿元，分别同比增长5.6%、10.8%，圆满完成净利润“保七争九”的目标。

2019年11月，国务院国有企业改革领导小组第三次会议提出，未来三年是关键的历史阶段，要抓紧研究制定国有企业改革三年行动方案，明确提出改革的目标、时间表、路线图。“十四五”时期无疑将是国有企业改革的最后攻坚收官期。国有企业改革将以落实国有企业改革三年行动方案为契机，在完善中国特色现代企业制度、推进混合所有制改革、建立市场化经营机制、剥离办社会职能和解决历史遗留问题等方面实现新突破，着力提升国有企业改革的综合成效。国有企业在此次抗击疫情的战役中表现突出，充分履行了国有企业的政治性、社会性与经济性职责，疫情对深化国有企业改革与国有经济的结构调整优化也是极大的促进因素。参照疫情中国有企业的行为模式，预计“十四五”时期的国有企业改革将按照以下三个方向展开：① 通过三年行动方案的制定实施，更好地贯彻落实中共十九届四中全会的新要求、新部署，特别是把按劳分配为主体、多种分配方式并存和社会主义市场经济体制上升到基本经济制度，对国有资产和国有企业改革提出新的更高的要求。② 更好地推动国有企业改革“1＋N”政策体系落实到位，更加注重加强顶层设计，制定“1＋N”的政策体系。通过三年行动方案更好地推动相关政策落实落地，推动重点难点问题的解决。③ 更好地总结推广改革过程中涌现出来的先进经验和典型事迹。通过制定实施三年行动方案，把提炼出的一些经验和做法上升为改革的政策制度。

四、并购重组活动或“逆势”反弹

并购重组一直是国内企业寻求转型升级和业务多元化的主要手段。自 2014 年以来，中国并购市场迎来快速发展，交易数量、规模屡创新高，并一举成为全球第二大并购投资地，仅次于美国。但随着“十三五”以来经济下行压力增大与中美贸易争端的影响，并购市场出现回调，交易数量及规模双双下滑。从 2019 年的情况来看，并购市场延续了之前的下滑态势。全年并购市场交易活跃度、交易规模继续双双下跌，交易规模为近五年内最低。全年披露预案 5 454 笔并购交易，环比下降 16.89%；当中披露金额的有 4 484 笔，交易总金额为 3 779.06 亿美元，环比下降 39.01%。全年共计实际完成 2 782 笔并购交易，环比上升 5.26%；当中披露金额的有 2 412 笔，交易总金额为 2 467.00 亿美元，环比下降 18.57%，中国企业并购市场完成并购案例数量小幅上升，交易规模持续回落。再来看跨境并购方面。国内企业全年完成跨境并购案例 244 笔，其中出境并购 181 笔，入境并购 63 笔；披露交易金额 378.63 亿美元。2019 年，最大跨境并购交易规模是安踏体育用品集团有限公司等出资 53.87 亿美元收购 Amer Sports 所有已发行及发行在外的股份的公开要约；其次是北京汽车集团有限公司出资 34 亿美元收购戴姆勒股份公司。2019 年，共计 236 只私募基金完成并购，共计投资 661.57 亿元。

2019 年 10 月 18 日，中国证监会正式发布《关于修改〈上市公司重大资产重组管理办法〉的决定》，对多条规则进行修改，理顺重组上市功能，发挥资本市场服务实体经济的积极作用。从以往的经验来看，由于经济衰退后破产、倒闭的企业增多，由此带来的兼并收购与资产重组反而会“逆势”增加。因此，新冠肺炎疫情对经济的负面影响或将引发 2020 年及之后时期并购市场的新行情，使“十四五”时期的国内并购市场可能不再延续之前的下滑趋势，转而“逆势”上扬，并趋于平稳。考虑到之前国内并购市场的趋势与疫情的影响因素，预计“十四五”时期的国内并购市场将呈现以下特点：

第一，以纵向并购为主的国内企业并购必将被以水平并购为主的并购取代。企业实施混合并购时应审时度势，不能盲目地为实现企业经营多元化而进行企业间的混合并购。

第二，并购将更加规范化和多元化。企业并购操作重点将转向强化对资产的评估、财务和法律方面的审计，以及对企业未来前景和风险的评估上来。

第三，从行业方面来看，汽车、制药、化工、食品饮料等规模化要求高的行业的并购重组仍然是未来并购的多发地，电信、金融、传媒等服务业随着政府管制的放松必将掀起新的并购浪潮。

第四，随着对外资并购的一系列限制条件的解除，外资参与国内企业并购将大幅上升，基于国外企业并购的特点，进一步规范并购的法律环境，才是更多吸引外资参与并购的关键所在。

五、营商环境将得到持续更大的改善

在改革与政策因素的作用下，中国营商环境在"十三五"时期持续得到改善与优化，有力支撑了经济下行环境下企业的经营活动。从最新情况来看，2019 年 10 月，世界银行发布的《全球营商环境报告 2020》显示，中国营商环境全球排名继 2018 年从此前的第 78 位跃至第 46 位后，2019 年再度提升至第 31 位，连续两年入选"全球优化营商环境改善幅度最大"的十大经济体。总的来看，营商环境改善主要体现在以下两方面：

第一，持续减税降费减轻了企业负担。2019 年《政府工作报告》提出，实施更大规模的减税。具体来看：将制造业等行业现行 16%的税率降至 13%，将交通运输业、建筑业等行业现行 10%的税率降至 9%，确保主要行业税负明显降低；保持 6%一档的税率不变，但通过采取对生产、生活性服务业增加税收抵扣等配套措施，确保所有行业税负只减不增。从实施效果来看，2019 年，制造业和中小企业减税降费效果明显，全年减税降费约 2.36 万亿元，占 GDP 的比重超过 2%，拉动全年 GDP 增长约 0.8 个百分点。2019 年，国家发展改革委会同有关部门开展降低企业用能、物流费用等工作，最终降低用能成本、物流成本及清理规范相关服务收费、多项行政事业性收费，分别涉及金额近 1 500 亿元、超过 170 亿元、27 亿元、60 亿元。

第二，深化"放管服"改革，继续大力降低制度成本。2019 年以来，国务院职能转变协调办、财政部会同有关部门，对标国际先进、对接国际通行规则，于年初制定专项改革任务台账，明确改革目标、责任部门、时间节点，已完成 130 余项改革举措，在保护中小投资者、办理建筑许可等体制机制改革方面实现了重大突破，进一步增强了中国营商环境的国际竞争力。例如，开办企业方面，北京已将公章刻制完全并入开办企业"一站式"审批系统；跨境贸易方面，采用了"提前申报"制度，升级了港口基础设施，优化了通关流程，公布了港口收费标准。

国务院颁布的《优化营商环境条例》已于 2020 年 1 月 1 日起正式施行。作为优化营商环境的基础性行政法规，该条例确立了对内外资企业等各类市场主体一视同仁的营商环境基本制度规范，标志着以政府立法为各类市场主体投资兴业提供制度保障迈出了实质性步伐。可以预计，持续减税降费与简政放权、不断改善营商环境是“十四五”时期政府部门改革的持续着力点。此次疫情对于进一步改善中国营商环境无疑是一记“催化剂”。疫情期间，从中央到地方的各级政府陆续宣布了一系列的减税降费措施，其力度大于以前。可以说，疫情期间颁布的有关政策具有连续性，有助于巩固之前政策的执行效果。下一步要继续改善营商环境：一是下更大气力将减税降费政策落实到位，进一步优化税收营商环境。国家税务总局于 2020 年年初表示，《优化营商环境条例》中有 44 项涉税任务；要把该减的减到位，要依法主动帮助有潜力但暂时困难的企业纾困解难，让纳税人、缴费人在减税降费的过程中，增强减税和服务的双重获得感。二是推动简政放权向纵深发展。首先，要进一步放宽市场准入，大力压减行政许可和整治各类变相审批。其次，要着力打通企业开办经营和投资建设两大重点领域的堵点。推行“证照分离”改革，重点是“照后减证”，即能取消审批的予以取消，有些可改为备案、告知承诺；对暂时不具备条件取消的，要通过“多证合一”等方式优化服务。最后，要协同推进更大规模的减税降费和“放管服”改革，实施更大规模的减税降费和“放管服”改革。三是加强公正监管，切实管出公平。首先，要健全公开透明的监管规则和标准体系，对那些边界宽泛、执行弹性大的监管规则和标准，要抓紧清理规范和修订完善。其次，要创新公平公正的监管方式，严格规范行政执法。要改革监管方式，加强社会信用体系建设；要大力推进社会信用体系建设，推行承诺制，让市场主体和公民讲诚信，自主承诺。最后，要坚持对新兴产业实行包容审慎监管。在监管中找到新生事物的发展规律，该处置的处置，该客观对待的客观对待。

六、“一带一路”倡议助力企业继续加快“走出去”

经过七年实践，“一带一路”倡议已成为中国企业在“十三五”时期加快“走出去”步伐、提升国际化经营水平的重要途径。“十三五”以来，“一带一路”倡议已进入落地实施时期。2019 年 4 月，第二届“一带一路”国际合作高峰论坛召开，直接推动了更多规划和政策先后落地，项目建设进展不断。截至 2019 年 11 月底，中国已与五大洲 137 个国家和 30 个国际组织签署了共建“一带一路”文件 199 份，签署的范围涵盖联合国 193 个成员的 71%和中国 180 个建交国中的 76%。在贸易畅通方面，2013—2018 年，中国与“一带一路”沿线国家的货物贸易总额超过 6 万亿美元；中白工业园、中阿(联酋)产能合作示范园区等稳步推进。资金融通方面，中国已先后与 20 多个沿线国家建立双边本币互换安排，与 7 个国家建立了人民币清算安排，与 IMF 联合建立了能力建设中心。从企业层面来看，以中央企业为例，已有 81 家中央企业在“一带一路”沿线承担超过 3 400 个项目。中央企业发挥了以下三方面作用：

第一，推动互联互通基础设施的建设。“一带一路”已开工和计划开工的基础设施项目中，中央企业承担项目数超过60%，合同投资额超过80%，建设了一批标志性工程项目。

第二，深化能源资源合作。中央企业根据“一带一路”沿线国家经济发展需要，先后在20多个国家开展了60多个油气合作项目，在参与矿产资源开发中加强技术交流和共享，有效地提升了沿线国家能源矿产资源开发的能力和水平。

第三，积极投身当地社会建设。中央企业目前在海外分支机构的员工中，85%是本地员工，在直接提供就业岗位的同时，还间接带动了十几倍甚至几十倍的当地就业。

即将到来的“十四五”时期将是实施“一带一路”倡议的深化建设时期。从近期来看，当前疫情的发生不可避免地会影响许多建设项目、工程的进展。当前，中国政府与企业要尽力支持“一带一路”沿线国家的抗疫工作，尽量减轻疫情对“一带一路”项目实施的负面影响。同时还要看到，疫情也会给开展“一带一路”带来新的机遇。就抗疫而言，充分发挥“一带一路”合作机制的统筹协调作用，可以最大限度地减少疫情对全球经济带来的不利影响。应对疫情不能反全球化，而要更加紧密地开展国际合作。疫情的爆发更加凸显了实施“一带一路”倡议的必要性。因此，疫情不会阻止中国企业“走出去”的步伐。

中国企业在“十四五”时期实施“一带一路”项目建设时，首先要坚持“三共”（利益共同体、命运共同体、责任共同体）和“五通”（政策沟通、设施联通、贸易畅通、资金融通、民心相通），加强道路交通、电力能源等基础设施的建设，为企业开拓业务打开空间；其次，企业“走出去”要遵循市场原则和国际惯例，要遵守当地法律法规，尊重当地习俗；最后，企业在与当地合作的过程中，要扬长避短、防范风险、开拓创新，更好地实现互利互惠。企业要由过去的“单打独斗”提升到现在的“集体出征”。国家要全方位地为企业“走出去”鸣锣开道，帮助企业大力拓展市场合作，促进共建“一带一路”的高质量发展。

第十九章　智能服务对数字化时代企业创新的影响

第一节　引　　言

2019年12月，中央经济工作会议首次明确提出“要大力发展数字经济。要更多依靠市场机制和现代科技创新推动服务业发展，推动生产性服务业向专业化和价值链高端延伸”①。2020年2月，在统筹推进新冠肺炎疫情防控和经济社会发展工作部署会议上，习近平主席再次强调，要“充分运用大数据分析等方法支撑疫情防控工作”“培育壮大新兴产业”②。然而与制造业产出不同，服务业产出具有无形性和高度差异性的特点，尤其是生产性服务业，还具有中间投入性、知识技术密集性、报酬递增性和高进入壁垒等特征，因而提高服务业的供给质量十分重要。与此同时，数字化时代的到来改变了企业的创新模式、组织结构和生态系统，促使企业重新思考和创新其企业战略与商业模式。作为先进技术与实体经济融合的重要表现形式，智能服务因其感知性和连接性已成为企业获取持续竞争优势、实现创新转型的核心和关键。2020年3月，中共中央政治局常务委员会会议明确指出“要加快5G网络、数据中心等新型基础设施建设”，探究智能服务的外溢性在数字化时代下的应用，对于推动数字化时代新型基础设施建设，促进企业创新化转型，产业高端化、智能化升级以及区域协同发展具有重要的现实意义。

现有研究已从智能服务的内涵、前置影响因素（如驱动因素、实施障碍、智能服务创新系统的设计与开发）等方面对智能服务进行了积极探索，然而在智能服务的后置影响效应及其影响机制方面尚未形成明确结论；同时，由于智能服务具有新型基础设施的外溢性特征，并且改变了经济学传统生产函数中的要素分配与替代弹性，致使传统服务理论无法充分解释智能服务对数字化时代企业创新的影响路径与逻辑。已有少数评述性研究大多针对智能服务的某一应用场景进行概

---

①　中央人民政府官方网站，《中央经济工作会议举行 习近平李克强作重要讲话》，详见 http://www.gov.cn/xinwen/2019-12/12/content_5460670.htm，访问时间：2019年12月12日。

②　中央人民政府官方网站，《习近平：在统筹推进新冠肺炎疫情防控和经济社会发展工作部署会议上的讲话》，详见 http://www.gov.cn/xinwen/2020-02/24/content_5482502.htm，访问时间：2020年2月24日。

述，研究主题较为分散，缺乏相互联系和有机整合，无法全面解释智能服务对数字化时代企业创新的影响及发展脉络。此外，智能服务在不同产业、不同区域应用的异质性以及新兴经济体智能服务的发展等研究主题还未得到充分关注。因此，有必要就智能服务对数字化时代企业创新的影响及发展脉络进行系统梳理，构建一般性理论框架。基于此，本章借助引文可视化工具 CiteSpace，从智能服务对数字化时代企业创新的影响效应、影响机制和影响情境三个维度系统梳理其影响及发展脉络，构建智能服务与数字化时代企业创新的理论框架和实证研究体系，对于进一步丰富和完善数字化时代下的服务创新理论具有重要价值，也为后续学者把握智能服务创新的前沿热点和研究趋势，深刻理解和准确预判智能服务发展对数字化时代企业创新和区域协同发展格局的影响提供借鉴与参考。

第二节 文献科学计量分析

一、研究方法与检索规则

由于智能服务涉及的主题和领域众多，传统文献综述方法难以对其成果进行系统全面的回顾，因此本章采用文献科学计量学和传统文献综述相结合的方法，在科学检索、筛选和研读文献的基础上，借助科学计量信息可视化软件 CiteSpace，通过绘制可视化图谱来探测识别智能服务创新研究的发展脉络、前沿热点和变化趋势。为确保研究样本的质量与完整性，本章选择 Web of Science（WOS）数据库核心合集作为样本来源，通过研读文献确定本章研究的智能服务定义和两组核心关键词①，初步检索并去重后得到 232 篇文献（具体检索规则如表 19-1 所示）。在此基础上通过进一步研读文献标题、摘要和内容，去除与本章研究的智能服务定义不符、关联度不高以及非企业创新领域内的文献，最终得到 129 篇样本文献。由于最早的样本文献出现在 2005 年，因此将本章的研究时间设定为 2005—2019 年。

表 19-1 样本文献检索规则

数据库	关键词组 1	关键词组 2	类型	条件	数据库源	学科类别	年份	结果
Web of Science	Smart Service(s)	Digitalization/Digital Transformation	Article/Review	Topic	SSCI	Management/Economics/Business/Business Finance	2005—2019	129（232）
	Firm(s)/Company	Firm(s)/Company						
	(Companies)/	(Companies)/						
	Enterprise(s)	Enterprise(s)						
	Innovation	Service Innovation						

① 关键词的组内关系为“AND”，组间关系为“OR”。

二、样本文献分布和科学图谱

随着智能服务在生产生活中的广泛应用，近年来学者们对智能服务的关注度和研究热情也在不断上升。如图 19-1 所示，2005 年以来，经济与管理类智能服务文献数量总体呈上升趋势。其中，智能服务与企业创新相关文献早期数量较少且增长缓慢，2012—2015 年得到初步发展，2016 年后呈现激增态势，成为新的研究热点。

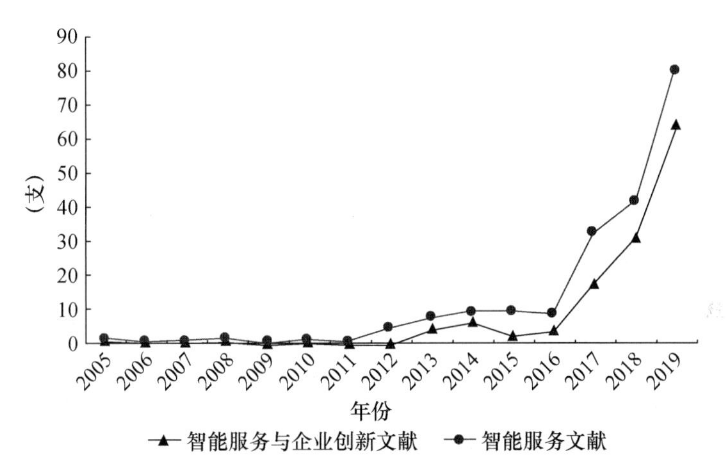

图 19-1　2005—2019 年智能服务相关文献增长数量分布

同时，关键词代表文献的核心主题概念，通过分析其出现的频率，构建关键词共现网络，能够发现研究对象的研究热点、变化规律和转移趋势。使用 CiteSpace 软件以 1 年为时间间隔、每年前 50 篇代表文献为标准，对上述检索到的 129 篇样本文献进行关键词共现与聚类分析（Keyword Co-occurrence and Cluster Analysis），得到关键词共现网络图谱如图 19-2 所示。

从关键词频次来看，频次最高的前 3 位的关键词分别为“innovation”（创新）（36 次）、“digitalization”（数字化）（26 次）和“technology”（技术）（24 次），“strategy”（战略）、“information technology”（信息技术）和“performance”（绩效）分别以 20 次、15 次和 14 次位居第 4、5、6 位。从关键词聚类来看，样本章献共生成 9 个聚类，在此基础上结合关键词中心度、突变率等进一步分析，可将智能服务与企业创新的研究热点划分为三类研究议题。议题一为“智能服务的内涵和构成”，包括“smart service system”（智能服务体系）、“product-service system”（产品服务体系）、“smart technology”（智能技术）等关键词；议题二为“智能服务对数字化时代企业创新的影响效应”，关键词如 “impact”（影响）、“firm performance”（企业绩

图 19-2　样本文献关键词共现网络图谱

注：图谱中方形节点和字体大小代表关键词共现频次的高低；节点间连线的颜色由浅到深代表其关键词间建立联系的年份由远及近；连线的粗细代表共现强度大小。

效）、“innovation performance”（创新绩效）、“competitive advantage”（竞争优势）、“business model”（商业模式）、“strategic management”（战略管理）、“knowledge management”（知识管理）等；议题三为“智能服务对数字化时代企业创新的影响机制和影响情境”，包括“customer satisfaction”（客户满意度）、“industry”（产业）、“dynamic capability”（动态能力）、“service quality”（服务质量）、“supply chain management”（供应链管理）等关键词。

综合已有理论和上述科学计量结果，本章构建了智能服务与企业创新的理论研究框架（见图 19-3），在传统服务理论和企业创新理论的基础上，智能服务融合了大数据智能理论、自主协同控制与优化决策理论、跨媒体感知与计算理论、工业 4.0 理论、高级机器学习理论、混合增强智能理论、群体智能理论及消费者行为理

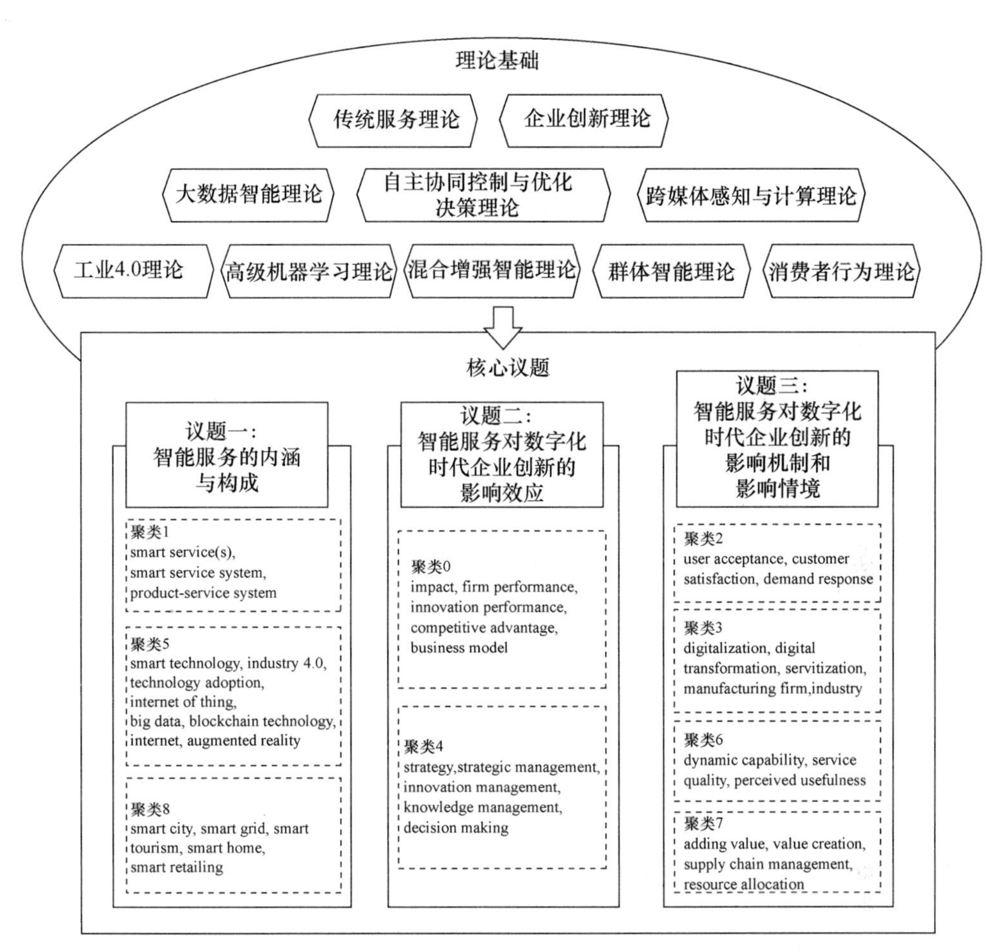

图 19-3　智能服务与数字化时代企业创新的理论研究框架

论等多种跨学科理论[①]，共同构成其理论基础。现有研究成果主要围绕三大议题展开：① 智能服务的内涵和构成；② 智能服务对数字化时代企业创新的影响效应；③ 智能服务对数字化时代企业创新的影响机制和影响情境。在此基础上，本章进一步梳理了智能服务与数字化时代企业创新的发展脉络（见图 19-4），下文将依据图 19-4 中的脉络对三大议题进行深入分析。

---

① 中央人民政府官方网站，《国务院关于印发新一代人工智能发展规划的通知》（国发〔2017〕35 号），详见 http://www.gov.cn/zhengce/content/2017-07/20/content_5211996.htm，访问时间：2020 年 5 月。

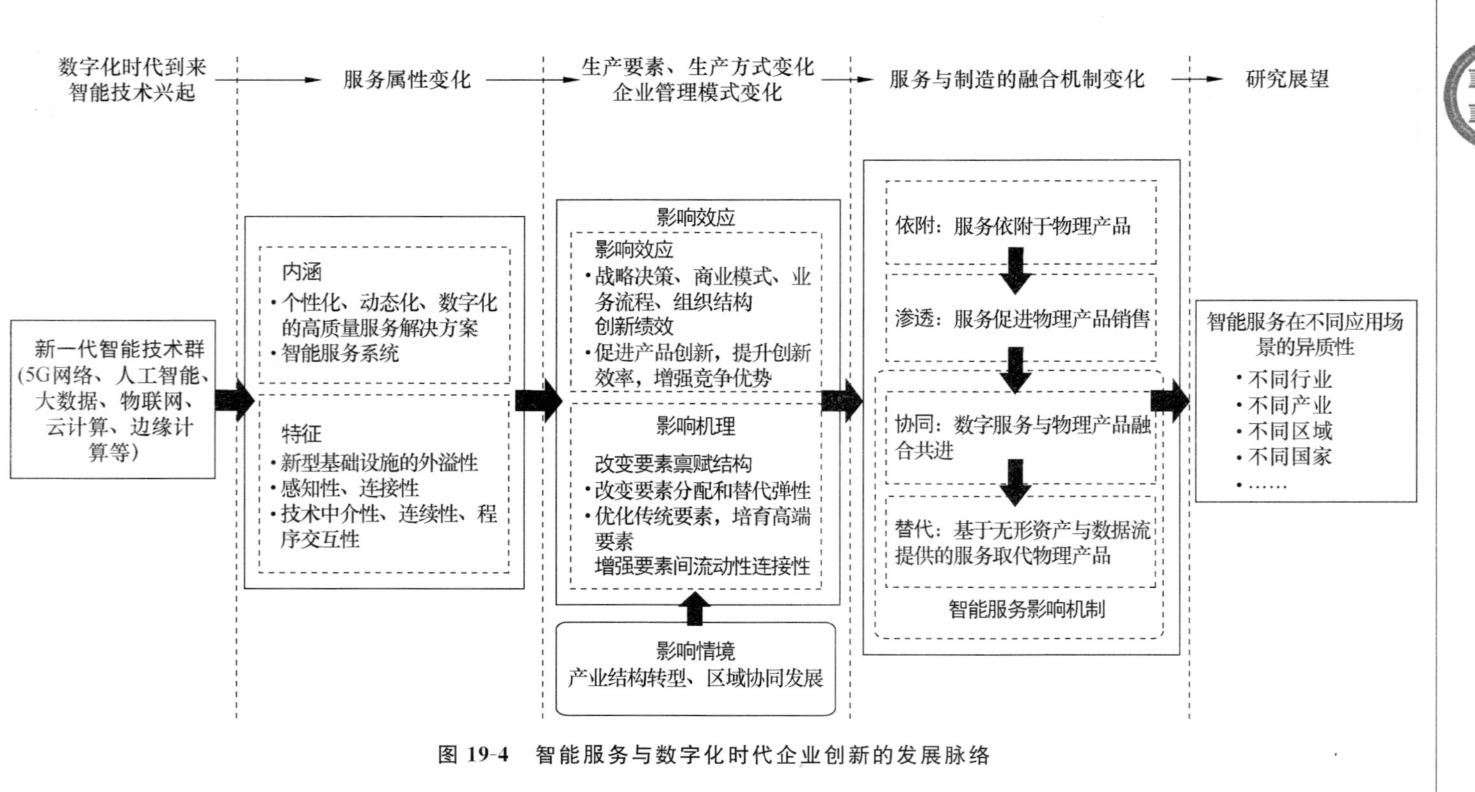

图 19-4 智能服务与数字化时代企业创新的发展脉络

第三节 智能服务与数字化时代企业创新的内涵与特征

一、智能服务的内涵与特征

人工智能、大数据、物联网、云计算、5G网络等新一代智能技术与产品的融合发展，催生了智能互联产品和智能服务的出现。从广义来看，基于新一代智能技术和智能互联产品提供的服务被统称为智能服务，例如大数据分析服务、云计算服务、物联网服务等。早期研究曾使用“teleservice”（远程服务）、“electronic service”（电子服务）、“digital service”（数字服务）描述智能服务现象。2005年，格伦·阿尔门丁格尔（Glen Allmendinger）和拉尔夫·隆布雷利亚（Ralph Lombreglia）提出“smart services”超越了可能与产品捆绑在一起的维护和升级，并强调了制造业通过智能产品提供智能服务以实现客户与企业增值的必要性。此后，“smart services”逐渐被学术界接受并得到广泛使用。与利用信息和通信技术的远程服务，基于互联网的信息资源、应用程序或数字交易完成任务的电子服务和数字服务不同，智能服务由具有感知、连接和驱动等智能意识的智能产品（智能设备）通过收集环境数据并处理成智能数据，在智能服务系统内通过数字平台提供情景相关和面向需求的个性化解决方案，从而为供应商和客户创造附加价值。

基于对智能服务本质认识的演化和差异，可将已有研究对智能服务的内涵界定划分为宏观和微观两种视角（见图19-5）。从宏观视角来看，智能服务是一种具有技术中介性、连续性和程序交互性的服务系统，在不同应用场景中通常被描述为智慧城市、智能物流、智能交通、智能家居、智能政务等概念。具有监控、控制、优化及自主功能的智能互联产品作为服务系统的边界对象，将系统参与者（服务提供者和用户）的资源与活动整合在一起，通过服务提供者和用户之间的交互为两者提供服务，进而实现资源的动态配置以及服务提供者和用户的价值共创。

从微观视角来看，已有研究倾向于将智能服务描述为一种企业提供的以感知性和连接性为核心的个性化、动态化、数字化的高质量服务解决方案，是物理产品和数字增值服务的组合。作为服务创新的重要形式之一，智能服务主要基于物联网设备、可穿戴设备提供服务，这些设备改变了服务配置和提供方式，使智能服务成为一种“单独、可配置的产品和服务的捆绑包”。企业借助智能互联产品和智能设备（如传感器）不断收集现场环境数据并进行预处理，通过与之相连的系统进行数据分析，主动为客户提供“先发制人”的服务（如远程监控、预测性维护、C2B定制服务等）。

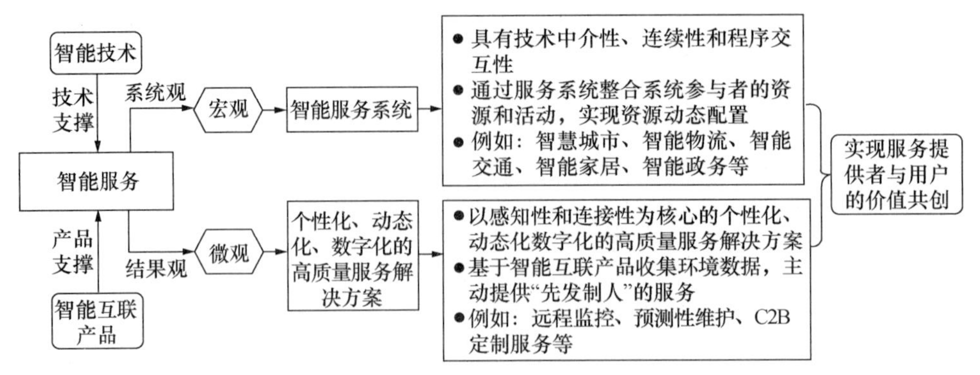

图 19-5 不同视角的智能服务内涵和特征

二、数字化时代企业创新的内涵与特征

企业创新是企业管理的重要内容，包括管理创新、技术创新、组织创新、战略创新、营销创新等多个维度。数字技术的出现改变了企业的创新模式、价值创造和价值获取的方式，促使企业由传统的创新网络向创新生态系统转变，通过改变企业重组知识与转移知识的能力影响企业的竞争优势，并促使网络成为一种新的企业特定优势。

数字化时代下，企业创新模式由传统的创新网络转向具有跨产业、互补性的创新生态系统。生态系统通常由多个具有互补性的企业组成，通过相互合作实现共同的价值主张。以数字平台企业为例，一项数字业务通常需要来自不同行业和专业领域的企业通过提供不同的硬件设备或软件服务共同协作完成，平台企业通过以平台为中心的松散耦合的合作关系协调生态系统各个参与者的活动。因此，创新生态系统作为一种合作治理模式，比传统创新网络更加适用于数字化时代的企业创新模式和组织结构。

同时，数字化通过改变企业知识重组与知识转移的能力影响企业的人力资本竞争优势。对于基于隐性知识提供专业技能[①]的人力资本，企业能够利用数字平台的连接性，促进高级人力资本的流动，降低人力资本培训成本，增强企业以专业技能为基础的人力资本的竞争优势；对于基于显性知识提供通用技能的人力资本，数字化通过将本地人才与数字平台捆绑在一起，减少了跨地域捆绑通用技能人力资本的交易成本，提高了通用技能的可扩展性。

---

① 专业技能指基于隐性知识的组织、行业或公司所需的特定复杂的技能，如咨询；通用技能指基于显性知识的简单、基于规则和重复任务的技能，如开车。

此外，由于数字化是将一个组织的产品、服务的本质转化为与互联网兼容的数据包的过程，随着企业数字化程度的提高，网络规模和质量成为企业的重要资源，促使网络成为一种新的企业特定优势，即网络优势，企业能够通过数字平台生态系统及国外合作伙伴的数字网络实现国际化和创新合作。

第四节　智能服务对数字化时代企业创新的影响

一、智能服务对数字化时代企业创新的影响效应：管理创新和创新绩效

结合样本文献关键词共现结果进一步研读文献发现，现有研究主要使用管理类别和绩效类别的关键词来度量智能服务对数字化时代企业创新的影响效应，如战略、创新管理、创新绩效、企业绩效等。因此，本章将智能服务对数字化时代企业创新的影响效应划分为管理创新和创新绩效两个维度。

在管理创新层面，智能服务对数字化时代企业创新的影响主要表现在战略决策、商业模式、业务流程及组织结构上，现有文献大多采用问卷调查、专家访谈、案例分析等方法进行研究论证。首先，智能服务的个性化、实时性以及丰富庞大的数据来源为进行数字化转型的企业掌握客户需求、及时更新战略决策以及开发新的商业模式提供了必要条件：从企业管理者来看，智能数据动态更新的特性进一步优化了企业管理者的决策环境，使其能够实时掌握企业的研发成本、研发投资回报率等情况，将决策准则由“满意决策”过渡为更有利于企业创新发展的“最优决策”；从客户需求来看，智能服务能够为侧重服务需求的客户提供高质量和高效率的服务，为侧重数据需求的客户提供更加安全可靠、无干扰的数据流。其次，物联网、大数据、云计算等智能技术的发展应用，拓宽了传统设备的能力边界，促进了数字化时代企业业务模式的创新。以制造业设备维修业务为例，在传统的纠正性和预防性设备维修服务的基础上，智能技术进一步催生了预测性设备维修服务，将传统制造企业设备维护服务拓展为数字化时代下的监测、诊断、预测和优化四大功能。再次，不同于传统业务流程中数据收集和信息管理的方式，智能服务通过实时收集环境信息、远程监控动态感知机器设备的运行状况并进行预测性判断，使企业由被动的产品提供者转变为主动的“先发制人”服务提供者，实现业务流程的创新。最后，智能服务不仅能够增强企业内部组织结构的连接性，而且通过智能服务系统能够实现不同企业间的相互连接、信息共享，提升组织边界跨越能力和组织结构优化能力，促进知识在智能服务网络间的流动共享，驱动知识管理组织结构创新。

在创新绩效层面，部分研究基于理论和案例分析了人工智能服务对促进产品

创新的重要作用。例如,德国大型香水公司德之馨(Symrise)利用人工智能解决方案,基于公司170万种香水的数据库探索设计了符合不同客户需求的香水配方模型,通过人工智能香水系统搜索香水配方,不仅能够有效提升配方的新颖性,也显著降低了企业的搜索时间和成本。部分实证研究基于最小二乘法线性回归模型、元模型设计等方法探究了智能服务对数字化时代企业创新投入、创新产出和创新效率的影响,但尚未达成一致结论。有研究认为,企业基于大数据分析提供服务的能力对于促进产品的创新开发,提高企业的市场价值和供应链的可持续绩效具有正向影响,但这一影响对于率先应用大数据的企业并不显著;物联网的实施对于提高企业绩效和市场价值具有积极影响;云计算服务的灵活性和多功能性能够提高企业更新、整合和重新配置内外部资源的动态能力,应对不断变化的环境,从而提高企业的创新效率,获得长期生存能力和可持续竞争优势。但也有研究认为,由于智能服务的运行成本有时取决于用户或设备的数量(如云服务),智能服务的发展具有高度复杂性和不确定性,智能服务对企业创新绩效影响的评估方案和模型设计仍需进一步探讨。

二、智能服务对数字化时代企业创新的影响机制

在三大核心议题中,智能服务对企业创新的影响机制是热点议题,包含了最多的关键词和聚类,但目前的研究成果还不够成熟,主要集中在两大领域:一是基于经济学理论探究智能服务对经济学生产函数的影响机理,二是从管理学理论视角探讨智能服务对数字化时代企业创新的影响机制。

1. 智能服务对经济学生产函数的影响机理:通过优化要素禀赋结构提升企业产出和生产效率

通过研读样本文献发现,智能服务对经济学生产函数的影响机理研究尚不成熟,较多研究并未达成一致结论且存在较大的研究空白。现有研究主要从生产要素的产出和替代弹性、生产要素间的流动性和连接性视角,针对基于人工智能、大数据、物联网等智能技术提供的智能服务对优化要素禀赋结构和企业投入产出影响的内在机理进行探讨,可进一步归类为优化传统要素和培育高端要素两方面。

从优化传统要素来看,有研究认为人工智能服务可以通过使用更便宜的资本,补充或替代劳动力,推动生产率提升和经济快速增长。但也有研究认为,人工智能作为一种生产要素扩展型技术,对劳动和资本均会产生替代,其替代偏向取决于不同产业的人工智能产出弹性、人工智能与传统生产方式的替代弹性以及产业部门间的产品替代弹性。还有部分研究认为,人工智能作为一种促进自动化生产的技术，更可能替代劳动。但从本质来看，人工智能在促进自动化生产时所替代的并非全部劳动，对于要求较高、难以实现自动化的岗位，人工智能能够帮助提高企业生产效率，提升企业创新绩效，促进经济增长。因此，人工智能的扩展化和自动化从根本上是相互依存的，扩展化既是自动化的驱动力，也是自动化的结果，两者应当在时间和空间上融合发展。

从培育高端要素来看，已有研究指出，随着海量数据资源与数字技术、新材料技术及先进制造技术的融合应用，数据将成为新的关键生产要素，但有关数据作为新的生产要素如何改变生产投入和产出关系，进而影响生产效率和企业创新等方面目前还存在较大的研究空白。

2. 智能服务对数字化时代企业创新的影响机制：基于“依附、渗透、协同和替代”服务属性的解释

基于前文所述，智能服务具有新型基础设施的外溢性特征，改变了经济学传统生产函数中的要素分配与替代弹性，致使传统服务理论无法充分解释智能服务对企业创新的影响路径与逻辑。针对已有研究的缺失和不足，本章借鉴 Cusumano et al.（2015）关于服务与产品的互补性与替代性，并结合产品和服务的虚拟化程度高低，基于“依附、渗透、协同和替代”四种服务属性阐释智能服务对数字化时代企业创新的影响机制。其中，依附指维修、售后保险等服务依附于物理产品的机制；渗透指渗透于物理产品中、能够促进产品销售的融合机制，如金融服务、咨询、技术支持等；协同是指企业基于物理资产提供的物理产品和数字服务相互促进的融合机制，如为客户提供个性化解决方案、专业培训等；替代是指企业不再基于物理产品，而完全基于无形资产与数据流提供服务的机制，如租赁、软件和信息服务、产品全生命周期监控等。

基于智能服务的感知性、连接性、个性化、动态化等特征，本章认为智能服务主要基于上述协同机制和替代机制对企业的管理创新和创新绩效产生影响。从协同机制来看，智能服务能够利用智能互联产品（智能设备）收集的环境数据向客户提供面向需求的个性化解决方案，促进产品和服务的融合发展，提高企业的创新产出和创新效率。例如，世界领先的农林产品和服务供应商约翰迪尔（John Deere）曾制造出多个具有不同马力水平的发动机以满足不同细分市场的需求；随着智能技术的发展，John Deere 通过将智能软件嵌入产品，使用户能够根据自身需求对发动机的马力值进行修改，并利用物联网、数据管理和地理定位技术，为农民提供快速、即时的生产技术相关的智能服务，在推动发动机的生产工艺创新的同时，也促进了产品的功能创新和性能的显著提升。在新冠肺炎疫情期间，中国

企业通过生产智能设备并提供智能服务，有效助力疫病智能诊治，提高管控工作效率。[①] 例如，5G 测温巡逻机器人、全能消毒机器人、5G 云端智能服务机器人、京东物流自主研发的智能配送机器人、无人机等智能医疗设备，为不同医院提供了满足不同需求的个性化解决方案，实现了真正的“无接触医疗服务”。[②] 同时，基于数字化协同平台的智能服务增强了企业的快速数字化应急响应能力，使企业在遵守政府防控疫情管理规定的同时，保障业务的顺利运行。例如，精密零部件制造企业江苏精研科技股份有限公司利用百度智能云技术搭建的智能质检系统，在疫情期间实现了 10 台无人值守的自动化检测设备 24 小时工作，并将检测效率提升至人工效率的近 10 倍。[③] 此外，阿里钉钉、腾讯企业微信、字节跳动飞书、华为 WeLink 等数字化协同平台和智能服务工具的广泛应用，在实现企业远程协同办公模式创新的同时，有效地助力企业尽快实现复工复产。

从替代机制来看，企业从出售产品转向出售智能服务，其本质在于通过服务实现对资本和劳动的替代，以更低的生产投入获得更高的产出，从而提高企业的创新效率。智能服务与传统售后服务的本质区别在于其通过物联网收集数据，以更加动态、系统的方式实时持续地分析并预测客户需求，自动适应环境并自主决策，为客户带来高度的个性化体验。例如，英国著名航空发动机公司罗尔斯·罗伊斯(Rolls-Royce)采用“按小时供电”模式，从制造和销售发动机转向为使用发动机的航空公司提供综合服务，航空公司客户无须购买发动机，而是根据发动机的飞行小时数来支付费用，从而实现服务对产品的替代。借助特定的物联网技术，罗尔斯·罗伊斯公司通过实时监控并分析卫星接收到的发动机数据，对发动机进行预防性和预测性维护，从而最大限度地延长发动机的使用寿命，提升企业的创新绩效，实现循环经济；同时，通过分析智能设备收集的智能数据，罗尔斯·罗伊斯公司能够快速有效地查找现有产品与服务存在的缺陷和不足，及时掌握消费者需求和偏好的变化，并进行有针对性的改进，提升产品的创新和研发效率。

---

① 工信部，《充分发挥人工智能赋能效用 协力抗击新型冠状病毒感染的肺炎疫情倡议书》，详见 https://www.miit.gov.cn/ztzl/rdzt/xxgzbdgrdfyyqfkgz/gzdt/art/2020/art_f8660a2b7fcb44028ee8d7914e03f125.html，访问时间：2020 年 5 月。

② 《光明日报》，《“上岗”抗疫，人工智能如何“显神通”》，详见 http://epaper.gmw.cn/gmrb/html/2020-02/16/nw.D110000gmrb_20200216_1-05.htm，访问时间：2020 年 5 月。

③ 央视网，《智能经济按下“快进键”》，详见 http://news.cctv.com/2020/02/10/ARTIInsAzEQvrRekh0hA0Ab1200210.shtml?spm=C94212.P4YnMod9m2uD.ENPMkWvfnaiV.474，访问时间：2020 年 5 月。

三、智能服务对数字化时代企业创新的影响情境:产业结构转型与区域协同发展的视角

从样本计量分析结果来看,“智能服务对数字化时代企业创新的影响情境”议题还未得到充分关注,相关研究成果呈现较为离散的状态,关键词主要包括“industry”(产业)、“manufacturing industry”(制造业)、“supply chain”(供应链)、“territorial servitization”(地域服务化)等。现有研究多从单一视角出发,探讨智能技术和智能服务对产业转型和区域发展的影响,但缺乏对智能服务在不同产业和不同区域具有差异化应用前景的进一步探讨。

从产业层面来看,智能技术能够增强生产要素间的流动性和连接性,推动传统生产方式的变革与创新,促进产业结构转型。Aghion et al. (2017)关注到产业结构转型在人工智能影响劳动收入份额中的重要作用。郭凯明(2019)进一步指出人工智能技术与服务的影响方向是不确定的,在资本密集型和劳动密集型产业产出弹性存在差异的环境下影响是不同的,在不同产业人工智能与传统生产方式替代弹性存在差异的环境下其影响也存在差异。同时,通过数字平台和智能服务网络实现不同产业的大数据共享,有助于促进产业链信息互通,提升产业智能服务能力和水平。此次新冠肺炎疫情导致各种急救物资出现极大的供需缺口,一定程度上反映了当前中国产业智能化、数字化水平较低,存在产业大数据积累不足、产业链断裂等短板,未来需借助智能服务网络提高产业大数据积累,通过数字平台的泛在连接打通产业链上下游信息,促进供需双方的自动化匹配和智能化协作,实现产业智能化转型升级。

从区域层面来看,智能服务通过推动劳动、资本、技术等生产要素的流动,提高要素流入地企业的创新绩效,同时由技术转让和扩散带来的收入效应能够促进要素流出地的经济发展,进而实现区域协调一体化发展。随着服务化研究的深入,服务化与区域之间的联系越来越受到学术界的关注,近期研究将知识密集型服务业与制造业间相互依赖的关系定义为地域服务化,认为数字化基础设施的发展能够促进制造企业和知识密集型服务企业间的互动,从而增强区域竞争力、促进区域发展。作为具有外溢性的新型基础设施,智能服务与地域服务化的关系、智能服务在不同区域应用的异质性等议题还有待进一步探索。

四、智能服务与数字化时代企业创新的实证研究体系

通过梳理现有研究成果,可以看出现有研究已从影响效应、影响机制和影响情境三个维度就智能服务对数字化时代企业创新的影响进行了初步探索,但还未有研究对三个维度之间的关系进行系统梳理和有机整合;同时,现有研究结论尚

未达成统一，需要进一步完善相关变量之间的关系，才能更加全面地解释智能服务对数字化时代企业创新的影响机理。因此，本章构建了智能服务与数字化时代企业创新的实证研究体系(见图 19-6)，更加直观地展示现有研究涉及的变量以及不同变量间的关系，为学者们的后续研究提供参考。

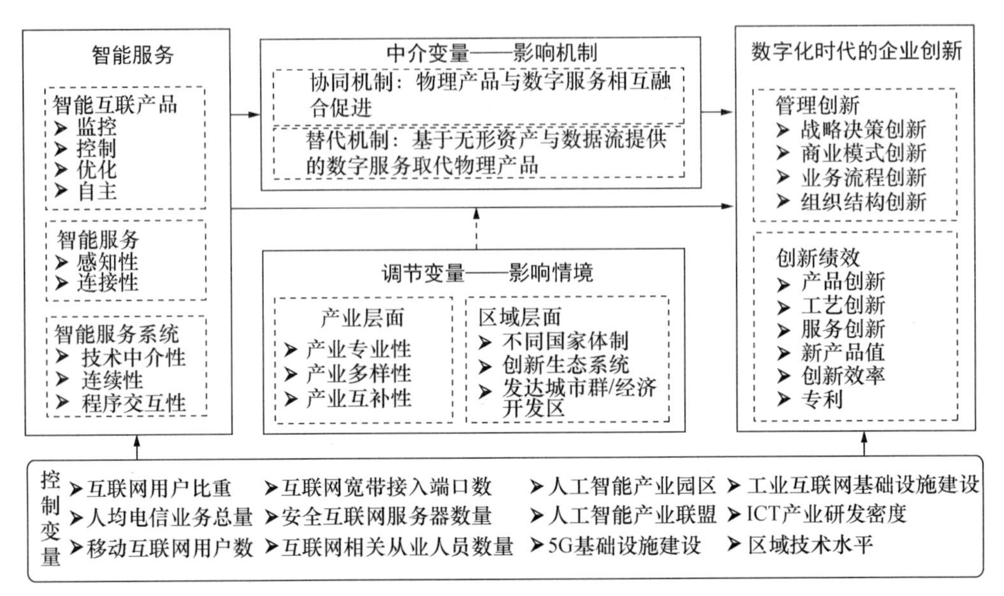

图 19-6 智能服务与数字化时代企业创新的实证研究体系

第五节 研究意义、研究评价与研究展望

一、研究意义

本章借助引文可视化工具 CiteSpace，从智能服务对数字化时代企业创新的影响效应、影响机制和影响情境三个维度对已有研究进行总结概括，在分析现有研究不足的基础上，区分“依附、渗透、协同和替代”四种服务属性，认为智能服务主要通过协同机制和替代机制对数字化时代的企业创新产生影响。本章构建了数字化时代下智能服务与企业创新的理论框架和实证研究体系，对于丰富数字化时代的服务创新理论、推进“人工智能＋”的落地和发展具有重要价值；同时，本章为企业进一步挖掘智能服务的应用潜力以促进智能化、数字化转型，通过智能服务提升服务供给质量，以改善当前实体经济困难、企业创新能力不足的困境提供了有效的理论指导；此外，本章基于不同产业产出弹性与不同区域协同格局探索了智能服务的影响情境，对于厘清通过智能服务促进生产要素流动和区域协调一体化发展的路径与逻辑，推动数字化时代下的新型基础设施建设，促进产业高端化

智能化升级，实现经济高质量发展等现实问题具有重要意义。

二、已有研究评价

第一，关于智能服务对企业创新的影响效应的研究，目前在理论层面和案例研究上已经取得了较为丰富的成果，但在相关实证研究的研究方法、研究数据上还存在较大的发展空间。同时，现有相关理论和实证研究主要基于发达国家的案例和数据，关于智能服务对发展中国家的经济发展和企业影响的理论和实证研究目前还比较匮乏。

第二，智能服务对企业创新的影响机制是学者们关注的热点议题，但目前的研究成果还不够成熟，较多研究尚未达成一致结论。数据作为新的生产要素对传统生产方式、投入产出关系的影响等问题还缺少相应的理论和实证证据；同时，基于生产要素流动视角探讨智能服务对企业创新和区域协调一体化发展的问题还存在较大的研究空间。

第三，“智能服务对数字化时代企业创新的影响情境”议题还未得到充分关注，现有研究虽进行了初步探索，但视角过于单一，研究成果较为离散，缺乏对智能服务在不同产业和不同区域差异化应用前景特点的进一步探讨。

三、研究展望

为了弥补现有研究的不足，更好地理解智能服务对促进企业创新、推进区域协同发展的影响，推动相关理论创新，本章建议未来从以下五个方面进行深入研究。

第一，关于智能服务的产生与影响机制，已有研究通过对规模经济和范围经济理论的拓展，阐释了制造业企业通过智能服务促进企业创新、产业结构转型升级与经济增长的机理。然而现有研究还未关注到智能服务在不同服务业部门间的影响效应和作用机制，未来可将研究进一步深化到不同产业的异质性层面，通过智能服务带动服务业供给侧结构改革，推进先进制造业和现代服务业深度融合发展。

第二，关于智能服务对区域协同发展的影响，已有研究大多从经济总量和产业结构的视角切入，探索区域协同发展的路径；但将智能服务深入到不同区域的差异性层面探讨区域协同发展的研究目前还比较少见。以京津冀协同发展为例，未来研究可考虑从地区不同分工的视角切入，基于智能服务的协同机制和替代机制，通过首都北京的云技术服务、大数据服务及人工智能服务等智能服务辐射带动河北、天津的经济增长，探索构建区域内高精尖经济结构、实现京津冀协同发展的新路径。

第三，关于通过智能服务获取数字化时代下的新型企业竞争优势和国家竞争优势方面，已有研究主要基于发达国家的案例数据进行了理论层面的初步探索，然而对发展中国家的相关理论机制的关注和讨论较为匮乏。未来研究可进一步探讨新兴经济体国家在第五次科技革命浪潮下，如何通过数字化、服务化、人工智能等理论的突破带动整体产业转型升级改造和区域协同发展，探索和挖掘通过智能服务获取新型企业竞争优势和国家竞争优势以超越发达国家的理论机制和独特规律。

第四，中国作为世界上最大的发展中国家，智能服务发展潜力巨大。未来研究可考虑通过智能服务带动中国向“一带一路”沿线国家的投资，输出优质过剩产能，促进“一带一路”沿线国家的经济发展。同时，构建内外均衡网络助力知识整合，能够帮助中国企业提升创新质量和国际竞争力，因此，克服“一带一路”沿线国家的数字鸿沟需要在构建制造业投资网络的同时，进一步完善“一带一路”沿线国家的智能服务相关基础设施，通过智能服务网络增强中国与“一带一路”沿线国家的连接，促进创新知识在智能服务网络的流动和整合，实现两者的相互协调、相互渗透，促进“一带一路”沿线国家的健康可持续发展。

第五，当前，中国区域经济发展亟待从传统要素驱动型增长动力模式转向以提高质量和效率为主的新增长模式。传统内源性增长路径具有低端锁定效应和路径依赖性，未来研究可考虑通过智能服务的高质量开放获取全球高端服务业，促进以高端服务业和先进制造业融合为核心的产业结构转型和区域高质量发展。同时，可将中国的区域经济发展与英国等以服务经济为主导的发达国家进行比较，在学习其推动制造业和服务业深度融合的先进经验基础上，探索通过智能服务促进产业结构转型和区域高质量发展的路径与机制。

第二十章　非正式制度、市场化进程与政府补贴：来自中国A股上市公司的经验证据

第一节　引　言

作为一种经济政策的工具，政府补贴是指政府根据政治或经济目的，在一定时期向微观经济主体提供的无偿资金转移。在转型经济中，补贴是政府扮演“扶持之手”的最直接的手段。当前中国仍然处于经济转型过程中，关于政府补贴的各种争论一直是理论和实践中的热点。改革开放以来，中国各级政府通过政府补贴来积极促进经济发展，使其发挥了巨大作用。但也要看到，由于市场经济还不太完善、法制还不太健全、政府补贴决策过程还不太透明，政府补贴也存在不少问题。例如，一些因缺乏竞争、管理落后而亏损的企业，获得了政府补贴，很可能浪费了公共资源。对于企业而言，政府补贴是一种稀缺资源。对于政府而言，如何优化政府补贴这种稀缺资源的配置，提高整个社会的福利水平，则是公共政策的重要目标。在现实中，只有部分企业能得到政府补贴，且大多与政府的关系密切，不同企业得到的政府补贴的金额差异也很大。对于这种现象背后的逻辑与原因的解释，一方面能从理论上对政府政策及相关制度做出分析和总结，另一方面能从实践上引导政府补贴资源的优化配置，提高其运用效率，并为政府和企业的相关决策提供参考。

政府经济政策的实施，离不开制度环境，因而制度会影响政府补贴资源的配置。中国目前仍然处于市场与行政支配相混合的制度环境下，相关的法律法规及监督机制还不完善，市场化进程还在推进中，正式制度发挥的作用还比较有限，在这种情况下，非正式制度发挥了很大的作用。非正式制度是经过长期演变而来的不成文的文化传统，以及社会共同遵守的行为准则。如果正式制度不够完善，非正式制度将对企业的生产经营活动产生重要的影响。在中国社会的文化传统之下，企业在生产经营过程中一直非常注重“关系”，尤其是与政府的关系。对于企业来说，政治关联（Political Connections）作为一种重要的非正式制度、一种“关系”，会影响其得到的政府补贴。党的十九大报告和2019年《政府工作报告》均提

到要“构建亲清新型政商关系”,因而探讨政治关联对政府补贴的影响具有重要的意义。另外,市场化进程,作为一个正式制度不断建设和完善的过程,随着信息透明度的持续提高和监督机制的逐渐改进,也会影响政府补贴资源的配置。总之,从一般的理论意义上来讲,本章探讨的是制度对经济政策的影响,即非正式制度在政府补贴资源的分配过程中起了什么作用。同时,本章也考虑了市场化进程这一正式制度不断建设和完善的过程,是否缓解了非正式制度对政府补贴资源配置所造成的负面影响。而且,本章将通过计量分析,给出政治关联这一重要的非正式制度对企业得到的政府补贴所产生影响的数值大小,以及市场化进程对于缓解按照政治资源分配政府补贴的格局所起作用的数值大小,为经济政策的制度和实施提供参考。

本章以中国 A 股上市公司 2008—2017 年的数据为样本,对政治关联这一重要的非正式制度,是如何影响企业所得到的政府补贴的,以及对市场化进程在这种影响中的作用,进行了经验检验,在此基础上对政府补贴资源的优化配置提供了政策建议。研究发现:第一,在保持其他因素不变时,政治关联度越高的企业,得到的政府补贴越多。第二,企业所在地的市场化程度对于企业政治关联度对政府补贴的正向影响,会产生减弱作用。第三,保持其他因素不变,平均而言,当企业的政治关联度增加 1 个单位时,其得到的政府补贴率将增加 13.39%,这为政治关联对政府补贴的影响提供了可以参考的度量值。另外,企业所在地的市场化指数每增加 1 个单位,将使企业得到的政府补贴率所增加的 13.39%减少 1.14%,也就是变为 12.25%,这也为市场化进程对于缓解按照政治资源分配政府补贴的格局所起的作用提供了可以参考的度量值。研究结论的公共政策启示在于,应避免政治关联这种非正式制度给政府补贴资源的配置所带来的扭曲,同时坚定推动市场化进程,不断完善正式制度,以使政府补贴支出的决策过程受到更为严格的监督,相关的信息披露更为透明,进而提高政府补贴资源的配置效率。

本章的贡献主要有以下四点:第一,从非正式制度的理论视角出发,用政治关联来解释企业所得到的政府补贴的差异,从而揭示了政府补贴的分配机制,即非正式制度所起的重要作用,深化了已有文献对政府补贴资源配置的理论认识。第二,将市场化进程这一正式制度不断建设和完善的过程,引入政治关联这一重要的非正式制度与政府补贴的关系的分析中,从而揭示了正式制度与非正式制度的互动关系,也为理解当前中国特殊环境下的政府补贴决策提供了新的思路。第三,将国有企业与非国有企业统一纳入分析,揭示了国有企业与非国有企业都存在按照政治资源来分配政府补贴的情况,从而拓展了已有文献的解释范围。第四,运用上市公司的微观大样本数据,为了解政治关联这一重要的非正式制度与市场化进程及政府补贴的关系,提供了新的经验证据。

第二节 理论分析及假设提出

作为一种非正式制度的政治关联会影响企业的生产经营活动。根据 Faccio (2006)的定义,政治关联是指企业高管具有政府工作经历,或与政府官员有紧密的联系。一般来说,政治关联会给企业带来诸如更便利的融资条件或更低的税率等好处。Khwaja & Mian(2005)以及 Leuz & Oberholzer(2006)的研究指出,政治关联有助于企业获得银行贷款。Faccio et al.(2006)指出,在出现财务危机的时候,有政治关联的企业更可能得到政府救助。

政治关联存在资源效应和成本效应,能给企业带来好处,并对企业的生产经营活动产生重要影响。资源效应是指政治关联有助于企业获得相关资源,进而带来企业价值的提升。罗党论和刘晓龙(2009)与 Chen et al.(2011)基于中国上市公司的分析表明,政治关联对公司价值的提高具有正面作用。成本效应是指政治关联有助于企业规避相关成本。例如,Faccio et al.(2006)的研究表明,有政治关联的企业,其税率更低;吴文锋等(2009)也有同样的发现。总而言之,政治关联会在企业生产经营活动中发挥重要的作用。

政治关联作用的发挥,与市场化进程的关系十分密切。目前,中国还没有完全市场化,政府对于经济仍然保持较高水平的控制,深刻影响着企业的生产经营活动。政府往往通过国家发展战略、产业政策、分配土地等关键资源以及财政补贴、税收优惠等方法来影响企业。因此,在当前中国相关的法律法规及监督机制还不完善、市场化进程仍在推进、正式制度发挥的作用还比较有限的情况下,作为一种重要的非正式制度,政治关联深刻影响着企业的生产经营活动。Bai et al.(2006)认为,作为一种法律保护的替代机制,政治关联可以保护民营企业的利益。Leuz & Oberholzer(2006)指出,作为一种非正式制度,对于产权保护不力、法律和金融发展落后等情况,政治关联具有弥补作用。Goldman(2009)的研究表明,在市场机制不完善、产权保护较弱以及法制水平较低的制度环境下,企业政治关联更普遍。余明桂和潘红波(2008)以及罗党论和唐清泉(2009)也有类似的观点。Chen et al.(2011)认为,在政府寻租活动更加活跃的地区,民营企业将更为积极主动地建立政治关联,来保护企业财富。由此可见,作为一个正式制度不断建设和完善的过程,市场化进程会影响政治关联作用的发挥。

政府补贴作为一种经济政策的工具,在执行过程中,会受到政治关联这一重要的非正式制度的影响。之所以有这种影响,一是由于政治关联的信息沟通功能,二是由于政府的自由裁量权。

第一,政治关联的信息沟通功能影响了企业获得的政府补贴的额度。政府补贴资源在实际配置时,政治关联能发挥信息沟通作用,缓解政府与企业之间的信息不对称。一方面使企业能及时获知政府补贴的标准和细节，从而迅速做出反应，获得政府补贴。另一方面，政府也更容易从企业那里获得企业实际状况的相关信息，从而减少信息不对称。吴文锋等(2009)的研究指出，企业高管如果在政府部门任过职，凭借以前积累的关系和资源，会使企业与政府进行更有效的沟通，从而获得税收优惠。Blau et al.(2013)的研究也表明，具有政治关联的企业在申请政府救助计划的时候，能够得到更加迅速的批复。因此，政治关联的信息沟通功能会影响企业所获得的政府补贴的额度。

第二，政府的自由裁量权也影响了企业获得的政府补贴的额度。中国正处于转型期，自改革开放以来的分权化改革使得各级地方政府有很强的经济自主权和财政支出的自由支配权，在相关的法律法规以及监督机制还不完善的情况下，政府在决定向哪些企业发放政府补贴，以及确定具体的补贴额度时，拥有很强的自由裁量权。此外，政府补贴本身具有模糊性，补贴过程也不透明，而且没有明确的法律制度来予以规范，从而提供了寻租空间，特别是在制度不健全、腐败严重、法律和司法体系较弱的国家或地区。总之，政府的自由裁量权也会对企业所获得的政府补贴的额度产生影响。

在上述分析的基础上，本章提出以下两个待检验的研究假说：

假设1:政治关联度越高的企业，得到的政府补贴越多。

假设2:企业所在地的市场化程度，减弱了政治关联度对政府补贴的正向影响。

第三节　数据、模型及变量说明

一、数据说明

接下来，本章将中国A股上市公司2008—2017年的数据作为样本，展开经验分析。由于数据来源的限制，最终选择了这个时间段。上市公司政府补贴的原始数据、政治关联的原始数据、相关原始财务数据，来源于国泰安数据库；企业所在地的市场化进程数据来源于王小鲁等(2019)。在剔除了一些缺失数据，并对所有连续型变量在1%和99%的显著性水平上进行缩尾处理后，最终的观察值数量为23 029个。

二、模型构建

为了检验上述研究假说，本章参照相关文献，构建以下计量模型：

$$Y_i = \beta_1 + \beta_2 X_i + \beta_3 X_i \times M_i + \beta_4 M_i + \beta_5 C_i + \varepsilon_i \qquad (20\text{-}1)$$

在式(20-1)中，因变量Y表示企业所得到的政府补贴；自变量X表示企业的政治关联度；M表示企业所在地的市场化程度；C表示相关控制变量；ε表示随机误差项；i为企业。根据假设1，本研究预期$\beta_2>0$，其含义为：在其他条件不变的情况下，政治关联度对企业所得到的政府补贴的额度有正向影响。根据假设 2，本研究预期 $\beta_3<0$，其含义为：在其他条件不变的情况下，企业所在地的市场化程度减弱了政治关联度对于政府补贴的正向影响。

三、变量说明

本章的因变量为企业得到的政府补贴的强度(lnSubsidyRate)，用企业每年得到的各种政府补贴之和，除以企业营业总收入，计算出企业得到的政府补贴率(SubsidyRate)，然后取自然对数，计算出企业得到的政府补贴的强度。对补贴率取自然对数，主要有两点考虑：第一，便于更直观地考察自变量的单位变化所带来的补贴率的百分比变化。第二，降低了补贴率分布的偏度，便于模型的估计和推断。另外，有不到 1/10 的企业，每年得到的各种政府补贴之和为 0。为了取自然对数，本节将每家企业的补贴，加 1 元，然后再除以企业营业总收入。

本章的核心自变量为企业的政治关联度，包括政治级别(PoliticLever)和政治背景(PoliticBG)，根据上市公司的董事长曾在或正在政府及相关机构任职的行政层级，对于省部级正职以上、省部级正职、省部级副职、厅局级正职、厅局级副职、县处级正职、县处级副职、乡科级正职、乡科级副职及以下、无任职，分别给 PoliticLever 赋值 9、8、7、6、5、4、3、2、1、0；另外，如果上市公司的董事长曾在或正在政府及相关机构任职，则 PoliticBG 赋值为 1，反之则赋值为 0。反映企业所在地市场化程度的变量为市场化指数(MarketIndex)，由王小鲁等计算得到，其中 2017 年的数据沿用 2016 年的。该指数最大值为 10，表示某省某年的市场化程度最高。随着市场化程度的降低，该值越来越小。

根据相关文献选取的其他控制变量有五个：一是企业的资产负债率(Leverage)；二是企业的营业总收入增长率(Growth)；三是企业的净资产收益率(ROE)；四是企业的固定资产净额(lnFixedAssets)；五是企业的董事长与总经理是否由同一人担任(Unification)。另外，本章还控制了年份效应与行业效应。

第四节 实证分析

一、描述性统计分析

从表 20-1 可以看出，中国 A 股上市公司 2008—2017 年得到的政府补贴占营业总收入的比率，平均约为 1.15%。政府补贴作为企业的一种营业外收入，虽然看起来占营业总收入的比例不算高，但考虑到企业的净利润占营业总收入的比例，一般也只有百分之几，因而其实政府补贴对于企业具有重要作用。从政治关联度来看，约有 33.12%的上市公司有政治背景，对于这些上市公司，其董事长曾在或正在政府及相关机构任职的行政层级，平均约为 2.0572/0.3312=6.21。此外，上市公司的平均资产负债率约为 46.17%；平均营业总收入增长率约为

22.18%；平均净资产收益率约为6.55%；平均固定资产净额的自然对数约为20.09；约有23.01%的上市公司的董事长与总经理由同一人担任。

表20-1 变量定义及描述性统计

变量	变量含义	均值	标准差	最小值	最大值
SubsidyRate	企业得到的政府补贴率	0.0115	0.0196	0.0000	0.1229
lnSubsidyRate	企业得到的政府补贴的强度	−6.5496	4.3318	−23.0497	−2.0961
PoliticLever	董事长的政治级别	2.0572	3.2249	0.0000	9.0000
PoliticBG	董事长的政治背景	0.3312	0.4707	0.0000	1.0000
MarketIndex	企业所在地的市场化指数	7.6577	1.8209	−0.2300	10.0000
Leverage	资产负债率	0.4617	0.2274	0.0505	1.0817
Growth	营业总收入增长率	0.2218	0.6290	−0.6515	4.6664
ROE	净资产收益率	0.0655	0.1459	−0.7841	0.4472
lnFixedAssets	固定资产净额	20.0903	1.7675	14.8668	24.7707
Unification	董事长与总经理是否为同一人	0.2301	0.4209	0.0000	1.0000

二、企业的政治关联度、市场化进程对政府补贴的影响

从表20-2的分析结果可以看出：第一，模型(1)的结果显示，企业的政治关联度对企业得到的政府补贴，有显著的正向影响，而且该影响在模型(2)、模型(3)、模型(4)中依然是稳健的，这支持了**假设1**，即政治关联度越高的企业，得到的政府补贴越多。这说明，政治关联度高的上市公司，能够运用自身的政治资源来争取到更多的政府补贴。不仅如此，在中国目前还没有完全市场化的制度环境下，政府将补贴视作一种关键的资源，并且拥有分配这种资源的自由裁量权，因而难免会将政府补贴分配给政治关联度高的上市公司，进而实现对经济的控制和对企业经营活动的影响，然而却扭曲了政府补贴这一稀缺资源的配置，降低了整个社会的福利水平。在这样的情况下，实际上对专注于管理创新而不善于经营政府关系的企业是不公平的，因而对社会创新体系具有负激励的作用，会导致一些企业不是专注于管理创新，而是注重去经营政府关系以获得补贴，进而抑制了创新，造成经济的低效率。本章所用的样本是上市公司这样相对规范的企业，对于这样的企业，尚且存在按照政治资源来分配政府补贴的情况，那么对于那些非上市公司，这一问题很可能就会更加严重了。因此，在政府补贴这一经济政策工具的执行过程中，需要改变这种按政治资源来分配政府补贴的格局，避免政治关联这种非正式制度给政府补贴资源的配置所带来的扭曲，提高配置效率。

第二，从模型(3)的结果可以看出，企业的政治关联度与企业所在地的市场化指数的交叉项，是显著为负的，而且该结果在模型(4)中依然是稳健的，这支持了

假设 2,即企业所在地的市场化程度,减弱了政治关联度对政府补贴的正向影响。这说明,市场化进程作为一个正式制度不断建设和完善的过程,随着信息透明度的持续提高和监督机制的逐渐改进,能缓解按照政治资源分配政府补贴的形势。最终,在公平自由的竞争环境之下,优化政府补贴资源的配置。因此,为了避免政治关联这种非正式制度对经济造成的负面影响,提高政府补贴资源的配置效率,中国经济仍然需要坚持市场化的改革方向,继续坚定不移地推进市场化进程,不断完善正式制度,以使政府补贴支出的决策过程受到更为严格的监督,相关的信息披露更为透明,进而优化政府补贴资源的配置。

第三,从模型(4)的结果可以看出:首先,在保持其他因素不变时,平均而言,当企业的政治关联度增加 1 个单位时,即上市公司的董事长曾在或正在政府及相关机构任职的行政层级每提高一级时,企业每年得到的各种政府补贴之和占企业营业总收入的比重,即企业得到的政府补贴率将增加 13.39%,显然具有经济意义上的显著性。其次,在保持其他因素不变时,平均而言,当企业所在地的市场化指数增加 1 个单位时,企业所得到的政府补贴率将增加 12.20%,具有经济意义上的显著性。也就是说,在现阶段,市场化进程的推进并没有减少政府补贴。之所以会出现这种情况,是因为市场化程度越高的地方,经济越发达,政府财政收入越高,政府补贴也相应越多。最后,从 PoliticLever 和 MarketIndex 的交叉项的系数可以看出,保持其他因素不变,平均而言,当企业所在地的市场化指数增加 1 个单位时,将使企业得到的政府补贴率所增加的 13.39%减少 1.14%,也就是变为 12.25%,从而为市场化进程对于缓解按照政治资源分配政府补贴的格局所起的作用提供了一个可以参考的度量值。

表 20-2　政治关联度、市场化进程与政府补贴的回归结果

变量	lnSubsidyRate			
	模型(1)	模型(2)	模型(3)	模型(4)
PoliticLever	0.0375***	0.0677***	0.1687***	0.1339***
	(0.0084)	(0.0075)	(0.0352)	(0.0350)
PoliticLever · MarketIndex			−0.0134***	−0.0114**
			(0.0044)	(0.0044)
MarketIndex			0.1468***	0.1220***
			(0.0182)	(0.0184)
Leverage				−1.6081***
				(0.1680)
Growth				−0.1242**
				(0.0548)

（续表）

变量	lnSubsidyRate			
	模型(1)	模型(2)	模型(3)	模型(4)
ROE				0.5342**
				(0.2401)
lnFixedAssets				0.2325***
				(0.0238)
Unification				0.1206**
				(0.0592)
年份效应	不控制	控制	控制	控制
行业效应	不控制	控制	控制	控制
F 值	19.54	99.82	95.17	89.16
R^2	0.0008	0.1780	0.1805	0.1907
观察值数量	23 029	23 029	23 029	23 029

注：***、**和*分别表示在1%、5%和10%的显著性水平上显著；括号中为稳健标准误。

三、因果识别分析

为了进行因果识别，本章将上市公司当年得到的政府补贴，对上年的政治关联度进行回归，结果如表20-3所示。模型(1)的分析结果显示，上市公司上年的政治关联度，对其当年得到的政府补贴，具有显著的正向影响，而且该影响在模型(2)、模型(3)、模型(4)中依然是稳健的。

表20-3 因果识别

变量	lnSubsidyRate			
	模型(1)	模型(2)	模型(3)	模型(4)
PoliticLever(1)	0.0443***	0.0633***	0.1721***	0.1412***
	(0.0088)	(0.0077)	(0.0362)	(0.0361)
PoliticLever(1)·MarketIndex			−0.0143***	−0.0129***
			(0.0045)	(0.0045)
MarketIndex			0.1418***	0.1251***
			(0.0193)	(0.0194)
Leverage				−1.3842***
				(0.1790)
Growth				−0.1178**
				(0.0562)
ROE				0.3452
				(0.2461)

（续表）

变量	lnSubsidyRate			
	模型(1)	模型(2)	模型(3)	模型(4)
lnFixedAssets				0.2445***
				(0.0256)
Unification				0.0518
				(0.0642)
年份效应	不控制	控制	控制	控制
行业效应	不控制	控制	控制	控制
F 值	25.03	87.34	83.13	76.87
R^2	0.0012	0.1785	0.1809	0.1907
观察值数量	19 832	19 832	19 832	19 832

注：***、** 和 * 分别表示在 1%、5% 和 10% 的显著性水平上显著；括号中为稳健标准误。

第五节　稳健性检验

本节进行了四个方面的稳健性检验，来论证上述研究结果的稳健性。第一，对于因变量，本节用企业每年得到的各种政府补贴之和，除以企业总资产，计算出企业得到的政府补贴率，然后取自然对数，计算出企业得到的政府补贴的强度。也就是说，将 lnSubsidyRate_TA 作为因变量，来衡量企业得到的政府补贴的强度，检验结果如表 20-4 所示。第二，对于自变量，本节采用 PoliticBG，检验结果如表 20-5 所示。第三，考虑到上市公司的产权性质，本节将样本分为非国有上市公司和国有上市公司两部分，分别进行检验，并展开对比，检验结果如表 20-6 所示。第四，考虑到上市公司的规模大小，参照相关文献，根据公司总资产的中位数，本节将样本分为小型上市公司和大型上市公司两部分，分别进行检验，并展开对比，检验结果如表 20-7 所示。

一、替换政府补贴强度的稳健性检验

从表 20-4 可以发现，检验结果依然支持**假设 1**、**假设 2**，而且与基本模型的分析结果没有明显的差异。首先，政治关联度越高的企业，得到的政府补贴越多。其次，企业所在地的市场化程度，减弱了企业政治关联度对政府补贴的正向影响。再次，模型(4)的结果显示，PoliticLever 的系数从 0.1339 变为 0.1393，没有明显的变化，结果较为稳健。最后，PoliticLever 和 MarketIndex 的交叉项的系数从 −0.0114 变为 −0.0122，也没有明显的变化，结果较为稳健。

表 20-4　替换政府补贴强度的稳健性检验结果

变量	lnSubsidyRate_TA			
	模型(1)	模型(2)	模型(3)	模型(4)
PoliticLever	0.0388***	0.0729***	0.1738***	0.1393***
	(0.0087)	(0.0075)	(0.0356)	(0.0353)
PoliticLever · MarketIndex			−0.0134***	−0.0122***
			(0.0044)	(0.0044)
MarketIndex			0.1871***	0.1689***
			(0.0185)	(0.0186)
Leverage				−1.2405***
				(0.1742)
Growth				−0.0619
				(0.0558)
ROE				1.3372***
				(0.2470)
lnFixedAssets				0.3026***
				(0.0246)
Unification				0.0621
				(0.0598)
年份效应	不控制	控制	控制	控制
行业效应	不控制	控制	控制	控制
F 值	19.90	111.89	107.91	100.70
R^2	0.0008	0.2077	0.2116	0.2256
观察值数量	23 029	23 029	23 029	23 029

注：***、** 和 * 分别表示在 1%、5%和 10%的显著性水平上显著；括号中为稳健标准误。

二、替换政治关联度的稳健性检验

从表 20-5 可以发现，检验结果依然支持**假设 1**、**假设 2**，而且与基本模型的分析结果没有明显的差异。首先，政治关联度越高的企业，得到的政府补贴越多。其次，企业所在地的市场化程度，减弱了企业政治关联度对政府补贴的正向影响。再次，模型(4)的结果显示，在保持其他因素不变时，平均而言，有政治关联的企业每年得到的各种政府补贴之和占企业营业总收入的比重，即企业得到的政府补贴率，比无政治关联的企业增加了 63.21%，在经济意义上具有很强的显著性。最后，从 PoliticLever 和 MarketIndex 的交叉项的系数可以看出，保持其他因素不变时，平均而言，当企业所在地的市场化指数增加 1 个单位时，将使有政治关联的企业得到的政府补贴率所增加的 63.21%减少 4.39%，也就是变为 58.82%，从而显示出市场化进程对于缓解按照政治资源分配政府补贴的格局所起的作用大小。

表 20-5 替换政治关联度的稳健性检验结果

变量	lnSubsidyRate			
	模型(1)	模型(2)	模型(3)	模型(4)
PoliticBG	0.1102**	0.4068***	0.8018***	0.6321**
	(0.0506)	(0.0547)	(0.2530)	(0.2521)
PoliticBG · MarketIndex			−0.0526**	−0.0439**
			(0.0213)	(0.0211)
MarketIndex			0.1364***	0.1125***
			(0.0186)	(0.0187)
Leverage				−1.6315***
				(0.1681)
Growth				−0.1248**
				(0.0547)
ROE				0.5523**
				(0.2401)
lnFixedAssets				0.2376***
				(0.0238)
Unification				0.1275**
				(0.0591)
年份效应	不控制	控制	控制	控制
行业效应	不控制	控制	控制	控制
F 值	4.73	99.36	94.68	89.09
R^2	0.0003	0.1775	0.1796	0.1904
观察值数量	23029	23029	23029	23029

注：***、** 和 * 分别表示在 1%、5% 和 10% 的显著性水平上显著；括号中为稳健标准误。

三、划分企业所有制的稳健性检验

从表 20-6 可以发现，根据上市公司的产权性质，将样本分为非国有上市公司和国有上市公司两部分，分别进行计量分析后，检验结果与基本模型的分析结果没有明显差异。首先，政治关联度越高的企业，得到的政府补贴越多。这表明，无论是非国有上市公司，还是国有上市公司，都存在按照政治资源来分配政府补贴的情况。因而本节从政治关联的角度，而非简单地从所有制角度，来解释不同企业得到的政府补贴的差异。其次，企业所在地的市场化程度，减弱了企业政治关联度对政府补贴的正向影响。这一点，对于非国有上市公司和国有上市公司都是类似的。因而**假设 1**、**假设 2** 仍然得到了支持。再次，从模型(2)和模型(4)的结果可以看出，PoliticLever 的系数分别为 0.1523 和 0.1459，且和基本模型的 PoliticLever 的系数 0.1339 相比，没有明显的变化，结果较为稳健。最后，PoliticLever

和 MarketIndex 的交叉项的系数，非国有上市公司样本为－0.0115，同基本模型的－0.0114 相比，没有明显的变化，结果较为稳健；而国有上市公司样本为－0.0178，同基本模型的－0.0114 相比，有不小的变化，这说明市场化进程对于缓解按照政治资源分配政府补贴的格局所起的作用，对于国有上市公司更大，这也从侧面说明了国有企业改革应坚持市场化方向。

表 20-6 非国有上市公司和国有上市公司样本的稳健性检验结果

变量	lnSubsidyRate			
	非国有上市公司样本	非国有上市公司样本	国有上市公司样本	国有上市公司样本
	模型(1)	模型(2)	模型(3)	模型(4)
PoliticLever	0.2260***	0.1523***	0.1435**	0.1459**
	(0.0456)	(0.0448)	(0.0617)	(0.0613)
PoliticLever・MarketIndex	－0.0166***	－0.0115**	－0.0171**	－0.0178**
	(0.0055)	(0.0054)	(0.0086)	(0.0085)
MarketIndex	0.1441***	0.1016***	0.1378***	0.1347***
	(0.0263)	(0.0255)	(0.0274)	(0.0275)
Leverage		－2.5374***		－0.2398
		(0.2213)		(0.2633)
Growth		－0.0886		－0.1856**
		(0.0672)		(0.0936)
ROE		1.1295***		－0.1289
		(0.3551)		(0.3235)
lnFixedAssets		0.4036***		0.0435
		(0.0333)		(0.0351)
Unification		0.1453**		0.0517
		(0.0643)		(0.1514)
年份效应	控制	控制	控制	控制
行业效应	控制	控制	控制	控制
F 值	55.29	55.51	41.43	36.58
R^2	0.1991	0.2297	0.1655	0.1663
观察值数量	13 007	13 007	10 022	10 022

注：***、** 和 * 分别表示在 1%、5%和 10%的显著性水平上显著；括号中为稳健标准误。

四、划分企业规模的稳健性检验

从表 20-7 可以看出，根据上市公司总资产的中位数，将样本分为小型上市公司和大型上市公司两部分，分别进行计量分析后，检验结果与基本模型的分析结果没有明显差异。首先，政治关联度越高的企业，得到的政府补贴越多。其次，企业所在地的市场化程度，减弱了企业政治关联度对政府补贴的正向影响。但是，对于小型上市公司而言，PoliticLever 和 MarketIndex 的交叉项的系数虽为负，但不显著，这说明市场化进程对于缓解按照政治资源分配政府补贴的格局所起的作用，对于小型上市公司不明显，表明小型上市公司更加依赖政府补贴，市场化进程难以改变这种依赖。再次，从模型(2)的结果可以看出，小型上市公司的 PoliticLever 的系数为 0.0944，且和基本模型的 PoliticLever 的系数 0.1339 相比，明显减少了，这说明，同样是政治关联度每增加的 1 个单位，小型上市公司所得到的政府补贴率的增加，要明显少于大型上市公司。最后，从模型(4)的结果可以看出，大型上市公司的 PoliticLever 的系数为 0.1361，和基本模型的 PoliticLever 的系数 0.1339 相比，没有明显的变化，结果较为稳健。另外，PoliticLever 和 MarketIndex 的交叉项的系数为−0.0132，同基本模型的−0.0114 相比，没有明显的变化，结果较为稳健。

表 20-7 不同公司规模的稳健性检验结果

变量	lnSubsidyRate			
	小型上市公司样本	小型上市公司样本	大型上市公司样本	大型上市公司样本
	模型(1)	模型(2)	模型(3)	模型(4)
PoliticLever	0.1660***	0.0944*	0.1433***	0.1361***
	(0.0503)	(0.0499)	(0.0484)	(0.0482)
PoliticLever · MarketIndex	−0.0102	−0.0059	−0.0145**	−0.0132**
	(0.0062)	(0.0062)	(0.0062)	(0.0061)
MarketIndex	0.1555***	0.1215***	0.1115***	0.0973***
	(0.0260)	(0.0257)	(0.0255)	(0.0261)
Leverage		−1.9644***		−0.7292***
		(0.2223)		(0.2340)
Growth		−0.1412		−0.0786
		(0.0929)		(0.0634)
ROE		1.3134***		−1.4601***
		(0.3302)		(0.3011)
lnFixedAssets		0.6631***		−0.1043***
		(0.0440)		(0.0347)
Unification		0.0986		0.1352
		(0.0768)		(0.0909)

（续表）

变量	lnSubsidyRate			
	小型上市公司样本	小型上市公司样本	大型上市公司样本	大型上市公司样本
	模型(1)	模型(2)	模型(3)	模型(4)
年份效应	控制	控制	控制	控制
行业效应	控制	控制	控制	控制
F 值	55.93	58.30	48.77	43.78
R^2	0.2055	0.2483	0.1810	0.1851
观察值数量	11520	11520	11509	11509

注：***、** 和 * 分别表示在1%、5%和10%的显著性水平上显著；括号中为稳健标准误。

第六节　结论与启示

针对政治关联这一重要的非正式制度对政府补贴资源配置的影响，以及市场化进程在此过程中所起的作用，本章以中国A股上市公司2008—2017年的数据为样本，进行了计量分析，并进行了稳健性检验。主要的研究结论如下：

第一，以中国A股上市公司2008—2017年的数据为样本的计量分析表明，在保持其他因素不变时，政治关联度越高的企业，得到的政府补贴越多。也就是说，政治关联度高的企业，能够运用自身的政治资源来争取到更多的政府补贴。同时，由于政府拥有分配政府补贴这种稀缺资源的自由裁量权，难免会将政府补贴分配给政治关联度高的企业，这样对专注于管理创新而不善于经营政府关系的企业是不公平的，进而扭曲了政府补贴这一稀缺资源的配置，降低了整个社会的福利水平。研究结论的启示在于，在政府补贴这一经济政策工具的执行过程中，需要改变这种按政治资源来分配政府补贴的格局，避免政治关联这种非正式制度给政府补贴资源的配置所带来的扭曲，提高政府补贴资源的配置效率。

第二，企业所在地的市场化程度，减弱了企业政治关联度对政府补贴的正向影响。也就是说，市场化进程，作为一个正式制度不断建设和完善的过程，随着信息透明度的持续提高和监督机制的逐渐改进，能缓解按照政治资源分配政府补贴的形势。研究结论的启示在于，为了避免政治关联这种非正式制度对经济造成的负面影响、提高政府补贴资源的配置效率，中国经济仍然需要坚持市场化的改革方向，继续坚定不移地推进市场化进程。

第三，计量分析表明，在保持其他因素不变时，平均而言，当企业的政治关联度增加1个单位时，企业每年得到的各种政府补贴之和占企业营业总收入的比重，即企业得到的政府补贴率将增加13.39%，这为衡量政治关联度对政府补贴的影响提供了可以参考的度量值。另外，在保持其他因素不变时，平均而言，当企业所在地的市场化指数增加 1 个单位时，企业得到的政府补贴率所增加的 13.39% 减少 1.14%，也就是变为 12.25%，这也为市场化进程对于缓解按照政治资源分配政府补贴的格局所起的作用提供了可以参考的度量值。

第四，无论是非国有上市公司还是国有上市公司，实际上都存在按照政治资源来分配政府补贴的情况，而且企业所在地的市场化程度会减弱企业政治关联度对政府补贴的正向影响。但是，市场化进程对于缓解按照政治资源分配政府补贴的形势所起的作用，对于国有上市公司来说更大。这对于国有企业改革的启示在于，应坚定不移地走市场化道路，充分利用市场机制来优化资源配置。

本章在理论和实践方面具有重要启示。理论方面，本章从非正式制度的理论视角出发，用政治关联来解释企业所得到的政府补贴的差异，从而揭示了政府补贴的分配机制，即非正式制度所起的重要作用，丰富了已有文献对政府补贴资源配置问题的认识。不仅如此，本章还将市场化进程这一正式制度不断建设和完善的过程，引入政治关联与政府补贴的关系的分析中，从而揭示了正式制度与非正式制度的互动关系。在实践上，本章为政府补贴这一中国经济政策的重要工具的执行提供了参考，即在执行过程中应避免政治关联这种非正式制度给政府补贴资源的配置所带来的扭曲，同时坚定推动市场化进程，不断完善正式制度，以使政府补贴支出的决策过程受到更为严格的监督，相关的信息披露更为透明，进而提高政府补贴资源的配置效率，最终给企业和经济发展创造公平自由的竞争环境，使市场机制充分发挥作用。党的十九大报告和 2019 年《政府工作报告》都提出要“构建亲清新型政商关系”，政府补贴问题很好地体现了政府与企业的关系，本章可以为践行十九大报告提供一定的理论参考。

第二十一章　金融发展、现金持有水平及其市场价值

第一节　引　　言

金融发展对经济增长起到至关重要的作用。关于金融发展与经济增长之间的关系一直是学术界关注的热点话题，主流观点认为，金融发展会促进经济增长（GoldSmith，1969；Levine，1997；等等）。金融发展作为国家宏观经济层面的一个重要因素，很可能会对微观企业行为产生重要的影响，那么金融发展会如何影响微观企业现金持有行为及其由此产生的经济后果是一个非常值得研究的话题，本章将就此问题进行深入探讨。

之所以选择现金作为本章的研究对象，是因为现金作为企业流动性比较强的资产，其管理的好坏涉及企业的经营决策。现金可以作为企业的一种战略性资源，不仅可以起到预防性作用，帮助企业应对未来环境的不确定性，降低企业面临流动性危机的风险；与此同时，现金还会给企业带来代理成本问题，管理层在缺乏有效监督的情况下，会出于自利而去决定现金持有水平。这些都会影响到企业的盈利能力和市场价值。上市公司的微观决策与外部制度环境的发展变化密切相关，金融发展作为上市公司的一项重要外部环境，会影响到企业的微观决策。因此，金融发展水平也就很可能会对上市公司的现金持有行为产生重要的影响，主要体现在两个方面：一方面，金融发展可以缓解企业的外部融资约束，因为随着金融发展水平的提高，金融市场化得以加深，金融机构之间的竞争更加激烈，金融创新产品越来越多，这样一来拓宽了企业的融资渠道，降低了企业的融资成本，从而缓解了企业的外部融资约束程度；另一方面，金融发展能够降低投资者与企业之间的信息不对称程度，进而有助于投资者控制信用风险及抑制企业的代理问题。目前，国内外文献很少就金融发展如何影响现金持有行为的具体机理及其产生的经济后果做过深入研究。

本章以中国A股1999—2015年非金融类上市公司的年度数据为样本，通过借鉴樊纲和王小鲁等所编制的中国市场化指数中的金融市场化程度、金融业竞争和信贷资金分配市场化三个指标作为金融发展水平的代理变量，去研究中国金融发展水平对上市公司现金持有行为的影响及其产生的经济后果。研究结果表明：

随着中国金融发展水平的提高，上市公司的现金持有水平随之降低，且国有企业现金持有水平降低的幅度要大于民营企业；另外随着金融发展水平的提高，上市公司现金持有的市场价值随之上升，且国有企业上升的幅度要大于民营企业。在进一步检验中，我们检验了金融发展水平对企业现金—现金流敏感性的影响，结果发现金融发展降低了上市公司现金—现金流的敏感性，且国有企业降低的幅度要略大于民营企业；同时，我们还检验了金融发展水平对企业过度投资和代理成本的影响，结果发现金融发展抑制了企业过度投资水平，减轻了企业的代理问题，尤其是国有企业。

本章的学术贡献主要在于：① 通过考察地区金融发展水平对企业现金持有行为及其经济后果的影响，本章为理解企业现金持有行为提供了一个新的重要视角，不仅有助于加深对现金持有行为的理解，也丰富了企业现金持有方面的文献。② 关于金融发展对经济增长的理论文献研究已经很多，但关于金融发展对经济增长影响的微观渠道和机理尚未得到很好的理解。本章从金融发展与企业现金持有行为视角进行分析，为理解金融发展对经济增长的影响提供了新的实证证据。③ 基于中国特殊的制度背景，本章分析了金融发展对不同产权性质企业现金持有行为影响及其产生的经济后果，对于科学地制定金融发展政策，以及帮助不同性质的微观企业根据金融发展水平做出相应的现金持有行为调整具有重大的借鉴和参考意义。

本章的结构安排如下：第二节为研究背景与研究假设；第三节为模型设定；第四节为样本构成与变量定义；第五节为实证分析结果；第六节为结语。

第二节　研究背景与研究假设

一、金融发展与现金持有水平

已有很多研究表明中国的金融发展水平要远低于世界平均水平（Allen et al.，2005；Beck et al.，2014；等等）。金融发展水平低会使得当企业拥有好的投资项目急需资金时，却难以及时从外部市场融得资金，也就是说企业出现了融资约束。这样一来，金融服务实体经济的要求就没有达到，势必会影响到国民经济的发展。

国内外已有一些文献研究金融发展对企业行为产生的影响。如 Rajan & Zingales(1996)基于跨国数据进行研究，结果表明金融发展对于那些依赖外部融资行业的成长性具有更好的促进作用，这说明金融发展给需要资金的企业带来了更好的融资便利，有助于其把握投资机会，实现企业成长。Demirgüç-Kunt & Maksimovic(1998)的研究表明，发达的金融发展水平不仅可以为企业提供足够的外部资金，还能帮助投资者获取企业投融资决策的相关信息，这样会使企业更容

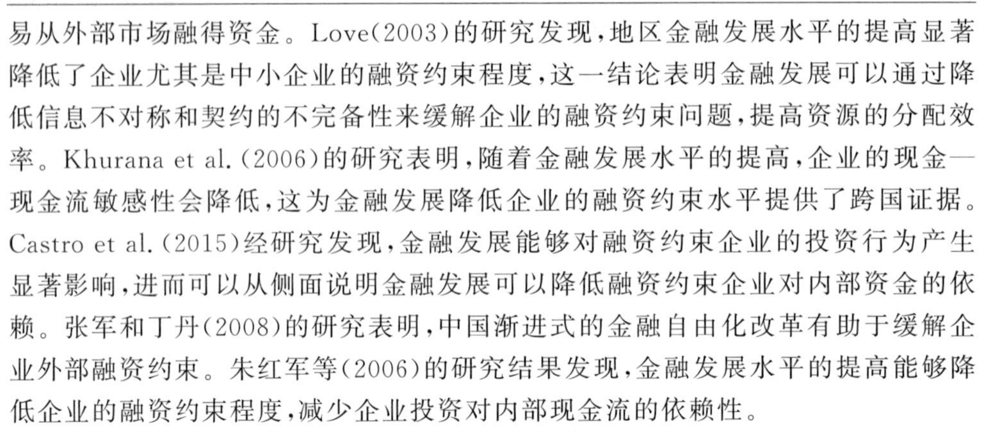

易从外部市场融得资金。Love(2003)的研究发现，地区金融发展水平的提高显著降低了企业尤其是中小企业的融资约束程度，这一结论表明金融发展可以通过降低信息不对称和契约的不完备性来缓解企业的融资约束问题，提高资源的分配效率。Khurana et al.(2006)的研究表明，随着金融发展水平的提高，企业的现金—现金流敏感性会降低，这为金融发展降低企业的融资约束水平提供了跨国证据。Castro et al.(2015)经研究发现，金融发展能够对融资约束企业的投资行为产生显著影响，进而可以从侧面说明金融发展可以降低融资约束企业对内部资金的依赖。张军和丁丹(2008)的研究表明，中国渐进式的金融自由化改革有助于缓解企业外部融资约束。朱红军等(2006)的研究结果发现，金融发展水平的提高能够降低企业的融资约束程度，减少企业投资对内部现金流的依赖性。

从以上研究我们可以得出，金融发展水平的提高主要通过两个方面来缓解企业的融资约束：一方面，伴随着金融发展水平的提高，金融规模不断扩大，金融创新产品越来越多，金融机构之间的竞争也变得越来越激烈，这就会拓宽企业的融资渠道，降低融资门槛和融资成本，从而缓解企业的融资约束程度；另一方面，金融发展有利于降低信息不对称，使资金的分配效率得以提高，从而缓解企业的融资约束。

Jensen(1986)从代理问题角度去研究现金持有问题，他认为企业现金积累可以起到缓冲剂的作用，这样不仅降低企业的经营风险和弱化监管，还可以让管理层具有更强的自主控制能力。金融发展水平的提高有助于降低投资者与企业管理层的信息不对称程度，增强契约的完备性，从而解决企业内部的自由现金流问题。

总而言之，金融发展水平的提高，缓解了企业的外部融资约束，内部现金的预防作用得到削弱，企业没必要积累过多的现金，而将现金投入到更有价值的项目中去。另外，金融发展降低了企业内部人对自由现金流的代理成本，减弱了内部人出于自利目的而持有过多现金的动机。基于以上分析，我们提出以下假设：

假设1：在其他条件不变的条件下，随着金融发展水平的提高，企业现金持有量会随之下降。

二、金融发展与企业现金持有的市场价值

金融发展缓解了企业的外部融资约束，现金持有的机会成本会随之上升，边际收益下降，因此，根据现金持有的权衡理论可以得到，随着金融发展水平的提高，企业内部没有必要预留过多的现金，即金融发展导致现金持有量下降，现金的边际市场价值会随之上升。

相比于其他资产，现金资产具有更强的流动性，更易被转移(Myers & Rajan,1998)，因此控股股东出于自身利益最大化的考虑，为了侵占企业的利益，倾向于在企业内部积累现金；管理层则趋于增强自主控制权，降低企业经营风险和弱化监管，也倾向于积累现金。这些都有可能损害企业现金持有的市场价值(Jensen, 1986)。但随着金融发展水平的提高，外部市场对企业的监督会加深，有利于防范企业积累过多的现金。根据现金持有的代理理论，持有过多现金会有损企业的市场价值，金融发展有助于减轻企业的代理问题，使企业现金持有的边际市场价值上升。

因此，我们预期金融发展水平的上升会提高对现金持有的市场价值，基于此我们提出以下假设：

假设 2：在其他条件不变的情况下，随着金融发展水平的提高，金融发展对现金持有的市场价值的影响是正向的。

第三节　模型设定

一、金融发展与企业现金持有水平

为了检验金融发展对企业现金持有水平的影响，本章借鉴已有文献 Opler et al. (1999)的研究方法[①]，建立如下面板回归模型：

$$\begin{aligned} \text{Cash}_{it} &= \alpha_0 + \alpha_1 \text{FD}_{it} + \alpha_2 \text{Cflow}_{it} + \alpha_3 \text{Size}_{it} + \alpha_4 \text{Nwc}_{it} \\ &\quad + \alpha_5 \text{Inv}_{it} + \alpha_6 \text{TobinA}_{it} + \alpha_7 \text{Tl}_{it} + \alpha_8 D_{it} + \varepsilon_{it} \qquad \text{模型(1)} \end{aligned}$$

模型(1)中，i 和 t 分别表示企业和年份；因变量为企业的现金持有量 Cash_{it}，用企业非现金资产进行标准化；FD_{it} 表示金融发展水平指标，为主要测试变量。若前面的系数 $\alpha_1 > 0$，表示随着金融发展水平的提高，企业现金持有量在增加；反之，若 $\alpha_1 < 0$，表示随着金融发展水平的提高，企业现金持有量在减少。控制变量包含了企业的一些基本财务特征变量，具体有：经营活动产生的现金流量净额 Cflow_{it}、公司规模大小 Size_{it}、净营运资本 Nwc_{it}、投资支出 Inv_{it}、投资机会 TobinA_{it}、财务杠杆 Tl_{it}、现金股利支付 D_{it}，上述变量具体定义请参照表 21-1。

二、金融发展与企业现金市场价值

为了检验金融发展对企业现金持有量的市场价值的影响，我们主要借鉴了 Fama & French(1998)文中用的经典企业价值回归模型，而 Pinkowitz & Wiliamson(2002)、Pinkowitz et al. (2006)、Dittmar & Mahrt-Smith(2007)以及杨兴全和张照南(2008)、罗琦和秦国楼(2009)等都采用修正的 Fama & French(1998)的现

① 国内学者罗琦和秦国楼(2009)、陈德球和李思飞等(2011)、杨兴全和齐云飞等(2016)等都借鉴此方法对企业现金持有水平进行了研究。

金价值模型，因此本章也采用修正的现金价值模型，具体如下：

$$\begin{aligned} MV_{it} = & \beta_0 + \beta_1 Cash_{it} + \beta_2 FD_{it} + \beta_3 FD_{it} \cdot Cash_{it} + \beta_4 Cflow_{it} \\ & + \beta_5 d\, Cflow_{it} + \beta_6 d\, Cflow_{it+1} + \beta_7 d\, NA_{it} + \beta_8 d\, NA_{it+1} \\ & + \beta_9 I_{it} + \beta_{10} dI_{it} + \beta_{11} dI_{it+1} + \beta_{12} D_{it} + \beta_{13} dD_{it} \\ & + \beta_{14} dD_{it+1} + \beta_{15} Invt_{it} + \beta_{16} d\, Invt_{it} + \beta_{17} d\, Invt_{it+1} \\ & + \beta_{18} d\, MV_{it+1} + \varepsilon_{it} \end{aligned} \qquad \text{模型(2)}$$

模型(2)中，因变量 MV_{it} 代表企业的市场价值；$Cash_{it}$ 为企业现金持有量；FD_{it} 为金融发展水平；现金持有量和金融发展程度的交互项（$FD_{it} \cdot Cash_{it}$）的系数 β_3 是我们主要关注的焦点。如果 $\beta_3 > 0$，则表明金融发展带来企业现金市场价值的提升；反之，如果 $\beta_3 < 0$，则表明金融发展带来企业现金市场价值的下降。此外，$Cflow_{it}$、$d\, Cflow_{it}$ 和 $d\, Cflow_{it+1}$ 为经营活动产生的现金流量净额及其增长；$d\, NA_{it}$ 和 $d\, NA_{it+1}$ 为非现金资产的增长；I_{it}、dI_{it} 和 dI_{it+1} 为利息支出及其增长，本章是以财务费用来表示；D_{it}、dD_{it} 和 dD_{it+1} 为现金股利及其增长；$Invt_{it}$、$d\, Invt_{it}$ 和 $d\, Invt_{it+1}$ 为投资支出及其增长；$d\, MV_{it+1}$ 为企业市场价值的预期增长。上述变量的具体定义请参见表 21-1，为了控制异方差的影响，除金融发展水平之外，其他所有的变量都除以非现金资产进行标准化。

第四节　样本构成与变量定义

一、样本构成

本节企业层面的数据来自国泰安数据库，金融发展指标数据来自樊纲和王小鲁等所编制的《中国市场化指数：各地区市场化相对进程 2011 年报告》和《中国分省份市场化指数报告(2016)》。金融发展指标中，金融业竞争数据主要介于 1999 年和 2015 年之间；由于信贷资金分配市场化和金融市场化程度在 2009 年之后的计算方法发生变化，因此，信贷资金分配市场化数据主要介于 1999 年和 2009 年之间；金融市场化程度数据主要介于 1999 年和 2009 年之间。企业层面的数据主要选取的是 1999—2015 年中国全部 A 股上市公司样本作为研究对象。根据以下标准对数据做进一步筛选：① 剔除金融保险类上市公司；② 剔除实施了 ST(进行特别处理的股票)等非正常状态的上市公司；③ 剔除股权性质为外资和其他类型的上市公司；④ 剔除主要变量缺失和未连续两年以上有样本的上市公司。最后得到具有24 254个观察值的非平衡面板数据，包含 2 346 家上市公司，时间跨度最长为 17 年，最短为 2 年。为了消除离群值对估计结果产生的影响，本章对所有相关的连续变量样本进行上下 1%的缩尾处理。

二、变量定义

表 21-1 主要变量定义

变量名称	符号	变量定义
现金持有量	Cash	现金期末持有量与短期投资或交易性金融资产之和/非现金资产
现金流量	Cflow	经营活动产生的现金流量净额/非现金资产
企业规模	Size	Ln(总资产)
投资机会	TobinA	市场价值 A/总资产
财务杠杆	Tl	负债合计/总资产
净营运资本	Nwc	(流动资产－流动负债－货币资金)/非现金资产
资本支出	Invt	购建固定资产、无形资产和其他长期资产支付的现金/非现金资产
利息支出	*I*	财务费用/非现金资产
现金股利	*D*	现金股利/非现金资产
企业市场价值	MV	市场价值/非现金资产
金融市场化程度	MAR	选自樊纲和王小鲁等所编制的中国市场化指数
金融业竞争	COMP	选自樊纲和王小鲁等所编制的中国市场化指数
信贷资金分配市场化	LOAN	选自樊纲和王小鲁等所编制的中国市场化指数

表 21-1 中，投资机会 TobinA 直接选自国泰安数据库，指的是市场价值 A 与总资产的比例，根据国泰安数据库的定义，市场价值 A 的计算公式为：人民币普通股・今收盘价当期值＋境内上市的外资股 B 股・今收盘价当期值・当日汇率＋(总股数－人民币普通股－境内上市的外资股 B 股)・所有者权益合计期末值/实收资本本期期末值＋负债合计本期期末值。*I* 为上市公司当年发生的利息支出，本章以财务费用来代替表示。MV 为上市公司的市场价值，参照以往文献的计算方法，上市公司的市场价值为流通股市值、非流通股市值与上市公司负债的账面价值总和，再用非现金资产进行标准化。其中非流通股每股转让价格因为没有完全市场化的数据，因此用每股净资产来代替。金融发展指标用金融市场化程度(MAR)、金融业竞争(COMP)和信贷资金分配市场化(LOAN)三个指标来代替表示，金融发展程度越高，金融市场化程度就越高，金融业竞争就越激烈，信贷资金分配市场化就越高。

三、主要变量的描述性统计

表 21-2 提供了主要变量的描述性统计结果。从表中我们可以看出，上市公司的市场价值(MV)的均值为 2.491，中位数为 1.869；现金持有量(Cash)的均值为 0.276，中位数为 0.158；这两个因变量的均值均大于中位数，呈现出右偏特征，说

明一半以上的上市公司的市场价值和现金持有量没有达到平均水平，这与已有文献结果一致。金融发展水平指标中，金融业市场化程度、金融业竞争程度和信贷资金分配程度的均值均小于中位数。控制变量中，经营活动产生的现金流量(Cflow)、企业规模(Size)、投资机会(TobinA)、投资支出(Invt)和现金股利(*D*)的均值均大于中位数，呈现出右偏特征；另外，财务杠杆(Tl)和利息支出(*I*)的均值基本上与中位数相等；净营运资本(Nwc)的均值(−0.013)小于中位数(−0.003)，呈现出左偏特征。

表 21-2 主要变量的描述性统计

变量	样本数	均值	中位数	标准差	最小值	最大值
MV	24 000	2.491	1.869	1.879	0.959	12.500
Cash	24 000	0.276	0.158	0.357	0.003	2.226
Cflow	24 000	0.060	0.053	0.106	−0.237	0.429
Size	24 000	21.600	21.440	1.199	19.160	25.340
Tl	24 000	0.460	0.459	0.215	0.049	1.074
Nwc	24 000	−0.013	−0.003	0.207	−0.641	0.460
TobinA	24 000	2.094	1.560	1.809	0.233	10.480
Invt	24 000	0.075	0.053	0.073	0.000	0.347
I	24 000	0.010	0.010	0.015	−0.039	0.058
D	24 000	0.009	0.004	0.014	0.000	0.085
MAR	12 000	7.779	7.900	2.796	0.850	12.66
COMP	24 000	8.234	8.760	2.411	0.390	11.72
LOAN	12 000	8.609	9.180	3.790	0.460	14.61

第五节 实证分析结果

由于中国上市公司存在特殊的制度背景，国有和民营这两种产权性质的企业需要区别对待。国有企业具有特定的政治背景，政府以各种形式介入国有企业，增强了国有企业的信用能力和融资能力。民营企业受到各种条件的限制，外部融资存在诸多障碍，处于相对劣势地位(Brandt & Li，2003)，面临更加严重的“信贷约束”或“信贷配给”问题(Fan et al.，2007；张杰和刘东，2006)。林毅夫和李永军(2001)分析了金融深化与民营企业的融资问题，指出中国金融市场仍处于抑制状态，民营企业难以获得稳定的资金来源。另外，国有企业的代理问题也是各界关注的热点话题，因为国有企业存在所有者缺位问题，缺乏对内部人有效的监督和激励机制，相对于民营企业，代理问题可能会更加严重。因此，我们预计在其他条件不变的条件下，金融发展水平的提高对国有企业和民营企业现金持有量和现金价值的影响会有所不同。我们下文中通过按产权性质进行分组，分别回归分析金融发展对国有企业和民营企业现金持有量和现金价值的具体影响。

一、金融发展与现金持有水平

表 21-3 和表 21-4 为金融发展与现金持有水平的回归结果，其中表 21-3 为全样本下的回归结果，表 21-4 为按股权性质分组后的回归结果。为了控制不随时间变化且不可观测的企业个体特征，如企业文化、CEO 个人特征等，本节基于豪斯曼检验，拒绝“H_0：不可观测的个体异质性与自变量不相关”假设，因此，本章的所有回归模型均采取固定效应模型进行估计分析。

表 21-3　全样本下金融发展与现金持有水平回归结果

	(1)	(2)	(3)
MAR	−0.0120***		
	(−12.46)		
COMP		−0.0098***	
		(−7.71)	
LOAN			−0.0068***
			(−11.08)
Size	0.0253***	−0.0057*	0.0198***
	(5.88)	(−1.86)	(4.71)
Tl	−0.4962***	−0.7158***	−0.4996***
	(−26.80)	(−43.22)	(−26.94)
Cflow	0.3377***	0.4158***	0.3365***
	(17.86)	(22.66)	(17.76)
Nwc	−0.2996***	−0.4799***	−0.2933***
	(−18.62)	(−32.59)	(−18.24)
TobinA	0.0077***	−0.0024**	0.0074***
	(5.75)	(−2.01)	(5.54)
Invt	0.1172***	0.3273***	0.1245***
	(4.24)	(12.22)	(4.50)
D	4.4038***	4.1288***	4.4091***
	(21.02)	(25.85)	(21.01)
N	11802	24248	11802
r2_w	0.2150	0.2126	0.2125

注：括号内为 *t* 统计量值；标准误差经 robust 调整；***、** 和 * 分别表示在 1%、5% 和 10% 的显著性水平上显著。

金融发展指标分别用樊纲和王小鲁等所编制的中国市场化指数中的金融市

场化程度(MAR)、金融业竞争(COMP)和信贷资金分配市场化(LOAN)三个指标来代替。从表21-3的回归结果来看,金融市场化程度(MAR)、金融业竞争和信贷资金分配市场化三个指标的回归系数都显著为负,并且都在1%的水平上显著。回归结果表明,伴随着金融发展水平的提高,企业现金持有量会随之减少,支持了本章的假设1。从控制变量的回归结果来看,企业规模(Size)与现金持有量回归系数显著为正,与现有国外文献的研究结果(现有国外文献认为小规模企业外部融资成本更高,往往持有更多的现金)相反,很大可能是因为中国大规模企业中国有企业居多,代理问题相对严重,从而导致规模越大的企业持有现金越多。财务杠杆(Tl)和净营运资本(Nwc)与现金持有量负相关。财务杠杆的提高,一方面要求企业提高现金持有水平,以降低发生财务困境的可能性;另一方面反映出企业外部融资能力较强,可以降低现金持有水平,即负债在一定程度上替代了现金持有(John,1993)。负的财务杠杆回归系数主要说明了负债对现金持有具有替代作用。净营运资本具有流动性强、变现成本低等特点,一般可以作为现金持有的替代物,与现金持有量负相关,回归结果正好与此相吻合。经营活动产生的现金流量净额(Cflow)、投资机会(TobinA)、投资支出(Invt)和现金股利(D)与现金持有量正相关。经营活动产生的现金流量净额越多,企业越持有更多的现金,这与Dittmar et al.(2007)的研究结果一致,也符合权衡理论和融资优序理论。投资机会越多,现金持有量越多,因为投资机会多的企业失去投资机会的机会成本更大,需要持有更多的现金来预防资金短缺。现金持有的静态权衡理论认为,较高的投资支出意味着企业有比较好的投资机会,这会促使企业持有更多的现金。与权衡理论相反,融资优序理论认为投资支出会首先消耗企业内部积累的现金,使其与现金持有负相关,表21-3投资支出的回归系数结果符合权衡理论预期。现金股利系数显著为正,这与Ozkan et al.(2004)的研究结果一致,表明支付现金股利越多的企业越需要持有更多的现金以避免资金不足,符合权衡理论预期。

表21-4 按股权性质划分下金融发展与现金持有水平回归结果

	国有企业			民营企业		
	(1)	(2)	(3)	(4)	(5)	(6)
MAR	−0.0129***			−0.0110***		
	(−11.19)			(−6.24)		
COMP		−0.0126***			−0.0115***	
		(−10.41)			(−4.39)	
LOAN			−0.0072***			−0.0064***
			(−9.81)			(−5.79)

（续表）

	国有企业			民营企业		
	(1)	(2)	(3)	(4)	(5)	(6)
Size	0.0347***	0.0202***	0.0285***	0.0029	−0.0386***	−0.0017
	(6.61)	(6.38)	(5.55)	(0.36)	(−6.93)	(−0.22)
Tl	−0.4985***	−0.4554***	−0.4990***	−0.4949***	−1.0314***	−0.5015***
	(−21.70)	(−26.93)	(−21.67)	(−15.44)	(−34.34)	(−15.68)
Cflow	0.3477***	0.3718***	0.3473***	0.3200***	0.4954***	0.3178***
	(15.24)	(19.62)	(15.19)	(9.48)	(15.17)	(9.42)
Nwc	−0.3366***	−0.3373***	−0.3273***	−0.2395***	−0.6204***	−0.2371***
	(−16.74)	(−22.17)	(−16.30)	(−8.78)	(−23.56)	(−8.69)
TobinA	0.0097***	0.0104***	0.0096***	0.0049**	−0.0087***	0.0044**
	(5.60)	(7.54)	(5.55)	(2.29)	(−4.52)	(2.08)
Invt	0.0641**	0.0952***	0.0732**	0.1982***	0.4612***	0.2014***
	(1.97)	(3.44)	(2.25)	(3.80)	(9.61)	(3.86)
D	4.1191***	3.2246***	4.1300***	4.9562***	4.9117***	4.9531***
	(16.71)	(19.21)	(16.71)	(12.59)	(17.60)	(12.57)
N	7976	13524	7976	3826	10724	3826
$r2\_w$	0.2137	0.1908	0.2105	0.2253	0.2691	0.2241

注：括号内为 t 统计量值；标准误差经 robust 调整；***、** 和 * 分别表示在 1%、5% 和 10% 的显著性水平上显著。

从表 21-4 的回归结果来看，表 21-4 中模型（1）、模型（2）、模型（3）对应的是国有企业回归结果，模型（4）、模型（5）、模型（6）对应的是民营企业回归结果。当实际现金持有量作为因变量时，国有企业金融市场化程度、金融业竞争和信贷资金分配市场化回归系数分别为−0.0129、−0.0126 和−0.0072，民营企业三个指标的回归系数分别为−0.0110、−0.0115 和−0.0064，它们都在 1%的水平上显著，且国有企业每个金融发展指标对应的回归系数都要小于民营企业所对应的回归系数。这表明随着中国金融发展水平的提高，国有企业现金持有减少量要大于民营企业。从表 21-4 控制变量的回归结果来看，除企业规模之外，其他控制变量系数基本与全样本下回归结果方向一致，国有企业企业规模越大，现金持有量越少，而民营企业恰恰相反，这从侧面说明了国有企业更容易存储现金，代理问题比较严重，资金使用效率比较低。

二、金融发展与现金市场价值

表 21-5 和表 21-6 为金融发展与现金市场价值的回归结果，其中表 21-5 为全样本下的回归结果，表 21-6 为按股权性质分组后的回归结果。表 21-5 和表 21-6

中，变量 FC 为对应的金融发展水平指标与现金持有量的交互项。从表 21-5 企业现金价值的回归结果来看，采用三个金融发展指标都得出金融发展水平指标与现金持有量的交互项 FC 的回归系数为正，且均在 1%的水平上显著，这表明随着中国金融发展水平的提高，上市公司现金持有的边际价值会提高。

表 21-5 全样本下金融发展与现金市场价值回归结果

	(1)	(2)	(3)
FC	0.1185***	0.0622***	0.0706***
	(5.90)	(3.44)	(4.78)
MAR	0.0721***		
	(10.76)		
COMP		0.1306***	
		(18.68)	
LOAN			0.0463***
			(10.02)
N	10 326	19 926	10 326
$r2\_w$	0.2645	0.2263	0.2596

注：括号内为 t 统计量值；标准误差经 robust 调整；***、** 和 * 分别表示在 1%、5%和 10%的显著性水平上显著。

从表 21-6 的回归结果来看，表 21-6 中模型(1)、模型(2)、模型(3)对应的是国有企业回归结果，模型(4)、模型(5)、模型(6)对应的是民营企业回归结果。在实际现金持有量价值的回归模型中，国有企业金融市场化程度、金融业竞争和信贷资金分配市场化与现金持有量的交互项回归系数分别为 0.1539、0.1049 和 0.1112，且都在 1%的水平上显著；民营企业三个指标的回归系数分别为 0.0556、0.0534 和−0.0226，只有金融业竞争系数在 10%的水平上显著，并且国有企业每一个交互项 FC 的回归系数都大于民营企业所对应的回归系数。这表明，随着中国金融发展水平的提高，国有企业现金持有量的边际价值上升的幅度要大于民营企业。为了节省篇幅，表 21-5 和表 21-6 也未一一列举控制变量的回归系数结果。

表 21-6 按股权性质划分下金融发展与现金市场价值回归结果

	国有企业			民营企业		
	(1)	(2)	(3)	(4)	(5)	(6)
FC	0.1539***	0.1049***	0.1112***	0.0556	0.0534*	−0.0226
	(8.02)	(4.90)	(7.90)	(1.10)	(1.69)	(−0.60)

（续表）

	国有企业			民营企业		
	(1)	(2)	(3)	(4)	(5)	(6)
MAR	0.0486***			0.1361***		
	(7.45)			(8.42)		
COMP		0.0998***			0.1867***	
		(13.07)			(13.51)	
LOAN			0.0300***			0.0907***
			(6.69)			(8.06)
N	7 079	11 628	7 079	3 247	8 298	3 247
r2_w	0.3421	0.2555	0.3397	0.2141	0.2254	0.2055

注：括号内为 t 统计量值；标准误差经 robust 调整；***、** 和 * 分别表示在 1%、5%和 10%的显著性水平上显著。

三、进一步检验

1. 稳健性检验

（1）采用“（货币资金＋短期投资净额）/非现金资产”衡量现金持有水平，发现本章的基本结论仍然成立，并未发生实质性变化。

（2）金融发展指标分别采用樊纲和王小鲁等编制的中国市场化指数中的1999—2009年金融市场化程度（MAR）、1999—2015年金融业竞争（COMP）和1999—2009年信贷资金分配市场化（LOAN）三个指标作为代理变量，得到的检验结果也基本保持一致。由此，可以认为本节的检验结果具有很好的稳健性。

（3）非流通股价值按流通股市值的20%或30%折价计算。

由于每股净资产的定价低于市价，以每股净资产代替非流通股价格可能会低估非流通股比例较高的国有控股公司的价值，因此，本章借鉴 Bai et al.（2004）、王鹏（2008）、杨兴全和张照南（2008）等文献中的做法，将非流通股市值以流通股市值的20%或30%折价来计算上市公司的市场价值，进一步检验金融发展对上市公司持有现金市场价值的影响，检验结果依然表明金融发展增加了现金持有的边际价值，且国有企业增加的幅度要大于民营企业。

2. 机制性检验

（1）金融发展对现金—现金流敏感性的影响。

表21-7展示了金融发展对现金—现金流敏感性影响的回归结果，包括全样本和按股权性质分样本两种情况。现金—现金流敏感性是指单位现金流所产生的现金持有量变化。根据以往文献，现金—现金流敏感性在某种程度上反映了融资约束的大小，受到融资约束的企业一般会进行更多的内部资金积累，因此，有融资

约束的企业现金—现金流敏感性一般情况下要高于非融资约束公司。本章借鉴Almeida et al.(2004)文中的现金—现金流敏感性模型,分析金融发展对上市公司现金—现金流敏感性的影响。表21-7中Part A部分的模型(1)、模型(2)、模型(3)分别为全样本下三个金融发展指标对应的回归结果,Part B部分的模型(4)、模型(5)、模型(6)为国有企业三个金融发展指标对应的回归结果,模型(7)、模型(8)、模型(9)为民营企业三个金融发展指标对应的回归结果。从全样本回归结果

表21-7 金融发展对现金—现金流敏感性影响

Part A:全样本下的回归结果			
	(1)	(2)	(3)
FD·Cflow	−0.0140***	−0.0007	−0.0132***
	(−3.45)	(−0.19)	(−4.48)
Cflow	0.5982***	0.4756***	0.6035***
	(17.14)	(15.21)	(20.70)
MAR	0.0003		
	(0.43)		
COMP		−0.0016**	
		(−2.25)	
LOAN			0.0005
			(1.23)
N	10 761	22 470	10 761
r2_w	0.2383	0.1809	0.2389

Part B:按股权性质分样本下的回归结果						
	(4)	(5)	(6)	(7)	(8)	(9)
FD·Cflow	−0.0138***	−0.0028	−0.0126***	−0.0121	−0.0002	−0.0123**
	(−2.89)	(−0.67)	(−3.70)	(−1.57)	(−0.03)	(−2.13)
Cflow	0.6028***	0.4769***	0.6033***	0.5683***	0.4899***	0.5841***
	(14.87)	(13.79)	(18.19)	(8.35)	(8.30)	(9.80)
MAR	0.0002			0.0006		
	(0.26)			(0.51)		
COMP		−0.0005			−0.0028**	
		(−0.67)			(−2.05)	
LOAN			0.0004			0.0008
			(0.80)			(1.08)
N	7 398	12 822	7 398	3 363	9 648	3 363
r2_w	0.2557	0.2121	0.2563	0.2126	0.1587	0.2132

注:括号内为*t*统计量值;标准误差经robust调整;***、**和*分别表示在1%、5%和10%的水平上显著。

来看，金融发展指标与经营活动产生的现金流量净额的交互项(FD·Cflow)系数为负，模型(1)、模型(3)都在1%的水平上显著，说明金融发展降低了现金—现金流敏感性，缓解了企业的融资约束。从按股权性质分样本的回归结果来看，不论是国有企业还是民营企业，金融发展指标与经营活动产生的现金流量净额的交互项(FD·Cflow)系数均为负，且国有企业对应系数的绝对值稍微大些，这说明相对于民营企业，金融发展更大程度上降低了国有企业的现金—现金流敏感性。

(2) 金融发展与过度投资。

企业也可能通过过度投资减少了企业现金持有量。赵立彬(2012)认为金融发展提高了企业贷款量，而企业长期贷款量越多会更容易进行过度投资，也就是说金融发展并没有抑制企业过度投资。为此，本节进一步考察金融发展对过度投资的影响。为了估计过度投资，本章借鉴 Richardson(2006)、王彦超(2009)等文献中的做法，建立如下适度投资水平的估计模型，残差部分为异常投资，即实际投资与适度投资之间的差额。当残差大于0，表示过度投资；当残差小于0，表示投资不足。

$$\begin{aligned}\mathrm{Invt}_{it} = &\gamma_0 + \gamma_1 \mathrm{Cflow}_{it-1} + \gamma_2 \mathrm{TobinA}_{it-1} + \gamma_3 \mathrm{Tl}_{it-1} \\ &+ \gamma_4 \mathrm{Size}_{it-1} + \gamma_5 \mathrm{Roa}_{it-1} + \gamma_6 \mathrm{Invt}_{it-1} + \varepsilon_{it}\end{aligned} \tag{21-1}$$

为了研究金融发展与过度投资的关系，我们选取 $\varepsilon_{it}>0$ 的样本作为研究对象，借鉴 Richardson(2006)和王彦超(2009)文中的做法并加以修改，建立起金融发展对过度投资影响的研究模型：

$$\mathrm{Overinv}_{it} = \delta_0 + \delta_1 \mathrm{FD}_{it} + \delta_2 \mathrm{FCF}_{it} + \delta_3 \mathrm{Tobin}A_{it} + \delta_4 \mathrm{Size}_{it} + \varepsilon_{it} \tag{21-2}$$

式(21-2)中，因变量 $\mathrm{Overinv}_{it}$ 是由式(21-1)估计得到，即正的残差；FCF_{it} 为自由现金流，引入作为控制变量之一，它的计算借鉴 Richardson(2006)提出的一个估计方法：{(经营活动产生的现金流量净额－折旧－摊销)/总资产－$\widehat{\mathrm{Invt}}_{it}$}，$\mathrm{Invt}_{it}$ 为根据式(21-1)估计出来的适度投资额。表21-8为回归结果，模型(1)、模型(2)、模型(3)分别为对应的三个金融发展指标，金融发展指标回归系数都在1%的水平上显著为负，说明金融发展降低了过度投资水平，这排除了企业因过度投资而导致现金持有量减少的可能。

表 21-8 金融发展对过度投资的影响

	(1)	(2)	(3)
MAR	−0.0040***		
	(−5.76)		
COMP		−0.0026***	
		(−5.07)	

（续表）

	(1)	(2)	(3)
LOAN			-0.0027^{***}
			(−5.84)
FCF	0.0212^{*}	0.0074	0.0208^{*}
	(1.72)	(1.08)	(1.69)
TobinA	0.0020^{**}	0.0022^{***}	0.0018^{**}
	(2.40)	(4.92)	(2.16)
Size	0.0029	-0.0035^{***}	0.0026
	(1.00)	(−3.26)	(0.92)
N	3096	7929	3096
$r2\_w$	0.0248	0.0233	0.0253

注：括号内为 t 统计量值；标准误差经 robust 调整；***、** 和 * 分别表示在 1%、5%和 10%的显著性水平上显著。

(3) 金融发展与代理成本。

Jensen & Meckling(1976)文中指出股东与经理人之间存在利益冲突，因而他们之间存在代理成本。Ang et al. (2000)认为可以采用管理费用率、营业费用率和财务费用率等来反映股东与经理人之间的代理成本。由于管理费用与管理者个人利益关系最为密切，因此本节采用管理费用率（管理费用 /营业收入）来作为代理成本的替代变量。以代理成本为因变量，金融发展为主要自变量，控制企业规模、财务杠杆、固定资产净额、企业成长性和资产收益率进行回归，回归结果如表 21-9 所示。表 21-9 中 Part A 部分的模型(1)、模型(2)、模型(3)分别为全样本下三个金融发展指标对应的回归结果，Part B 部分的模型(4)、模型(5)、模型(6)为国有企业三个金融发展指标对应的回归结果，模型(7)、模型(8)、模型(9)为民营企业三个金融发展指标对应的回归结果。从全样本回归结果来看，模型(1)和模型(3)中金融发展指标的回归系数在 1%的水平上显著为负，模型(2)中金融发展指标的回归系数在 1%的水平上显著为正，主要是受民营企业样本的影响。因为从按股权性质分样本下的回归结果来看，国有企业中金融发展指标的回归系数都为负，模型(4)和模型(6)都在 1%的水平上显著，说明随着金融发展水平的提高，国有企业的代理成本相应地随之减少；而民营企业中金融发展指标的回归系数虽然均为正，但只有模型(8)中金融业竞争指标的回归系数显著，说明随着金融发展水平的提高，并不是带来民营企业代理成本的上升，恰恰相反，民营企业在管理层上的投入还不够，管理费用与营业收入的比例还未达到最优水平。

表 21-9 金融发展对代理成本的影响

Part A:全样本下的回归结果			
	(1)	(2)	(3)
MAR	−0.0025***		
	(−4.65)		
COMP		0.0014***	
		(2.96)	
LOAN			−0.0018***
			(−5.17)
N	9933	21224	9933
$r2\_w$	0.3660	0.2675	0.3664

Part B:按股权性质分样本下的回归结果						
	(4)	(5)	(6)	(7)	(8)	(9)
MAR	−0.0044***			0.0010		
	(−8.29)			(0.77)		
COMP		−0.0007			0.0056***	
		(−1.34)			(6.19)	
LOAN			−0.0029***			0.0008
			(−8.31)			(1.08)
N	6835	12156	6835	3098	9068	3363
$r2\_w$	0.3437	0.2435	0.3437	0.4177	0.3058	0.2132

注:括号内为 t 统计量值;标准误差经 robust 调整;***、** 和 * 分别表示在 1%、5%和 10%的显著性水平上显著。

第六节 结 语

本章以中国 A 股非金融类上市公司 1999—2015 年数据为研究样本,通过借鉴樊纲和王小鲁等所编制的中国市场化指数中的金融市场化程度、金融业竞争和信贷资金分配市场化三个指标作为金融发展水平的代理变量,去研究中国金融发展水平对上市公司现金持有行为的影响及其产生的经济后果。研究结果显示:从全样本回归来看,金融发展减少了中国上市公司的现金持有量,增加了上市公司现金持有的边际市场价值。由于中国的特殊制度背景,企业的产权性质可能会对结果产生重要的影响。因此,我们按产权性质对企业进行分组来考察影响,从回归分析结果来看,金融发展更大程度上减少了国有企业的现金持有量,增加了国有企业现金持有的边际市场价值。进一步检验发现,金融发展降低了上市公司的现金—现金流敏感性，且国有企业降低的幅度要大于民营企业；同时，我们还检验了金融发展对企业过度投资和代理成本的影响，结果发现金融发展抑制了企业过度投资水平，降低了企业的代理成本，尤其是国有企业。这些表明中国金融发展水平的提升，主要是通过缓解上市公司的外部融资约束和减轻代理问题来降低其现金持有量，其中民营企业主要是通过外部融资约束的缓解，国有企业主要是通过代理问题的减轻，另外加上更便利的外部融资环境，因此，随着金融发展水平的提高，国有企业现金持有的边际价值增加得更多。为此，我们要大力发展金融业，提高金融市场化程度，加大金融业之间的相互竞争，提高信贷资金分配效率，促使中国融资规模不断扩大、金融产品不断丰富、金融服务不断优化、金融体系不断完善、结构更加合理，以更好地让金融服务于企业的发展，尤其是民营企业；同时要深化国有企业改革，完善现代企业制度。这样一来，不仅有助于缓解当前民营企业融资难、融资贵的问题，同时能减轻国有企业的代理问题，确保中国经济平稳增长。

参考文献

中文参考文献

[1] 理查德・坎蒂隆.商业性质概论[M].北京:商务印书馆,1997.

[2] 加里・皮萨诺,威利・史.制造繁荣:美国为什么需要制造业复兴[M].机械工业信息研究院战略与规划研究所,译.北京:机械工业出版社,2014.

[3] 埃森哲.物联网+:助制造业向智能服务转型[J].软件和集成电路,2018(05):74—90.

[4] 巴曙松,李胜利.全球性经济金融结构失衡是问题之本[J].中国外汇,2008(11):23—23.

[5] 白重恩,张琼.中国经济增长潜力研究[J].新金融评论,2016(05):62—110.

[6] 保罗・克鲁格曼.萧条经济学的回归和 2008 年经济危机[M].刘波,译.北京:中信出版社,2009.

[7] 蔡昉,都阳.中国地区经济增长的趋同与差异对西部开发战略的启示[J].经济研究,2000(10):30—37,80.

[8] 蔡昉,王德文.中国经济增长可持续性与劳动贡献[J].经济研究,1999(10):62—68.

[9] 蔡昉.人口转变、人口红利与刘易斯转折点[J].经济研究,2010(4):4—13.

[10] 曹静,周亚林.人工智能对经济的影响研究进展[J].经济学动态,2018(01):103—115.

[11] 曹远征.美国住房抵押贷款次级债风波的分析与启示[J].国际金融研究,2007(11):4—11.

[12] 钞小静,惠康.中国经济增长质量的测度[J].数量经济技术经济研究,2009(6):75—86.

[13] 陈德球,李思飞,王丛.政府质量、终极产权与公司现金持有[J].管理世界,2011(11):127—141.

[14] 陈佳贵,黄群慧,钟宏武.中国地区工业化进程的综合评价和特征分析[J].经济研究,2006(6):5—16.

[15] 陈昆亭,周炎,龚六堂.中国经济周期波动特征分析:滤波方法的应用[J].世界经济,2004(10):48—57,81.

[16] 陈强.高级计量经济学及 Stata 应用[M].2 版.北京:高等教育出版社,2014.

[17] 陈媛,应瑞瑶,杨向阳.服务业劳动生产率的地区差异及其收敛性[J].经济管理,2008(1):113—119.

[18] 陈悦,陈超美,刘则渊等.CiteSpace 知识图谱的方法论功能[J].科学学研究,2015,33(02):242—253.

[19] 陈忠卫,郝喜玲.创业团队企业家精神与公司绩效关系的实证研究[J].管理科学,2008(21):39—48.

[20] 程虹，李丹丹. 一个关于宏观经济增长质量的一般理论——基于微观产品质量的解释[J]. 武汉大学学报(哲学社会科学版)，2014(3)：79—86.

[21] 大卫·科茨，迪彭卡·巴苏，朱安东，陈旸. 经济停滞与制度结构[J]. 政治经济学季刊，2018(1)：117—147.

[22] 大卫·科茨. 美国此次金融危机的根本原因是新自由主义的资本主义[J]. 红旗文稿，2008(13)：32—34.

[23] 戴觅，茅锐. 产业异质性、产业结构与中国省际经济收敛[J]. 管理世界，2015,261(06)：41—53,69,194.

[24] 单葆国，李江涛，谭显东. 经济转型时期电力弹性系数应用[J]. 中国电力，2017,50(12)：1—4.

[25] 单葆国，孙祥栋，李江涛等. 经济新常态下中国电力需求增长研判[J]. 中国电力，2017,50(01)：19—24.

[26] 董先安. 浅析中国地区收入差距[J]. 经济研究，2004(9)：48—49.

[27] 杜群阳，宋玉华. 东亚经济周期与次区域经济周期存在性检验[J]. 国际贸易问题，2005(08)：49—53.

[28] 樊纲，王小鲁，朱恒鹏. 中国市场化指数：各地区市场化相对进程 2011 年度报告[M]. 北京：经济科学出版社，2011.

[29] 范逢春，姜晓萍. 农业转移人口市民化政策转型的多源流分析：构成、耦合及建议[J]. 四川大学学报（哲学社会科学版)，2015(5)：17—25.

[30] 冯飞，杜晓君，石茹鑫. 对外直接投资中的政治风险研究综述与未来展望[J]. 现代经济探讨，2018(09)：56—64.

[31] 甘梅霞，特伦斯·麦克唐纳. 积累的社会结构理论方法与中国积累的社会结构的一般性及特殊性[J]. 社科纵横，2016(12)：31—35.

[32] 高越，李荣林. 异质性、分割生产与国际贸易[J]. 《经济学》(季刊)，2009，8(01)：159—178.

[33] 桂琦寒，陈敏，陆铭，陈钊. 中国国内商品市场趋于分割还是整合：基于相对价格法的分析[J]. 世界经济，2006 (02)：20—30.

[34] 郭朝先，王宏霞. 中国制造业发展与“中国制造 2025”规划[J]. 经济研究参考，2015(31)：3—13.

[35] 郭剑花，杜兴强. 政治联系、预算软约束与政府补助的配置效率——基于中国民营上市公司的经验研究[J]. 金融研究，2011(2)：114—128.

[36] 郭凯明，余靖雯，龚六堂. 人口转变、企业家精神与经济增长[J].《经济学》(季刊)，2016(3)：989—1010.

[37] 郭凯明. 人工智能发展、产业结构转型升级与劳动收入份额变动[J]. 管理世界，2019,35(07)：60—77,202—203.

[38] 郭克莎. 加快我国经济增长方式的转变[J]. 管理世界，1995(5)：31—40.

[39] 郭先登. 新时代大国区域经济发展空间新格局——建制市“十四五”规划期经济新方位发

展研究[J]. 经济与管理评论，2018，34(01)：127—140.

[40] 郭周明，李杨. 中国参与重构贸易投资体系规则的思路[J]. 开放导报，2019(02)：34—39.

[41] 国家发展改革委宏观经济研究院能源研究所课题组. 我国电力消费弹性系数分析[J]. 宏观经济研究，2004(1)：38.

[42] 国务院发展研究中心"国际经济格局变化和中国战略选择"课题组，何建武，朱博恩. 2035 年全球经济增长格局展望[J]. 中国发展观察，2019，207(Z1)：39—46，62.

[43] 国务院发展研究中心"国际经济格局变化和中国战略选择"课题组，李伟，隆国强，张琦，赵晋平，王金照，赵福军. 未来 15 年国际经济格局变化和中国战略选择[J]. 管理世界，2018，34(12)：1—12.

[44] 国务院发展研究中心课题组. 未来 15 年国际经济格局变化和中国战略选择[J]. 管理世界，2018，34(12)：1—12.

[45] 韩晓燕，翟印礼. 中国农业生产率的地区差异与收敛性研究[J]. 农业技术经济，(6)：54—59.

[46] 郝铁川. 权利实现的差序格局[J]. 中国社会科学，2002(5)：112—124，205—206.

[47] 郝卫平，李琼慧，赵一农. 我国电力弹性系数的现实意义[J]. 中国电力，2003，36(5)：8—10.

[48] 何理. 乡村振兴背景下的资本投入、关系产权与政治关联[J]. 公共管理评论，2019(2)：88—109.

[49] 何轩，马骏，李胜文. 报酬结构、税收制度与企业家精神配置[J]. 科研管理，2017(2)：44—51.

[50] 贺灿飞，谢秀珍. 中国制造业地理集中与省区专业化[J]. 地理学报，2006，61(2)：212—222.

[51] 胡永刚，石崇. 扭曲、企业家精神与中国经济增长[J]. 经济研究，2016(7)：87—101.

[52] 胡兆光，单葆国等. 电力供需模拟实验：基于智能工程的软科学实验室[M]. 北京：中国电力出版社，2009.

[53] 黄群慧. 中国的工业化进程：阶段、特征与前景[J]. 经济与管理，2013(7)：5—11.

[54] 姜绍俊. 电力与经济发展的相关性分析[J]. 电力技术经济，2006，18(5)：11—13.

[55] 蒋春燕. 高管团队要素对公司企业家精神的影响机制研究——基于长三角民营中小高科技企业的实证分析[J]. 南开管理评论，2011(3)：74—86.

[56] 金碚. 关于"高质量发展"的经济学研究[J]. 中国工业经济，2018(4)：5—18.

[57] 金瑞庭. "十四五"时期国际环境将发生深刻复杂变化[J]. 中国发展观察，2019，212(08)：29—31.

[58] 卡马耶夫. 经济增长的速度和质量[M]. 陈华山，左东官，陈剑，等译. 武汉：湖北人民出版社，1983.

[59] 孔东民，刘莎莎，王亚男. 市场竞争、产权与政府补贴[J]. 经济研究，2013(2)：55—67.

[60] 库兹涅茨. 现代经济增长：速度、结构与扩展[M]. 北京：北京经济学院出版社，1989.

[61] 李德彬. 中华人民共和国经济史简编 1949—1985[M]. 长沙：湖南人民出版社，1988.

[62] 李飞,陈岩,张李叶子.海外并购整合、网络嵌入均衡与企业创新质量[J].科研管理,2019,40(02):22—34.

[63] 李宏彬,李杏,姚先国等.企业家的创业与创新精神对中国经济增长的影响[J].经济研究,2009(10):99—108.

[64] 李健,卫平,付军明.中国地区工业生产率增长差异及收敛性研究——基于三投入 DEA 实证分析[J].产业经济研究,2015(5):21—30.

[65] 李静,蒋长流.农业劳动生产率区域差异与农业用能强度收敛性[J].中国人口·资源与环境,2014,24(11):17—25.

[66] 李祺,代法涛.经济增长的影响因素与结构特征:理论假说与实证检验——中国经济新常态的一种解释[J].经济问题探索,2015(3):58—63.

[67] 李善同,侯永志,刘云中,陈波.中国国内地方保护问题的调查与分析[J].经济研究,2004(11):78—84,95.

[68] 李石凯.低储蓄率是美国次贷危机的根源[J].中国金融,2007(21):38—39.

[69] 李万明,王永亮.金融中介发展,企业家精神与区域经济增长——基于省级面板数据的实证研究[J].市场经济与价格,2014(5):32—34.

[70] 李巍,丁超.企业家精神、商业模式创新与经营绩效[J].中国科技论坛,2016(7):124—129.

[71] 李伟,聂鸣,李顺才.企业家精神对外部知识能力及网络能力的作用[J].科学学研究,2010(5):763—768.

[72] 李晓西,刘一萌,宋涛.人类绿色发展指数的测算[J].中国社会科学,2014(06):69—95,207—208.

[73] 李扬,张晓晶."新常态":经济发展的逻辑与前景[J].经济研究,2015(5):4—19.

[74] 李仲生.人口经济学[M].北京:清华大学出版社,2009.

[75] 林光平,龙志和,吴梅.中国地区经济 σ-收敛的空间计量实证分析[J].数量经济技术经济研究,2006,23(4):14—21.

[76] 林润辉,谢宗晓,李娅,王川川.政治关联、政府补助与环境信息披露——资源依赖理论视角[J].公共管理学报,2015(2):30—41.

[77] 林卫斌,苏剑,张琪惠.绿色发展水平测度研究——绿色发展指数的一种构建[J].学习与探索,2019(11):106—113,2.

[78] 林卫斌,苏剑,周晔馨.经济发展方式转变:加快还是减缓——基于能源环境视角的测度与分析[J].经济学家,2016(2):33—41.

[79] 林毅夫,李永军.中小金融机构发展与中小企业融资[J].经济研究,2001(1):10—18.

[80] 林毅夫,苏剑.论我国经济增长方式的转换[J].管理世界,2007(11):5—13.

[81] 林毅夫,田国强.中国经济增长减速成因与对策(笔谈之一)[J].学习与探索,2019(10):1—15.

[82] 林毅夫,刘培林.中国的经济发展战略与地区收入差距[J].经济研究》,2003(3):19—25,89.

[83] 刘秉镰，朱俊丰，周玉龙. 中国区域经济理论演进与未来展望[J]. 管理世界，2020，36(02)：182—194.
[84] 刘凯，张文文. 中国对外直接投资存在制度偏好吗——基于投资动机异质视角[J]. 宏观经济研究，2018 (07)：59—75.
[85] 刘瑞明. 国有企业、隐性补贴与市场分割：理论与经验证据[J]. 管理世界，2012(04)：21—32.
[86] 刘树成. 论又好又快发展[J]. 经济研究，2007(6)：4—13.
[87] 刘伟，范欣. 中国发展仍处于重要战略机遇期——中国潜在经济增长率与增长跨越[J]. 管理世界，2019，35(01)：20—30.
[88] 刘伟，苏剑."新常态"下的中国宏观调控[J]. 经济科学，2014(4)：5—13.
[89] 刘伟，苏剑. 2020 年经济形势展望与政策建议[J]. 开发性金融研究，2019(06)：3—11.
[90] 刘伟，苏剑. 疫情冲击下的 2020 年中国经济形势与政策选择[J]. 社会科学研究，2020(03)：23—30.
[91] 刘伟，苏剑. 中国特色宏观调控体系与宏观调控政策——2018 年中国宏观经济展望[J]. 经济学动态，2018(03)：4—12.
[92] 刘伟，苏剑. 中国特色宏观调控体系与宏观调控政策——2018 年中国宏观经济展望[J]. 经济学动态 2018(3)：4—12.
[93] 刘夏明，魏英琪，李国平. 收敛还是发散？——中国区域经济发展争论的文献综述[J]. 经济研究，2004(7)：70—81.
[94] 刘兴凯，张诚. 中国服务业全要素生产率增长及其收敛分析[J]. 数量经济技术经济研究，2010(3)：55—67.
[95] 刘亚南，林其友，王骏等. 电力消费弹性系数与各产业关联度的研究[J]. 广东电力，2017(5)：58—61.
[96] 刘瑶，张明. 特朗普政府经济政策：政策梳理、效果评估与前景展望[J]. 财经智库，2018，3(03)：25—41，142.
[97] 卢荻."积累"革命——新中国经济变革的现代化目标和社会主义追求的矛盾统一[J]. 东方学刊，2019(3)：23—32.
[98] 陆铭，陈钊. 分割市场的经济增长——为什么经济开放可能加剧地方保护？[J]. 经济研究，2009，44(03)：42—52.
[99] 陆旸，蔡昉. 人口结构变化对潜在增长率的影响：中国和日本的比较[J]. 世界经济，2014，37(01)：3—29.
[100] 逯东，万丽梅，杨丹. 创业板公司上市后为何业绩变脸？[J]. 经济研究，2015(2)：132—144.
[101] 罗党论，刘晓龙. 政治关系、进入壁垒与企业绩效——来自中国民营上市公司的经验证据[J]. 管理世界，2009(5)：97—106.
[102] 罗党论，唐清泉. 中国民营上市公司制度环境与绩效问题研究[J]. 经济研究，2009(2)：106—118.

[103] 罗琦，秦国楼. 投资者保护与公司现金持有[J]. 金融研究，2009(10):162—178.

[104] 马述忠，刘梦恒. 中国在"一带一路"沿线国家OFDI的第三国效应研究：基于空间计量方法[J]. 国际贸易问题，2016(07)：72—83.

[105] 马晓河，胡拥军. 一亿农业转移人口市民化的难题研究[J]. 农业经济问题，2018(4)：4—14.

[106] 马艳，王琳，张沁悦. 资本积累的社会结构理论的创新与中国化探讨[J]. 马克思主义研究，2016(6):60—70.

[107] 马宇，石峻，许晓阳. 特朗普政府减税政策的影响及对策[J]. 山东工商学院学报，2019，33(05):31—38.

[108] 齐昊. 剩余价值率的变动与中国经济新常态：基于区分生产劳动与非生产劳动的方法[J]. 政治经济学报，2017(3):3—22.

[109] 祁春凌，黄晓玲，樊瑛. 技术寻求、对华技术出口限制与我国的对外直接投资动机[J]. 国际贸易问题，2013(04)：115—122.

[110] 邱晓华，郑京平，万东华等. 中国经济增长动力及前景分析[J]. 经济研究，2006(5):4—12.

[111] 任保平，文丰安. 新时代中国高质量发展的判断标准，决定因素与实现途径[J]. 改革，2018(4):5—16.

[112] 任继球."十四五"产业高质量发展：阶段性判断、风险与战略任务[J]. 中国发展观察，2019(10):19—23.

[113] 邵传林，王丽萍. 企业家创业精神与创新驱动发展——基于中国省级层面的实证研究[J/OL]. 当代经济管理，2017(39):24—29.

[114] 沈坤荣，马俊. 中国经济增长的"俱乐部收敛"特征及其成因研究[J]. 经济研究，2002(1)：33—39，94—95.

[115] 沈立人. 地方政府的经济职能和经济行为 [M]. 上海：上海远东出版社，1999.

[116] 盛磊，杨白冰. 新型基础设施建设的投融资模式与路径探索[J]. 改革，2020(05):49—57.

[117] 苏剑，刘斌. 美国金融危机的成因及我国的对策[J]. 产经评论，2009(1):59—64.

[118] 苏剑. 基于总供求模型和中国特色的宏观调控体系[J]. 经济学家，2017(7):27—37.

[119] 苏剑，陈阳. 中国特色的宏观调控政策体系及其应用[J]. 经济学家，2019(6):15—22.

[120] 苏剑，陈阳. 从美国金融危机看经济的高质量增长[J]. 西安交通大学学报(社会科学版)2019:4.

[121] 苏剑，林卫斌. 发达经济"新常态"的根源和表现[J]. 学术研究，2015(7):74—78，93.

[122] 苏剑. 基于总供求模型和中国特色的宏观调控体系[J]. 经济学家，2017(7):27—37.

[123] 苏京春，王琰. 美国二战后六轮减税的逻辑及演进中的宏观调控——兼论对我国供给侧结构性改革与宏观调控抉择的启示[J]. 华中师范大学学报(人文社会科学版)，2019，58(04):38—50.

[124] 田利辉，张伟. 政治关联影响我国上市公司长期绩效的三大效应[J]. 经济研究，2013(11)：71—86.

[125] 汪伟，艾春荣. 人口老龄化与中国储蓄率的动态演化[J]. 管理世界，2015(6):47—62.
[126] 王鹏. 投资者保护、代理成本与公司绩效[J]. 经济研究，2008(2):68—82.
[127] 王伟同. 农业转移人口市民化的政策逻辑[J]. 财政研究，2015(5):41—46.
[128] 王小鲁，樊纲，余静文. 中国分省份市场化指数报告(2016)[M]. 北京:社会科学文献出版社，2017.
[129] 王小鲁，樊纲，胡李鹏. 中国分省份市场化指数报告(2018)[M]. 北京:社会科学文献出版社，2019.
[130] 王小鲁. 中国经济增长的可持续性与制度变革[J]. 经济研究，2000(07):3—15，79.
[131] 王晓雷. 美国次级抵押贷款危机成因[J]. 农村金融研究，2007(10):64—68.
[132] 王彦超. 融资约束、现金持有与过度投资[J]. 金融研究，2009(7):121—133.
[133] 王永钦，杜巨澜，王凯. 中国对外直接投资区位选择的决定因素：制度、税负和资源禀赋[J]. 经济研究，2014，49(12)：126—142.
[134] 维诺德·托马斯. 增长的质量[M]. 北京:中国财政经济出版社，2001.
[135] 魏枫. 新常态的技术进步视角解读[J]. 经济学家，2015(8):30—37.
[136] 魏后凯. 中国地区经济增长及其收敛性[J]. 中国工业经济，1997(3):31—37.
[137] 吴国培，王伟斌，张习宁. 新常态下的中国经济增长潜力分析[J]. 金融研究，2015(8):46—63.
[138] 吴文锋，吴冲锋，芮萌. 中国上市公司高管的政府背景与税收优惠[J]. 管理世界，2009(3)：134—142.
[139] 吴玉鸣，李建霞. 基于地理加权回归模型的省域工业全要素生产率分析[J]. 经济地理，2006，26(5):748—752.
[140] 伍萱，李琼慧. 关于我国电力弹性系数研究[J]. 中国电力企业管理，2000(12):20.
[141] 西蒙·库兹涅茨. 各国的经济增长:总产值和生产结构[M]. 常勋，等译. 北京:商务印书馆，1985.
[142] 肖磊，鲍张蓬，田毕飞. 中国服务业发展指数测度与空间收敛性分析[J]. 数量经济技术经济研究，2018，35(11)：111—127.
[143] 萧国亮，隋福民. 中华人民共和国经济史(1949—2010)[M]. 北京:北京大学出版社，2011.
[144] 谢杰，刘任余. 基于空间视角的中国对外直接投资的影响因素与贸易效应研究[J]. 国际贸易问题，2011(06)：66—74.
[145] 谢千里，罗斯基，张轶凡. 中国工业生产率的增长与收敛[J].《经济学》(季刊)，2008，7(03):809—826.
[146] 徐保昌，谢建国. 市场分割与企业生产率:来自中国制造业企业的证据[J]. 世界经济，2016，39(01)：95—122.
[147] 徐鹏，徐向艺. 人工智能时代企业管理变革的逻辑与分析框架[J]. 管理世界，2020，36(01):122—129，238.
[148] 薛求知，帅佳旖. 制度距离、经验效应与对外直接投资区位选择——以中国制造业上市

公司为例[J]. 中国流通经济，2019，33(08)：80—90.
[149] 杨娇辉，王伟，谭娜. 破解中国对外直接投资区位分布的“制度风险偏好”之谜[J]. 世界经济，2016，39(11)：3—27.
[150] 杨兴全，齐云飞，吴昊旻. 行业成长性影响公司现金持有吗？[J]. 管理世界，2016(1)：153—169.
[151] 杨兴全，张照南. 制度背景、股权性质与公司持有现金价值[J]. 经济研究，2008(12)：111—123.
[152] 杨勇，周勤. 集群网络、知识溢出和企业家精神——基于美国高科技产业集群的证据[J]. 管理工程学报，2013(2)：32—37.
[153] 姚东旻，宁静，韦诗言. 老龄化如何影响科技创新[J]. 世界经济，2017(4)：105—128.
[154] 易富贤，苏剑. 从单独二孩实践看生育意愿和人口政策：2015—2080年中国人口形势展望[J]. 中国发展观察，2014(12)：60—76.
[155] 易富贤，苏剑. 中国人口政策应改弦易辙[J]. 中国经济报告，2017(3)：26—28.
[156] 易富贤. 中国经济放缓中的老龄化因素[J]. 财经，2019-03-04：50—53.
[157] 尹宗成，李向军. 金融发展与区域经济增长——基于企业家精神的视角[J]. 中央财经大学学报，2012(11)：38—44.
[158] 于蔚，汪淼军，金祥荣. 政治关联和融资约束：信息效应与资源效应[J]. 经济研究，2012(9)：125—139.
[159] 余明桂，潘红波. 政治关系、制度环境与民营企业银行贷款[J]. 管理世界，2008(8)：9—21.
[160] 余泳泽. 改革开放以来中国经济增长动力转换的时空特征[J]. 数量经济技术经济研究，2015，32(02)：19—34.
[161] 约翰·伊特韦尔，默里·米尔盖特. 新帕尔格雷夫经济学词典(第二卷)[M]. 北京：经济科学出版社，1996.
[162] 岳咬兴，范涛. 制度环境与中国对亚洲直接投资区位分布[J]. 财贸经济，2014(06)：69—78.
[163] 张成龙，谭显东，翁玉艳等. 中国“十三五”及中长期电力需求研究[J]. 中国电力，2019，52(08)：149—156.
[164] 张建华，程文. 服务业供给侧结构性改革与跨越中等收入陷阱[J]. 中国社会科学，2019，279(03)：40—62，206.
[165] 张杰，刘东. 商业信贷、融资约束与我国中小企业融资行为——基于江苏省制造业企业的问卷观测和实证分析[J]. 金融论坛，2006，11(10)：3—9.
[166] 张军，丁丹. 中国的金融改革是否缓解了企业的融资约束？[C]. 2008中国金融评论国际学术研讨会，2008.
[167] 张培刚. 论工业化与现代化的涵义及其相互关系[J]. 经济学家，1992(4)：55—63.
[168] 张倩，李芳芳，程宝栋. 双边政治关系、东道国制度环境与中国OFDI区位选择——基于“一带一路”沿线国家的研究[J]. 国际经贸探索，2019，35(06)：89—103.

[169] 张瑞良. 中国对“一带一路”沿线国家 OFDI 区位选择研究——基于制度距离视角[J]. 山西财经大学学报,2018, 40(03): 25—38.

[170] 张省,周燕. 人工智能环境下知识管理模式构建[J]. 情报理论与实践,2019,42(10): 57—62.

[171] 赵蕾, 王怀明. 中国农业生产率的增长及收敛性分析[J]. 农业技术经济, 2007(2): 93—98.

[172] 赵蕾, 杨向阳, 王怀明. 改革以来中国省际农业生产率的收敛性分析[J]. 南开经济研究, 2007(1): 107—116.

[173] 赵立彬. 金融发展、信贷资源配置与过度投资[J]. 上海经济研究, 2012(8):13—21.

[174] 赵奇伟, 熊性美. 中国三大市场分割程度的比较分析:时间走势与区域差异[J]. 世界经济, 2009(06): 41—53.

[175] 赵伟, 马瑞永. 中国经济增长收敛性的再认识——基于增长收敛微观机制的分析[J]. 管理世界, 2005(11):12—21.

[176] 珍妮特·登哈特,罗伯特·登哈特. 新公共服务:服务,而不是掌舵[M]. 3 版. 丁煌,译. 北京:中国人民大学出版社,2016.

[177] 郑江淮, 沈春苗. 部门生产率收敛: 国际经验与中国现实[J]. 中国工业经济, 2016 (6): 57—72.

[178] 郑毓盛, 李崇高. 中国地方分割的效率损失[J]. 中国社会科学, 2003(01): 64—72,205.

[179] 中共中央. 关于控制我国人口增长问题致全体共产党员、共青团员的公开信[N]. 人民日报,1980-9-25.

[180] 中国发展研究基金会“博智宏观论坛”中长期发展课题组,刘世锦,王子豪,蔡俊韬,钱胜存. 2035:中国经济增长的潜力、结构与路径[J]. 管理世界,2018,34(07):1—12,183.

[181] 中国经济增长前沿课题组. 中国经济长期增长路径、效率与潜在增长水平[J]. 经济研究, 2012(11):4—17,75.

[182] 中国经济增长与宏观稳定课题组. 城市化、产业效率与经济增长[J]. 经济研究,2009(10):4—21.

[183] 钟水映,李魁. 人口红利与经济增长关系研究综述[J]. 人口与经济,2009(02):55—59.

[184] 朱红军, 何贤杰, 陈信元. 金融发展、预算软约束与企业投资[J]. 会计研究, 2006(10): 64—71.

英文参考文献

[185] Accenture. Internet of things +: helping the manufacturing industry transform into smart services [J]. *Software and Integrated Circuit*, 2018(05): 74—90.

[186] Acemoglu D., Restrepo P. Automation and new tasks: how technology displaces and reinstates labor[J]. *Journal of Economic Perspectives*, 2019, 33(2): 3—30.

[187] Acemoglu D., Restrepo P. The race between machine and man: implications of technology for growth, factor shares and employment[J]. *American Economic Review*, 2018, 108

(6):1488—1542.

[188] Adner R. Ecosystem as structure[J]. *Journal of Management*, 2017,43(1): 39—58.

[189] Aghion P., Jones B. F., Jones C. I. Artificial intelligence and economic growth[J]. *NBER Working Paper* No.23928, 2017.

[190] Alfaro, L., S. Kalemli-Ozcan and V. Volosovych. Why doesn't capital flow from rich to poor countries? An empirical investigation[J]. *The Review of Economics and Statistics*, 2008, 90(2): 347—368.

[191] Allen C. Kelley. Population growth, the dependency rate, and the pace of economic development[J]. *Population Studies*, 1973(27): 3, 405—414.

[192] Allen F., Qian J., Qian M. Law, finance, and economic growth in China[J]. *Journal of Financial Economics*, 2005, 77(1): 57—116.

[193] Allmendinger G., Lombreglia R. Four strategies for the age of smart services[J]. *Harvard Business Review*, 2005, 83(10): 131—134, 136, 138.

[194] Almeida H., Campello M., Weisbach M. S. The cash flow sensitivity of cash[J]. *The Journal of Finance*, 2004, 59(4): 1777—1804.

[195] Alt R., Demirkan H., Ehmke J. F., et al. Smart services: The move to customer orientation[J]. *Electronic Markets*, 2019, 29(1): 1—6.

[196] A. Amighini, R. Rabellotti and M. Sanfilippo. China's outward FDI: an industry-level analysis of host-country determinants[J]. *Frontiers of Economics in China*, 2013, 8(3): 309—336.

[197] Andrew Mason. Population and asian economic miracle[J]. *Asian-Pacific Population & Policy*, 1997(43): 1—4.

[198] Ang J. S., Cole R. A., Lin J W. Agency costs and ownership structure[J]. *Journal of Finance*, 2000, 55(1):81—106.

[199] Anke J. Design-integrated financial assessment of smart services[J]. *Electronic Markets*, 2019,29(1):19—35.

[200] L. Anselin, I. Syabri and Y. Kho. GeoDa: an introduction to spatial data analysis[J]. *Geographical Analysis*, 2006, 38(1): 5—22.

[201] Åsa Johansson et al. Looking to 2060: long-term global growth prospects[J]. *OECD Economic Policy Papers*, 2012(03):31.

[202] Asiedu, E. Foreign direct investment in africa: the role of natural resources, market size, government policy, institutions and political instability[J]. *World Economy*, 29(1): 63—77.

[203] B. Y. Aw, and Y. Lee. Firm heterogeneity and location choice of Taiwanese multinationals[J]. *Journal of International Economics*, 2008, 75(1): 167—179.

[204] Bai C. E., Liu Q., Lu J., et al. Corporate governance and market valuation in China [J]. *Journal of Comparative Economics*, 2004, 32(4):599—616.

[205] Bai C., Lu J. Y., Tao Z. G. Property rights protection and access to bank loans [J]. *Economics of Transition*, 2006, 14(4): 611—628.

[206] Baldwin, R. the Great convergence: information technology and the new globalization [M]. Belknap Press, 2016.

[207] Banalieva E. R., Dhanaraj C. Internalization theory for the digital economy[J]. *Journal of International Business Studies*, 2019, 50(8): 1372—1387.

[208] Barro Robert J, Sala-i-Martin Xavier. Convergence across states and regions[J]. *Brookings Papers on Economic Activity*, 1991(01): 107—158.

[209] Barry Bosworth and Gabriel Chodorow-Reich. Saving and demographic change: the global dimension[J]. Working Paper, Center for Retirement Research at Boston College (February 2007).

[210] Barry Eichengreen, Donghyun Park and Kwanho Shin. When fast growing economies slow down: international evidence and implications for China[J]. *Asian Economic Papers* 11, 2012(01): 78.

[211] Baumol W. J. Entrepreneurship: productive, unproductive and destructive[J]. *Journal of Business Venturing*, 1996, 11(1): 3—22.

[212] Baumol, W. J. Macroeconomics of unbalanced growth: the anatomy of urban crisis[J]. *American Economic Review*, 1967, 57 (3): 415—426.

[213] Beck T., Demirgüç-Kunt A., Levine R. Finance, inequality, and poverty: cross-country evidence[R]. UK: National Bureau of Economic Research, 2004.

[214] Beck T., Lin C., Ma Y. Why do firms evade taxes? The role of information sharing and financial sector outreach[J]. *The Journal of Finance*, 2014, 69(2): 763—817.

[215] A. Bénassy-Quéré, M. Coupet and T. Mayer. Institutional determinants of foreign direct investment[J]. *World Economy*, 2007, 30(5): 764—782.

[216] Benjamin F. Jones. Age and great invention [J]. *Review of Economics and Statistics* 92, 2010(1): 1—14.

[217] Benjamin Jones, E. J. Reedy, and Bruce A. Weinberg. Age and scientific genius[J]. *NBER Working Paper*, 2014(19866): 1—51.

[218] Benzell S. G., Kotlikoff L. J., Lagarda G., et al. Robots are us: some economics of human replacement[J]. *NBER Working Paper*, 2017(20941).

[219] Bergstein B. Can AI pass the smell test? [J]. *MIT Technology Review*, 2019, 122(2): 82—86.

[220] Bessen J E. Automation and jobs: when technology boosts employment [D]. Boston Univ. School of Law: Law and Economics Research Paper, 2017(17).

[221] Beverungen D., Matzner M., Janiesch C. Information systems for smart services[J]. *Information Systems and e-Business Management*, 2017, 15(4): 781—787.

[222] Beverungen D., Matzner M., et al. Conceptualizing smart service systems[J]. *Electronic Markets*, 2019, 29(1): 7—18.

[223] Blau B. M., Brough T. J., Thomas D. W. Corporate lobbying, political connections, and the bailout of banks [J]. *Journal of Banking & Finance*, 2013, 37(8): 3007—3017.

[224] Blonigen, B. A. A review of the empirical literature on FDI determinants[J]. *Atlantic Economic Journal*, 2005, 33(4): 383—403.

[225] Bosworth B., Chodorow-Reich G. Saving and demographic change: the global dimension [J]. *Working Papers*, Center for Retirement Research at Boston College, 2007.

[226] Bouwman H., Nikou S., Reuver M. Digitalization, business models, and SMEs: How do business model innovation practices improve performance of digitalizing SMEs? [J]. *Telecommunications Policy*, 2019,43(9):1—18.

[227] Braendle O. C., Gasser T., Noll J. Corporate governance in China: is economic growth potential hindered by guanxi? [J]. *Business and Society Review*, 2005, 110(4): 389—405.

[228] Brandt L., Li H. Bank discrimination in transition economies: ideology, information, or incentives? [J]. *Journal of Comparative Economics*, 2003, 31(3): 387—413.

[229] Bressanelli G., Adrodegari F., Perona M., et al. Exploring how usage-focused business models enable circular economy through digital technologies[J]. *Sustainability*, 2018, 10(3): 639.

[230] Brockman P., Rui O. M., Zou H. Institutions and the performance of politically connected M&As [J]. *Journal of International Business Studies*, 2013, 44(8): 833—852.

[231] P. J. Buckley, L. J. Clegg, A. R. Cross, et al. The determinants of Chinese outward foreign direct investment [J]. *Journal of International Business Studies*, 2007, 38(4): 499—518.

[232] Cai Fang and Dewen Wang. Demographic transitions: implications for growth, in *The China Boom and Its Discontents*, ed. Ross Garnaut and Ligang Song, Canberra: Asia Pacific Press, 2005.

[233] Campbell,D. W. Future predictions in Japan's and US's personal saving rates[M]. Mimeo,Boston,MA,2008.

[234] Cao Jing, Zhou Yalin. Research progress on the impact of artificial intelligence on economy [J]. *Economic Trends*, 2018 (01): 103—115.

[235] Carsten A. Holz. China's economic growth 1978-2025: what we know today about China's economic growth tomorrow[J]. *World Development* 36, 2006(10): 1665—1091.

[236] Castro F., Kalatzis A. E. G., Martins-Filho C. Financing in an emerging economy: Does financial development or financial structure matter? [J]. *Emerging Markets Re-*

view, 2015(23): 96—123.

[237] R. Cezar, and O. R. Escobar. Institutional distance and foreign direct investment [J]. *Review of World Economics*, 2015, 151(4): 713—733.

[238] Chen C. J. P., Li Z., Su X., Sun Z. Rent-seeking incentives, corporate political connections, and the control structure of private firms: Chinese evidence [J]. *Journal of Corporate Finance*, 2011, 17(2): 229—243.

[239] Chen J., Zhang R., Wu D. Equipment maintenance business model innovation for sustainable competitive advantage in the digitalization context: connotation, types, and measuring[J]. *Sustainability*, 2018, 10(11): 3970.

[240] Chen Yue, Chen Chaomei, Liu Zeyuan, et al. The methodology function of CiteSpace mapping knowledge domains [J]. *Studies in Science of Science*, 2015, 33 (02): 242—253.

[241] Y. W. Cheung, J. De Haan, X. Qian, et al. China's outward direct investment in Africa [J]. *Review of International Economics*, 2014, 20(2): 201—220.

[242] S. Claessens, and N. V. Horen. Location decisions of foreign banks and competitor remoteness[J]. *Journal of Money Credit & Banking*, 2014, 46(1): 145—170.

[243] Cull R., Xu L. C. Institutions, ownership, and finance: the determinants of profit reinvestment among chinese firms [J]. *Journal of Financial Economics*, 2005, 77(1): 117—146.

[244] Cusumano M. A., Kahl S. J., Suarez F. F. Services, industry evolution, and the competitive strategies of product firms[J]. *Strategic Management Journal*, 2015, 36(4): 559—575.

[245] J. Darby, R. Desbordes and I. Wooton. Does public governance always matter? how experience of poor institutional quality influences FDI to the south [J]. *SIRE Discussion Papers*, 2010.

[246] C. Daude, and E. Stein. The quality of institutions and foreign direct investment[J]. *Economics & Politics*, 2007, 19(3): 317—344.

[247] Daugherty P. R., Wilson H. J. *Human + machine: reimagining work in the age of AI* [M]. Boston, MA: Harvard Business Review Press, 2018.

[248] David E. Bloom and Jeffrey G. Williamson. Demographic transitions and economic miracles in emerging asia[J]. *World Bank Economic Review* 12, 1998(3): 419—455.

[249] David E. Bloom, David Canning, and Bryan Graham. Longevity and life-cycle savings [J]. *The Scandinavian Journal of Economics* 105, 2003(3): 319—338.

[250] Davidsson P, Honig B. The role of social and human capital among nascent entrepreneurs [J]. *Journal of Business Venturing*, 2003, 18(3): 301—331.

[251] DeGregorio, J. Economic growth in latin america[J]. *Journal of Development Econom-*

ics, 1992(39):59—84.

[252] Demirgüç-Kunt A, Maksimovic V. Law, finance, and firm growth[J]. *The Journal of Finance*, 1998, 53(6): 2107—2137.

[253] Yun-Peng Chu. *Lost decades in growth performance*[M]. London: Palgrave-MacMillan, 2015.

[254] Dittmar A., Mahrt-Smith J. Corporate governance and the value of cash holdings[J]. *Journal of Financial Economics*, 2007, 83(3): 599—634.

[255] Dreyer S., Olivotti D., Lebek B., et al. Focusing the customer through smart services: a literature review[J]. *Electronic Markets*, 2019, 29(1): 55—78.

[256] Drucker P. *Innovation and entrepreneurship*[M]. New York: Haper and Row,1985.

[257] Dubey R., Gunasekaran A., Childe S. J. Big data and predictive analytics and manufacturing performance: integrating institutional theory, resource-based view and big data culture[J]. *British Academy of Management*, 2019,30(2):341—361.

[258] J. H. Dunning. Location and the multinational enterprise: a neglected factor? [J]. *Journal of International Business Studies*, 1998, 29(1): 45—66.

[259] J. P. Elhorst. Applied spatial econometrics: raising the bar[J]. *Spatial Economic Analysis*, 2010, 5(1): 9—28.

[260] Evans P. C., Gawer A. The rise of the platform enterprise: a global survey(The emerging platform economy series, No. 1)[R]. The Center for Global Enterprise, 2016.

[261] Faccio M., Masulis R. W., Mcconnell J. J. Political connections and corporate bailouts [J]. *Journal of Finance*, 2006, 61(6): 2597—2635.

[262] Faccio M. Politically connected firms [J]. *American Economic Review*, 2006, 96(1): 369—386.

[263] Fama E. F., French K. R. Taxes, financing decisions, and firm value[J]. *The Journal of Finance*, 1998, 53(3): 819—843.

[264] Fan J. P. H., Wong T. J., Zhang T. Politically connected CEOs, corporate governance, and Post-IPO performance of China's newly partially privatized firms[J]. *Journal of Financial Economics*, 2007, 84(2): 330—357.

[265] F. Filippaios, M. Papananstassiou and R. Pearce. The evolution of US outward foreign direct investment in the pacific rim: a cross-time and country analysis [J]. *Applied Economics*, 2003, 35(16): 1779—1787.

[266] Fisman R. Estimating the value of political connections [J]. *American Economic Review*, 2001, 91(4): 1095—1102.

[267] Franco Modigliani and R. Brumberg. utility analysis and the consumption function: an interpretation of cross-section data, in *Post Keynesian Economics*, ed. Kenneth K. Kurihara. New Brunswick, NJ: Rutgers University Press, 1954: 388—436.

[268] Franco Modigliani and Shi Larry Cao. The Chinese saving puzzle and the life-cycle hypothesis[J]. *Journal of Economic Literature* 42, 2004(1): 145—170.

[269] Frank A. G., Mendes G. H. S., Ayala, Néstor F., et al. Servitization and industry 4.0 convergence in the digital transformation of product firms: a business model innovation perspective[J]. *Technological Forecasting and Social Change*, 2019(141): 341—351.

[270] M. Frenkel, K. Funke and G. Stadtmann. A panel analysis of bilateral FDI flows to emerging economies [J]. *Economic Systems*, 2004, 28(3): 281—300.

[271] Frye T., Shleifer A. The invisible hand and the grabbing hand [J]. *American Economic Review*, 1997, 87(2): 354—358.

[272] Furman J., Seamans R. AI and the economy[J]. *Innovation Policy and the Economy*, 2019(19): 161—191.

[273] Gary S. Becker and H. Gregg Lewis. On the interaction between the quantity and quality of children[J]. *Journal of Political Economy* 81, 1973(1-2): 279—288.

[274] Goldman E., Rocholl J., So J. Do politically connected boards affect firm value? [J]. *Review of Financial Studies*, 2009, 22(6): 2331—2360.

[275] Goldsmith R. W. Financial structure and development[R]. Studies in Comparative Economics, 1969.

[276] Graetz G., Michaels G. Robots at work[J]. *Review of Economics and Statistics*, 2018(100): 753—768.

[277] Gregory Chow and Lin, An-loh. Accounting for economic growth in taiwan and mainland China: a comparative analysis[J]. *Journal of Comparative Economics*, 2002(30): 528.

[278] Guo Kaiming. Artificial intelligence, structural transformation and labor share [J]. *Management World*, 2019,35 (07): 60-77, 202—203.

[279] M. Habib and L. Zurawicki. Corruption and foreign direct investment [J]. *Journal of International Business Studies*, 2002, 33(2): 291—307.

[280] F. Hayashi. Why is Japan's saving rate so apparently high?, in S. Fischer(ed.), NBER Macroeconomics Annual, Vol. 1. Cambridge, MA: MIT Press, 1986.

[281] F. Hayashi. Japan's saving rate: new data and reflections [J]. *NBER Working Paper* No. 3205, 1989.

[282] Hellman J. S., Jones G., Kaufmann D. Seize the state, seize the day: state capture and influence in transition economies [J]. *Journal of Comparative Economics*, 2003, 31(4): 751—773.

[283] Helmke G., Levitsky S. Informal institutions and comparative politics: a research agenda [J]. *Perspectives on Politics*, 2004, 2(4): 725—740.

[284] E. Helpman, M. J. Melitz and S. R. Yeaple. Export versus FDI with heterogeneous firms [J]. *American Economic Review*, 2004, 94(1): 300—316.

[285] M. Higgins and J. Williamson. Age structure dynamics in asia and dependence on foreign capital [J]. *Population and Development Review*, 1997, 23(2): 261—293.

[286] Holtz-Eakin D., Joulfaian D., Rosen H. S. Sticking it out: entrepreneurial survival and liquidity constraints[J]. *Journal of Political Economy*, 1994, 102(1): 53—75.

[287] Holz C. A. No razor's edge: reexamining alwyn young's evidence for increasing interprovincial trade barriers in China[J]. *The Review of Economics and Statistics*, 2009, 91(3): 599—616.

[288] Hongwei W., Ping L. Empirical analysis of the sources of China's economic growth in 1978-2008[J]. *Journal of Knowledge-based Innovation in China*, 2011, 3(2): 91—105.

[289] Horioka C. J. Aging and saving in asia [J]. *Pacific Economic Review*, 2010(1): 46—55.

[290] C. Y. Horioka. Why is Japan's private saving rate so high?, in R. Sato and T. Negishi (eds), Developments in Japanese Economics, Academic Press/Harcourt Brace Jovanovich Publishers.

[291] Huang C. K., Wang T., Huang T. Y., Initial evidence on the impact of big data implementation on firm performance[J]. *Information Systems Frontiers*, 2018(7): 1—13.

[292] Jacobides M. G., Cennamo C., Gawer A. Towards a theory of ecosystems[J]. *Strategic Management Journal*, 2018, 39(8): 2255—2276.

[293] James Feyrer. Demographics and productivity [J]. *The Review of Economics and Statistics* 89, 2007(1): 100—109.

[294] T. Jappelli, M. Pagano. Savings, growth and liquidity constraints[J]. *Quarterly Journal of Economics*, 1994(109): 83—109.

[295] Jeffrey G. Williamson. Growth, distribution, and demography: some lessons from history [J]. *Explorations in Economic History* 35, 1998(3): 241—271.

[296] Jensen M. C., Meckling W. H. Theory of the firm: managerial behavior, agency costs and ownership structure[J]. *Journal of Financial Economics*, 1976, 3(4): 305—360.

[297] Jensen M. C. Agency costs of free cash flow, corporate finance, and takeovers [J]. *The American Economic Review*, 1986, 76(2): 323—329.

[298] John T. A. Accounting measures of corporate liquidity, leverage, and costs of financial distress[J]. *Financial Management*, 1993: 91—100.

[299] Juzhong Zhuang, Paul Vandenberg, and Yiping Huang. Growing beyond the low-cost advantage: how the People's Republic of China can avoid the middle-income trap[R]. Manila: Asian Development Bank, 2012, xvi.

[300] Kagermann H., Riemensperger F., Hoke D., et al. Smart service welt—recommendations for the strategic initiative web-based services for businesses[R]. Smart Service Welt

Working Group, Berlin, Germany, 2015.

[301] Kampker A., Stich V., Jussen P., et al. Business models for industrial smart services—the example of a digital twin for a product-service-system for potato harvesting [J]. *Procedia CIRP*, 2019(83): 534—540.

[302] Kaňovská L., Tomášková E. Drivers for smart servitization in manufacturing companies [J]. *AGRIS on-line Papers in Economics and Informatics*, 2018, 10(3): 57—68.

[303] Kapoor R., Agarwal S. Sustaining superior performance in business ecosystems: evidence from application software developers in the iOS and Android smartphone ecosystems [J]. *Organization Science*, 2017, 28(3): 531—551.

[304] S. Katayama, S. Lahiri and E. Tomiura. Cost heterogeneity and the destination of Japanese foreign direct investment: a theoretical and empirical analysis [J]. *Japan and the World Economy*, 2011, 23(3): 170—177.

[305] K. Katayama. Why does Japan's saving rate decline so rapidly? [J]. *Policy Research Institute Working Paper* No. 251, 2006, Japanese Finance Ministry.

[306] Kelley A. C., Schmidt R. M. Saving, dependency and development [J]. *Journal of Population Economics*, 1996, 9(4): 365—386.

[307] Khurana I. K., Martin X., Pereira R. Financial development and the cash flow sensitivity of cash [J]. *Journal of Financial and Quantitative Analysis*, 2006, 41(4): 787—808.

[308] Khwaja A. I., Mian A. Do lenders favor politically connected firms? Rent provision in an emerging financial market [J]. *Quarterly Journal of Economics*, 2005, 120(4): 1371—1411.

[309] Klein B. The slowdown in productivity advances: a dynamic explanation[R]. Social Science Working Paper, 1979.

[310] M. M. Klein. Design rules for smart services: overcoming barriers with rational heuristics [D]. Universität St. Gallen, Switzerland, 2017.

[311] M. Koga. The decline of Japan's saving rate and demographic effects [J]. *Japanese Economic Review*, 2006, 57(2): 312—321.

[312] Kohsaka A., Shinkai J. Industrial convergence in east asia[R]. Osaka School of International Public Policy, Osaka University, 2018.

[313] I. Kolstad and A. Wiig. What determines Chinese outward FDI? [J]. *Journal of World Business*, 2012, 47(1): 26—34.

[314] Kowalkowski C., Gebauer H., Oliva R. Service growth in product firms: past, present, and future [J]. *Industrial Marketing Management*, 2017, 60(1): 82—88.

[315] J. Krieckhaus. Reconceptualizing the developmental state: public savings and economic growth [J]. *World Development*, 2002, 30(10): 1697—1712.

[316] Krisztina Horváth, Rodrigo Rabetino. Knowledge-intensive territorial servitization: regional driving forces and the role of the entrepreneurial ecosystem [J]. *Regional Studies*, 2019, 53(3): 330—340.

[317] L. Kuijs. How will China's saving-investment balance evolve? [J]. *World Bank Working Paper* No. 3958, 2010.

[318] Lafuente E., Vaillant Y., Vendrell-Herrero F. Territorial servitization: exploring the virtuous circle connecting knowledge-intensive services and new manufacturing businesses [J]. *International Journal of Production Economics*, 2017(192): 19—28.

[319] Lant Pritchett and Lawrence H. Summers. Asiaphoria meets regression to the mean [J]. *NBER Working Paper*, no. 20573, 2014: 1—35.

[320] Laubis K., Konstantinov M., Simko V., et al. Enabling crowdsensing-based road condition monitoring service by intermediary [J]. *Electronic Markets*, 2019, 29(1): 125—140.

[321] Lee C., Hallak R., Sardeshmukh S. R. Innovation, entrepreneurship, and restaurant performance: a higher-order structural model[J]. *Tourism Management*, 2016 (53): 215—228.

[322] Leff N. H. Dependency rates and savings rate[J]. *American Economic Review*, 1969, 59(5): 886—896.

[323] J. Lesage and R. K. Pace. Introduction to spatial econometrics [R]. Chapman and Hall/CRC, 2009.

[324] Leuz C., Oberholzer-gee F. Political relationships, global financing, and corporate transparency: evidence from Indonesia [J]. *Journal of Financial Economics*, 2006, 81(2): 411—439.

[325] Levine R. Financial development and economic growth: views and agenda [J]. *Journal of Economic Literature*, 1997, 35(2): 688—726.

[326] Li Fei, Chen Yan, Zhang Liyezi. Cross-border post-merger integration, network embeddedness balance and innovation quality of enterprises [J]. *Science Research Management*, 2019(2): 22—34.

[327] Li J., Chen L., Yi J., et al. Ecosystem-specific advantages in international digital commerce[J]. *Journal of International Business Studies*, 2019, 50(9): 1448—1463.

[328] Liu Binglian, Zhu Junfeng, Zhou Yulong. The evolution and prospect of China's regional economic theory [J]. *Management World*, 2020, 36 (02): 182—194.

[329] N. Loayza, K. Schmidt-Hebbel, and L. Serven. What drives saving across the world? [J]. *Review of Economics and Statistics*, 2000, 82(1): 165—181.

[330] Love I. Financial development and financing constraints: international evidence from the structural investment model [J]. *Review of Financial Studies*, 2003, 16(3): 765—791.

[331] Ludt Schneider. Alterungund technologisches innovations potential: eine linked-employer-employee-analyse [J]. *Zeitschrift für Bevölkerungswissenschaft*, 2008, 33(1): 37—54.

[332] Luo X., Zhang W., Li H., et al. Cloud computing capability: its technological root and business impact[J]. *Journal of Organizational Computing and Electronic Commerce*, 2018, 28(3): 193—213.

[333] Mason A. Saving, economic growth, and demographic change [J]. *Population and Development Review*, 1988, 14(1): 113—144.

[334] T. Matsuura and K. Hayakawa. The role of trade costs in FDI strategy of heterogeneous firms: evidence from Japanese firm-level data [J]. *ERIA Working Papers*, 2012.

[335] McClelland Dc. *The achieving society* [M]. New York: Princetonl Van Notrand, 1961.

[336] M. S. McMillan and D. Rodrik. Globalization, structural change and productivity growth [J]. *NBER Working Paper* No. 17143, 2011.

[337] Michael Graff, Kam Ki Tang, and Jie Zhang. Demography, financial openness, national savings and external balance [J]. *KOF Working Papers*, 2008.

[338] F. Modigliani and R. Brumberg. Utility analysis and the consumption function: an interpretation of cross-section data, in Kurihara, K. (ed.), Post Keynesian Economics. New Brunswick, N. J. :Rutgers University Press, 1954: 388—436.

[339] F. Modigliani. The life cycle hypothesis of saving and inter-country differences in the saving ratio, in Eltis, W., M. S cot t, and J. Wolfe (eds), Induction, Growth and Trade : Essays in Honor of Sir Roy Harrod. London :Clarendon Press, 1970.

[340] F. Modigliani and S. Cao. The Chinese saving puzzle and the life-cycle hypothesis [J]. *Journal of Economic Literature*, 2004, 42(1): 145—170.

[341] Mody A., Wang F-Y. Explaining industrial growth in coastal China: economic reforms… and what else? [J]. *The World Bank Economic Review*, 1997, 11(2): 293—325.

[342] Myers S. C., Rajan R. G. The paradox of liquidity [J]. *The Quarterly Journal of Economics*, 1998, 113(3): 733—771.

[343] N. Islam. Growth empirics: a panel data approach [J]. *Quarterly Journal of Economics*, 1995, 110 (4): 1127—1170.

[344] N. Islam. What have we learnt from the convergence debate? [J]. *Journal of Economic Survey*, 2003, 17 (3): 309—362.

[345] N. G. Mankiw, D. Romer, D. N. Weil. A contribution to the empirics of economic growth [J]. *Quarterly Journal of Economics*, 1992, 107 (2): 407—437.

[346] Nathaniel H. Leff. Dependency rates and savings rates [J]. *American Economic Review*, 1969, 59(5): 886—896.

[347] Hope N., Yang D., and Li M. Y., eds. How Far Across the River? Chinese Policy Reform at the Millennium[A]. In Naughton B. How Much Can Regional Integration Do to

Unify China's Markets? [C]. Stanford: Stanford University Press, 2003.

[348] Neuhüttler J., Woyke I. C., Ganz W. Applying value proposition design for developing smart service business models in manufacturing firms [C]. Advances in The Human Side of Service Engineering, Los Angeles: AHFE2017, 2017: 103—114.

[349] Norman Loayza, Klaus Schmidt-Hebbel, and Luis Servén. What drives private saving across the world? [J]. *The Review of Economics and Statistics*, 2000, 82(2): 165—181.

[350] North D. C. *Institutions, institutional change and economic performance* [M]. Cambridge: Cambridge University Press, 1990.

[351] Opler T., Pinkowitz L., Stulz R., et al. The determinants and implications of corporate cash holdings [J]. *Social Science Electronic Publishing*, 1999, 52(1): 3—46.

[352] Otani I., Villanueva D. Long-term growth in developing countries and its determinants: an empirical analysis[J]. *World Development*, 1990, 18(6): 769—783.

[353] Ozkan A., Ozkan N. Corporate cash holdings: an empirical investigation of UK companies[J]. *Journal of Banking & Finance*, 2004, 28(9): 2103—2134.

[354] Parida V. Sjödin, Reim W. David. Reviewing literature on digitalization, business model innovation, and sustainable industry: past achievements and future promises[J]. *Sustainability*, 2019, 11(2).

[355] Park A., Du Y. Blunting the razor's edge: regional development in reform China [J]. University of Michigan and Chinese Academy of Social Sciences, Working Papers, 2003.

[356] Parsley D. C., Wei S-J. Convergence to the law of one price without trade barriers or currency fluctuations [J]. *The Quarterly Journal of Economics*, 1996, 111(4): 1211—1236.

[357] Parsley D. C., Wei S-J. Limiting currency volatility to stimulate goods market integration: a price based approach[R]. National Bureau of Economic Research, 2001a, No. 0898—2937.

[358] Peng M. W., Luo Y. Managerial ties and firm performance in a transition economy: the nature of a micro-macro link [J]. *Academy of Management Journal*, 2000, 43(3): 486—501.

[359] Pinkowitz L., Stulz R., Williamson R. Does the contribution of corporate cash holdings and dividends to firm value depend on governance? a cross-country analysis [J]. *The Journal of Finance*, 2006, 61(6): 2725—2751.

[360] Pinkowitz L., Williamson R. What is a dollar worth? The market value of cash holdings [J]. *SSRN Electronic Journal*, 2002(19).

[361] Poncet S. Measuring chinese domestic and international integration [J]. *China Economic Review*, 2003, 14(1): 1—21.

[362] Porter M. E. , Heppelmann J. E. How smart, connected products are transforming competition[J]. *Harvard Business Review*, 2014, 92(11) : 64—88.

[363] Quadrini V. Entrepreneurship, saving, and social mobility [J]. *Review of Economic Dynamics*, 2000, 3(1): 1—40.

[364] R. J. Barro, X. Sala-i-Martin. Convergence [J]. *Journal of Political Economics*, 1992, 100(2): 223—251.

[365] R. J. Barro, X. Sala-i-Martin. *Economic growth*. (2d Ed) [M]. London: The MIT Press, 2004.

[366] Rajan R. G. , Zingales L. Financial dependence and growth[R]. National bureau of economic research, 1996.

[367] B. Ramasamy, M. Yeung and S. Laforet. China's outward foreign direct investment: Location choice and firm ownership [J]. *Journal of World Business*, 2012, 47(1): 17—25.

[368] Research group of development research center of the State Council. Changes in international economic pattern and China's strategic choice in the next 15 years [J]. *Management World*, 2018, 34(12): 1—12.

[369] Richardson S. Over-investment of free cash flow[J]. *Review of Accounting Studies*, 2006, 11(2—3): 159—189.

[370] Robert E. Lucas, Jr. On The mechanics of economic development [J]. *Journal of Monetary Economics*, 1989, 22(1): 3—42.

[371] Rymaszewska A. , Helo P. , Gunasekaran A. IoT powered servitization of manufacturing-an exploratory case study [J]. *International Journal of Production Economics*, 2017 (192): 92—105.

[372] Sala-i-Martin. The classical approach to convergence analysis [J]. *Economics Journal*, 1996, 106 (437): 1019—1036.

[373] Sara J. Czaja and Chin Chin Lee. The impact of aging on access to technology [J]. *Universal Access in the Information Society*, 2007, 5(4): 341—349.

[374] Schultz T. W. Investment in human capital [J]. *The American Economic Review*, 1961, 51(1): 1—17.

[375] Schumpeter J. , Backhaus U. *The theory of economic development* [M]. Holland: Springer, 1934.

[376] Shane S. A. *A general theory of entrepreneurship: the individual-opportunity nexus* [M]. UK: Edward Elgar Publishing, 2003.

[377] Stoshikja M. , Kryvinskaa N. , Strauss C. Service systems and service innovation: Two pillars of service science [J]. *Procedia Computer Science*, 2016(83): 212—220.

[378] Sturgeon T. , Van Biesebroeck J. , Gereffi G. Value chains, networks, and clusters: re-

framing the global automotive industry [J]. *ITEC Working Paper Series* 08-02, 2008.

[379] Tang C. P. , Huang T. C. K. , Wang S. T. The impact of internet of things implementation on firm performance [J]. *Telematics and Informatics*, 2018, 35(7): 2038—2053.

[380] Wang Feng and Andrew Mason. The demographic factor in China's transition, in China's Great Economic Transformation, ed. Loren Brandt and Thomas G. Rawski, Cambridge: Cambridge University Press, 2008: 136—166.

[381] Group W. B. , IDE-JETRO, OECD, et al. Global value chain development report 2017 [J]. World Bank Publications, 2017.

[382] Wei L. Q. , Liu J. , Chen Y. Y. , Wu L. Z. Political skill, supervisor-subordinate guanxi and career prospects in Chinese firms [J]. *Journal of Management Studies*, 2010, 47 (3): 437—454.

[383] Wiegard R. , Breitner M. H. Smart services in healthcare: a risk-benefit-analysis of pay-as-you-live services from customer perspective in Germany [J]. *Electronic Markets*, 2019, 29(1): 107—123.

[384] Xu Peng, Xu Xiangyi. Change logic and analysis framework of enterprise management in the era of artificial intelligence [J]. *Management World*, 2020, 36 (01): 122—129, 238.

[385] Young A. The razor's edge: distortions and incremental reform in the People's Republic of China [J]. *The Quarterly Journal of Economics*, 2000, 115(4): 1091—1135.

[386] Yu W. , Chavez R. , Jacobs M. A. , et al. Data-driven supply chain capabilities and performance: a resource-based view [J]. *Transportation Research Part E: Logistics and Transportation Review*, 2018,114: 371—385.

[387] Zhang Jianhua,Chen Wen. Supply-side structural reform in the service industry and getting past the middle income trap [J]. *Social Sciences in China* ,2019, 279(03): 40—62, 206.

[388] Zhang Sheng, Zhou Yan. Construction of knowledge management model in artificial intelligence environment [J]. *Information Studies: Theory & Application*, 2019,42 (10): 57—62.

附　录

缩写	英文名称	中文名称	缩写	英文名称	中文名称
AUS	Australia	澳大利亚	ARG	Argentina	阿根廷
AUT	Austria	奥地利	BRA	Brazil	巴西
BEL	Belgium	比利时	BRN	Brunei Darussalam	文莱
CAN	Canada	加拿大	BGR	Bulgaria	保加利亚
CHL	Chile	智利	KHM	Cambodia	柬埔寨
CZE	Czech Republic	捷克	CHN	China	中国
DNK	Denmark	丹麦	TWN	Chinese Taiwan	中国台湾
EST	Estonia	爱沙尼亚	COL	Colombia	哥伦比亚
FIN	Finland	芬兰	CRI	Costa Rica	哥斯达黎加
FRA	France	法国	HRV	Croatia	克罗地亚
DEU	Germany	德国	CYP	Cyprus	塞浦路斯
GRC	Greece	希腊	HKG	Hong Kong SAR	香港特区
HUN	Hungary	匈牙利	IND	India	印度
ISL	Iceland	冰岛	IDN	Indonesia	印度尼西亚
IRL	Ireland	爱尔兰	LTU	Lithuania	立陶宛
ISR	Israel	以色列	MYS	Malaysia	马来西亚
ITA	Italy	意大利	MLT	Malta	马耳他
JPN	Japan	日本	MAR	Morocco	摩洛哥
KOR	Korea	韩国	PER	Peru	秘鲁
LVA	Latvia	拉脱维亚	PHL	Philippines	菲律宾
LUX	Luxembourg	卢森堡	ROU	Romania	罗马尼亚
MEX	Mexico	墨西哥	RUS	Russian Federation	俄罗斯
NLD	Netherlands	荷兰	SAU	Saudi Arabia	沙特阿拉伯
NZL	New Zealand	新西兰	SGP	Singapore	新加坡
NOR	Norway	挪威	ZAF	South Africa	南非
POL	Poland	波兰	THA	Thailand	泰国
PRT	Portugal	葡萄牙	TUN	Tunisia	突尼斯
SVK	Slovak Republic	斯洛伐克	VNM	Vietnam	越南
SVN	Slovenia	斯洛文尼亚	TUR	Turkey	土耳其
ESP	Spain	西班牙	GBR	United Kingdom	英国
SWE	Sweden	瑞典	USA	United States	美国
CHE	Switzerland	瑞士